Die Psalmen als Lebensbuch

Wie der Eschbacher Bilderpsalter gelesen und gebraucht werden kann

Martin Schmeisser

Zwei Wege zeigt Psalm 1 auf – das »Tor« zum Psalmenbuch. Mit einem Glückwunsch wird begrüßt und empfangen, wer sich auf den ersten Weg begibt. Es ist der Mensch, der dieses Buch als »Tora«, als Weisung Gottes zu verstehen versucht, seine Lebenskraft daraus schöpft und es als Wegweisung für sein Leben und Tun gebraucht. Sein Weg wird gelingen. Er gleicht einem Baum, der an Wasserbächen gepflanzt ist. Der andere Weg aber führt in den Abgrund:

> Wohl dem, der nicht dem Rat der Frevler folgt,
> nicht auf dem Weg der Sünder geht,
> nicht im Kreis der Spötter sitzt,
> sondern Freude hat an der Weisung des Herrn,
> über seine Weisung nachsinnt,
> über ihr murmelt bei Tag und Nacht.
> Er ist wie ein Baum, der an Wasserbächen gepflanzt ist,
> der zur rechten Zeit seine Frucht bringt
> und dessen Blätter nicht welken.
> Alles, was er tut, wird ihm gelingen.
>
> Nicht so die Frevler, die Gottlosen:
> Sie sind wie Spreu, die der Wind verweht.
> Darum werden die Frevler im Gericht nicht bestehen
> noch die Sünder in der Gemeinde der Gerechten.
> Denn der Herr kennt den Weg der Gerechten,
> der Weg der Frevler aber führt in den Abgrund.
> (Psalm 1)

Im Buch der Psalmen (griechisch psalmós = Gesang zum Saitenspiel, hebräisch mizmôr) finden wir 150 Gebete, Lobgesänge und Weisheitsdichtungen versammelt, die über einen langen Zeitraum entstanden sind und für sehr unterschiedliche Anlässe geschaffen wurden. Um 200 vor Christus hat die Sammlung die uns heute vorliegende Endgestalt erhalten. Ihr Aufbau ist der Tora, den fünf Büchern Mose, nachgebildet.[1] Der Form nach ist sie »Theopoesie« (Kurt Marti).

Kein anderes biblisches Buch faßt menschliches Leben mit seinen Höhen, Tiefen und Abgründen so packend in Worte, Vergleiche und Bilder. Die Psalmen sind voll von lebendiger, bunter Wirklichkeit. Sie reden von den alltäglichen Freuden und Nöten des einzelnen und des Volkes; sie preisen die Schönheit des Himmels und der Erde und das Geheimnis des Menschseins; sie sprechen von der Einsamkeit des Altwerdens, von der Verzweiflung des Schwerkranken, von der Last der Sünde, von der Todesangst; von Gottferne und Gottverlassenheit; von Scheitern und Rettung; von Krieg und Frieden; von Tanzen und Singen; von Lachen und Weinen. Der Schrei der geschundenen Kreatur, das unerschütterliche Vertrauen, die überdauernde Hoffnung, Zuversicht und abgrundtiefe Angst – hier sind sie anzutreffen.[2]

Das Psalmenbuch ist ein *Lebensbuch*. »Jedermann, in welcher Lage er auch ist, findet darin Worte, die seine Lage genau treffen und die ihm so angemessen sind, als wären sie allein um seinetwillen so gesprochen, so daß er selbst sie auch nicht besser hätte sprechen und finden oder wünschen können«, schreibt Martin Luther in der Vorrede zu seiner 1528 veröffentlichten Psalmenübertragung. Und für den Dichter Rainer Maria Rilke sind die Psalmen »eines der wenigen Bücher, in denen man sich restlos unterbringt, mag man noch so zerstreut und angefochten sein«.

Als ein Teil der jüdischen Bibel ist das Psalmenbuch »Ausdruck ureigensten (jüdischen) Befindens» und als solches »ein Geschenk Israels an die Welt« (Nathan Peter Levinson). Wenn Christen sich den Psalmen zuwenden, verbinden sie sich auch mit dem Juden Jesus und der Urgemeinde, die aus den Psalmen lebten. (Es kommt nicht von ungefähr, daß Jesus Psalmworte als Gebetstexte in den Mund gelegt werden und der Psalter die meistzitierte Schrift im Neuen Testament ist.) Mit dem Gebrauch der Psalmen bekennen Christen ausdrücklich ihre Verwurzelung im jüdischen Glauben und ihre unaufgebbare Verbundenheit mit dem jüdischen Volk.[3]

Wie sollen diese Texte gelesen und gebraucht werden? Nur wenige Psalmen können so, wie sie in der Bibel stehen, als Gebete verwendet werden. Wenig Probleme bereiten diesbezüglich manche Hymnen, andere Texte wurzeln jedoch so sehr in anders gearteten kulturellen, politischen und religiösen Voraussetzungen, daß sie für uns heute nur schwer als Gebete mitvollziehbar sind. Indem man sie umdeutete, umdichtete, kürzte, zurechtstutzte (als ob zum Beispiel »Feinde« kein Thema mehr für Christen wären), versuchte man die »jüdischen« Psalmen immer wieder zu »verchristlichen«. Sinnvoller erscheinen Versuche, biblische Psalmen auf die Gegenwart hin nachzusprechen.

Wichtig und gültig ist auch heute die durch alle Jahrhunderte geübte Praxis der Meditation einzelner Psalmverse oder -abschnitte, in denen typische Situationen des Menschenlebens Worte gefunden haben. In seinem Beitrag »Stand gewinnen durch die Kraft eines Wortes« schreibt Otto Betz[4]: »In Indien gibt es eine Tradition, die mich immer fasziniert hat, auch wenn sie einem anderen kulturellen und religiösen Kreis angehört: das Mantra. Unter einem Mantra wird ein Wortklang verstanden, ein geheimnisvoller Laut oder Spruch, der vom Betenden so verinnerlicht wird, daß er um dieses Wort herum gleichsam Stand gewinnt. Der göttliche Spruch ist kein Fremdkörper, sondern wird zum Zentrum der eigenen Existenz, er wird zum Anstoß der eigenen Existenzerfahrung. Gerade in den Psalmen gibt es so elementare ›Herzworte‹, daß sie eine solche daseinsbegründende Wirkung haben können. Es ist nötig, daß wir eine ›dynamische Mitte‹ gewinnen, eine geheimnisvolle Zone, die zum Kraftquell wird, zum Ausgangspunkt und zum Rückzugsort. Aber diesen Kernbereich in unserem Innern können wir uns nicht selbst schaffen, wir müssen ihn geschenkt bekommen, mindestens muß er in uns gestiftet werden.«

Dem Notenschlüssel für ein Musikstück vergleichbar gibt Psalm 1 eine Lese- und Gebrauchsanweisung sowohl für einzelne Psalmen oder Psalmgruppen wie auch für das Psalmenbuch als Ganzes.[5] Gelingendes Leben wird dort demjenigen zugesagt, der »über seine (Jahwes) Weisung murmelt tages und nachts« (Übersetzung von Martin Buber). Das Schlüsselwort für den Gebrauch der Psalmen ist folglich »murmeln« oder, wie andere übersetzen, »nachsinnen«. In der lateinischen Psalmenübersetzung lautet die Stelle: »… et in lege eius meditabitur die ac nocte«. Nicht zum betenden Nachsprechen, sondern zur Meditation sollen die Psalmen zuallererst dienen.

Kehren wir nochmals zum Glückwunsch am Beginn von Psalm 1 zurück. In seinen »Annäherungen« an die Psalmen notiert Kurt Marti: »Das Glück sucht uns, kommt uns entgegen in Gottes ›Weisung‹ (Tora). Weisung wohin? Auf einen Weg, der uns dem Gelingen näher bringt – was mehr bedeutet als Erfolg haben, mehr als Selbstfindung, Selbstverwirklichung. Dem Gelingen am nächsten kommt eine Existenz, die Furcht bringt für andere.«[8]

Anmerkungen und Hinweise

[1] Siehe dazu S. 48 ff.: Einführung in die Illustration des Psalters.

[2] Ausführlich dargestellt S. 5–9: C. Westermann, Das Beten der Psalmen und unser Beten; S. 105–109: H. Piontek, Umgang mit Psalmen; S. 249–257: D. Bonhoeffer, Das Gebetbuch der Bibel.

[3] Siehe dazu S. 201–204: N. P. Levinson, Die Psalmen als Geschenk Israels an die Welt (bes. S. 201 f.); S. 301–307: E. Zenger, Schulter an Schulter mit dem Judentum. Wie Christen heute die Psalmen beten und lesen sollten.

[4] In: G. Bitter/N. Mette (Hrsg.), Leben mit Psalmen. Entdeckungen und Vermittlungen, Kösel-Verlag, München 1983, S. 148 ff. (Zitat S. 150).

[5] Literaturhinweise zum Folgenden: N. Füglister, Die Verwendung und das Verständnis der Psalmen und des Psalters um die Zeitenwende, in: J. Schreiner (Hrsg.), Beiträge zur Psalmenforschung. Psalm 2 und 22, Echter Verlag, Würzburg 1988 (Forschung zur Bibel), S. 319–384.
F.-L. Hossfeld/E. Zenger, Die Psalmen I. Psalm 1–50, Echter Verlag, Würzburg 1993 (Die Neue Echter Bibel, Lfg. 29), S. 5–27.
N. Lohfink, Psalmengebet und Psalterredaktion, in: Archiv für Liturgie-Wissenschaft, Jg. 34, Heft 1/2, Maria Laach 1992, S. 3–22.

[6] Siehe dazu S. 153–159: P. Maiberger, Der König und Psalmendichter David.

[7] H. J. M. Nouwen, Ich hörte auf die Stille. Sieben Monate im Trappistenkloster, Verlag Herder, Freiburg i. Br. 1978, S. 93 f.

[8] K. Marti, Die Psalmen Davids. Annäherungen, Radius-Verlag, Stuttgart 1991, S. 8 (zu Psalm 1). – (K. Martis »Annäherungen«, die ich als Begleitlektüre zum »Eschbacher Bilderpsalter« empfehle, bestehen aus vier Bänden: Die Psalmen Davids [= Ps 1–41]; Die Psalmen 42–72; Die Psalmen 73–106; Die Psalmen 107–150).

Beilage in:
Das Buch der Psalmen – Gesamtausgabe
Die 150 Psalmen in Bildern jüdischer und christlicher Kunst
Erarbeitet und herausgegeben von Martin Schmeisser
© 1995 Verlag am Eschbach · Im Alten Rathaus · D-79427 Eschbach/Markgräflerland · ISBN 3-88671-162-5
Theologischer Verlag Zürich · Räffelstr. 20 · CH-8045 Zürich · ISBN 3-290-10992-5

»Meditari« meint hier: die in den Psalmen ausgedrückten Erfahrungen und Weisungen meditierend lesen, erwägen, wiederholen, sich einprägen, in sich hineinnehmen, auswendig lernen, im Rhythmus des Atems immer wieder vor sich hersagen, sie als Wegweisung mit dem eigenen Leben in Beziehung setzen und schließlich ins eigene Leben und Tun übertragen. Die Psalmen sind somit als »Modelle« zu verstehen, wie das Leben nach der Weisung Jahwes konkret zu gestalten ist. Sie sind Hilfen und Anregungen, um das, was Menschen bewegt, vor Gott zur Sprache zu bringen und das Leben auf ihn hin auszurichten.

In dieser Weise wurden die Psalmen zur Zeitenwende gelesen und verstanden – im Judentum und im frühen Christentum. Das Idealbild eines Psalmenlesers dieser Zeit zeichnet der Weisheitslehrer Jesus ben Sirach in seinem um 180 vor Christus verfaßten Buch. Er schildert ihn als einen Schriftgelehrten, der »sich der Gottesfurcht widmet und das Gesetz des Höchsten erforscht. Die Weisheit aller Vorfahren ergründet er und beschäftigt sich mit den Weissagungen; er achtet auf die Reden berühmter Männer, und in die Tiefen der Sinnsprüche dringt er ein. Er erforscht den verborgenen Sinn der Gleichnisse und verweilt über den Rätseln der Sinnsprüche … Er richtet seinen Sinn darauf, den Herrn, seinen Schöpfer, zu suchen, und betet zum Höchsten; er öffnet seinen Mund zum Gebet und fleht wegen seiner Sünden … Er bringt eigene Weisheitsworte hervor, und im Gebet preist er den Herrn … Er trägt verständige Lehre vor, und das Gesetz des Herrn ist sein Ruhm.« (Sir 38, 34b; 39,1 ff.)

Gelesen und rezitiert wurden die Psalmen in der »Nachfolge« Davids.[6] Er galt als idealtypische Leitfigur eines toratreuen Juden, der sich auch in den Krisen und Notsituationen seines Lebens an Jahwe hielt. Über David, dem 73 Psalmen zugeschrieben werden, berichtet das Buch Jesus ben Sirach: »Er liebte seinen Schöpfer von ganzem Herzen, alle Tage pries er ihn mit Liedern … und schuf Psalmweisen für die Harfenbegleitung … und der Herr verzieh ihm seine Sünden.« (Sir 47,8 ff.)

Zur Zeitenwende gab es in Israel »Psalmengenossenschaften«, in denen man Woche um Woche den ganzen Psalter rezitierte, beginnend am ersten Wochentag mit Psalm 1 und endend am Sabbat mit Psalm 150. (Ähnliches ordnete später Benedikt für seine Mönchsgemeinschaften an.) Das Studium und die Meditation des Psalters dienten als »Reiseführer (guidebook) dem Pfad des Segens entlang« (Brevard S. Child).

Für die Meditation des Weges, der uns von Gott zugedacht ist, als Anstiftung zu Klage, Dank und Gotteslob sowie zur Einübung von Gelassenheit und Gottvertrauen sind die Psalmen auch heute unersetzlich. Und auch heute sollte man die Mühe des Auswendiglernens bestimmter Psalmen nicht scheuen. Die Erfahrungen des holländischen Theologen und Psychologen Henri J. M. Nouwen wollen dazu anregen. Im Anschluß an die Schilderung der »Komplet«, des kirchlichen Nachtgebets, bei dem die Psalmen 4, 91 und 134 gesprochen werden, schreibt er:

»Ganz langsam sickern diese Worte bis in meine Herzmitte ein. Es sind nicht bloße Ideen, Bilder, Vergleiche, sondern sie vermitteln eine echte Gegenwart. Nach einem Tag voller Arbeit oder Spannungen spürt man, daß man dennoch alles mit Zuversicht abschließen kann; und es geht einem auf, wie gut es ist, im Schutz des Allerhöchsten zu wohnen. Schon oft habe ich gedacht: Wenn ich je ins Gefängnis komme, wenn ich je Hunger, Schmerz, Folter oder Demütigung erleiden sollte, dann hoffe und bete ich, daß man mir die Psalmen läßt. Die Psalmen werden meinen Geist lebendig halten, die Psalmen werden mir die Kraft geben, andere zu trösten, die Psalmen werden sich als die stärkste, ja revolutionärste Waffe gegen den Bedrücker und Peiniger erweisen. Wie glücklich sind jene, die keine Bücher mehr brauchen, sondern die Psalmen im Herzen tragen, wo immer sie gehen und stehen. Vielleicht sollte ich anfangen, die Psalmen auswendig zu lernen, damit sie mir niemand mehr wegnehmen kann.«[7]

Das Buch der Psalmen
Band 1: Psalm 1–21

Das Buch der Psalmen
Ein Eschbacher Bilderpsalter in acht Bänden
herausgegeben von Martin Schmeisser
Reihe: Eschbacher Bilderbibel

Der Text der Psalmen wird im allgemeinen nach der
Übersetzung der Zürcher Bibel wiedergegeben.
Überall, wo im hebräischen Text der Gottesname
Jhwh steht (Zürcher Bibel: »der Herr«), wird in
Anlehnung an Martin Buber das durch Versalien
hervorgehobene Pronomen »Du«, »Er«, »Sein«
verwendet.

Die Verwendung der Texte der Zürcher Bibel erfolgt
mit Genehmigung der Genossenschaft Verlag der
Zürcher Bibel. Der Text ist entnommen aus: »Die
Heilige Schrift des Alten und Neuen Testaments«,
herausgegeben vom Kirchenrat des Kantons Zürich.
© Zürich 1931/1955.
Das Zeichen * verweist auf die Anmerkungen zu
Psalmtexten Seite 52.

CIP-Titelaufnahme der Deutschen Bibliothek

Das Buch der Psalmen: Ein Eschbacher Bilderpsalter in acht Bänden /
[Hrsg. Martin Schmeisser.] –
Eschbach/Markgräflerland: Verlag am Eschbach;
Zürich: Theologischer Verlag Zürich; Leipzig: Thomas-Verlag Leipzig.
  (Eschbacher Bilderbibel)
    ISBN 3-88671-099-8   (Verlag am Eschbach)
    ISBN 3-290-10120-7   (Theologischer Verlag Zürich)
    ISBN 3-86174-010-9   (Thomas-Verlag Leipzig)
NE: Schmeisser, Martin [Hrsg.]

  Bd. 1: Psalm 1–21. – (1990)
    ISBN 3-88671-091-2   (Verlag am Eschbach)
    ISBN 3-290-10121-5   (Theologischer Verlag Zürich)
    ISBN 3-86174-001-X   (Thomas-Verlag Leipzig)

© 1990 Verlag am Eschbach GmbH
Im Alten Rathaus · D-7849 Eschbach/Markgräflerland
Alle Rechte an dieser Ausgabe vorbehalten

Theologischer Verlag Zürich
Räffelstr. 20 · CH-8045 Zürich

Thomas-Verlag Leipzig GmbH
Erich-Zeigner-Allee 34 · DDR-7031 Leipzig

Grafische Gestaltung: Reinhard Liedtke, Gelnhausen
Reproduktionen: Repro-Technik-Schröder, Uelzen
Satz und Druck: B & K Offsetdruck GmbH, Ottersweier
Verarbeitung: Großbuchbinderei Josef Spinner, Ottersweier

Das Buch der Psalmen
Band 1

Psalm 1–21

Verlag am Eschbach
Theologischer Verlag Zürich
Thomas-Verlag Leipzig

Max Hunziker, David mit Blütenzweig, 1972

Das Beten der Psalmen und unser Beten

Claus Westermann

Psalmen und Wirklichkeit

Ich habe es immer bedauert, daß die Psalmen für das Gebet der Christen, in den Gemeinden und für die Einzelnen, nicht so viel bedeuten, wie sie bedeuten könnten. Auch wenn sie gelesen und gesprochen werden, auf das Beten der Christen haben sie in der gesamten Geschichte der Christenheit wenig Einfluß gehabt. Ich habe mich oft gefragt, woran das eigentlich liegt.

Bei einem Vergleich zwischen den Psalmen und den Gebeten, wie wir sie in Gebetbüchern, in vorgeschriebenen gottesdienstlichen Gebeten und Gebeten für die persönliche Andacht finden, ist mir ein Unterschied aufgefallen. In den Gebetbüchern meint man beim Lesen eine Kirche zu betreten; sie reden, wie man eigentlich nur in der Kirche redet, und man spürt, daß man aus dem alltäglichen Lebensraum in einen anderen, abgesonderten Raum getreten ist. Das ist in den Psalmen anders. Die Psalmen sind voller bunter, lebendiger Wirklichkeit. Gleich im ersten Psalm ist die Rede von einem Fruchtbaum an einem Bach und von dürrem Laub, das der Wind wegtreibt. Die Psalmen reden von Himmel und Erde, von den Gestirnen und den Elementen, von Feuer, Wasser und Sturm, von Land und Meer, von Flüssen und Bächen, Bergen und Tälern, von Gärten und Weinbergen, Wegen und Wüste. Von aller Art Tieren und Pflanzen reden die Psalmen, zahmen und wilden, großen und kleinen. Vom Menschen sprechen sie, dem Einzelnen und in Gemeinschaft, von seinem Körper, der Nahrung und Kleidung, von Krankheit und Heilung, Geburt und Tod. Sie reden von der Familie, von Eltern und Kindern, von Haus und Hof, Gebäuden und Besitz, von der Arbeit des Bauern, vom Handwerk, der Jagd, von Kampf und Krieg, vom Tanzen und Singen, von Lachen und Weinen.

Wenn das alles in den Gebeten des alten Gottesvolkes vorkommt, dann hat es hier offenbar keine feste Trennungslinie zwischen der Sprache des Gebets und der Sprache der alltäglichen Wirklichkeit gegeben. Man redete und dachte in den zu Gott hingewandten Gebeten ebenso, wie man im Erleben und Erfahren der Wirklichkeit redete und dachte. Im Laufe einer langen Entwicklung ist es dazu gekommen, daß die Sprache des Gebetes sich weit und immer weiter von der Fülle und Vielfalt der den Menschen umgebenden und sein Menschsein bestimmenden Wirklichkeit entfernte. Wir können daran von heute auf morgen nichts ändern; aber wir können auf die Psalmen hören und fragen, was sie für unser Beten bedeuten könnten.

Höhen und Tiefen

Noch ein weiterer Unterschied zwischen den Psalmen und unserem Beten ist mir wichtig geworden. In vielen Psalmen ist eine Bewegung zu spüren; sie beginnen mit der Klage eines leidenden Menschen, und dann erleben wir es im Hören der Worte des Psalms mit, wie der Klagende im Anrufen Gottes eine Wandlung erfährt; am Ende des Psalms hört man Worte des Vertrauens oder der Hoffnung oder auch einen Ausblick auf das Gotteslob. In den Psalmen ist der Mensch selbst in einer solchen Bewegung beschrieben. Es ist nicht so, wie es manchmal in der Sprache der Gebete der Kirche erscheint, daß nämlich der Mensch, wenn er einmal zum Glauben gekommen ist, immer der gleiche bleibt und darum auch immer das gleiche zu beten hat. In den Psalmen hat der Mensch eine Geschichte mit Gott, und in dieser Geschichte ist immer Bewegung. Da gibt es Höhen und Tiefen, da gibt es ein Aufwärts und ein Abwärts, da gibt es zwischen Höhen und Tiefen immer neue Erfahrungen mit Gott. Ein Mensch in tiefem Leid redet anders als einer auf den Höhen der Freude.

Darum sind die beiden Hauptarten der Psalmen die Klage- und die Lobpsalmen, die zu Gott hingewandte Sprache des Leides und der Freude. Wir wissen doch alle, wie stark unser Leben vom Wechsel von Freude und Leid bestimmt ist; die Psalmen gehen diesen Weg mit und begleiten den Menschen in die Tiefen, manchmal in die Abgründe des Lebens und auf die Höhen der Freude. Wenn in einem Psalm am Anfang ein Leidender zu Gott ruft und sein Herz ausschüttet und er dann am Ende des Psalms sagen kann: »Ich will deinen Namen meinen Brüdern erzählen«, dann spürt man etwas von der Bewegung, die einen Menschen im Rufen zu Gott aus den Tiefen seines Schmerzes auf die Höhen der Freude und der Gewißheit getragen hat. Wenn dann andere diesen Psalm hören oder lesen oder nachbeten, dann erfahren sie, daß es so etwas gibt, daß andere es erlebt haben und sie es auch erleben könnten. So ist es auch beim 13. Psalm:

Wie lange, o Herr, vergißt du mich dauernd?
Wie lange verbirgst du dein Antlitz vor mir?
Wie lange soll ich Schmerzen in meiner Seele tragen,
Kummer in meinem Herzen Tag und Nacht?
Wie lange soll sich mein Feind gegen mich erheben?

Schau her! Antworte mir, Herr, mein Gott!
Laß meine Augen hell werden,
daß ich nicht in den Tod entschlafe,
daß nicht mein Feind sage: Ich habe ihn übermocht!
meine Widersacher jubeln, daß ich gleite!

Ich aber: auf deine Güte traue ich;
es juble mein Herz über deine Hilfe!
Ich will dem Herrn singen,
denn er hat an mir gehandelt.

Klage, Sprache des Leides

Diese Bewegung, aus der Grube des Schlammes, wie es die Psalmen auch sagen, auf einen festen Grund ist in den Psalmen auch deswegen möglich, weil die Tiefen und Abgründe im Leben eines Menschen zum Gottesverhältnis hinzugehören. Hierin liegt der stärkste und auch auffälligste Unterschied zwischen dem Beten der Psalmen und unserem Beten. Im Gebet der christlichen Kirchen hat die Klage keinen Ort, in den Psalmen sind die Klagepsalmen eine der beiden Hauptgruppen.

An die Stelle von Klage und Lob sind im Gebet der Christenheit Bitte und Dank getreten. Merkwürdig ist, daß dieser Unterschied weder in der kirchlichen Praxis noch in der theologischen Wissenschaft bewußt ist. Ich kenne keine Untersuchung in der Forschung am Neuen Testament oder zur Geschichte des Gebets, die diese einfache und für jeden offenkundige Tatsache, daß an die Stelle von Klage und Gotteslob im Gebet des alten Gottesvolkes in der Christenheit Bitte und Dank getreten sind, zum Gegenstand hätte. Es hätte doch mindestens auffallen müssen, daß zu der Gottesbeziehung Jesu die Klage hinzugehört und daß die Evangelien zur Darstellung des Leidens Christi einen Klagepsalm hinzuziehen. Ein Zeichen dafür, daß sich hier etwas wandelt, kann man in den Gebeten der jungen Kirchen in Afrika, Asien und anderenorts sehen, in deren Gebeten die an Gott gerichtete Klage wieder eine hohe Bedeutung hat.

Auch mir ist dieser Unterschied während meines Studiums und in den ersten Jahren meines praktischen Dienstes nicht aufgegangen. Als ich dann im Krieg die Wirklichkeit des Leidens in vielerlei Gestalt kennenlernte und erfuhr und dort draußen die Psalmen las, ging es mir auf: In den Psalmen reden Menschen im Leid so, wie sie wirklich denken. Sie schütten ihr Herz vor Gott aus – dieser Satz ist die Überschrift eines Klagepsalms –, sie sprechen zu Gott so, wie es ihnen zumute ist. Sie sagen dann nicht etwa nur fromme Worte, sondern geben ihrer Verzweiflung Ausdruck und auch ihren Zweifeln. Sie sagen Gott, daß sie ihn nicht mehr verstehen können; sie fragen ihn: Warum muß ich dieses Schreckliche durchmachen? Warum hilfst du mir nicht, Gott, wie lange muß ich das noch aushalten? Alle diese Sätze finden sich in den Klagepsalmen; ein schwer leidender Mensch findet hier die Sprache des Leides, die dem, was er durchmacht, entspricht und in der er sich mit den vielen zusammenfindet, die so etwas auch durchgemacht haben.

Gotteslob, Sprache der Freude

Der Sprache des Leides in den Klagen steht in den Psalmen die Sprache der Freude gegenüber, das Gotteslob. Das Loben ist vom Danken vor allem dadurch unterschieden, daß es ein ganz unmittelbarer, spontaner Ausdruck der Freude ist, die einer in seinem Herzen spürt. Das Danken kann zur Pflicht werden, man kann sagen: du mußt Gott danken, denn du hast immer etwas zum Danken. Das Gotteslob, wo es echt ist, hat etwas Notwendiges, Selbstverständliches; wer Gott lobt, kann gar nicht anders.

Hier ist wieder etwas sehr Merkwürdiges vom Gotteslob in der Christenheit zu sagen. In der christlichen Theologie hat das Gotteslob nur eine sehr geringe Bedeutung; der große Theologe Karl Barth z. B. hat sich recht skeptisch dazu geäußert. Aber das Gotteslob hat sich jenseits der Theologie einen eigenen Weg seiner Tradition geschaffen: im Lied und in der Musik. In den Anfängen meiner Forschung an den Psalmen habe ich einmal beglückt entdeckt, wie eine bestimmte Gruppe von Lobpsalmen einen ganz unmittelbaren Widerhall in den Liedern der Kirche zum Christfest gefunden hat. Zu ihnen gehört der 113. Psalm:

Lobet ihr Knechte des Herrn, lobet den Namen
des Herrn!
Der Name des Herrn sei gelobt von nun an bis ewig,
Vom Anfang der Sonne bis zu ihrem Untergang
sei gelobt der Name des Herrn.

Der Herr ist erhaben über alle Völker
und seine Herrlichkeit über die Himmel.
Wer ist wie der Herr, unser Gott, im Himmel
und auf Erden,
der hoch in der Höhe thront und tief in die Tiefe sieht!

Der aus dem Staub den Geringen aufrichtet,
aus dem Schmutz den Armen erhebt,
daß er ihn setze neben Fürsten, neben die Fürsten
seines Volkes
der die Unfruchtbare, die Kinderlose,
zur fröhlichen Mutter von Kindern macht.
Hallelujah!

Von diesem Hinuntersehen aus seiner Höhe in unsere Tiefe singt neben anderen Weihnachtsliedern auch »Vom Himmel hoch ...«:

> Damit der Sünder Gnad erhält,
> erniedrigst du dich, Herr der Welt,
> wirst unser Freund und Bruder hier,
> und Gottes Kinder werden wir.

Für viele von Ihnen wird ein besonderes, unvergeßliches Ereignis in Ihrem Leben verbunden sein mit einem der schönen Loblieder, die uns von unseren Eltern und Vorfahren weitergegeben wurden. Wenn Sie daran denken, wie in einer solchen Stunde das Loblied genau das zum Ausdruck brachte, was Sie damals empfanden, dann wissen Sie, was in den Psalmen das Loben Gottes ist. Ich denke dabei an die Gottesdienste in der Dorfkirche von Dahlem bei Berlin, der Gemeinde Martin Niemöllers, in denen wir das Lied »In dir ist Freude ...« sangen. Das geschah angesichts dessen, was draußen geschah, wir sangen vor den Ohren der Staatspolizisten, die den Gottesdienst zu überwachen hatten. Damals wußten wir, daß das wirklich Gotteslob war.

Ich denke dabei auch an einen Augenblick in der letzten Phase des Krieges. Ich kam nach einer höllischen Flucht aus einem Kessel im Süden Rußlands, bei der ich viele Tage und Nächte fast ohne Schlaf und fast ohne Nahrung gelaufen war, über die Brücke nach Glogau an der Oder. Die Stadt war noch ganz heil. Ich kam an einer Kirche vorbei, sie war offen. Ich ging hinein, und als ich die leere Kirche betrat und den Gang nach vorn schritt, ertönte die Orgel mit dem Lied: »Großer Gott, wir loben dich ...«. Da habe ich gewußt, was Gotteslob ist.

Lob der Schöpfung

Eine andere Eigenart des Gotteslobes ist es, daß die zu Gott hin gewandte Freude die ganze Schöpfung umschließt. Wenn in den Psalmen die Majestät Gottes gelobt wird, so wird es oft entfaltet im Lob des Schöpfers und des Herrn der Geschichte. Daraus sind die herrlichen Schöpfungspsalmen entstanden. In ihnen zeigt sich eine andere Art der Verbundenheit des Menschen mit der Natur, als wir sie gewöhnlich kennen. Sie ist nicht aus der Betrachtung der Natur erwachsen – obwohl sie auch dazu gehört –, auch nicht aus der Beherrschung der Natur, sondern aus dem Bewußtsein, daß dem Schöpfer gegenüber der Mensch mit der gesamten übrigen Kreatur zusammengehört, weil wir Gottes Geschöpfe sind, wie es die Pflanzen und Tiere, die Sonne, der Mond und die Sterne auch sind. Es ist ein bitteres Eingeständnis, daß die christlichen Kirchen sich mit verschuldet haben an dem Raubbau an unserer Erde und der Bedrohung alles Lebendigen durch Menschenwerke, weil sie diese Verbundenheit des Menschen mit der übrigen Schöpfung, die so klar und so schön aus den Psalmen spricht, vergessen oder mißachtet haben.

Im 148. Psalm, einem der Lobpsalmen, wird alle Kreatur zum Loben Gottes gerufen. Der erste Teil des Psalms beginnt: »Lobet den Herrn vom Himmel her ...«, und es werden die Kreaturen des Himmels genannt. Der zweite Teil: »Lobet den Herrn von der Erde her«, und es werden die Geschöpfe der Erde genannt. Uns ist eine solche Aufforderung an die Geschöpfe zum Gotteslob vom Gottesdienst der Gemeinde aus sehr fremd geworden. Wir wissen nicht, wie wir das verstehen sollen. In einem anderen Psalm ist dazugesagt, daß es ein Gotteslob ohne Sprache ist. Die Geschöpfe werden gerufen, einfach durch ihr Dasein ihren Schöpfer zu loben. Wenn die im Gottesdienst zusammengekommene Gemeinde diesen Psalm anstimmt: »Lobet den Herrn vom Himmel her – lobet Gott von der Erde her, ihr Geschöpfe alle!« – dann kommt darin eine tiefe Verbundenheit der Gott lobenden Gemeinde mit allen übrigen Geschöpfen zum Ausdruck. Zum Glauben könnte man die Geschöpfe nicht auffordern, zum Danken auch nicht, wohl aber zum Gotteslob. Vielleicht kann die Christenheit erst dann wieder angesichts der drohenden Zerstörung unserer Welt zu der in der Bibel bezeugten Zusammengehörigkeit der Geschöpfe zurückfinden, wenn wir das wieder begreifen und wieder ernst nehmen, was der 148. Psalm zum Ausdruck bringt.

Der Kreislauf

Bei manchen Psalmen ist es klar erkennbar, daß sie nicht im Gottesdienst, sondern draußen, im Alltag entstanden sind. Da klagt einer zu Gott auf dem Krankenlager; einer denkt aus der Ferne an den Gottesdienst im Tempel von Jerusalem; einer sieht nachts zum Sternenhimmel auf: »Wenn ich sehe den Himmel, das Werk deiner Hände, den Mond und die Sterne, die du geschaffen hast, was ist der Mensch ...!« Viele Psalmen sind aus dem Nachdenken über Gott und sein Tun erwachsen. Der Ruf »Hilf doch!«, »Hosiannah!«, der dann zum Lobruf wurde, ist in tödlicher Gefährdung gesprochen worden; und so könnte man fortfahren. Die Klagepsalmen z.B. sind aus Bestandteilen geformt, die alle einmal selbständig waren und ihren Ort im täglichen Leben hatten: der Anruf Gottes, ein Klageruf, eine flehende Bitte, ein Wunsch, ein Gott gegebenes Versprechen, ein Ausdruck des Vertrauens. Man erkennt daran, wie die Psalmen entstanden sind. Die Männer und die Frauen, die zum Gottesdienst in den Tempel kamen, brachten die Ereignisse, die Erfahrungen aus dem Alltag, ihre Fragen, ihre Enttäuschungen, ihre Hoffnungen mit. Weil sie ihren Alltag unter seinen Augen und im Aufblick zu Gott lebten, brachten sie auch ihre Gedanken an Gott, ihre Klagen und Bitten mit, ihre Dankesworte und ihre Lobrufe, Worte des Vertrauens wie »Du bist mein Fels!« und andere. Aus alledem aber formten sich im Gottesdienst die Psalmen, die in einer dichterisch geformten Sprache viele Erfahrungen, viele Klagen und viel Gotteslob aus ganz verschiedenen

Situationen in sich aufnehmen konnten. Daraus ergab es sich, daß die Psalmen so lebensnah waren, daß die Alltagswelt mit allem, was dazugehörte, in den Psalmen vorkam, daß ein jeder sich darin mit seinem eigenen Erleben wiederfinden konnte.

Der daraus erwachsene Psalm aber, etwa der Psalm vom guten Hirten, ging mit den Männern und Frauen dann wieder in ihre Häuser, sie erinnerten sich daran, und die gottesdienstlichen Psalmen halfen ihnen zum persönlichen Beten in ihrem Alltagsleben. So entstand ein Kreislauf, ein Hin- und Herfluten: von den Häusern und Arbeitsstätten in den Gottesdienst und vom Gottesdienst wieder in die Häuser und die Stätten der Arbeit. Dieser lebendige Kreislauf, dem Blutkreislauf vergleichbar, bewirkte, daß das Gebet im Gottesdienst nicht zu bloßen Formeln erstarren konnte und mit dem Leben draußen fest verbunden blieb. Er bewirkte aber auch, daß den aus dem Gottesdienst Kommenden das Beten im Alltag etwas Natürliches und Vertrautes wurde; der Nachklang des gottesdienstlichen Gebetes gab ihnen die Worte in den Mund.

Es scheint mir, daß in unserer Gegenwart von diesem lebendigen Kreislauf des Gebets wenig zu spüren ist und daß wir hier von den Psalmen lernen können.

Das erste, was uns die Psalmen hier sagen können, ist etwas Befreiendes. Das Gebet ist dann nicht mehr eine Pflicht, so etwas wie ein frommes Werk, das wir verrichten müßten, das Gott von uns verlangt. Es erwächst dann von selbst aus dem Leben mit Gott; es ist etwas Natürliches, es bereichert und vertieft das tägliche Leben. – Ich meine damit nicht ein geformtes Gebet in ritueller Haltung, sondern betende Gedanken, die einen spontanen sprachlichen Ausdruck finden können, aber nicht müssen. Solche betenden Gedanken ergeben sich aus den täglichen Erlebnissen von selbst. Wenn uns ein besonders schöner Anblick oder Ausblick begegnet: »O Gott, wie schön!« Oder ein Stoßseufzer vor einem schweren Gespräch, das einem bevorsteht: »O Gott, laß es gut gehen!« Eine Bitte um Gottes Geleit vor einer Reise, beim Besteigen des Autos, eines Flugzeugs. Es bedeutet etwas, wenn beim Abheben eines Flugzeugs vom Erdboden unter den Passagieren einer ist, der auch für die anderen den Flug dem Behüten Gottes anvertraut. Es bedeutet etwas, wenn vor Beginn einer Sitzung, in der es heiß hergehen wird, einer dabei ist, der vorher für beide Parteien um Weisheit und Zucht bittet. Wenn man gerade in der Zeitung gelesen hat, daß ein Kind entführt wurde, liegt es nahe, daß man sein Kind mit der stillen Bitte auf den Schulweg schickt: »Lieber Gott, behüte mein Kind!« – Jemand, der einen sehr schweren Tag hatte oder der von einer drohenden Gefährdung weiß, sagt vor dem Einschlafen: »Ich liege und schlafe ganz in Frieden, denn du Herr hältst mich, daß ich sicher wohne.« Dieser Satz aus einem Psalm zeigt, wie die Psalmen aus solchen betenden Gedanken erwachsen sind. Die Möglichkeiten für solche betenden Gedanken sind unbegrenzt. Wem sie vertraut sind, der weiß, wie aus ihnen eine Geborgenheit erwächst.

Das Gebet, in der Geschöpflichkeit begründet

Ich denke jetzt daran, daß viele Menschen heute nicht mehr beten. Viele haben als Kinder gebetet und haben dann aufgehört. Viele sagen: Ich kann nicht beten, oder: ich kann nicht mehr beten. Denen möchte ich etwas sagen, was mir aus den Psalmen klar geworden ist. Man muß nicht erst an Gott glauben, um zu ihm beten zu können. Das Rufen zu Gott ist etwas Elementares, was zum Menschsein gehört. Am Anfang der Bibel wird gesagt, daß Gott den Menschen zu seinem Bild geschaffen hat, d. h. zu seinem Gegenüber, das zu ihm sprechen und mit dem Gott sprechen kann. Diese in der Erschaffung des Menschen begründete elemetare Entsprechung, die Wort und Antwort zwischen Gott und Mensch ermöglicht, eignet allen Menschen als Geschöpfen, über alle Grenzen zwischen den Menschen, ihren Rassen, Völkern, Religionen hinweg. Die Möglichkeit, zu Gott zu rufen, ist allen Menschen damit gegeben, daß sie Gottes Geschöpfe sind. Etwas davon kann man ahnen, wenn man nach dem Gebet in den anderen Religionen der Erde forscht. Friedrich Heiler hat in seinem Werk »Das Gebet« die Gebete in den Religionen der Welt untersucht. Wenn man dieses Buch studiert, nimmt man mit Erstaunen wahr, wieviel Gemeinsames im Gebet vieler Religionen der Erde zu finden ist, wie Klage und Bitte und Lob und Dank und Ausdruck des Vertrauens in Gebeten von Völkern Europas, Asiens, Afrikas, Amerikas und Australiens begegnen; ich erlebte das bei einer Tagung von christlichen und islamischen Theologen. Das Gebet ist etwas viele Religionen Verbindendes.

Wie sehr das Rufen zu Gott zum Menschsein gehört, zeigt sich noch in anderer Weise. Bei vielen Menschen, die dem Glauben und der Kirche entfremdet sind, ist doch ein Überrest des Gebetes geblieben, der ihnen gar nicht bewußt ist. Es sind die Anrufe, in denen sie den Namen Gottes nennen, ohne aber dabei an Gott zu denken: Ach Gott! Gott sei Dank! Bei Gott! Gott bewahre! Gott weiß wie …, Gottlob! und viele andere. Alle diese Ausrufe sind in ihrem Ursprung Elemente des Gebetes. Bei Gottlob! und Gott sei Dank! ist das klar. Ach Gott! ist ein Flehen und so weiter. Man mag fragen, wie es kommt, daß diese Überbleibsel des Gebetes nicht absterben, daß sie aus der Umgangssprache auch völlig ungläubiger Menschen anscheinend nicht zu tilgen sind. Könnte es nicht sein, daß diese Überreste noch erkennen lassen, daß das Gebet etwas zum Menschsein Gehörendes ist?

Das kann auch ein anderer Tatbestand zeigen. In der Literatur einer völlig säkularisierten, Gott entfremdeten Kultur, in Erzählungen, Romanen, Dramen, aber auch in Zeitungen kommt das Gebet noch immer vor, hat das Gebet noch immer einen Ort. Allerdings nicht im Sinn des gottesdienstlichen, von festen Formen geprägten Gebetes, sondern in Rufen zu Gott, wie sie sich aus einer Situation, insbesondere auf Höhepunkten und in Tiefpunkten ergeben. Wenn Sie einmal beim Lesen darauf achten, werden Sie erstaunt sein, wie oft das der Fall ist.

Ich habe viel über diese beiden Tatbestände nachgedacht, in denen das Rufen zu Gott in einer von der Kirche und vom Glauben gelösten Weltlichkeit noch nachlebt. Es muß doch etwas daran sein, daß das Rufen zu Gott etwas zum Menschen Gehörendes ist. Und es muß uns nachdenklich machen, daß hier wie in den Psalmen das Rufen zu Gott aus dem Leben selbst erwächst.

Es ist mir daran aber auch klar geworden, daß das Beten der Christen und das der Gemeinden im Gottesdienst eine Aufgabe und eine Verheißung hat, die uns wohl nur selten bewußt ist: nämlich für die anderen, die nicht mehr beten können oder wollen, mitzubeten, also das Gebet nicht nur für uns, sondern für alle zu bewahren. Ich meine damit nicht nur das Fürbittegebet, sondern jedes Gebet, dort, wo es notwendig ist.

Was durch Christus anders geworden ist

Erst wenn wir diese Aufgabe des Gebetes in einer Gesellschaft, die nicht mehr betet, sehen, können wir die hohe Bedeutung der Fürbitte erkennen. An diesem Punkt können wir einen bestimmten Bestandteil der Psalmen nicht mehr zu unserem Gebet machen, weil in diesem Punkt durch das Wirken Christi etwas anders geworden ist. Das sind die gegen die Feinde gerichteten Bitten, die besonders in den Klagepsalmen sehr oft begegnen. Und zwar gilt das sowohl für die Psalmen der früheren Zeit, in der es in den Volksklagen um die Feinde des Volkes Israel geht, wie auch für die Klagen des Einzelnen in der späteren Zeit, in denen es um die Feinde des Beters geht, die Gottlosen, die Frevler. Hier hat sich etwas gewandelt durch das Leiden und Sterben Christi, das nicht nur für die Guten, sondern auch für die Bösen geschah, nicht nur für die Juden, sondern auch für die Heiden. Das Leiden und Sterben Christi geschah für alle Menschen; das erhielt seinen Ausdruck darin, daß Jesus vom Kreuz herab für seine Feinde bat, und im Gebot der Feindesliebe. Die Teile der Psalmen, in denen der Untergang der Gegner der Frommen von Gott erbeten wird, in denen Verachtung, Schmähung und Haß gegen die Feinde zum Ausdruck kommt, können unsere Gebete nicht mehr sein. Diese Teile der Psalmen können uns aber ständig daran erinnern, in wie hohem Maß Feindschaft in allen Bereichen menschlicher Gemeinschaft zum Menschsein gehört und daß wir selbst auch niemals ganz frei davon werden können. Sie können uns daran erinnern, daß auch in der Geschichte der christlichen Kirche das Vernichten des Gegners im Namen Gottes einmal bejaht wurde. Sie können uns immer wieder deutlich machen, daß die Fürbitte ohne alle Grenzen an die Stelle der Bitte gegen die Feinde getreten ist und etwas wie Großes das Werk Christi für alle Feindschaft zwischen Menschen bedeutet, welchen hohen Auftrag die Christenheit hierin für die Menschheit hat. Ich will nur auf eins hinweisen: Wenn einer in einem

Konflikt sich selbst und seine Seite für absolut gut und den Gegner für absolut schlecht hält, dann kann er kein Christ sein, solche totale Verdammung des Gegners kann nicht im Namen Gottes geschehen. Feindschaft, Gegnerschaft wird es immer zwischen Menschen und Menschengruppen geben; daran hat auch das Werk Christi nichts geändert. Anders ist durch ihn geworden, daß im Gebet Gott nicht mehr gegen die Feinde angerufen zu werden braucht; das Schicksal der Gegner und der Feinde wird damit allein in Gottes Hand gelegt.

Wenn in diesem einen Punkt das Gebet der Christen gegenüber dem des alten Gottesvolkes gewandelt ist, so bleibt doch das andere alles, das gleich geblieben ist im Rufen des Menschen zu Gott. Ich habe versucht, Ihnen zu zeigen, wie die Psalmen unser Gebet lebendiger und wirklichkeitsnäher machen können. Zum Abschluß erinnere ich Sie an einen Psalm, den Sie alle kennen, der von den Grenzen des Menschen und von Gottes Ewigkeit spricht. Dieser Psalm hat über die Jahrtausende seine Kraft bewahrt, angesichts des menschlichen Todesschicksals den Ausblick auf die Ewigkeit zu eröffnen:

Herr Gott, du warst unsere Zuflucht
von Geschlecht zu Geschlecht.
Ehe denn die Berge und die Welt erschaffen wurden,
bist du, Gott, von Ewigkeit zu Ewigkeit.

Du läßt die Menschen zum Staub zurückkehren
und sprichst: Kommt wieder, Menschenkinder!
Denn tausend Jahre sind vor dir
wie der gestrige Tag und wie eine Nachtwache.
(Psalm 90, 1–4)

Hinweis zu Seite 5–9
Der Abdruck des Beitrags »Das Beten der Psalmen und unser Beten« erfolgt mit freundlicher Genehmigung der Evangelischen Kirchengemeinde Sexau im Breisgau. Es handelt sich um einen Gemeindevortrag, den Prof. Dr. Claus Westermann anläßlich der Verleihung des »Sexauer Gemeindepreises für Theologie« am 26. 11. 1983 in der Evang. Kirche zu Sexau gehalten hat.

Gerne weisen wir auf die Hefte-Reihe »Sexauer Gemeindepreis für Theologie« hin, die bei der Evang. Kirchengemeinde, D-7831 Sexau i. Br., bezogen werden kann (je Heft DM 5,–, zuz. Porto). Heft 1 (1981): Prof. D. Hans Walter Wolff, »Wahre und falsche Propheten: im alten Testament und heute«. – Heft 2 (1982): Prof. Dr. Eduard Schweizer, »Lebendiger Geist – tote Kirche?«. – Heft 3 (1983): Prof. Dr. Claus Westermann, »Das Beten der Psalmen und unser Beten«. – Heft 4 (1984): Prof. D. D. Heribert Mühlen, »Umkehrliturgie – Weg zur Erneuerung der Gemeinden«. – Heft 5 (1985): Prof. Dr. Ernst Käsemann, »Die göttliche und die bürgerliche Gerechtigkeit«. – Heft 6 (1986): Bischof Dr. Werner Krusche, »Der welt-fremde Christ – Christliche Existenz in unserer Zeit«. – Heft 7 (1987): Prof. Dr. Jürgen Moltmann, »Das Leben der Christen in den Widersprüchen der modernen Gesellschaft«. – Heft 8 (1988): Prof. Dr. Jürgen Ebach, »Meine Zeiten in deiner Hand« – Alttestamentliche Erinnerungen zum Thema »Zeit«.

Wie ein Baum,
gepflanzt an Wasserbächen

1 Wohl dem Manne,
    der nicht wandelt im Rate der Gottlosen,
noch tritt auf den Weg der Sünder,
    noch sitzt im Kreise der Spötter,
2 sondern seine Lust hat an SEINEM Gesetz
    und über SEIN Gesetz sinnt Tag und Nacht.*

3 Der ist wie ein Baum, gepflanzt an Wasserbächen,
    der seine Frucht bringt zu seiner Zeit
und dessen Blätter nicht verwelken,
    und alles, was er tut, gerät ihm wohl.

4 Nicht so die Gottlosen;
    sondern sie sind wie die Spreu, die der Wind verweht.
5 Darum werden die Gottlosen nicht bestehen im Gericht,
    noch die Sünder in der Gemeinde der Gerechten.
6 Denn ER kennt den Weg der Gerechten;
    aber der Gottlosen Weg führt ins Verderben.

Wohl allen,
die ihm vertrauen

2 Warum toben die Völker
    und sinnen die Nationen vergebliche Dinge?

2 Könige der Erde stehen auf,
    und Fürsten ratschlagen miteinander
wider IHN und seinen Gesalbten:
3 »Laßt uns zerreißen ihre Bande
    und von uns werfen ihre Fesseln!«

4 Der im Himmel thronet, lacht,
    der Herr spottet ihrer.
5 Alsdann redet er sie an in seinem Zorn,
    und in seinem Grimme schreckt er sie:
6 »Habe doch ich meinen König eingesetzt
    auf Zion, meinem heiligen Berge!«

7 Kundtun will ich den Beschluß des Herrn:
    ER sprach zu mir: »Mein Sohn bist du;
    ich habe dich heute gezeugt.

Initiale »B« (BEATUS VIR) zu Psalm 1, aus dem Münchner Psalter, nach 1200

11

8 Heische von mir, so gebe ich dir Völker zum Erbe,
   die Enden der Erde zum Eigentum.
9 Du magst sie zerschlagen mit eisernem Stabe,
   magst sie zerschmeißen wie Töpfergeschirr.«

10 Nun denn, ihr Könige, werdet weise,
    lasset euch warnen, ihr Richter auf Erden!
11 Dienet IHM mit Furcht,
    und mit Zittern küsset seine Füße,
12 daß er nicht zürne
    und euer Weg nicht ins Verderben führe;
    denn leicht könnte sein Zorn entbrennen.
    Wohl allen, die ihm vertrauen!

Wie sind meiner Feinde
so viel

3 [Ein Psalm Davids, als er
vor seinem Sohne Absalom floh.*]

2 Ach, DU, wie sind meiner Feinde so viel!
   wie viele, die wider mich aufstehen!
3 Viele sagen von mir:
   »Er hat keine Hilfe bei Gott.« [Sela.]*

4 Aber DU bist mir Schild und Ehre,
   du hebst mein Haupt empor.
5 Laut rufe ich zu IHM,
   und er erhört mich von seinem heiligen Berge. [Sela.]

6 Ich lag und schlief;
   nun bin ich erwacht, denn ER stützt mich.
7 Ich fürchte mich nicht vor viel Tausenden Volkes,
   die rings wider mich sich gelagert haben.

8 Stehe auf, DU, hilf mir, mein Gott!
   denn du zerschlägst all meinen Feinden den Backen,
   der Gottlosen Zähne zerschmetterst du.

9 Bei IHM ist die Hilfe,
   dein Segen über deinem Volke. [Sela.]

Dieter Franck, Psalmenlandschaft 2, 1970

Du hilfst mir,
daß ich sicher wohne

4 [Für den Chormeister, mit Saitenspiel.*
Ein Psalm Davids.]

2 Wenn ich rufe, erhöre mich,
   Gott meines Rechtes!
 Der du in Drangsal mir Raum geschafft,
   sei mir gnädig und erhöre mein Gebet!

3 Ihr Männer, wie lange noch bleibt meine Ehre geschändet,
   liebet ihr Eitles und trachtet nach Lüge?
4 Erkennet doch, daß ER mir wunderbare Huld geschenkt hat.
   ER hört, wenn ich zu ihm rufe.
5 Mögt ihr zürnen, nur sündiget nicht;
   möget ihr murren bei euch selbst auf eurem Lager,
 nur verhaltet euch ruhig! [Sela.]

6 Bringet die rechten Opfer
   und hofft auf IHN!

7 Viele sagen: »Wer erzeigt uns Gutes?«
   Erhebe DU über uns das Licht deines Angesichtes.
8 Du hast mir größere Freude ins Herz gegeben,
   als sie haben bei der Fülle von Korn und Wein.
9 Im Frieden will ich mich niederlegen und einschlafen zumal;
   denn du allein, DU, hilfst mir, daß ich sicher wohne.

Frühe vernimmst du
meine Stimme

5 [Für den Chormeister, zum Flötenspiel.
Ein Psalm Davids.]

2 Vernimm meine Worte, Du,
   merke auf mein Seufzen!
3 Horch auf mein Schreien, du mein König und mein Gott,
   denn ich will zu dir beten.
4 Du, frühe vernimmst du meine Stimme;
   frühe rüste ich dir ein Opfer und spähe aus.

5 Denn du bist nicht ein Gott, dem gottloses Wesen gefällt;
   wer böse ist, darf nicht bei dir weilen.
6 Prahler dürfen nicht vor deine Augen treten;
   du hassest alle Übeltäter.
7 Umkommen lässest du die Lügner;
   Mörder und Falsche sind Dir ein Greuel.

8 Ich aber darf durch deine große Gnade eingehen in dein Haus,
   darf in Ehrfurcht anbeten vor deinem heiligen Tempel.
9 Du, leite mich in deiner Gerechtigkeit
   um meiner Feinde willen;
   ebne vor mir deinen Weg.

10 Denn in ihrem Munde ist nichts Aufrichtiges;
    ihr Inneres sinnt Verderben;
   ihre Kehle ist ein offenes Grab,
    und glatt ist ihre Zunge.
11 Laß sie büßen, o Gott,
    laß sie fallen durch ihre Anschläge.
   Ob der Menge ihrer Sünden verstoße sie;
    denn sie lehnen sich auf wider dich.

12 Aber laß sich freuen alle, die auf dich trauen,
    laß sie jubeln immerdar;
   du wollest sie beschirmen,
    daß jauchzen über dich, die deinen Namen lieben.
13 Denn Du segnest den Gerechten;
    wie mit einem Schilde deckst du ihn mit deiner Gnade.

Ich bin müde geworden
von meinem Seufzen

6 [Für den Chormeister, auf achtsaitigem Instrument.*
Ein Psalm Davids.]

2 Du, strafe mich nicht in deinem Zorne
und züchtige mich nicht in deinem Grimme.
3 Sei mir gnädig, Du, denn ich verschmachte:
heile mich, Du, denn meine Gebeine sind erschrocken,
4 tief erschrocken meine Seele.
Du aber, Du, wie lange –?

5 Kehre wieder, Du, errette mein Leben;
hilf mir um deiner Gnade willen,
6 Denn im Tode gedenkt man deiner nicht;
wer wird in der Unterwelt dich preisen?

7 Ich bin müde geworden von meinem Seufzen;
die ganze Nacht tränke ich mein Bette,
feuchte mein Lager mit meinen Tränen.
8 Mein Auge schwindet hin vor Gram,
ist trübe geworden ob all meinen Drängern.

9 Weichet von mir, ihr Übeltäter alle,
denn ER hat mein lautes Weinen gehört,
10 ER hat mein Flehen gehört,
ER nimmt an mein Gebet.
11 Es werden zuschanden, es erschrecken alle meine Feinde;
und abermals werden sie zuschanden im Nu.

O DISTIOMNESQUIODE
RANTURINIQUITATE
PERDESOMNESQUILO
QUUNTURMENDATIU
U IRUMSANGUINUMET
DOLOSUMABOMINA
BITURDNS EGOAUTEM
INMULTITUDINEMISE
RICORDIAETUAE
I NTROIBOINDOMUM
TUAM ADORABOADTE
PLUMSCMTUUMIN
TIMORETUO
D NEDEDUCMEINIUSTI

TIATUAPROPTERINIMI
COSMEOS DIRIGEIN
CONSPECTUMEOUIATUA
q NMNONESTINOREE
ORUMUERITAS COR
EORUMUANUMEST
S EPULCHRUMPATENEST
GUTTUREORUM LIN
GUISSUISDOLOSEAGE
BANT IUDICAILLOSDS
D ECIDANTACOGITATI
ONIBUSSUIS SECUN
DUMMULTITUDINEM
IMPIETATUMEORUM

PSALMUSDAUID

EXDELLEEOS QMIRRI
TAUERUNTTEDNE
E TLETENTUROMNESQUI
SPERANTINTE INAE
TERNUMEXULTABUNT
ETHABITABISINEIS
E TGLORIABUNTURIN
TEOMNESQUIDILI
GUNTNOMENTUUM
QMTUBENEDICESTU
IUSTO
D NEUTSCUTOBONE
UOLUNTATIS
CORONASTINOS

PRO OCTAUA

D NENEINFURO
RETUOARGUASME
NEQUEINIRATUA
CORRIPIASME
M ISEREREMEIDNE
QNMINFIRMUSSU

SANAMEDNEQNM
CONTURBATASUNT
OSSAMEA
E TANIMAMEATURBA
TAESTUALDE ETTU
DNEUSQUEQUO

C ONUERTEREDNEERI
PEANIMAMMEAM
SALUUMMEFACPROP
TERMISERICORDIAM
TUAM
q NMNONESTINMORTE

Illustration zu Psalm 6, Utrecht-Psalter, 9. Jh.

Erhebe dich
und wache auf, mein Gott

7 [Ein Klagelied Davids, das er IHM
sang wegen des Benjaminiten Kusch.]

2 DU, mein Gott, bist meine Zuflucht;
    hilf mir vor meinem Verfolger und errette mich,
3 daß er mich nicht zerreiße wie ein Löwe,
    da kein Helfer ist und kein Erretter.

4 DU, mein Gott, habe ich das getan,
    ist Unrecht an meinen Händen,
5 habe ich dem Böses getan, der mit mir friedsam gelebt,
    und den bedrückt, der mich ohne Ursache bedrängt hat,
6 so verfolge der Feind mich und hole mich ein,
    trete zu Boden mein Leben und lege in den Staub meine Ehre!

7 Stehe auf, DU, in deinem Zorne,
    erhebe dich wider den Grimm meiner Feinde
    und wache auf, mein Gott, der du Gericht bestellt hast!
8 Laß die Schar der Völker sich um dich sammeln,
    und throne über ihr in der Höhe!
9 ER richtet die Völker,
    Schaffe mir Recht, DU, nach meiner Gerechtigkeit
    und nach der Unschuld, die in mir ist!
10 Mache ein Ende der Bosheit der Gottlosen
    und festige den Gerechten;
    der du prüfest die Herzen und Nieren, gerechter Gott!

11 Meinen Schild hält Gott,
    der denen hilft, die aufrichtigen Herzens sind.
12 Gott ist ein gerechter Richter
    und ein Gott, der täglich straft.

13 Fürwahr, wieder schärft der Feind sein Schwert,
    spannt seinen Bogen und zielt;
14 aber sich selbst nur rüstet er die Todeswaffen
    und macht er seine Pfeile zu brennenden.
15 Siehe, Frevel trägt er in sich,
    geht mit Unheil schwanger, und Trug wird er gebären.
16 Er gräbt eine Grube und höhlt sie aus;
    doch er stürzt in die Grube, die er gemacht.
17 Sein Frevel kommt zurück auf sein Haupt,
    auf seinen Scheitel seine Untat.

18 Ich will IHM danken nach seiner Gerechtigkeit
    und will lobsingen dem Namen Gottes, des Höchsten.

David beim Harfenspiel, aus einer hebräischen Handschrift, 13. Jh.

19

Wenn ich schaue
das Werk deiner Finger

8 [Für den Chormeister, nach dem Kelterlied.
Ein Psalm Davids.]

2 DU, unser Herrscher,
   wie herrlich ist dein Name in allen Landen!

Einzug in Jerusalem (zu Ps 8,3), Stuttgarter Psalter, 9. Jh.

3 Besingen will ich deine Hoheit über dem Himmel
   mit dem Munde des Unmündigen und Säuglings.
   Eine Feste hast du dir gegründet
      um deiner Widersacher willen,
   daß du zum Schweigen bringest
      den Feind und den Rachgierigen.*

4 Wenn ich schaue deine Himmel,
   das Werk deiner Finger,
 den Mond und die Sterne,
   die du hingesetzt hast:
5 Was ist doch der Mensch, daß du seiner gedenkst?
   und des Menschen Kind, daß du dich seiner annimmst?
6 Du machtest ihn wenig geringer als Engel,
   mit Ehre und Hoheit kröntest du ihn.

7 Du setztest ihn zum Herrscher über das Werk deiner Hände,
   alles hast du ihm unter die Füße gelegt:
8 Schafe und Rinder allzumal,
   dazu auch die Tiere des Feldes,

Der Schöpfer, der Mensch und die Tiere (zu Ps 8,6–9), Stuttgarter Psalter, 9. Jh.

9 die Vögel des Himmels, die Fische im Meere,
   was da die Pfade der Fluten durchzieht.

10 Du, unser Herrscher,
   wie herrlich ist dein Name in allen Landen!

Sei mir gnädig
siehe, wie elend ich bin

9 [Für den Chormeister, nach der Weise
»Stirb für den Sohn!«. Ein Psalm Davids.]

2 Ich will Dir danken von ganzem Herzen,
   will alle deine Wunder erzählen.
3 Ich will mich deiner freuen und frohlocken,
   will deinem Namen lobsingen, o Höchster,
4 daß meine Feinde zurückgewichen,
   daß sie gefallen und vergangen sind
   vor deinem Angesichte;
5 denn du hast mein Recht und meine Sache geführt,
   du hast zu Gerichte gesessen, ein gerechter Richter.

6 Du hast die Heiden bescholten, die Gottlosen vernichtet;
   du hast ihren Namen vertilgt auf immer und ewig.
7 Der Feind – ewig stumm sind seine Trümmer;
   die Städte, die zu zerstört – dahin ist ihr Gedächtnis.

8 Aber Er thront ewiglich;
   er hat seinen Thron zum Gerichte aufgestellt.
9 Und er richtet den Erdkreis mit Gerechtigkeit,
   er spricht Recht den Völkern mit Billigkeit.
10 So ist Er eine Burg des Bedrückten,
   eine Burg zu den Zeiten der Not.

11 Darum vertrauen auf dich, die deinen Namen kennen;
    denn du verlässest nicht, die dich suchen, Du!
12 Singet Ihm, der auf Zion thront;
    verkündigt seine Taten unter den Völkern.
13 Denn er, der Blutschuld rächt, hat ihrer gedacht,
    hat nicht vergessen das Geschrei der Elenden.

14 Sei mir gnädig, Du,
    siehe, wie elend ich bin durch meine Hasser,
    der du mich erhebst aus den Pforten des Todes,
15 auf daß ich all dein Lob erzähle,
    in den Toren der Tochter Zion frohlocke ob deiner Hilfe.
16 Die Heiden sind versunken in die Grube, die sie bereitet;
    in dem Netze, das sie gestellt, hat sich ihr Fuß gefangen.
17 Kundgetan hat Er sich, hat Gericht geübt;
    in dem Werke seiner Hände ist der Gottlose verstrickt.
    [Zwischenspiel. Sela]

18 Die Gottlosen müssen ins Totenreich kehren,
    alle Heiden, die Gottes vergessen.
19 Denn nicht auf immer bleibt der Arme vergessen,
    nicht ist die Hoffnung der Elenden ewig verloren.
20 Stehe auf, Du, daß nicht der Mensch obsiege,
    daß die Heiden vor dir gerichtet werden.
21 Lege, Du, einen Schrecken auf sie;
    es sollen die Heiden erkennen, daß sie Menschen sind.
    [Sela.]

AN DEN CHASSID BARKAN

Als wir sangen, kamst du,
botest den Gruß, nach den Schwalben
sahst du. Wir hörten im Schatten
mittags den Alten,
ihren Seufzern und Flüchen zu.

Über den Berg
kamst du. So kamen immer
eure Männer, umwachsen
wie mit den Bärten eisern
mit ihren Namen, aber
die Locke leicht und die Füße
heiter, im Tanz, vom brennenden
Dornbusch, von einem Strom
(an den Weiden hingen die Harfen).

Geh nicht fort. Die Zeit
kommt auf, deine Pfade zu lieben,
inne zu werden des tiefen
Dunkels um Wälder und Ströme,
auszusäen mit Tränen,
zu ernten fröhlich.

Johannes Bobrowski

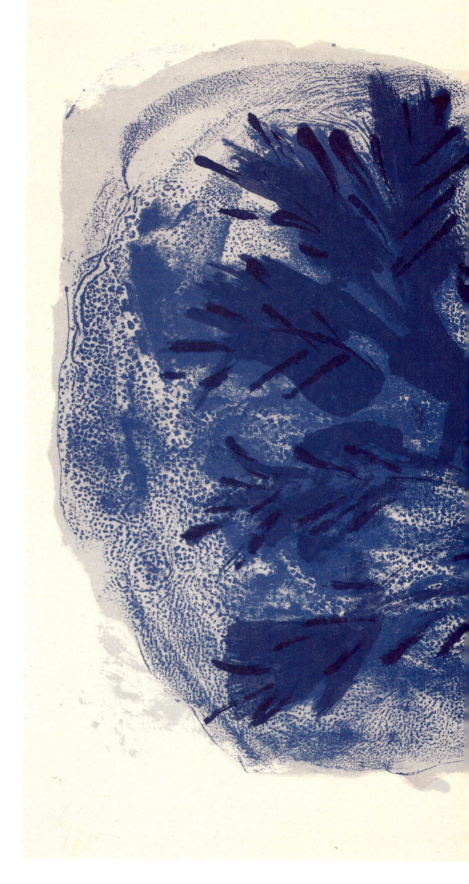

Aus: Johannes Bobrowski, Schattenland Ströme,
Deutsche Verlagsanstalt GmbH, Stuttgart 1962.

Bild S. 24/25: Marc Chagall, König David beim
Harfenspiel, aus: VERVE-Bibel I, 1956

Mar. Chagall

Warum verbirgst du dich
zu den Zeiten der Not?

10 Warum, Du, stehst du ferne,
verbirgst dich zu den Zeiten der Not?

2 Ob dem Hochmut der Gottlosen ängstigt sich der Elende.
  Sie sollen sich fangen in den Ränken, die sie erdacht haben.
3 Denn der Gottlose preist sein Gelüsten,
  wohl läßt sich's sein der Räuber.
  Es verachtet Ihn der Gottlose in seinem Hochmut.
4 »Er ahndet's nicht! es ist kein Gott!«
  sind alle seine Gedanken.
5 Sein Tun gelingt zu aller Zeit.
  Hoch droben, fern von ihm, sind deine Gerichte;
  alle seine Feinde, er bläst sie verächtlich an.
6 Er spricht in seinem Herzen: Ich werde nimmer wanken;
  es hat keine Not für und für.
7 Von Fluch ist sein Mund erfüllt, von Falschheit und Gewalttat;
  unter seiner Zunge ist Verderben und Unheil.
8 Er liegt auf der Lauer in den Gehöften,
  im Verborgenen erwürgt er den Unschuldigen,
  seine Augen spähen nach dem Armen.
9 Er lauert im Verborgenen wie ein Löwe im Dickicht;
  er lauert, daß er den Elenden erhasche;
  er fängt den Elenden, indem er sein Netz zuzieht.
10 Er duckt sich, kauert nieder,
  und durch seine Pranken fallen die Unglücklichen.
11 Er spricht in seinem Herzen: Gott hat es vergessen,
  er hat sein Angesicht verborgen, er sieht es nimmermehr.

12 Stehe auf, Du, mein Gott,
  erhebe deine Hand, vergiß nicht der Elenden!
13 Warum darf der Frevler Gott verachten
  und bei sich denken, du ahndest es nicht?
14 Du siehst es wohl, du schaust
  auf das Elend und den Jammer, daß du's in deine Hand nehmest;
  dir befiehlt es der Arme,
  ein Helfer bist du der Waise.
15 Zerbrich den Arm des Gottlosen und Bösen;
  ahnde seine Missetat, daß man nichts mehr von ihm findet.

16 Er ist König immer und ewig;
  die Heiden sind aus seinem Lande verschwunden.
17 Das Sehnen der Dulder hast du erhört, Du;
  du achtest darauf, du neigest dein Ohr,
18 Recht zu schaffen der Waise und dem Gedrückten;
  nicht soll ferner Schrecken verbreiten ein Mensch von der Erde.

Die Redlichen
schauen sein Angesicht

11 [Für den Chormeister.
Von David.]

1 ER ist meine Zuflucht!
    Wie sagt ihr denn zu mir:
    »Flieh nach den Bergen wie ein Vogel!
2 Denn siehe da die Gottlosen! sie spannen den Bogen
    und legen den Pfeil auf die Sehne,
  daß sie im Dunkel schießen
    auf die, die aufrichtigen Herzens sind.
3 Wenn die Pfeiler [der Rechtsordnung] stürzen,
    was hat der Gerechte ausgerichtet?«

4 ER ist in seinem heiligen Palaste,
    SEIN Thron ist im Himmel;
  seine Augen sehen herab auf die Erde,
    seine Wimpern prüfen die Menschenkinder.
5 ER prüft den Gerechten und den Gottlosen,
    und den, der Frevel liebt, haßt seine Seele.
6 Er läßt regnen über die Gottlosen Feuerkohlen und Schwefel,
    und Glutwind ist der Trank, den er ihnen zuteilt.

7 Denn ER ist gerecht, er hat Gerechtigkeit lieb;
    die Redlichen schauen sein Angesicht.

Verschwunden ist die Treue
unter den Menschenkindern

12 [Für den Chormeister,
auf achtsaitigem Instrument. Ein Psalm Davids.]

2 Hilf, DU, denn dahin ist der Fromme,
  verschwunden die Treue unter den Menschenkindern.
3 Lügen reden sie einer zum andern;
  mit glatter Zunge, mit doppeltem Herzen reden sie.

4 ER wolle ausrotten alle falschen Lippen
  und die Zunge, die hochfahrend redet.
5 Die da sagen: Durch unsre Zunge sind wir gewaltig;
  unser Mund ist für uns, wer will uns meistern?

6 Weil denn die Elenden unterdrückt werden
  und die Armen seufzen,
so will ich mich nun aufmachen, spricht ER;
  ich will Heil schaffen dem, den man verachtet.

7 SEINE Reden sind lautere Reden,
  sind Silber, im Tiegel zu Boden geschmolzen,
  siebenfach geläutert.
8 DU, du wollest uns bewahren,
  du wollest uns beschützen vor diesem Geschlecht auf ewig.
9 Ringsum wandeln die Gottlosen,
  wenn Gemeinheit emporkommt unter den Menschenkindern.

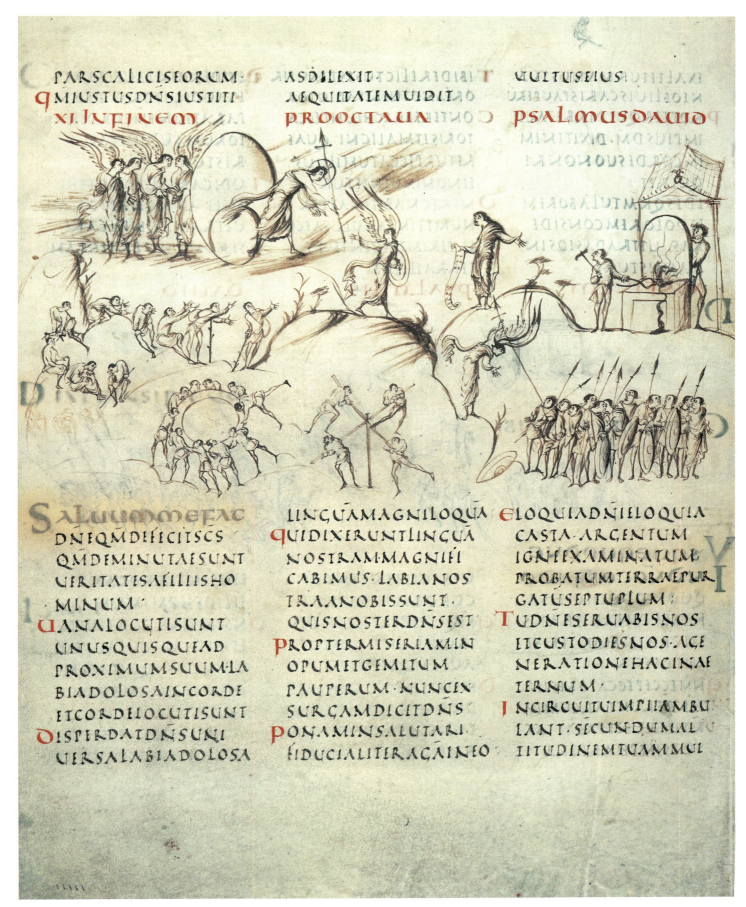

PARSCALICISEORUM
qMIUSTUSDNSIUSTITI
XI INFINEM

ASDILEXIT
AEQUITATEMUIDIT
PROOCTAUA

UULTUSEIUS

PSALMUSDAUID

SALUUMMEFAC
DNIEQMDEFICITSCS
QMDEMINUTAESUNT
UERITATISAFILIISHO
MINUM
UANALOCUTISUNT
UNUSQUISQUEAD
PROXIMUMSUUMLA
BIADOLOSAINCORDE
ETCORDELOCUTISUNT
DISPERDATDNSUNI
UERSALABIADOLOSA

LINGUAMAGNILOQUA
qUIDIXERUNTLINGUA
NOSTRAMMAGNIFI
CABIMUS LABIANOS
TRAANOBISSUNT
QUISNOSTERDNSEST
PROPTERMISERIAMIN
OPUMETGEMITUM
PAUPERUM NUNCEX
SURGAMDICITDNS
PONAMINSALUTARI
FIDUCIALITERAGAINEO

ELOQUIADNILLOQUIA
CASTA ARCENTUM
IGNIEXAMINATUM
PROBATUMTERRAEPUR
GATUSEPTUPLUM
TUDNESERUABISNOS
ETCUSTODIESNOS ACE
NERATIONEHACINAE
TERNUM
INCIRCUITUIMPIIAMBU
LANT SECUNDUMALTI
TUDINEMTUAMMUL

Illustration zu Psalm 12, Utrecht-Psalter, 9. Jh.

Wie lange verbirgst du
dein Antlitz vor mir?

13 [Für den Chormeister.
Ein Psalm Davids.]

2 Wie lange, DU, willst du meiner so ganz vergessen?
   Wie lange verbirgst du dein Antlitz vor mir?
3 Wie lange soll ich Schmerzen hegen in meiner Seele,
   Kummer im Herzen Tag und Nacht?
   Wie lange soll sich mein Feind über mich erheben?

4 Schaue her, erhöre mich, DU, mein Gott!
   Mache hell meine Augen,
   daß ich nicht zum Tode entschlafe,
5 daß nicht mein Feind sich rühme:
   »Ich habe ihn überwältigt!«
   Meine Widersacher jubeln, daß ich wanke.

6 Ich aber vertraue deiner Gnade.
   Es frohlocke mein Herz ob deiner Hilfe!
   Singen will ich IHM,
   daß er mir Gutes getan.

VSQUEQUODNE
OBLIUISCERISMEINEI
NEM·USQUEQUOAUER
TISFACIEMTUAMAME:
QUAMDIUPONAMCON
SILIAINANIMAMEA·
DOLOREINCORDEMEO
PERDIEM
USQUEQUOEXALTABIT
INIMICUSMEUSSUPER

ME·RESPICEETEXAUDI
MEDNEDSMEUS·
INIUMINAOCULOSME
OSNEUMQUAOBDOR
MIAMINMORTE·NE
QUANDODICATINIMI
CUSMEUSPRAEUALUI
ADUERSUSEUM
QUITRIBULANTMEEXUL
TABUNTSIMOTUS

FUERO·EGOAUTEMIN
MISERICORDIATUA
SPERAUI·
EXULTABITCORMEUM
INSALUTARITUO·
CANTABODNOQUIBO
NATRIBUITMIHI
ETPSALLAMNOMINI
DNIALTISSIMI

Er schaut vom Himmel herab
auf die Menschenkinder

14 [Für den Chormeister.
Von David.]

1 Die Toren sprechen in ihrem Herzen:
  »Es ist kein Gott.«
Verderbt, abscheulich handeln sie;
  keiner ist, der Gutes tut.
2 ER schaut vom Himmel herab auf die Menschenkinder,
  daß er sehe, ob ein Verständiger da sei, der nach Gott frage.
3 Alle sind sie entartet und miteinander verdorben;
  keiner ist, der Gutes tut, auch nicht einer.

4 Haben denn keinen Verstand die Übeltäter,
  die mein Volk verzehren?
  Sie essen SEIN Brot und rufen ihn nicht an.
5 Da trifft sie gewaltiger Schrecken,
  denn Gott ist bei dem Geschlecht der Gerechten.
6 Ihr wollt zuschanden machen den Trost des Elenden,
  daß ER seine Zuflucht ist.

7 O daß von Zion die Hilfe für Israel käme!
  Wenn ER wendet seines Volkes Geschick,
  wird Jakob frohlocken, Israel fröhlich sein.

Wer darf Gast sein
in deinem Zelte?

15 [Ein Psalm Davids.]
DU, wer darf Gast sein in deinem Zelte?
  Wer darf weilen auf deinem heiligen Berge?

2 Der unsträflich wandelt und Gerechtigkeit übt
  und die Wahrheit redet von Herzen,
3 der nicht verleumdet mit seiner Zunge
  und seinem Nächsten kein Arges tut
  und keine Schmähung ausspricht wider den Nachbar;
4 der den Verworfenen verachtet,
  aber die Gottesfürchtigen ehrt:
  der Wort hält, auch wenn er sich zum Schaden geschworen;
5 der sein Geld nicht um Zins gibt
  und nicht Bestechung annimmt wider den Unschuldigen.
  Wer das tut, wird nimmer wanken.

le fol a dit en son cuer.

Narr vor König David (zu Ps 14), aus dem Psalter Karls VIII., spätes 15. Jh.

Du gibst mein Leben nicht
dem Tode preis

16 [Ein Lied Davids.]
Bewahre mich, o Gott,
    denn ich vertraue auf dich.

2 Ich spreche zu IHM: »Du bist mein Herr;
    es gibt für mich kein Glück außer dir.«
3 Die Heiligen, die im Lande sind, sie sind die Herrlichen,
    an denen ich mein Wohlgefallen habe.
4 Viel sind der Schmerzen derer,
    die andern [Göttern] nacheilen.
  Ich aber werde ihnen nimmer Trankopfer von Blut spenden,
    noch ihren Namen auf meine Lippen nehmen.

5 DU bist mein Erb' und mein Teil,
    du lenkst mein Geschick.
6 Mein Los ist mir an lieblicher Stätte gefallen;
    ja, mein Erbe gefällt mir wohl.
7 Ich preise IHN, der mich beraten;
    auch des Nachts mahnt mich mein Inneres.

8 Ich habe IHN allezeit vor Augen;
    steht er mir zur Rechten, so wanke ich nicht.
9 Darum freut sich mein Herz und frohlockt meine Seele,
    auch mein Leib wird sicher wohnen.
10 Denn du gibst mein Leben nicht dem Tode preis
    und lässest deinen Frommen nicht die Grube schauen.

11 Du weisest mir den Pfad des Lebens:
    Fülle der Freuden vor deinem Angesicht
    und Wonnen in deiner Rechten ewiglich.

ERITDNSCAPTIUITATEM PLEBISSUAE EXULTABIT IACOB

XIIII NECFECITPROXIMOSUO ETMUNERASUPER
BITINTABERNA MALUM ETOBPROBRIU INNOCENTES
CULOTUO AUTQUIS NONACCEPITADUER NONACCEPIT
REQUIESCETINMONTE SUSPROXIMOSSUOS QUIFACITHAEC NON
SCOTUO ADNIHILUMDEDUCTUS MOUEBITURINAE
QUIINGREDITURSINE ESTINCONSPECTUEIUS TERNUM
MACULA ETOPERATUR MALIGNUS TIMENTES
IUSTITIAM AUTEMDNMGLORIFICAT
QUILOQUITURUERITA QUIIURATPROXIMO
TEMINCORDISUO SUOETNONDECEPIT
QUINONEGITDOLU QUIPECUNIAMSUA
INLINGUASUA NONDEDITADUSURA

Illustration zu Psalm 15 (oben) und zu Psalm 16 (unten), Utrecht-Psalter, 9. Jh.

Ich will mich sättigen
an deinem Bilde

17 [Ein Gebet Davids.]
Höre, Du, gerechte Sache,
merke auf mein Flehen;
vernimm mein Gebet von Lippen ohne Falsch.

2 Von dir geht aus mein Recht;
deine Augen schauen Rechtschaffenheit.
3 Prüfst du mein Herz, siehest nach bei Nacht,
erprobst du mich, du triffst kein Arges;
mein Mund vergeht sich nicht.
4 Im Blick auf den Lohn, den der Mensch empfängt,
habe ich, nach dem Wort deiner Lippen,
mich bewahrt vor den Wegen des Gewalttätigen.
5 Mein Schritt hält sich in deinen Geleisen;
nicht wankten meine Tritte.

6 Ich rufe dich an, denn du erhörst mich, o Gott;
neige dein Ohr zu mir, vernimm meine Rede.
7 Beweise deine wunderbare Güte, du Heiland derer,
die vor den Widersachern sich deiner Rechten vertrauen.
8 Behüte mich wie den Stern im Auge,
im Schatten deiner Flügel wollest du mich bergen
9 vor den Gottlosen, die mich verderben,
meinen Todfeinden, die mich umringen.

10 Ihr Herz haben sie verschlossen,
hochfahrend redet ihr Mund.
11 Sie lauern mir auf, jetzt umstellen sie mich;
ihr Trachten ist, zu Boden zu strecken,
12 dem Löwen gleich, der begierig ist, zu zerreißen,
dem Jungleu, der im Versteck haust.

13 Stehe auf, Du, tritt ihm entgegen,
wirf ihn nieder, rette mein Leben
vor dem Gottlosen durch dein Schwert,
14 vor den Männern durch deine Hand, Du,
vor den Männern, deren Teil von der Welt ist, ihr Leben lang,
deren Bauch du füllst mit deinen Gütern, daß sie satt werden,
und die den Kindern ihren Überfluß hinterlassen.

15 Ich aber will in Gerechtigkeit dein Angesicht schauen,
will mich sättigen, wenn ich erwache, an deinem Bilde.

Alexej Jawlensky, Meditation »Das Gebet«, 1922

Mit meinem Gott
überspringe ich Mauern

18 [Für den Chormeister.
Von David, SEINEM Knecht, der IHM die Worte
dieses Liedes sang zur Zeit, als ER ihn aus der Hand
aller seiner Feinde und aus der Hand Sauls
errettet hatte;* er sprach:]

2 Ich liebe dich, DU, meine Stärke!
3 ER ist mein Fels und meine Burg und mein Erretter,
    mein Gott, mein Hort, auf den ich mich verlasse,
    mein Schild und meines Heiles Horn und meine Zuflucht.
4 Gepriesen, rufe ich, sei ER;
    so werde ich vor meinen Feinden errettet.

5 Mich hatten die Wogen des Todes umfangen,
    und die Bäche des Verderbens erschreckten mich;
6 die Bande der Unterwelt umstrickten mich,
    auf mich fielen die Schlingen des Todes.
7 Als ich in Angst war, rief ich IHN an
    und schrie zu meinem Gott;
  da hörte er meine Stimme von seinem Tempel,
    und mein Schreien drang an sein Ohr.

8 Da wankte und schwankte die Erde,
    und die Grundfesten der Erde erbebten; sie wankten,
    denn er war zornentbrannt.
9 Rauch stieg auf in seiner Nase,
    verzehrendes Feuer ging aus seinem Munde,
    glühende Kohlen sprühten aus ihm.

10 Er neigte den Himmel und fuhr herab,
    Wolkendunkel unter seinen Füßen.
11 Er fuhr auf dem Cherub und flog daher
    und schwebte auf Flügeln des Windes.
12 Er machte Finsternis zu seiner Hülle,
    dunkle Wasser und dichte Wolken
    rings um sich her zu seinem Gezelt.

13 Aus dem Glanz vor ihm brach sein Gewölk,
    Hagel und glühende Kohlen.
14 Da donnerte ER im Himmel,
    der Höchste ließ seine Stimme erschallen.
15 Er schoß seine Pfeile und streute sie,
    er schleuderte Blitze und jagte sie.

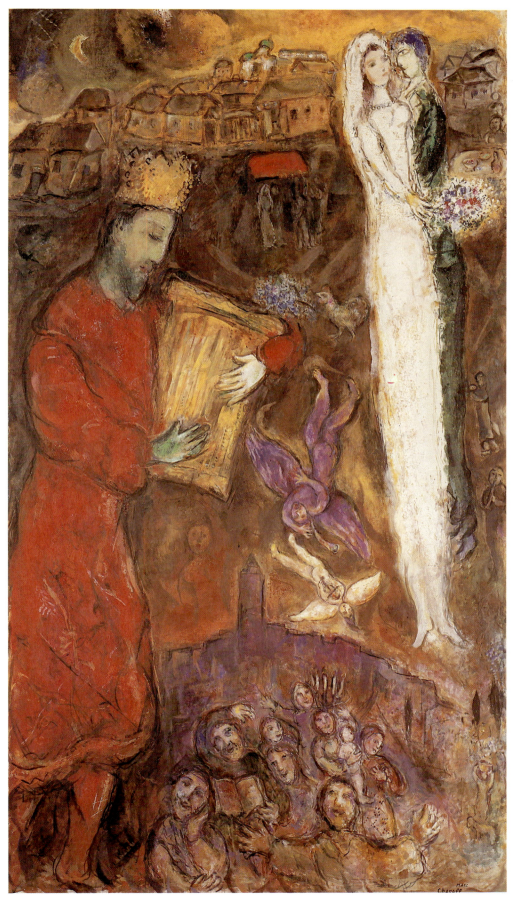

Marc Chagall, König David, 1962/63

16 Da sah man das Bette des Meeres,
  und aufgedeckt wurden die Gründe der Erde
 vor deinem Schelten, Du,
  vor dem Schnauben deiner Nase.

17 Er langte herab aus der Höhe, ergriff mich,
  zog mich aus großen Wassern,
18 entriß mich meinem mächtigen Feinde,
  meinen Hassern, denn sie waren mir zu stark.
19 Sie überfielen mich an meinem Unglückstage,
  doch Er ward meine Stütze
20 und führte mich heraus ins Weite,
  befreite mich, weil er Gefallen hat an mir.

21 Er tat mir nach meiner Gerechtigkeit,
  nach der Reinheit meiner Hände vergalt er mir;
22 denn ich hielt Seine Wege,
  fiel nicht frevelnd ab von meinem Gott.
23 Denn alle seine Rechte hatte ich vor Augen,
  und seine Satzungen tat ich nicht von mir.
24 Ich war unsträflich gegen ihn
  und hütete mich vor meiner Sünde.
25 Darum vergalt Er mir nach meiner Gerechtigkeit,
  nach der Reinheit meiner Hände vor seinen Augen.
26 Gegen den Frommen zeigst du dich fromm,
  gegen den Redlichen redlich;
27 gegen den Reinen zeigst du dich rein,
  gegen den Verkehrten verkehrt.

28 Ja, du hilfst gedrücktem Volke,
  doch hochfahrenden Sinn demütigst du.
29 Ja, du lässest meine Leuchte strahlen,
  Er mein Gott, erhellt meine Nacht.
30 Ja, mit dir zerbreche ich Wälle,
  mit meinem Gott überspringe ich Mauern.
31 Gottes Weg ist unsträflich,
  und Sein Wort ist lauter;
  Schild ist er allen, die auf ihn vertrauen.

32 Denn wer ist Gott als nur Er?
  wer ist Fels außer unserm Gott?
33 – dem Gott, der mich mit Kraft umgürtet
  und ebene Bahn mir schafft,
34 der meine Füße gleich den Hinden macht
  und mich auf Höhen stellt,
35 der meine Hände den Streit lehrt
  und meinen Arm, den ehernen Bogen zu spannen.

36 Du reichst mir den Schild deiner Hilfe,
   deine Rechte stützt mich,
   deine Güte macht mich groß.
37 Weiten Raum schaffst du meinen Schritten,
   und meine Knöchel wanken nicht.

38 Ich jage meinen Feinden nach, erreiche sie
   und kehre nicht wieder, bis ich sie vertilgt;
39 ich schmettre sie nieder, sie stehen nicht mehr auf
   und fallen unter meine Füße.
40 Du umgürtest mich mit Kraft zum Streite,
   beugst unter mich, die sich wider mich erheben.
41 Du schaffst, daß meine Feinde vor mir fliehen,
   und die mich hassen, vertilge ich.
42 Sie schreien um Hilfe – da ist kein Helfer –
   zu IHM – doch er erhört sie nicht.
43 Und ich zermalme sie wie Staub vor dem Winde,
   schütte sie aus wie Kot auf den Gassen.

44 Du rettest mich aus Volkskämpfen,
   du setzest mich zum Haupt von Völkern,
   und Leute, die ich nicht kannte,
   werden mir untertan.
45 Auf bloßes Gerücht werden sie mir gehorsam;
   die Söhne der Fremde schmeicheln mir.
46 Die Söhne der Fremde sinken hin
   und kommen zitternd hervor aus ihren Schlössern.

47 ER lebt, und gepriesen ist mein Fels,
   erhaben der Gott meines Heils,
48 der Gott, der mir Rache verleiht
   und die Völker unter mich zwingt,
49 der mich von meinen Feinden errettet,
   ja, der du über meine Widersacher mich erhebst,
   mich befreist von dem Manne der Gewalttat.
50 Darum will ich dich preisen unter den Völkern,
   DU, und deinem Namen lobsingen,
51 der du deinem König großes Heil verleihst
   und deinem Gesalbten Huld erweisest,
   David und seinem Hause ewiglich.

Die Himmel erzählen
die Ehre Gottes

19 [Für den Chormeister.
Ein Psalm Davids.]

2 Die Himmel erzählen die Ehre Gottes,
    und die Feste verkündigt das Werk seiner Hände.
3 Ein Tag sagt es dem andern,
    und eine Nacht tut es der andern kund –
4 ohne Sprache, ohne Worte,
    mit unhörbarer Stimme.
5 Ihr Klingen geht aus durch alle Lande,
    ihr Reden bis zum Ende der Welt.

Tag und Nacht reden miteinander (zu Ps 19,2–5), Stuttgarter Psalter, 9. Jh.

6 Dort hat er der Sonne ein Zelt gesetzt,
    und sie, wie ein Bräutigam geht sie hervor aus ihrer Kammer,
    läuft freudig wie ein Held die Bahn.
7 Sie geht auf an einem Ende des Himmels
    und läuft um bis wieder an das Ende,
    nichts bleibt vor ihrer Glut verborgen.

8 SEIN Gesetz ist vollkommen und erquickt die Seele;
   SEIN Zeugnis ist verläßlich und macht Einfältige weise.
9 SEINE Befehle sind recht und erfreuen das Herz;
   SEIN Gebot ist lauter und erleuchtet die Augen.
10 SEINE Furcht ist rein und bleibet ewig;
   SEINE Rechte sind Wahrheit, sind allzumal gerecht.
11 Sie sind köstlicher als Gold, ja viel feines Gold,
   und süßer als Honig und Wabenseim.
12 Auch dein Knecht hat ihre Warnung vernommen;
   wer sie hält, dem wird reicher Lohn.

Himmelfahrt Christi (zu Psalm 19,6–8), Stuttgarter Psalter, 9. Jh.

13 Wer kann merken, wie oft er fehle?
   Sprich mich ledig von meinen verborgenen Fehlern.
14 Auch vor den Übermütigen bewahre deinen Knecht,
   daß sie nicht über mich herrschen;
dann bin ich unsträflich und bleibe rein
   von großer Verschuldung.

15 Laß dir wohlgefallen die Reden meines Mundes
   und das Sinnen meines Herzens,
   DU, mein Fels und mein Erlöser!

Der Name des Gottes Jakobs
beschütze dich

20 [Für den Chormeister.
Ein Psalm Davids.]

2 Er erhöre dich am Tage der Not,
    der Name des Gottes Jakobs beschütze dich!
3 Er sende dir Hilfe vom Heiligtum,
    vom Zion her stütze er dich!
4 Er gedenke all deiner Speisopfer
    und achte für fett deine Brandopfer.

5 Er gebe dir, was dein Herz begehrt,
    und lasse all deine Pläne gelingen.
6 Wir wollen jauchzen über deinen Sieg,
    im Namen unsres Gottes das Panier erheben!
    Er erfülle alle deine Bitten!

7 Nun weiß ich, Er hilft seinem Gesalbten,
    erhört ihn von seinem heiligen Himmel
    mit der hilfreichen Macht seiner Rechten.
8 Durch Wagen sind jene, durch Rosse stark,
    wir durch SEINEN Namen, unsres Gottes.
9 Sie sinken und fallen,
    wir stehen und bleiben.

10 Du, hilf dem König!
    Erhöre uns am Tage, da wir rufen!

Davids Salbung durch Samuel, »Griechischer Psalter in Paris«, 10. Jh.

45

Du machtest ihn zum Bild des Segens für immerdar

21 [Für den Chormeister.
Ein Psalm Davids.]

2 Du, es freut sich der König deiner Kraft,
   ob deiner Hilfe – wie jubelt er laut!
3 Du hast ihm seines Herzens Wunsch gewährt
   und ihm nicht verweigert der Lippen Begehr.
4 Denn du kamst ihm entgegen mit Segen und Glück,
   setztest aufs Haupt ihm die goldene Krone.

5 Um Leben bat er dich, du gabst es ihm,
   langes Leben auf immer und ewig.
6 Groß ist sein Ruhm durch deine Hilfe,
   Glanz und Hoheit hast du auf ihn gelegt.
7 Ja, du machtest ihn zum Bild des Segens für immerdar,
   du erquicktest ihn mit Freude vor deinem Angesicht.
8 Ja, der König vertraut auf IHN,
   und durch die Huld des Höchsten wird er nicht wanken.

9 Deine Hand erreiche alle deine Feinde;
   deine Rechte erreiche die, die dich hassen.
10 Du wirst sie verderben wie im Feuerofen,
   sobald du erscheinst, DU;
   in seinem Zorne wird er sie verzehren,
   und das Feuer wird sie fressen.

11 Du wirst ihr Geschlecht von der Erde vertilgen
   und ihre Nachkommen aus den Menschenkindern.
12 Wenn sie Böses wider dich anzetteln, Arglist ersinnen,
   sie führen's nicht durch.
13 Denn du machst, daß sie den Rücken wenden,
   sobald du mit deinem Bogen auf ihr Antlitz zielst.

14 Erhebe dich, DU, in deiner Kraft,
   so wollen wir singen und preisen deine Stärke.

Max Hunziker, König David mit Lilienzepter, 1965

Einführung in die Illustration des Psalters

Der Bilderreichtum der Psalmen hat Künstler – Juden und Christen – immer wieder schöpferisch angeregt: von der karolingischen Buchmalerei des frühen 9. Jahrhunderts an bis hin zu Malern und Schriftkünstlern unserer Zeit. Auf vielfältige Weise versuchte man die Gleichnisse, Allegorien, Metaphern und Assoziationen nachzugestalten, mit denen die Psalmen der Klage über die Gemeinheit des Bösen oder die Gottverlassenheit, dem Vertrauen oder dem Lobpreis des Schöpfers und Herrn der Geschichte Ausdruck verleihen.

»Bei Juden und Christen spielen die Psalmen eine einmalige, durch kein anderes Buch erreichte Rolle; sie sind Teil unserer Zivilisation, unseres westlichen Erbes geworden. Die Lyrik der Seele, der Schrei der geschundenen Kreatur, das unerschütterliche Vertrauen, die überdauernde Hoffnung, hier sind sie anzutreffen. Hier finden wir Geburt und Tod, Aufgang und Niedergang, Zuversicht und Verzweiflung, das ganze Drama der Menschheit. Dies ist das Erbe, dies der unbestrittene Beitrag der Psalmen, und so ist es kein Wunder, daß die Juden und später auch die Christen in dieser Sammlung den Ausdruck ihres ureigensten Befindens sahen, daß sie nach ihr griffen in ihrer Not, aber auch in ihrer Dankbarkeit. So sind die Psalmen ein Geschenk Israels an die Welt geworden.« (Nathan Peter Levinson, in der Einleitung zu: Leopold Marx, Die Lobgesänge. Das Buch der Psalmen, aus dem hebräischen Urtext neu übertragen, Gerlingen 1987, S. 5)

Wortbedeutung

Die 150 Dichtungen des biblischen Psalmenbuches, die wir im Anschluß an die griechische und die lateinische Übersetzung der hebräischen Bibel »Psalmen« nennen, heißen dort *tehillim*, »Lobgesänge« (»Das Buch der Preisungen« nannte der jüdische Religionsphilosoph Martin Buber seine Verdeutschung der Psalmen). Das Wort »Psalm« (griechisch *psalmós*, von *psallein* = »Saiten zupfen«, »spielen«) bedeutet: »Gesang zum Saitenspiel« (hebräisch *mizmôr*); »Psalter« (griechisch *psaltérion* = hebräisch *nebäl* = »Standleier«, »Harfe«) bezeichnet zum einen das Musikinstrument, zum anderen die Sammlung der Psalmen, das Psalmenbuch.

Zählung der Psalmen

Trotz des gleichen Gesamtumfangs werden die Psalmen in hebräischen, griechischen und lateinischen Handschriften unterschiedlich gezählt: Die hebräischen Psalmen 9 und 10 sowie 114 und 115 werden in griechischen und lateinischen Übersetzungen zu je einem Psalm zusammengenommen, die hebräischen Psalmen 116 und 147 dagegen in zwei Stücke getrennt. So ist die Zählung nur bei den Psalmen 1–8 und 148–150 übereinstimmend, ansonsten aber vielfach gegenüber der hebräischen Bibel um eine Nummer niedriger. Im Eschbacher Bilderpsalter steht – wo nötig – bei Kirchenväterzitaten und Bildangaben die abweichende griechisch-lateinische Zählung in Klammer hinter der heute allgemein üblichen hebräischen Zählung der Psalmen.

Wortillustration

Bedeutsamstes Merkmal der Psalterillustration (gegenüber der sonstigen Bibelillustration) ist die Wortillustration, die den Bildgehalt einer Textstelle unverändert darstellt: z. B. das Gleichnis in Ps 84,4 »Auch der Sperling hat ein Haus gefunden und die Schwalbe ein Nest für sich und ihre Jungen …« oder die Allegorie in Ps 85,11 »Gerechtigkeit und Friede küssen sich«.

Hervorragendster Vertreter der Wortillustration ist der Utrecht-Psalter aus dem 9. Jh., in dem jeweils ein ganzer Psalm ins Bild gesetzt wird (siehe S. 17, 29, 31 und 35 im vorliegenden Band). Aber auch der ebenfalls im 9. Jh. entstandene Stuttgarter Psalter und eine Reihe von byzantinischen Psaltern illustrieren auf diese Weise einzelne Verse oder ein Bildwort. Ähnliches versucht in unserer Zeit der Schreibkünstler Reiner Seibold, der die Psalmentexte zu »Schriftbildern« formt und darin einzelne Worte – Hilfeschreie oder Jubelrufe – besonders hervorhebt (dazu mehr in Band 2 dieses Bilderpsalters). Und auch einige der »Grisaillen zum Psalter« des Schweizer Künstlers Max Hunziker (1901–1976) darf man vielleicht zu dieser Bildgattung zählen.

Illustration durch Szenen des Alten und Neuen Testaments

Vielfach werden Szenen aus dem Alten und dem Neuen Testament zur Illustration von Psalmen herangezogen und an den Rand des Textes oder zwischen diejenigen Verse gestellt, die solche Assoziationen hervorrufen und die im Neuen Testament sowie in den Psalmenerklärungen der Kirchenväter dahingehend interpretiert werden. Besonders eindrückliche Verknüpfungen von Psalmtexten mit Darstellungen aus der Mose-, David-, Jona- und Christusgeschichte sind den Illustratoren des Stuttgarter Psalters gelungen (vgl. im vorliegenden Band S. 20/21 und 42/43).

Christozentrische Auslegung des Psalters

Bei genauer Betrachtung alter Psalterillustrationen aus dem christlichen Bereich überrascht immer wieder, daß ebenso in Darstellungen, die dem Alten Testament entnommen sind, wie in reinen Wortillustrationen meist die Gestalt Christi dort erscheint, wo von Gott die Rede ist. Diese Darstellungsweise beruht keineswegs auf künstlerischer Ungenauigkeit oder Willkür, sondern auf der christozentrischen Auslegung des Alten Testaments und ganz besonders des Psalters.

Der Psalter ist im Neuen Testament das meistzitierte Buch; wiederholt wird er zur Deutung des Christusgeschehens herangezogen, das man in vielen Psalmstellen vorgebildet sah. (»Allein schon deshalb sollte uns der Psalter teuer und lieb sein, daß er so deutlich Christi Sterben und Auferstehen verheißt und sein Reich und der ganzen Christenheit Stand und Wesen abbildet, so daß er wohl eine kleine Bibel heißen könnte …« schreibt Martin Luther 1528 in seiner Vorrede zum Psalter.) Und da Jesus wie jeder gottesfürchtige Jude die Psalmen als Tora, als Weisung Jahwes, meditierte und in ihnen den Willen Gottes erkundete, nahm die frühe Kirche den Psalter sozusagen aus der Hand Christi neu in Empfang und liest und betet ihn nunmehr als *vox Christi*, als Stimme, als Gebet, das Christus spricht, das aber auch von Christus spricht (z. B. in Ps 22 von seiner Passion, in Ps 23 von seinem Hirtenamt, in Ps 96 von seinem Königtum usw.). Zugleich versteht man den Psalter als *vox ad Christum*, als an Christus gerichtetes Gebet: Die Kirche macht sich die Geschichte und die Erfahrungen Israels zueigen und wendet sich mit den überlieferten Worten der Klage, des Vertrauens, der Hoffnung und des Lobens an Christus, bzw. mit Christus an den Vater.

Am konsequentesten hat Augustinus all dies in seiner großen Psalmenerklärung, in den »Enarrationes in psalmos«, die wohl während des Gemeindegottesdienstes im nordafrikanischen Hippo gesprochen wurden, dahingehend miteinander verbunden, daß er den Psalter als Gebet Christi und als Gebet der Kirche, als Gebet von Haupt und Leib (*vox totius Christi, capitis et corporis*) deutet und versteht. Diese Sichtweise prägte das christliche Psalmenverständnis: die Gebetspraxis ebenso wie die Psalmenkunst.

Bildinitialen

Die Wortillustration von Psalmen wurde seit dem 12. Jahrhundert, zunächst in England, später dann auch in Frankreich und anderswo, neu belebt durch Bildinitialen. Die Illustrationsinhalte, die man früher an den Rand des Textes stellte (in den frühen byzantinischen Psalterien) oder über den Text (Beispiel: Utrecht-Psalter) oder zwischen die Verse (Beispiel: Stuttgarter Psalter), fügte man nun in die Initialen von Psalmen ein, um so den Psalm durch seinen Eingangsbuchstaben bildhaft zum Sprechen zu bringen.

Die wohl wichtigste Psalmenhandschrift dieser Gruppe ist der zwischen 1119 und 1123 in St. Albans Abbey (Grafschaft Herts/England) für die Einsiedlerin Christina geschriebene und illuminierte »Albani-Psalter«, das erste uns bekannte »private« Psalterium (heute in Hildesheim, St. Godehard). Die Handschrift, die u. a. einen umfangreichen Bildzyklus zum Leben Jesu enthält, hat zu allen 150 Psalmen figürliche Initialen. Immer wird der 1. Vers illustriert. Vieles ist jedoch nur verständlich, wenn man die oben erwähnte Psalmenerklärung des hl. Augustinus beizieht.

Psalterteilung

Der umfangreiche Initialzyklus des Albani-Psalters hat, soweit wir wissen, keine Nachahmung gefunden. In den meisten Handschriften sind nur bestimmte Psalmen durch ornamentale oder figürliche Initialen hervorgehoben. Dies hat mit der Teilung des Psalters und seiner Verwendung als Gebet- und Gesangbuch in der christlichen Tagzeitenliturgie zu tun.

Bereits die hebräische Bibel teilt die Psalmen in fünf Bücher ein (1. Buch: Psalm 1 – 41 / 2. Buch: Psalm 42 – 72 / 3. Buch: Psalm 73 – 89 / 4. Buch: Psalm 90 – 106 / 5. Buch: Psalm 107 – 150). Jedes Buch schließt mit einer Doxologie, einem Lobpreis Gottes (vgl. Ps 41,14,; 72,19; 89,53; 106,48 und Ps 150, der als ganzer das Ende des Psalters anzeigt). Man nimmt an, daß damit eine Beziehung zum Pentateuch, den fünf Büchern Mose, angedeutet und der besondere Rang des Psalmenbuches innerhalb des biblischen Kanons unterstrichen werden sollte. Im Midrasch, der jüdischen Schrifterklärung, steht: »Mose gab die fünf Bücher der Tora, und gleichermaßen gab David das Buch der Psalmen, das ebenfalls fünf Bücher enthält.«

Die christlichen Psalterhandschriften orientierten sich demgegenüber an anderen Teilungen und zeichneten deren Einschnitte durch besondere Initialen aus. Folgende Teilungen waren in Gebrauch:

a) Die Achtteilung oder »liturgische Teilung« (der römischen Liturgie) zeigt mit besonderen Initialen zu den Psalmen 1; 27(26); 39(38); 53(52); 69(68); 81(80); 98(97) die Anfänge der Matutinen an den sieben Tagen der Woche und mit Psalm 110 (109) den Beginn der Sonntagsvesper an. Sie ist schon im 8. Jh. in Frankreich und Italien nachweisbar und ist ab dem 13. Jh. – von Frankreich ausgehend – die gebräuchlichste. Im Zusammenhang mit der 1270 in Paris abgeschlossenen Revision von Psaltertext und -teilung entsteht nun ein Bildprogramm für die acht Psalmenanfänge, das viele Handschriften übernehmen, z. B. zu Psalm 1: B(eatus vir) – David beim Harfenspiel; zu Psalm 53 (52): D(ixit insipiens) – Narr vor König David; zu Psalm 98 (97): C(antate domino) – Singende; usw.

b) Die Dreiteilung oder »trinitarische Teilung« betont die Psalmen 1; 52(51) und 102(101). Sie ist im frühen Mittelalter in Irland, England und Deutschland üblich und wird gelegentlich erweitert zu fünfzehn Teilabschnitten oder mit der Achtteilung zu einer Zehnteilung vermischt.

c) Die Zweiteilung, deren Abschnitt bei Psalm 78(77) liegt und meist mit dem Durchzug durch das Rote Meer und der Gesetzgebung am Sinai illustriert wird, findet sich in allen byzantinischen Psaltern. Wird Psalm 78(77) auch in westlichen Handschriften besonders ausgestaltet, so ist auf östlichen Einfluß zu schließen. Daneben wird in griechischen Psaltern aber häufig noch Psalm 51(50) durch das Bild von Davids Buße hervorgehoben.

Die Hervorhebung bestimmter Psalmen in den alten Handschriften ist nicht nur von historischem Interesse, sondern beeinflußt sehr entscheidend die Bildkonzeption des »Eschbacher Bilderpsalters«. Während für manche Psalmen weder aus der alten noch aus der neuen Kunst geeignete Bilder zur Verfügung stehen, ist die Fülle bei den genannten Psalmen fast unüberschaubar.

Assoziative Illustrationen

Die vierte Bildgruppe sind Illustrationen, die aus dem Textzusammenhang der Psalmen herausgelöst erscheinen, in erster Linie die Titelbilder, von denen das Bild des Königs David als Sänger und Harfenspieler, oft umgeben von Musikanten, am häufigsten vorkommt.

Etwa vom 12. Jahrhundert an werden in den Psalterien und Stundenbüchern (den Gebetbüchern für die Laien mit den Texten für die einzelnen Tagzeiten) diese Titelbilder mehr und mehr zu Zyklen erweitert, die in chronologischer Folge Szenen aus dem Alten und Neuen Testament, besonders aus dem Leben Davids und Christi, darstellen und deren Inhalte sich in den Psalmen gleichsam spiegeln. Diese Bildzyklen stehen vor den Psalmen oder bei den jeweiligen Teilungen. Der Psalter wird mehr und mehr zu einer Bilderbibel, »darin alles aufs schönste und kürzeste, was in der ganzen Bibel stehet, zusammengefaßt« (M. Luther) und dem Leser vor Augen geführt ist.

Im Laufe der Jahrhunderte wird das Bildprogramm noch mehr ausgebaut: Illustrierte Kalendarien, Szenenfolgen aus dem Leben Mariens und der Heiligen, Bilder zum Totenoffizium und zu anderen Gebetsanlässen kommen hinzu.

Hinweise zu den Bildern in Band 1

Im Eschbacher Bilderpsalter werden die 150 Psalmen der Bibel mit Meisterwerken jüdischer und christlicher Psalmillustration oder mit Darstellungen alter und neuer Kunst, deren Sujets den Psalmen nahestehen, zu einer Einheit von Wort und Bild, von Lesen und Schauen verbunden. Die bewußt gewählte Vielfalt spiegelt die breitgefächerte Auslegungstradition des Psalters und die Auseinandersetzung der Künstler mit diesem Buch. Zugleich erschließt sie die »mannigfaltigen und herrlichen Kleinode im Schatzhause« (Calvin, 1557) des Gebetbuches der Bibel für unsere Zeit.

Umschlag und Seite 4
Max Hunziker, König David mit Blütenzweig, 1972. – Acryl, 44 x 32 cm. –

Privatbesitz (das Bild wird mit freundlicher Genehmigung von Frau Gertrud Hunziker-Fromm hier zum ersten Mal veröffentlicht; Foto Peter Guggenbühl, Zürich).

Max Hunziker wurde 1901 in Zürich geboren. Nach der Matura entschied er sich – als Autodidakt – Maler zu werden. 1921 ging er für vier Jahre nach Italien, anschließend bis 1939 nach Frankreich und lebte bis zu seinem Tod im Jahre 1976 als Maler und Glasmaler in Zürich. Er illustrierte mehrere Bücher (unter anderen den Psalter, 1965), beschäftigte sich viel mit Originalgraphik und schuf, vor allem für kirchliche und öffentliche Gebäude, Glasmalereien. Anläßlich der »Auszeichnung für kulturelle Verdienste«, die die Stadt Zürich am 25. 8. 1975 Hunziker verlieh, sagte Prof. E. Gombrich in seiner Laudatio: »Ich glaube mich nicht zu irren, daß er sich gerne Texte aussucht, die Trost bieten, ohne das Leid zu verleugnen … Vor allem denken wir an die biblischen Texte: den Psalter Davids, das Buch Ruth und das Buch Tobias. So wie sich in diesen Texten menschliches Leid und göttlicher Trost die Waage halten, so führen uns auch Max Hunzikers Bilder den seelischen Gehalt vor Augen: Sein David, der die Harfe schlägt, hat viel gelitten und auch wohl gesündigt, wie die Heilige Schrift berichtet, aber seine Mahnungen und sein Trost in den Psalmen werden zum bewegenden Sinnbild …«

Seite 11
Initiale »B« (BEATUS VIR) zu Psalm 1. – Münchner Psalter, Oxford (?), nach 1200, Pergamenthandschrift, 166 Blatt, 27,5 x 19,5 cm. – München, Bayerische Staatsbibliothek, Clm 835, fol. 31 r. (Foto Bibliothek).

Überaus kunstvoll und farbenprächtig gestaltet der Münchner Psalter die Seligpreisung, mit der der Leser am Eingang des Psalmenbuchs begrüßt und empfangen wird: BEATUS VIR / »Wohl dem Manne«. Auf einen blauen Hintergrund mit Rautenmuster sind die Anfangsworte gesetzt. Der Buchstabe B ist als blühen-

des Rankenwerk gestaltet; die Stiele bilden spiralenförmige Kreise, zwischen denen sich kleine Löwen tummeln. Das Blühen und die Buntheit sind Sinnbild sowohl für die Lebendigkeit und Lebenskraft der Tora Jahwes (»Weisung«, »Gesetz«), als die der Psalter gelesen werden will, wie auch für den Baum, mit dem derjenige verglichen wird (V. 3), der über ihr sinnt, »murmelt« (M. Buber) Tag und Nacht. Szenen aus dem Leben König Davids zeigen die vier in den prachtvollen Rahmen eingefügten Eckmedaillons: die Salbung zum König durch Samuel, den Kampf mit Goliath, die Rettung eines Lammes aus dem Maul des Löwen und dessen Erschlagung (vgl. 1 Sam 16 und 17). Die beiden Halbkreise stellen David mit der Harfe und den weisen König Salomo dar.

Seite 13
Dieter Franck, Psalmenlandschaft 2, 1970. – Aquarell, 60 x 45 cm. – Privatbesitz (mit freundlicher Genehmigung von Frau Rita Franck).

Der Maler, Grafiker, Zeichner und Mosaikkünstler Dieter Franck (geb. 1909 auf der Oberlimpurg bei Schwäbisch Hall, gest. 1980 ebd.) beschäftigte sich ab 1968 mit jüdischer und altägyptischer Mythologie. Daraus entstand ein Bilderzyklus zum hebräischen Alphabet und eine Folge von »Psalmenlandschaften«.

Seite 14, 22, 23 und 27
Ben Shahn, Lithographienfolge »Hallelujah Suite«, 1970/71 (S. 14: Citharaspieler; S. 22: Oboebläser; S. 23: Fidelspieler; S. 27: Lyraspielerin·L © VG Bild-Kunst, Bonn, 1990.

Seite 17
Illustration zu Psalm 6. – Utrecht-Psalter, Hautvillers bei Reims, zwischen 820–840. – Pergamenthandschrift, 33,5 x 26,0 cm, 112 Blatt mit 166 Federzeichnungen. – Utrecht, Universitätsbibliothek, Hs. 32, fol. 3v. (Bildvorlage: Akademische Druck- und Verlagsanstalt Graz).

Die Handschrift, die um das Jahr 1000 nach England gelangte, dort dreimal kopiert wurde und seit 1716 in Utrecht aufbewahrt wird, ist das früheste Beispiel für einen illustrierten Psalter in der abendländischen Buchgeschichte. Sie enthält den ganzen Psalter in der gallikanischen Version der Hieronymus-Übertragung, ferner 16 Cantica des Alten und Neuen Testaments, das Vaterunser und das Apostolische Glaubensbekenntnis. Die monochromen Federzeichnungen veranschaulichen den Text meist wörtlich, d.h. in Wort-Bildern.

Im Bild zu Psalm 6 erscheint in den Wolken des Himmels Christus über zwei auf Lagern ruhenden Gestalten: vermutlich bedeuten sie den klagenden Psalmisten (links, vgl. V. 3.7) und seine tief erschrockene Seele (rechts, vgl. V. 4). Links darunter quälen vier Dämonen die in der Unterwelt von Schlangen gepeinigten Menschen (V. 6), und rechts eilen die »Feinde« erschrocken davon (V. 11).

Seite 19
David beim Harfenspiel (zu Ps 7,18). – Miniatur aus einer hebräischen Miszellen-Handschrift (Handschrift vermischten Inhalts), Nordfrankreich, letztes Viertel des 13. Jh. – London, The British Library, Ms. Add. 11639, fol. 117v. (Foto Bibliothek).

»Dies ist David, der auf der Harfe spielt« steht in Hebräisch unter der dem zierlich-höfischen Stil der französischen Hochgotik nahestehenden Miniatur.

Aus dem osteuropäischen Chassidismus überliefert Martin Buber eine kleine Geschichte: »Rabbi Pinchas pflegte die Musik und den Gesang hoch zu preisen. Einmal sprach er: ›Herr der Welt, könnte ich singen, ich würde dich nicht in den Höhen bleiben lassen, ich würde dir mit meinem Gesang zusetzen, bis du dich hier bei uns niederließest.‹« (Martin Buber, Die Erzählungen der Chassidim, Manesse Verlag, Zürich 1949, S. 228)

Seite 20/21
Seite 20: Einzug in Jerusalem (zu Ps 8,3; vgl. Mt 21,16, wo der Psalmvers zitiert wird) / Seite 21: Der Schöpfer, der Mensch und die Tiere (zu Ps 8,6–9; vgl. Hebr 2,6–8, wo Ps 8,5–7 zitiert

und auf Christus bezogen wird). – Stuttgarter Psalter, St. Germain des Prés, Paris, um 820 (seit dem 18. Jh. in Stuttgart). – Pergamenthandschrift, 26,5 x 17,5 cm, 168 (ursprünglich 170) Blatt mit dem ganzen Psalter in der gallikanischen Version der Hieronymus-Übertragung und mit 316 in Lasur und Deckfarben kolorierten Federzeichnungen (umfangreichster Bilderzyklus des Mittelalters zu den Psalmen), zahlreiche Initialen; Einband (Holzdeckel mit Schafleder bezogen) aus dem 15. Jh. – Stuttgart, Württembergische Landesbibliothek, bibl. fol. 23, fol. 8v. und 9r. (Bildvorlagen: S. 20 E. Schreiber, Grafische Kunstanstalt, Stuttgart / S. 21 Bibliothek).

Seite 24/25
Marc Chagall (geb. 1887 in Witebsk/Rußland, gest. 1985 in St. Paul de Vence), König David beim Harfenspiel, Einband »Die Bibel« (VERVE-Bibel I), 1956. – Farblithographie, 39,3 x 59,4 cm auf Velin d'Arches, 47,5 x 65,5 cm. – Hannover, Sammlung Sprengel I, 409 ff/1 (Foto Museum). © VG Bild-Kunst, Bonn, 1990.

Seite 29
Illustration zu Psalm 12 (11). – Utrecht-Psalter (s. bei S. 17), fol. 6v. (Bildvorlage: Akademische Druck- und Verlagsanstalt Graz).

Links oben tritt Christus aus der Mandorla heraus (V. 6) und reicht einem Engel den Kreuzspeer, mit dem dieser weiter unten auf die Lippen und Zungen der Frevler einsticht (V. 3–5). Unterhalb von Christus befinden sich in der Mitte die Elenden und Armen (V. 6), im Vordergrund bewegen sich zwei Gruppen von Bösen im Kreis um einen Ring und um ein Drehkreuz (V. 9). Rechts oben weist der Psalmist auf zwei Männer, die an einer Schmiede arbeiten (V. 7).

Seite 31
Illustration zu Psalm 13 (12). – Utrecht-Psalter (s. bei S. 17), fol. 7r. (Bildvorlage: Akademische Druck- und Verlagsanstalt Graz).

Christus hält in seiner Rechten

eine Fackel und lenkt deren Lichtstrahlen auf die Augen des um Hilfe flehenden Psalmisten, zu dessen Füßen ein offener Sarkophag steht (V. 4). Die Gruppe links repräsentiert den »Feind« (V. 5).

Seite 33
Narr vor König David, zu Ps 14 (13). – Initialminiatur »Dixit insipiens in corde suo« zu Ps 53 (52), der mit geringfügigen Abweichungen denselben Text wie Ps 14 hat. – Aus dem Psalter Karls VIII., Frankreich, spätes 15. Jh. – Paris, Bibliothèque Nationale, Cod. lat. 774, fol. 63v. (Foto Bibliothek).

Seite 35
Illustration zu Psalm 15 (14) und zu Psalm 16 (15). – Utrecht-Psalter (s. bei S. 17), fol. 8r. (Bildvorlage Akademische Druck- und Verlagsanstalt Graz).

Oberes Bild (zu Ps 15): Rechts steht unter einem Baum der Psalmist und richtet die Frage von V. 1 an Gott, dessen Hand links aus dem Himmel ragt und eine Gestalt segnet, die im Schutz des »heiligen Berges« die Tora liest. Am Fuß des Berges betreten zwei »Gerechte« das Heiligtum; in der Mitte tritt ein Mann mit Speer und Schild und einer Waage – dem Symbol der Gerechtigkeit (V. 2) – auf einen »Feind« und reicht einen Beutel den Vordersten einer Gruppe von Armen und Krüppeln (V. 4 und 5).

Unteres Bild (zu Ps 16): Unter Christus und den sechs Engeln versammeln sich die »Heiligen« (V. 3); darunter liegen auf Betten drei Gestalten (vgl. V. 4). Auf dem Hügel gegenüber steht der Psalmist, mit der Linken seine Lippen berührend, in der Rechten einen Becher und ein Seil haltend, das sich um seinen Körper schwingt und den Hügel herabhängt (V. 4–6). Darunter sind – gemäß der frühchristlichen Auslegung von V. 10 (vgl. Apg 2,22 ff.; 13,35) – dargestellt: die Höllenfahrt Christi mit der Befreiung Adams und Evas aus dem Hadesschlund sowie die Osterbotschaft des Engels an die Frauen vor dem Grab Jesu.

Seite 37

Alexej Jawlensky (geb. 1864 in Torschok/Rußland, gest. 1941 in Wiesbaden), Meditation »Das Gebet«, 1922 (zu Ps 17,15; vgl. auch Ps 4,7; 11,7). – Öl auf Pappe, 40 x 30 cm. – München, Städtische Galerie im Lenbachhaus (Foto Joachim Blauel-Artothek, Peissenberg), © VG Bild-Kunst, Bonn, 1990.

Seite 39

Marc Chagall, König David, 1962/63. – Öl auf Leinwand, 180 x 98 cm. – Privatbesitz (Photographie Giraudon, Paris), © VG Bild-Kunst, Bonn, 1990.

»Der König David – das war so recht eine Gestalt für Chagalls schweifende Phantasie. Nicht allein ein strahlender Held, Löwentöter und Bezwinger Goliaths, sondern auch ein großer Liebender, der in seiner Liebe zu Bathseba, die ihm den König aller Könige Salomo gebar, auch vor dem Verbrechen nicht zurückscheute – ein großer Sänger und Tänzer auch, der schon König Saul mit seinem Gesang sein Herzeleid linderte, seinem vor den Philistern gefallenen Freund Jonathan die ergreifende Totenklage sang und singend und tanzend vor der Bundeslade in Jerusalem einzog. Dieser König David erscheint nun wie ein traumwandelnder Riese im Tanzschritt und die Harfe schlagend als mythische Figur in einem ganz sonderbaren, Traum und Wirklichkeit durcheinanderwirbelnden Kontext. Unten im violetten Dämmerlicht vor der Kulisse von Vence zieht eine jubelnde gestikulierende Prozession frommer Juden einher. Rechts aber schwebt ein eigentümlich manieristisch überlängtes Brautpaar ... Im Hintergrund, ... vor der Kulisse von Witebsk, die sich vor gewittrigem, vom Gold des Mondes überleuchtetem Himmel einzeichnet, zieht der Brautzug mit dem roten Baldachin heran. Diese höchst ungewöhnliche Szenerie, die sich aus den beiden Festzügen ergibt – von denen der eine die Liebe Gottes feiert, der andere die hochzeitliche Liebe, in der nach alter jüdischer Lehre die Liebe Gottes anwesend wird –, und die nur im erfundenen Kunstraum der Malerei in die Einheit von Raum und Zeit gerät –, diese Szenerie ruft nun wie selbstverständlich den König David in diesen legendären Raum hinein, damit er wie damals vor der Bundeslade singend und tanzend die Prozession anführe.« (Werner Haftmann: Marc Chagall, Köln 1972, S. 142)

Seite 42/43

Seite 42: Tag und Nacht reden miteinander (zu Ps 19,2–5; im Anschluß an Röm 10,18, wo Ps 19,5 auf die Verkünder der Botschaft Christi ausgelegt wird, sind die 12 Apostel dargestellt, mit Petrus in der Mitte und Paulus rechts von ihm) / Seite 43: Himmelfahrt Christi (zu Ps 19,6–8; die Verse wurden in der alten Kirche auf die Himmelfahrt Christi bezogen). – Stuttgarter Psalter (s. bei S. 20/21), fol. 22v. und 23r. (Bildvorlagen E. Schreiber, Grafische Kunstanstalt, Stuttgart).

Seite 45

Davids Salbung durch Samuel (zu Ps 20,7). – Miniatur aus dem »Griechischen Psalter in Paris«, geschrieben und gemalt im 10. Jh. in Konstantinopel. – Paris, Bibliothèque Nationale, Cod. Graec. 139, fol. 3v. (Foto Bibliothek).

Vor der Kulisse eines reichen antiken Bauwerks spielt die in 1 Sam 16, 1–13 geschilderte Szene, wie der Prophet Samuel nach seinem Zerwürfnis mit Saul in das Haus des Isai oder Jesse in Bethlehem kommt und dort David zum König über Israel salbt. Links stehen die Brüder, merkwürdig berührt und ratlos darüber, daß ausgerechnet David, der jüngste von ihnen, König werden soll. In der Mitte sehen wir den Vater Isai und rechts von ihm David, der sich unter das Füllhorn mit dem Salböl beugt, das Samuel über sein Haupt gießt. Die Frauengestalt, die mit der linken Hand auf den alten Samuel und mit der rechten auf den jungen David deutet, ist laut Beischrift »Praÿtes«, die Personifizierung von Milde, Sanftmut, Geduld – also der Eigenschaften, deretwegen David zum König bestimmt wurde.

Seite 47

Max Hunziker, König David mit Lilienzepter, 27 x 19 cm, aus den Grisaillen (Weiß-Schwarz-Grau-Malereien) zum Psalter, 1965. – Privatbesitz (mit freundlicher Genehmigung von Frau Gertrud Hunziker-Fromm; Foto Peter Guggenbühl, Zürich).

Einführung in die Illustration des Psalters und Bildhinweise:
Martin Schmeisser

Anmerkungen zu Psalmtexten

Ps 1,2 überträgt Martin Buber (Buch der Preisungen) wie folgt: »... sondern Lust hat an seiner Weisung, / über seiner Weisung murmelt tages und nachts!« (Das bedeutet, daß man die Texte halblaut vor sich hinsprechen soll, um so die »Schrift« zu bedenken und zu erlernen.)

Ps 3,1 ff.: vgl. 1 Sam 15. – *Ps 3,3:* Das hebräische Wort »Sela«, das an 71 Stellen des Psalters steht, ist in seiner Bedeutung noch nicht eindeutig erschlossen. Es könnte eine Anweisung für die den Psalmgesang begleitenden Musiker sein, an dieser Stelle ein Zwischenspiel zu machen, oder der Aufforderung zur Wiederholung der Zeile oder ein Aufruf an die Gemeinde, sich zum Gebet zu verneigen; es könnte auch Zeichen für eine Pause sein.

Ps 4,1: Die in eckigen Klammern stehenden sog. Psalmenüberschriften machen häufig einen Vorschlag zur musikalischen Gestaltung, z.B. nach welcher Melodie ein Psalm gesungen oder mit welchen Instrumenten er begleitet werden soll. Manche Überschriften bezeichnen die Gattung des Psalms oder seine (kultische) Verwendung. Die meisten Überschriften nennen die Namen einer Einzelperson oder Gruppe, mit der/denen der Psalm in Verbindung gebracht wird. Bei 73 der 150 Psalmen nennt die hebräische Bibel David als Verfasser, und bei 13 Psalmen wird eine Situation aus dem Leben Davids in Erinnerung gerufen, in der er den Psalm gebetet haben soll.

Ps 6,1: Der musikalische Gestaltungsvorschlag »auf achtsaitigem Instrument« (zu begleiten) könnte bedeuten, dieser Psalm (und ebenso Ps 12) solle als Psalm der Sehnsucht nach der messianischen Zeit gebetet bzw. gesungen werden, da nach der rabbinischen Tradition die achtsaitige Harfe das Instrument der messianischen Zeit ist.

Ps 8,2–3: Die Übersetzung beruht auf einer Änderung des verderbten hebräischen Textes. Die ökumenische Übersetzung der Psalmen (Stuttgart 1985) lautet hier: »Herr, unser Herrscher, / wie gewaltig ist dein Name auf der ganzen Erde; / über den Himmel breitest du deine Hoheit aus. / Aus dem Mund der Kinder und Säuglinge schaffst du dir Lob, deinen Gegnern zum Trotz; / deine Feinde und Widersacher müssen verstummen.«

Ps 18,1: Psalm 18 wird auch in Kapitel 22 des 2. Samuelbuches überliefert und ist dort Davids letzten Worten vorangestellt.

Das Buch der Psalmen
Band 2: Psalm 22 – 41

Das Buch der Psalmen
Ein Eschbacher Bilderpsalter in acht Bänden
herausgegeben von Martin Schmeisser
Reihe: Eschbacher Bilderbibel

Der Text der Psalmen wird im allgemeinen nach der
Übersetzung der Zürcher Bibel wiedergegeben.
Überall, wo im hebräischen Text der Gottesname
JHWH steht (Zürcher Bibel: »der Herr«), wird in
Anlehnung an Martin Buber das durch Versalien
hervorgehobene Pronomen »DU«, »ER«, »SEIN«
verwendet.

Die Verwendung der Texte der Zürcher Bibel erfolgt
mit Genehmigung der Genossenschaft Verlag der
Zürcher Bibel. Der Text ist entnommen aus: »Die
Heilige Schrift des Alten und Neuen Testaments«,
herausgegeben vom Kirchenrat des Kantons Zürich.
© Zürich 1931/1955.
Das Zeichen * verweist auf die Anmerkungen zu
Psalmtexten Seite 100.

CIP-Titelaufnahme der Deutschen Bibliothek

Das Buch der Psalmen: Ein Eschbacher Bilderpsalter in acht Bänden /
[Hrsg. Martin Schmeisser.] –
Eschbach/Markgräflerland: Verlag am Eschbach;
Zürich: Theologischer Verlag Zürich; Leipzig: Thomas-Verlag Leipzig.
  (Eschbacher Bilderbibel)
    ISBN 3-88671-099-8 (Verlag am Eschbach)
    ISBN 3-290-10120-7 (Theologischer Verlag Zürich)
    ISBN 3-86174-010-9 (Thomas-Verlag Leipzig)
NE: Schmeisser, Martin [Hrsg.]

  Bd. 2: Psalm 22–41. – (1991)
    ISBN 3-88671-092-0 (Verlag am Eschbach)
    ISBN 3-290-10122-3 (Theologischer Verlag Zürich)
    ISBN 3-86174-002-8 (Thomas-Verlag Leipzig)

© 1991 Verlag am Eschbach GmbH
Im Alten Rathaus · D-7849 Eschbach/Markgräflerland
Alle Rechte an dieser Ausgabe vorbehalten

Theologischer Verlag Zürich
Räffelstr. 20 · CH-8045 Zürich

Thomas-Verlag Leipzig GmbH
Erich-Zeigner-Allee 34 · O-7031 Leipzig

Grafische Gestaltung: Reinhard Liedtke, Gelnhausen
Reproduktionen: Repro-Technik-Schröder, Uelzen
Satz und Druck: B & K Offsetdruck GmbH, Ottersweier
Verarbeitung: Großbuchbinderei Josef Spinner, Ottersweier

Das Buch der Psalmen
Band 2

Psalm 22–41

Verlag am Eschbach
Theologischer Verlag Zürich
Thomas-Verlag Leipzig

Max Hunziker, David vor blauem Grund, 1974

Mein Gott, mein Gott,
warum hast du mich verlassen?

22 [Für den Chormeister, nach der Weise
»Hinde der Morgenröte«.* Ein Psalm Davids.]

2 Mein Gott, mein Gott, warum hast du mich verlassen,
   bleibst ferne meiner Rettung und den Worten meiner Klage?
3 Mein Gott, ich rufe bei Tage, und du antwortest nicht
   – des Nachts, und finde nicht Ruhe.

4 Und doch bist du der Heilige,
   der thront über den Lobgesängen Israels.
5 Auf dich vertrauten unsre Väter;
   sie vertrauten, und du halfest ihnen.
6 Zu dir schrieen sie und wurden errettet;
   auf dich vertrauten sie und wurden nicht zuschanden.

7 Ich aber bin ein Wurm und kein Mensch,
   ein Spott der Leute und verachtet vom Volke.
8 Alle, die mich sehen, spotten meiner,
   verziehen die Lippen und schütteln den Kopf:
9 »Er warf's auf IHN, der möge ihm helfen;
   er rette ihn, denn er hat ja Gefallen an ihm.«

10 Ja, du bist's, der mich zog aus dem Mutterschoß,
   mich sicher barg an meiner Mutter Brust.
11 Auf dich ward ich geworfen aus Mutterschoß,
   von Mutterleib an bist du mein Gott.
12 Sei nicht ferne von mir, denn Not ist nahe;
   niemand ist, der helfe.

13 Mich umgeben mächtige Stiere,
   Büffel von Basan umringen mich.
14 Sie sperren den Rachen wider mich auf
   wie ein reißender, brüllender Löwe.
15 Wie Wasser bin ich hingeschüttet,
   es lösen sich all meine Gebeine;
   mein Herz ist gleich dem Wachs geworden,
   zerflossen in meiner Brust.
16 Trocken wie Scherben ist mein Gaumen,
   und meine Zunge klebt an meinem Schlund;
   in den Staub des Todes legst du mich.
17 Denn Hunde lagern rings um mich,
   und mich umkreist die Rotte der Übeltäter;
   sie durchbohren mir Hände und Füße.
18 Ich kann all meine Gebeine zählen;
   sie aber schauen her, sehen ihre Lust an mir.

19 Sie teilen meine Kleider unter sich
      und werfen das Los um mein Gewand.

20 Aber D̲u̲, sei nicht ferne!
      Du meine Stärke, eile, mir zu helfen!
21 Errette vor dem Schwerte mein Leben,
      aus der Gewalt der Hunde mein Kleinod*.
22 Hilf mir aus dem Rachen des Löwen,
      den Hörnern der Büffel entreiße mich.

23 Verkünden will ich deinen Namen meinen Brüdern,
      inmitten der Gemeinde will ich dich preisen:
24 »Die ihr I̲h̲n̲ fürchtet, preiset ihn!
      Ihr alle vom Stamme Jakobs, ehret ihn,
      bebet vor ihm, ihr alle vom Stamme Israels!
25 Denn er hat nicht verachtet
      noch verabscheut des Elenden Elend
   und nicht sein Angesicht vor ihm verborgen,
      und da er zu ihm schrie, hat er ihn erhört.«
26 Dir danke ich's, daß ich lobpreisen kann in großer Gemeinde;
      meine Gelübde erfülle ich vor denen, die ihn fürchten.
27 Es werden essen die Gebeugten und gesättigt werden,
      I̲h̲n̲ werden preisen, die ihn suchen.
      Aufleben soll euer Herz für immer!

28 Alle Enden der Erde werden dessen gedenken
      und sich zu I̲h̲m̲ bekehren;
   und alle Geschlechter der Heiden
      werden vor ihm niederfallen.
29 Denn S̲e̲i̲n̲ ist das Reich,
      und er ist Herrscher über die Völker.
30 Vor ihm nur werden niederfallen
      alle, die in der Erde schlafen,
   vor ihm die Knie beugen alle,
      die in den Staub hinabfuhren.
      Doch meine Seele – ihm lebt sie!
31 Meine Kinder werden ihm dienen,
      werden erzählen von I̲h̲m̲ dem kommenden Geschlecht,
32 und künden werden sie seine Gerechtigkeit
      noch ungeborenem Volk;
      denn E̲r̲ hat es getan.

Marc Chagall, Psalmen Davids, 1979 (zu Ps 22,11–12.23–25)

Auf grünen Auen
läßt er mich lagern

23 [Ein Psalm Davids.]
Mein Hirte ist ER,
   mir wird nichts mangeln.

2 Auf grünen Auen läßt er mich lagern,
   zur Ruhstatt am Wasser führt er mich.
3 Er stillt mein Verlangen;
   er leitet mich auf rechtem Pfade
   um seines Namens willen.

4 Und ob ich schon wanderte im finstern Tal,
   ich fürchte kein Unglück;
denn du bist bei mir,*
   dein Stecken und Stab, der tröstet mich.

5 Du deckst mir den Tisch
   im Angesicht meiner Feinde;
du salbst mein Haupt mit Öl
   und schenkst mir den Becher voll ein.
6 Lauter Glück und Gnade werden mir folgen
   all meine Tage,
und ich werde in SEINEM Hause weilen
   mein Leben lang.

Sieger Köder, Psalm 23, 1979

Hebt hoch, ihr Tore,
eure Häupter

24 [Ein Psalm Davids.]
SEIN ist die Erde und was sie erfüllt.
der Erdkreis und die darauf wohnen.

2 Er ist's, der sie auf Meere gegründet,
auf Strömen sie festgestellt hat.

3 »Wer darf hinaufziehen zu SEINEM Berge?
wer treten an seine heilige Stätte?«
4 »Wer reine Hände hat und ein lauteres Herz;
wer nicht auf Trug sinnt und nicht falsch schwört.
5 Der wird Segen von IHM empfangen
und Heil vom Gott seiner Hilfe.
6 Das ist das Geschlecht, das nach ihm fragt,
das dein Angesicht sucht, Gott Jakobs.« [Sela.]

7 Hebt hoch, ihr Tore, eure Häupter,
erhöht euch, ihr uralten Pforten,
daß der König der Herrlichkeit einziehe!
8 »Wer ist denn der König der Herrlichkeit?«
ER, der Starke und Held,
ER, der Held im Streit!

9 Hebt hoch ihr Tore, eure Häupter,
erhöht euch, ihr uralten Pforten,
daß der König der Herrlichkeit einziehe!
10 »Wer ist denn der König der Herrlichkeit?«
ER, der Herr der Heerscharen,
ER ist der König der Herrlichkeit!

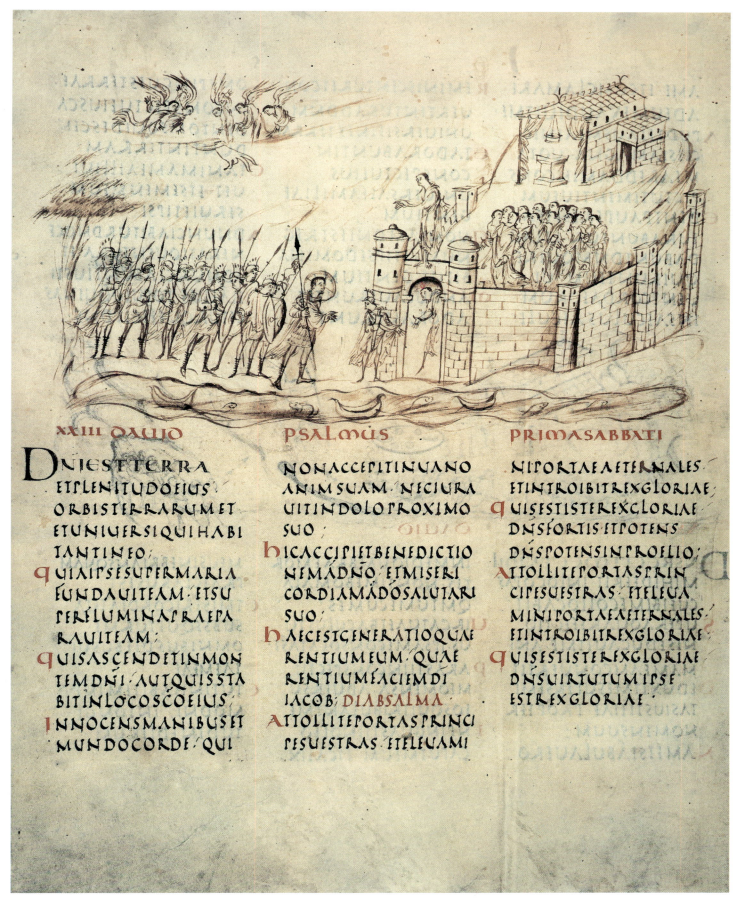

XIIII DAVID   PSALMVS   PRIMASABBATI

DNIESTTERRA
ETPLENITUDOEIUS
ORBISTERRARUMET
ETUNIUERSIQUIHABI
TANTINEO
QUIAIPSESUPERMARIA
FUNDAUITEAM ETSU
PERFLUMINASPRAEPA
RAUITEAM
QUISASCENDETINMON
TEMDNI AUTQUISSTA
BITINLOCOSCOEIUS
INNOCENSMANIBUSET
MUNDOCORDE QUI

NONACCEPITINUANO
ANIMSUAM NECIURA
UITINDOLOPROXIMO
SUO
HICACCIPIETBENEDICTIO
NEMADNO ETMISERI
CORDIAMADOSALUTARI
SUO
HAECESTGENERATIOQUAE
RENTIUMEUM QUAE
RENTIUMFACIEMDI
IACOB DIABSALMA
ATTOLLITEPORTASPRINCI
PESUESTRAS ETELEUAMI

NIPORTAEAETERNALES
ETINTROIBITREXGLORIAE
QUISESTISTEREXGLORIAE
DNSFORTIS ETPOTENS
DNSPOTENSINPROELIO
ATTOLLITEPORTASPRIN
CIPESUESTRAS ETELEUA
MINIPORTAEAETERNALES
ETINTROIBITREXGLORIAE
QUISESTISTEREXGLORIAE
DNSUIRTUTUM IPSE
ESTREXGLORIAE

Zeige mir deine Wege,
deine Pfade lehre mich

25 [Von David.]*
Zu Dir erhebe ich meine Seele,
    deiner harre ich allezeit, mein Gott.

2 Auf dich vertraue ich,
    laß mich nicht zuschanden werden,
    laß meine Feinde nicht über mich frohlocken.
3 Nein, keiner der auf dich harrt, wird zuschanden;
    zuschanden werden die schnöden Verräter.

4 Du, zeige mir deine Wege,
    deine Pfade lehre mich.
5 Leite mich in deiner Wahrheit, lehre mich;
    denn du bist der Gott meines Heils.
6 Gedenke, Du, deiner Barmherzigkeit
    und deiner Gnaden, die von Ewigkeit her sind.
7 Der Sünden meiner Jugend gedenke nicht;
    nach deiner Gnade gedenke mein, Du,
    um deiner Güte willen.

8 Er ist gütig und gerecht;
    darum weist er Irrenden den Weg.
9 Er läßt die Frommen wandeln nach dem Rechte,
    er lehrt die Gebeugten seinen Weg.
10 Alle Seine Pfade sind Huld und Treue
    denen, die seinen Bund und seine Gesetze halten.
11 Um deines Namens willen, Du,
    verzeihe meine Schuld, denn sie ist groß.

12 Wer ist der Mann, der Ihn fürchtet?
    Ihm zeigt er den Weg, den er erwählen soll.
13 Er selbst wird im Glücke wohnen,
    und sein Geschlecht wird das Land besitzen.
14 Er zieht, die ihn fürchten, ins Vertrauen,
    und seinen Bund läßt er sie wissen.
15 Meine Augen sehen stets auf Ihn,
    denn er wird meine Füße aus dem Netze ziehen.

16 Wende dich zu mir und sei mir gnädig;
    denn ich bin einsam und elend.
17 Erlöse mich von den Ängsten meines Herzens,
    führe mich heraus aus meinen Nöten.
18 Nimm hinweg meinen Jammer und mein Elend,
    und vergib mir alle meine Sünden.

Reiner Seibold, Schriftbild zu Psalm 25 (nach der Übersetzung Martin Luthers)

19 Sieh, wie meiner Feinde so viel sind,
   wie sie mich hassen mit frevlem Hasse.
20 Bewahre meine Seele und errette mich;
   laß mich nicht zuschanden werden,
   denn dir vertraue ich.
21 Unschuld und Redlichkeit mögen mich behüten;
   denn ich harre dein, Du.

22 O Gott, erlöse Israel
   aus allen seinen Nöten!

Erlöse mich
und sei mir gnädig

26 [Von David.]
Schaffe mir Recht, Du,
denn unsträflich bin ich gewandelt,
   habe auf Ihn vertraut ohne Wanken.

2 Prüfe mich, Du, und erprobe mich,
   erforsche mir Nieren und Herz!
3 Denn deine Güte war mir vor Augen,
   und ich bin gewandelt in deiner Wahrheit.
4 Ich saß nie bei falschen Menschen,
   und bei Heuchlern trat ich nicht ein.
5 Ich hasse die Versammlung der Missetäter,
   nie setzte ich mich zu den Gottlosen.

6 Ich wasche meine Hände in Unschuld
   und umwandle deinen Altar, Du,
7 daß ich laut den Lobgesang anstimme
   und alle deine Wunder verkünde.
8 Du, ich habe lieb die Stätte deines Hauses
   und den Ort, da deine Herrlichkeit wohnt.

9 Raffe meine Seele nicht hin mit den Sündern,
   nicht mein Leben mit Blutbefleckten,
10 an deren Händen Schandtat klebt
   und deren Rechte voll Bestechung ist.
11 Ich aber wandle unsträflich;
   erlöse mich, Du, und sei mir gnädig!
12 Mein Fuß steht fest auf ebenem Plan.
   Ich will Ihn loben in der Gemeinde.

6/75

Marc Chagall

Marc Chagall, David mit der Harfe, 1956

Der Herr ist mein Licht
und mein Heil

27 [Von David.]
Mein Licht und mein Heil ist ER,
  vor wem sollte ich mich fürchten?
Meines Lebens Zuflucht ist ER,
  vor wem sollte ich erschrecken?

2 Wenn Bösewichte mich überfallen, mich zu zerfleischen
    meine Dränger und meine Feinde,
    so müssen sie straucheln und stürzen.
3 Mag ein Heer sich wider mich lagern,
    mein Herz fürchtet sich nicht;
  mag Krieg sich wider mich erheben,
    ich bleibe dennoch getrost.

4 Eins habe ich von IHM erbeten, darnach verlangt mich:
    daß ich weilen dürfe in SEINEM Hause, mein Leben lang,
  SEINE Freundlichkeit zu schauen
    und meine Lust zu sehen an seinem Tempel.
5 Denn er birgt mich in seiner Hütte am Tage des Unglücks,
    er schirmt mich im Schirm seines Zeltes,
    auf einen Felsen hebt er mich.
6 Nun ragt mein Haupt hoch über meine Feinde ringsum;
    drum will ich in seinem Zelte Opfer bringen unter Posaunenschall,
    will IHM singen und spielen.

7 Vernimm, DU, mein lautes Rufen,
    sei mir gnädig und erhöre mich!
8 Mir sagt das Herz, daß du gebeutst: Suchet mein Antlitz!
    Dein Antlitz, DU, will ich suchen.
9 Verbirg dein Antlitz nicht vor mir,
    weise deinen Knecht nicht ab im Zorn!
  Du warst meine Hilfe,
    verstoße mich nicht und verlaß mich nicht, du Gott meines Heils!
10 Denn Vater und Mutter haben mich verlassen,
    aber ER nimmt mich auf.

11 DU, lehre mich deinen Weg
    und leite mich auf ebener Bahn um meiner Feinde willen.
12 Gib mich nicht preis, DU, der Gier meiner Dränger;
    denn falsche Zeugen stehen wider mich und schnauben Verderben.
13 Ach, wenn ich nicht die Zuversicht hätte,
  SEINE Güte zu schauen im Lande der Lebenden!

14 Harre auf IHN! Sei getrost und unverzagt,
    und harre auf IHN!

fuf fum: redime me & miferere mei.
es meuf ftetit in directo: in ecclefiif benedi
cam te domine.

ñs
illv
mina
tio
mea
& fal
mea
qñe
time
bo.

Dominus protector uite mee: a quo trepi
dabo.
um appropiant fup me nocentes: ut
edant carnes meas.
Qui tribulant me mimica mei: ipfi infir
mati funt & ceciderunt.
i confiftant aduerfum me caftra: non

Initiale »D« (Dominus illuminatio mea) zu Psalm 27, aus dem York-Psalter, um 1260

Hilf deinem Volke
und segne dein Erbe

28 [Von David.]
Dich rufe ich an, Du, mein Fels, schweige mir nicht;
denn bliebest du stille, so würde ich denen gleich,
 die zur Grube fahren.

2 Höre mein lautes Flehen, wenn ich zu dir schreie,
 wenn ich aufhebe meine Hände zu deinem Allerheiligsten.
3 Raffe mich nicht hin mit den Gottlosen und mit den Übeltätern,
 die mit dem Nächsten freundlich reden
 und Böses hegen im Herzen.
4 Gib ihnen nach ihrem Tun und nach der Bosheit ihrer Taten;
 nach dem Werk ihrer Hände gib ihnen,
 vergilt ihnen, wie sie es verdient!
5 Denn sie achten nicht auf SEINE Taten,
 noch auf das Werk seiner Hände;
 so wird er sie zerstören und nicht wieder aufbauen.

Christus und sein Volk (zu Ps 28,9), Stuttgarter Psalter, 9. Jh.

6 Gelobt sei ER, denn er hat erhört
 mein lautes Flehen.
7 ER ist meine Stärke und mein Schild,
 auf ihn vertraute mein Herz;
 da ward mir geholfen, und mein Herz frohlockte,
 mit meinem Liede will ich ihm danken.

8 ER ist seines Volkes Hort,
   eine rettende Wehr seinem Gesalbten.
9 Hilf deinem Volke und segne dein Erbe,
   und weide und trage sie immerdar!

Bringet ihm dar
die Ehre seines Namens

29 [Ein Psalm Davids.]
Bringet IHM dar, ihr Himmlischen,
   bringet IHM dar Ehre und Stärke!

2 Bringet IHM dar die Ehre seines Namens,
   betet IHN an in heiligem Schmuck!

3 SEINE Stimme ob den Wassern!
   der Gott der Herrlichkeit donnert,
   ER ob mächtigen Wassern!
4 SEINE Stimme erschallt mit Macht,
   SEINE Stimme dröhnt hehr!
5 SEINE Stimme zerbricht Zedern,
   die Zedern des Libanon zerschmettert ER.

6 Er macht den Libanon hüpfen wie ein Kälblein
   und den Sirjon wie einen jungen Büffel.
7 SEINE Stimme sprüht Feuerflammen.
8 SEINE Stimme macht die Wüste beben,
   die Wüste von Kades macht ER beben.
9 SEINE Stimme macht Eichen wirbeln,
   ja, er reißt Wälder kahl.
   Und in seinem Palast ruft alles: »Ehre!«

10 ER thront ob der Flut,
   als König thront ER in Ewigkeit.
11 ER gebe seinem Volke Kraft,
   ER segne sein Volk mit Frieden!

Du hast mir meine Klage
in Reigen verwandelt

30 [Ein Psalm. Ein Lied zur Tempelweihe.*
Von David.]

2 Ich will dich erheben, Du,
    denn du hast mich aus der Tiefe gezogen
und hast nicht zugelassen,
    daß meine Feinde sich über mich freuen.
3 Du, mein Gott, ich schrie zu dir,
    und du hast mich gesund gemacht.
4 Du hast meine Seele aus dem Totenreich heraufgebracht
    und zum Leben mich zurückgerufen
    aus der Schar derer, die zur Grube fahren.
5 Lobsinget Ihm, ihr seine Frommen,
    und preiset seinen heiligen Namen!
6 Denn sein Zorn währt einen Augenblick,
    seine Huld aber lebenslang;
am Abend kehrt Weinen ein
    und am Morgen Jubel.

7 Ich aber wähnte, da es mir wohl ging:
    »Ich werde nimmermehr wanken.«
8 Du, warst du mir hold,
    so stelltest du mich auf Felsengrund;
verbargst du dein Antlitz,
    so war ich erschrocken.
9 Zu dir, Du, rief ich,
    zu meinem Gotte flehte ich:
10 »Was hilft es dir, wenn ich sterbe,
    wenn ich zur Grube fahre?
Kann der Staub dich preisen,
    kann er deine Treue verkünden?
11 Höre, Du, und sei mir gnädig!
    Du, sei du mein Helfer!« –

12 Da hast du mir meine Klage in Reigen verwandelt,
    mein Trauerkleid gelöst, mich mit Freude gegürtet,
13 auf daß meine Seele dir lobsinge und nicht schweige.
    Du, mein Gott, in Ewigkeit will ich dich preisen.

ETCOMMINUETEASTAM
QUAMUITULUSLIBANI
ETDILECTUSQUEMADMO
DUMEILIUSUNICORNIU
UOXDNIINTERCIDENTIS
FLAMMAMIGNIS · UOX
DNICONCUCIENTISDE[

SERTUM · ETCOMMOUE
BITDNSDESERTUCADES
UOXDNIPRAEPARANTIS
CERUOS · ETREUELABIT
CONDENSA · ETINTEM
PLOEIUSOMNISDICET
GLORIAM

DNSDILUUIUMINHABI
TAREFACIT · ETSEDEBIT
DNSREXINAETERNUM;
DNSUIRTUTEMPOPULOSUO
DABIT · DNSBENEDICET ·
POPULOSUOINPACE.

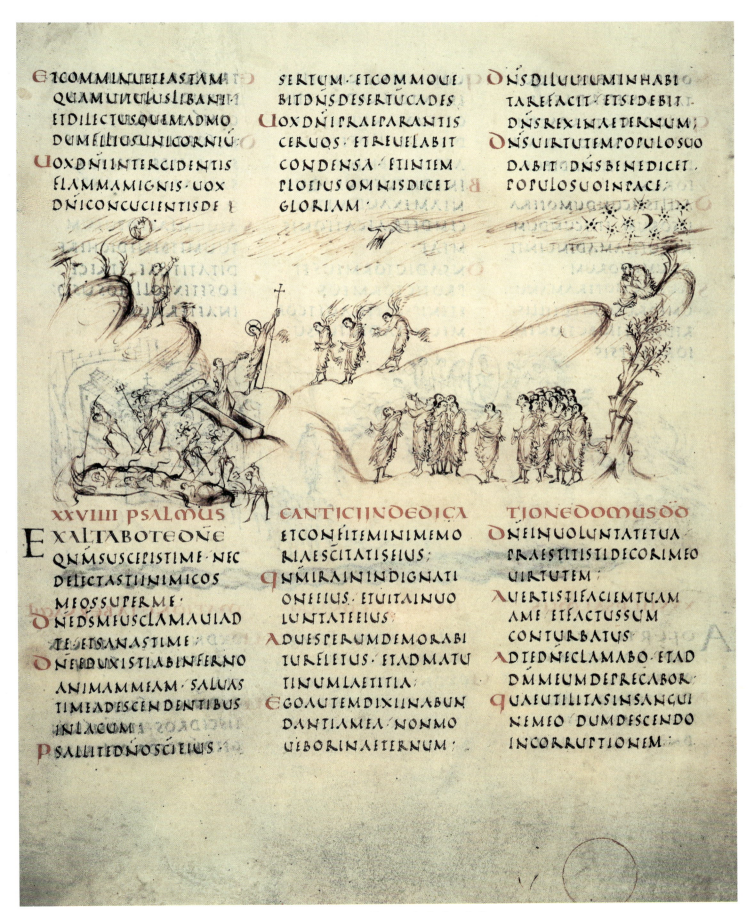

XXVIIII PSALMUS

EXALTABOTEODNE
QNMSUSCEPISTIME · NEC
DELECTASTIINIMICOS
MEOSSUPERME ·
DNEDSMEUSCLAMAUIAD
TE ETSANASTIME ·
DNEEDUXISTIABINFERNO
ANIMAMMEAM · SALUAS
TIMEADESCENDENTIBUS
INLACUM ·
PSALLITEDNOSCIEIUS

CANTICIINDEDICA

ETCONFITEMINIMEMO
RIAESCITATISEIUS;
QNMIRAININDIGNATI
ONEEIUS · ETUITAINUO
LUNTATEEIUS;
ADUESPERUMDEMORABI
TURELETUS · ETADMATU
TINUMLAETITIA;
EGOAUTEMDIXIINABUN
DANTIAMEA · NONMO
UEBORINAETERNUM;

TIONEDOMUSDD

DNEINUOLUNTATETUA
PRAESTITISTIDECORIMEO
UIRTUTEM;
AUERTISTIFACIEMTUAM
AME · ETFACTUSSUM
CONTURBATUS ·
ADTEDNECLAMABO · ETAD
DMMEUMDEPRECABOR
QUAEUTILITASINSANGUI
NEMEO DUMDESCENDO
INCORRUPTIONEM ·

Illustration zu Psalm 30, Utrecht-Psalter, 9. Jh.

In deiner Hand steht
mein Geschick

31 [Für den Chormeister.
Ein Psalm Davids.]

2 Auf DICH vertraue ich,
  laß mich nimmermehr zuschanden werden;
  errette mich nach deiner Gerechtigkeit.
3 Neige dein Ohr zu mir,
  eilends erlöse mich.
 Sei mir ein Hort der Zuflucht,
  eine feste Burg, mir zu helfen.
4 Ja, mein Fels und meine Burg bist du,
  und um deines Namens willen wirst du mich leiten.
5 Du wirst mich befreien aus dem Netze,
  das sie mir heimlich gestellt haben;
  denn du bist meine Zuflucht.
6 In deine Hand befehle ich meinen Geist;
  du erlösest mich, DU, du getreuer Gott.
7 Du, hassest, die sich an nichtige Götzen halten;
  ich aber verlasse mich auf IHN.

8 Ich will frohlocken und deiner Güte mich freuen,
  daß du mein Elend angesehen
  und der Not meiner Seele geachtet hast,
9 daß du mich nicht in die Hand des Feindes gegeben,
  meine Füße gestellt hast auf weiten Plan.
10 Sei mir gnädig, DU, denn mir ist so bange;
  zerfallen ist vor Gram mein Auge,
  meine Seele, mein Leib.

11 Ja, mein Leben schwindet hin in Kummer
  und in Seufzen meine Jahre;
 ermattet ist im Elend meine Kraft,
  und meine Gebeine sind zerfallen.
12 Vor allen meinen Feinden bin ich zum Spott geworden
  und meinen Nachbarn zum Hohn,
 ein Schrecken meinen Bekannten;
  die mich auf der Gasse sehen, fliehen vor mir.
13 Ich bin dem Gedächtnis entschwunden wie ein Toter,
  bin geworden wie ein zerbrochenes Gefäß.
14 Ja, ich höre das Zischeln vieler – Grauen ringsum!
  Zusammen ratschlagen sie wider mich,
  sinnen darauf, mir das Leben zu nehmen.

15 Ich aber vertraue auf dich, DU;
  ich spreche: Du bist mein Gott,

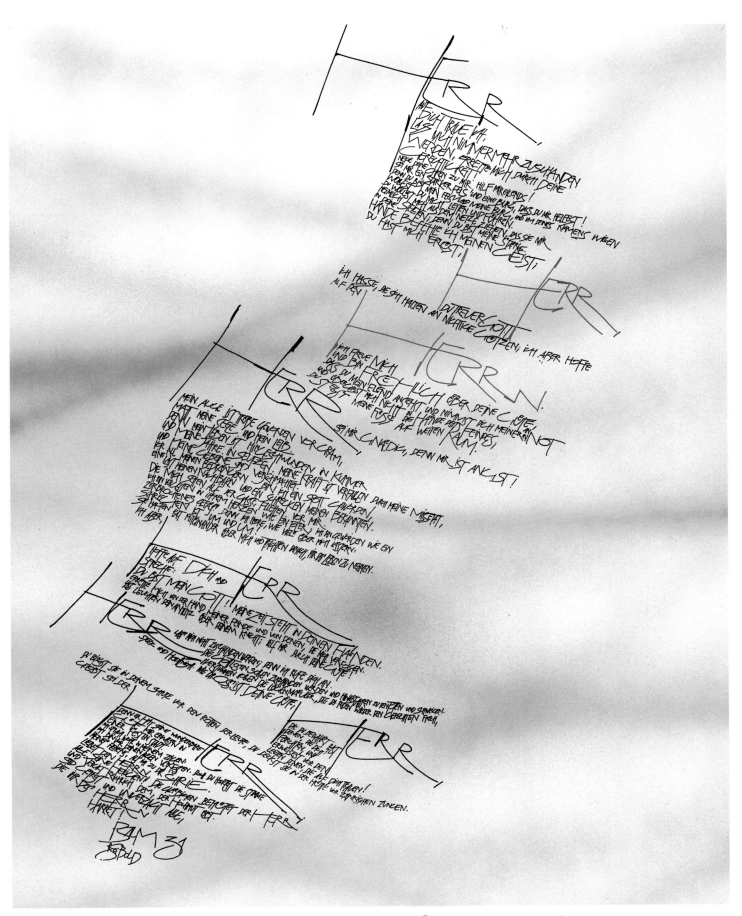

Reiner Seibold, Schriftbild zu Psalm 31 (nach der Übersetzung Martin Luthers)

16 In deiner Hand steht mein Geschick;
   rette mich aus der Hand meiner Feinde
   und vor denen, die mich verfolgen.
17 Laß dein Angesicht leuchten über deinem Knechte,
   hilf mir durch deine Gnade!
18 Du, laß mich nicht zuschanden werden,
   denn ich rufe dich an.
   Die Gottlosen sollen zuschanden werden
   und stumm zur Unterwelt fahren.
19 Laß verstummen die Lügenlippen,
   die wider den Gerechten freche Worte reden
   in Hochmut und in Verachtung.

20 Wie groß ist deine Güte,
   die du aufgespart hast denen, die dich fürchten,
   die du vor aller Welt erwiesen
   denen, die auf dich vertrauen!
21 Du schirmst sie im Schirme deines Angesichts
   vor dem Toben der Menschen;
   du birgst sie in einer Hütte
   vor dem Gezänk der Zungen.
22 Gepriesen sei Er; denn wunderbare Gnade
   hat er mir erwiesen in der Zeit der Drangsal.
23 Ich aber wähnte in meiner Verzagtheit:
   »Ich bin verstoßen aus deinen Augen.«
   Fürwahr, da hast du mein lautes Flehen erhört,
   als ich zu dir schrie.

24 Liebet Ihn, all seine Frommen!
   Die Getreuen behütet Er,
   doch reichlich vergilt er dem, der Hochmut übt.
25 Seid mir getrost und unverzagt,
   ihr alle, die ihr Sein harret!

Du bist mir Schirm,
umgibst mich mit Rettung

32 [Von David.
Ein Weisheitslied.]

Wohl dem, dessen Übertretung vergeben
   und dessen Sünde bedeckt ist!
2 Wohl dem, dem Er die Schuld nicht anrechnet
   und in dessen Herzen kein Falsch ist!
3 Da ich's verschwieg, zerfiel mein Gebein
   ob meines unablässigen Stöhnens;

Marc Chagall, Psalmen Davids, 1979 (zu Ps 31,2.12.14–16)

4 denn Tag und Nacht lag deine Hand schwer auf mir,
    vertrocknet war mein Lebenssaft
    wie durch Gluten des Sommers. [Sela.]

5 Da bekannte ich dir meine Sünde,
    und meine Schuld verbarg ich nicht.
    Ich sprach: »Bekennen will ich IHM meine Übertretung«;
    du aber vergabst mir die Schuld meiner Sünde. [Sela.]

6 Darum soll zu dir beten
    jeder Fromme zur Zeit der Drangsal;
    wenn große Wasser einherfluten –
    ihn werden sie nicht erreichen.
7 Du bist mir Schirm, bewahrst vor Not mich,
    umgibst mich mit Rettung. [Sela.]

8 »Ich will dich unterweisen und dir zeigen
    den Weg, den du wandeln sollst,
    will mein Auge auf dich richten.
9 Sei nicht wie das Roß und das Maultier,
    die keinen Verstand haben;
    mit Zaum und Zügel muß man bändigen ihr Ungestüm,
    sonst nahen sie nicht zu dir.«

10 Der Gottlose hat viel Plage,
    wer aber auf IHN vertraut,
    den umgibt er mit Güte.
11 Freut euch an IHM und frohlockt ihr Gerechten,
    und jauchzet alle, die ihr aufrichtigen Herzens seid!

Den Frommen ist Wonne
der Lobgesang

33 Jauchzet, ihr Gerechten, zu IHM!
Den Frommen ist Wonne der Lobgesang.

2 Preiset IHN mit der Laute,
    spielt ihm auf zehnsaitiger Harfe!
3 Singet ihm ein neues Lied,
    schlagt fein die Saiten beim Posaunenschall!
4 Denn SEIN Wort ist wahrhaftig
    und all sein Walten ist voll Treue.
5 Er liebt Gerechtigkeit und Recht;
    die Erde ist voll SEINER Güte.

6 Durch SEIN Wort sind die Himmel gemacht,
    durch den Hauch seines Mundes ihr ganzes Heer.

David, Schreiber, Musikanten und Tänzer, aus dem Canterbury-Psalter, um 735

7 Er faßt wie im Schlauche die Wasser des Meeres,
  er legt in Kammern den Ozean.
8 Alle Welt fürchte IHN,
  es bebe vor ihm, wer den Erdkreis bewohnt!
9 Denn er, er sprach, und es geschah;
  er gebot, und es stand da.

10 ER vereitelt den Ratschlag der Nationen
  und macht zunichte die Pläne der Völker.
11 SEIN Ratschluß bleibt ewig bestehen,
  seines Herzens Gedanken für und für.
12 Heil dem Volke, dessen Gott ER ist,
  der Nation, die er sich zu eigen erwählt hat!

13 Vom Himmel herab schaut ER,
  sieht alle die Menschenkinder.
14 Von der Stätte, da er thront, blickt er
  auf alle, die auf Erden wohnen,
15 er, der aller Herzen gebildet,
  der achthat auf all ihre Werke.
16 Dem König hilft nicht seine große Macht,
  der Held rettet sich nicht durch seine große Stärke.
17 Trügerische Hilfe ist das Roß,
  mit seiner großen Kraft errettet es nicht.
18 Doch SEIN Auge ruht auf denen, die ihn fürchten,
  auf denen, die seiner Güte harren,
19 daß er ihre Seele vom Tode errette
  und in der Teurung ihr Leben erhalte.

20 Unsre Seele harrt auf IHN,
  er ist uns Hilfe und Schild.
21 Ja, seiner freut sich unser Herz,
  wir vertrauen seinem heiligen Namen.
22 DEINE Güte walte über uns,
  wie wir deiner harren!

Schmecket und sehet,
wie gütig Gott ist

34 [Von David, als er sich wahnsinnig stellte vor
Abimelech und dieser ihn forttrieb und er hinwegging.*]

2 Ich will IHN preisen allezeit,
  sein Lob soll immerdar in meinem Munde sein.
3 Meine Seele rühme sich SEIN;
  die Gebeugten mögen es hören und sich freuen.

4 Erhebet IHN mit mir
und lasset uns alle seinen Namen erhöhen!
5 Ich suchte IHN, und er hat mich erhört,
hat von all meiner Furcht mich errettet.
6 Blicket auf zu ihm, so strahlt euer Antlitz,
und ihr müßt nicht zuschanden werden.

7 Es rief da ein Unglücklicher, und ER hat's gehört,
hat aus all seinen Nöten ihm geholfen.
8 SEIN Engel lagert sich rings um die,
die ihn fürchten, und errettet sie.
9 Schmecket und sehet, wie gütig ER ist.
Wohl dem, der auf ihn vertraut!
10 Fürchtet IHN, ihr seine Heiligen;
denn die ihn fürchten, leiden nicht Mangel.
11 Junge Löwen mögen darben und hungern,
wer aber IHN sucht, dem mangelt kein Gut.

12 Kommt her, ihr Kinder, höret mir zu;
die Furcht zu IHM will ich euch lehren.
13 Wer ist der Mensch, der ein glückliches Leben begehrt
und gern gute Tage sähe?
14 Der hüte seine Zunge vor dem Bösen
und seine Lippen vor trügerischer Rede;
15 der meide das Böse und tue das Gute,
suche den Frieden und jage ihm nach.

16 SEIN Antlitz steht wider die Übeltäter,
daß er ihr Gedächtnis von der Erde vertilge.
17 SEINE Augen achten auf die Gerechten
und seine Ohren auf ihren Hilferuf.
18 Schreien sie, so hört ER es
und errettet sie aus all ihren Nöten.
19 ER ist nahe denen, die zerbrochenen Herzens sind,
hilft denen, die ein zerschlagenes Gemüt haben.

20 Der Gerechte muß viel leiden;
aber aus dem allem errettet ER ihn.
21 Er behütet alle seine Gebeine,
daß ihrer nicht eins zerbrochen wird.
22 Den Gottlosen wird das Unheil töten,
und die den Gerechten hassen, werden es büßen.
23 ER erlöst die Seele seiner Knechte,
und alle, die auf ihn trauen, werden nicht büßen.

Erhebe dich, wache auf,
mir Recht zu schaffen

35 [Von David.]
Streite, Du, wider die, die gegen mich streiten,
bekriege, die mich bekriegen.

2 Ergreife Schild und Tartsche*
und mache dich auf, mir zu helfen.
3 Zücke Speer und Streitaxt gegen meine Verfolger,
sprich zu meiner Seele: Ich bin deine Hilfe.

4 Es sollen in Schmach und Schande fallen,
die mir nach dem Leben stellen;
es sollen zurückweichen und beschämt werden,
die auf mein Unglück sinnen.
5 Sie sollen werden wie Spreu vor dem Winde,
und SEIN Engel jage sie.
6 Ihr Weg soll finster und schlüpfrig sein,
und SEIN Engel stürze sie.
7 Denn ohne Ursache haben sie mir ihr Netz gestellt,
ohne Ursache mir eine Grube gegraben.
8 Ihn ereile das Verderben unversehens,
und sein Netz, das er gestellt hat, fange ihn,
in die Grube stürze er selbst hinein.

9 Meine Seele aber wird IHM frohlocken,
wird sich freuen ob seiner Hilfe.
10 Alle meine Gebeine werden sagen:
Du, wer ist wie du,
der den Elenden errettet vor dem Übermächtigen
und den Armen vor dem Räuber?

11 Frevle Zeugen stehen auf;
wovon ich nichts weiß, des zeihen sie mich.
12 Sie vergelten mir Gutes mit Bösem;
Verlassenheit ist mein Teil.
13 Ich aber hüllte mich ins Trauergewand, als sie krank waren,
und quälte mich ab mit Fasten.
Ich betete gebeugten Hauptes,
14 als wäre es mein Freund, mein Bruder.
Ich ging einher, wie man um eine Mutter Leid trägt,
in Trauer und gebeugt.
15 Nun, da ich fiel, freuen sie sich und tun sich zusammen;
es rotten sich wider mich Lästerer, die ich nicht kenne,
sie schmähen und hören nicht auf.
16 Ruchlos spotten sie und spotten,
fletschen die Zähne wider mich.

Reiner Seibold, Schriftbild zu Psalm 35 (nach der Übersetzung Martin Luthers)

17 Du, wie lange willst du zusehen?
 Errette meine Seele vor den Brüllern,
 vor den Jungleuen mein Leben.
18 Ich will dir danken in großer Gemeinde,
 unter vielem Volk will ich dich preisen.
19 Laß nicht frohlocken über mich,
 die mir grundlos feind sind,
 noch mit den Augen zwinkern,
 die mich ohne Ursache hassen.
20 Denn gar unfreundlich reden sie
 über die Stillen im Lande.
 Worte des Truges ersinnen sie
21 und sperren ihr Maul weit auf wider mich;
 sie sprechen: »Ha! ha! wir haben's mit eignen Augen gesehen.«

22 Du hast es gesehen, Du, schweige nicht!
 Du, sei nicht ferne von mir!
23 Erhebe dich, wache auf, mir Recht zu schaffen,
 meine Sache zu führen, mein Gott, Du!
24 Schaffe mir Recht nach deiner Gerechtigkeit,
 Du, mein Gott, daß sie sich nicht über mich freuen.
25 Sie sollen nicht sprechen in ihrem Herzen:
 »Ha, das ist's, was wir wünschten!«
 sollen nicht sagen: »Wir haben ihn verschlungen.«
26 Es müssen sich schämen und erröten zumal,
 die sich meines Unglücks freuen;
 Schmach und Schande müssen bedecken,
 die wider mich großtun.

»Der Engel des Herrn verfolge sie« (zu Ps 35,6), Stuttgarter Psalter, 9. Jh.

27 Laß jauchzen und sich freuen,
    die mir wünschen, daß ich Recht behalte;
    laß sie immerdar sprechen: Hochgelobt sei ER,
    der da will das Heil seines Knechtes!
28 Und meine Zunge soll verkünden deine Gerechtigkeit.
    deinen Ruhm den ganzen Tag.

Bei dir ist der Quell des Lebens

36 [Für den Chormeister.
Von David, SEINEM Knecht.]

2 Es spricht der Frevler: »Gottlos zu sein bin ich gesonnen.«
    Er kennt kein Erschrecken vor Gott.
3 Denn er schmeichelt sich selbst in seinem Wahn,
    daß seine Schuld nicht aufgefunden, nicht gehaßt werde.
4 Die Worte seines Mundes sind Lug und Trug;
    er hat es aufgegeben, weise und gut zu handeln.
5 Frevel sinnt er auf seinem Lager,
    tritt hin auf schlimmen Weg, das Arge scheut er nicht.

6 DU, bis an den Himmel reicht deine Güte,
    und deine Treue bis zu den Wolken.
7 Deine Gerechtigkeit ist wie die ewigen Berge,
    deine Gerichte wie die große Flut.
    Den Menschen und den Tieren hilfst DU!
8 Wie köstlich ist deine Güte, o Gott!
    Im Schatten deiner Flügel bergen sich die Menschenkinder.
9 Sie laben sich am Überflusse deines Hauses,
    und mit dem Strome deiner Wonnen tränkst du sie.
10 Denn bei dir ist der Quell des Lebens,
    in deinem Lichte schauen wir das Licht.

11 Erhalte deine Gnade denen, die dich kennen,
    und deine Treue denen, die aufrichtigen Herzens sind.
12 Nicht trete mich der Fuß der Hoffart,
    und die Hand der Gottlosen verscheuche mich nicht.
13 Da müssen fallen die Übeltäter,
    werden gestürzt und vermögen nicht aufzustehen.

Befiehl dem Herrn deine Wege
und hoffe auf ihn

37 [Von David.]
Erhitze dich nicht über die Bösewichte,
und ereifre dich nicht über die Missetäter.

2 Denn sie verwelken schnell wie das Gras,
und wie das grüne Kraut verdorren sie.
3 Hoffe auf Ihn und tue, was gut ist;
bleibe im Lande und übe Treue,
4 so hast du deine Wonne an Ihm,
und er gibt dir, was dein Herz begehrt.

5 Befiehl Ihm deine Wege
und hoffe auf ihn, er wird's wohl machen;
6 er wird dein Recht aufgehen lassen wie das Licht
und deine Gerechtigkeit wie den Mittag.
7 Sei stille vor Ihm und harre auf ihn;
erhitze dich nicht über den, dem alles wohlgerät,
über den Mann, der Ränke übt.
8 Stehe ab vom Zorn und laß den Grimm;
erhitze dich nicht, du tätest nur übel.
9 Denn die Bösewichte werden ausgerottet;
die aber auf Ihn harren, sie gewinnen das Land.
10 Ein Weilchen noch, und der Gottlose ist nicht mehr;
achtest du auf seine Stätte, so ist er dahin.
11 Aber die Gebeugten werden das Land gewinnen
und ihre Lust haben an einer Fülle von Heil.

12 Der Gottlose sinnt Ränke wider den Gerechten
und fletscht gegen ihn die Zähne.
13 Aber Er lacht seiner;
denn er sieht, daß sein Tag kommt.
14 Die Gottlosen zücken das Schwert
und spannen ihren Bogen,
den Elenden und Armen zu fällen,
und hinzuschlachten, die redlich wandeln –
15 ihr Schwert dringt in ihr eignes Herz,
und ihre Bogen werden zerbrochen.

16 Das Wenige, das der Gerechte hat, ist besser
als der Überfluß vieler Gottloser.
17 Denn die Arme der Gottlosen werden zerbrochen,
aber Er stützt die Gerechten.
18 Er kennt die Tage der Frommen,
und ihr Gut wird ewiglich bleiben.

DAVIDS WINGED PSALMS

BRAUER

Arik Brauer, Davids beflügelte Psalmen, 1980

19 Sie werden nicht zuschanden in böser Zeit,
 in den Tagen des Hungers werden sie satt.
20 Denn die Gottlosen werden umkommen,
 und SEINE Feinde sind wie die Pracht der Auen;
 sie schwinden hin, wie Rauch schwinden sie hin.

21 Der Gottlose muß borgen und kann nicht bezahlen;
 der Gerechte kann schenken und geben.
22 Denn SEINE Gesegneten gewinnen das Land,
 seine Verfluchten aber werden vertilgt.
23 Er leitet die Schritte des Mannes,
 er hält den, dessen Weg ihm gefällt.
24 Wenn er schon strauchelt, er stürzt nicht hin;
 denn ER stützt seine Hand.

Fliegender Mensch (zu Ps 37,23–25), Stuttgarter Psalter, 9. Jh.

25 Ich bin jung gewesen und bin alt geworden,
 und nie sah ich den Gerechten verlassen
 und seine Kinder nach Brot gehen.
26 Allezeit ist er mildtätig und leiht,
 und seine Kinder werden zum Segen.
27 Meide das Böse und tue das Gute,
 so wirst du ewiglich bleiben;
28 denn ER hat das Recht lieb
 und verläßt seine Frommen nicht.
 Die Ruchlosen werden auf ewig vertilgt,
 und das Geschlecht der Gottlosen wird ausgerottet.

29 Die Gerechten werden das Land gewinnen
    und für und für darin wohnen.
30 Der Mund des Gerechten spricht Weisheit,
    und seine Zunge bekennt sich zum Recht.
31 Das Gesetz seines Gottes hat er im Herzen,
    seine Tritte wanken nicht.
32 Der Gottlose lauert auf den Gerechten
    und trachtet darnach, ihn zu töten.
33 Doch ER gibt ihn nicht seiner Gewalt preis,
    läßt ihn nicht verdammen, wenn er gerichtet wird.
34 Harre auf IHN und halte dich an seinen Weg,
    so wird er dich erhöhen, daß du das Land gewinnst;
    du wirst zusehen, wie die Gottlosen vernichtet werden.

35 Ich sah einen Gottlosen trotzig,
    hoch sich reckend wie die Zeder des Libanon.
36 Wieder ging ich vorüber, und siehe, er war dahin;
    ich suchte ihn, und er war nicht zu finden.
37 Bleibe fromm und halte dich recht;
    denn eine Zukunft hat der Mann des Friedens.
38 Die Frevler aber werden allzumal vertilgt,
    vernichtet wird der Gottlosen Zukunft.
39 Die Hilfe der Gerechten kommt von IHM,
    er ist ihre Zuflucht in der Zeit der Not.
40 ER steht ihnen bei und errettet sie,
    errettet sie von den Gottlosen und hilft ihnen,
    weil sie auf ihn trauen.

Kraftlos bin ich
und ganz zerschlagen

38 [Ein Psalm Davids.
Zum Weihrauchopfer.]

2 DU, strafe mich nicht in deinem Zorne,
    und züchtige mich nicht in deinem Grimme.
3 Denn deine Pfeile haben mich getroffen,
    und deine Hand ist auf mich herabgefahren.

4 Nichts Gesundes ist an meinem Fleische ob deines Grolls,
    nichts Heiles ist an meinen Gebeinen ob meiner Sünde.
5 Denn meine Missetaten gehen über mein Haupt,
    wie eine schwere Last erdrücken sie mich.
6 Es riechen, es eitern meine Wunden
    ob meiner Torheit.

7 Ich bin gekrümmt und tief gebeugt,
   den ganzen Tag gehe ich trauernd einher.

8 Denn meine Lenden sind voll Brandes,
   und nichts Gesundes ist an meinem Fleische.

9 Kraftlos bin ich und ganz zerschlagen,
   ich schreie lauter, als der Löwe brüllt.

10 DU, all mein Verlangen liegt offen vor dir,
   und mein Seufzen ist dir nicht verborgen.

11 Mein Herz pocht heftig, meine Kraft hat mich verlassen;
   auch das Licht meiner Augen ist nicht mehr.

12 Meine Freunde und Genossen stehen abseits von mir,
   und meine Nächsten halten sich ferne.

13 Die mir nach dem Leben stellen, legen Schlingen,
   und die mein Unheil suchen, beschließen Verderben
   und sinnen auf Arglist den ganzen Tag.

14 Aber ich bin wie ein Tauber, der nicht hört,
   und wie ein Stummer, der seinen Mund nicht auftut.

15 Ich bin wie einer, der nicht hört
   und in dessen Mund kein Widerreden ist.

16 Denn DEINER harre ich;
   du wirst mich erhören, DU, mein Gott.

17 Ich spreche: »Daß sie sich nur nicht freuen über mich,
   die wider mich großtun, wenn mein Fuß wankt!«

18 Denn ich bin nahe dem Falle,
   und mein Schmerz verläßt mich nie.

19 Ja, ich bekenne meine Schuld
   und bin bekümmert ob meiner Sünde.

20 Dabei sind stark, die mich grundlos befeinden,
   und viel sind derer, die mich ohne Ursache hassen,

21 die mir Gutes mit Bösem vergelten,
   die wider mich sind, weil ich dem Guten nachjage.

22 Verlaß mich nicht, DU!
   Mein Gott, sei mir nicht ferne!

23 Eile mir zu helfen, DU, mein Heil!

Peter Paul Rubens, König David, die Harfe spielend, um 1618/20

Ein Hauch nur ist alles,
was Mensch heißt

39 [Für den Chormeister.
Von Jeduthun*. Ein Psalm Davids.]

2 Ich dachte: »Ich will achthaben auf mein Verhalten,
    daß ich nicht sündige mit meiner Zunge;
 ich will meinem Mund einen Zaum anlegen,
    solange der Gottlose vor mir steht.«
3 So blieb ich stumm und stille,
    schwieg, um nicht unbesonnen zu reden,
    doch mein Schmerz ward aufgestört.
4 Das Herz entbrannte mir im Busen,
    bei meinem Sinnen entfachte sich ein Feuer,
    da mußte ich reden.
5 Tue mir kund, Du, mein Ende,
    und welches das Maß meiner Tage sei,
    daß ich erkenne, wie vergänglich ich bin.
6 Sieh, nur handbreit hast du meine Tage gemacht,
    und meine Lebenszeit ist wie nichts vor dir.
    Ja, ein Hauch nur ist alles, was Mensch heißt.

7 Nur wie ein Schatten geht der Mensch einher,
    macht Lärm um ein Nichts, häuft zusammen
    und weiß nicht , wer einsammeln wird.
8 Und nun, worauf harre ich, Du?
    Meine Hoffnung, sie steht zu dir.
9 Errette mich von all meinen Sünden,
    laß mich nicht dem Toren zum Spotte werden.
10 Ich bin verstummt, will meinen Mund nicht auftun;
    denn du hast es gefügt.
11 Nimm deine Plage von mir,
    ich vergehe unter der Wucht deiner Hand.
12 Mit Strafen züchtigst du den Menschen um der Schuld willen
    und lässest seine Anmut zergehen wie die Motte;
    ein Hauch nur ist alles, was Mensch heißt.

13 Höre mein Gebet, Du, vernimm mein Schreien,
    schweige nicht zu meinen Tränen;
 denn ich bin ein Gast bei dir,
    ein Beisaß wie alle mein Väter.
14 Schaue weg von mir, daß ich heiter blicke,
    ehe ich dahinfahre und nicht mehr bin.

Max Hunziker, Trauer, 1965

Dein Gesetz trage ich
im Herzen

40 [Für den Chormeister.
Ein Psalm Davids.]

2 Unerschüttert harrte ich SEIN,
   und er neigte sich zu mir und hörte mein Schreien.
3 Er zog mich aus der Grube des Verderbens, aus tiefem Schlamm,
   und stellte meine Füße auf den Fels, machte fest meine Tritte,
4 gab mir ein neues Lied in den Mund,
   einen Lobgesang auf unsern Gott.
  Viele werden es schauen, werden erschauern
   und Vertrauen fassen zu IHM.

5 Wohl dem Manne, der sein Vertrauen auf IHN setzt
   und sich nicht wendet zu den Trotzigen
   und zu den abtrünnigen Lügnern!
6 Viel sind der Wunder und Ratschlüsse,
   die du an uns vollbracht, DU, mein Gott;
   nichts ist dir zu vergleichen!
  Wollte ich sie verkünden und davon reden –
   es sind ihrer zu viel, sie zu zählen.

7 Schlachtopfer und Speisopfer gefallen dir nicht,
   doch Ohren hast du mir gegraben;
   Brandopfer und Sündopfer forderst du nicht.
8 Da sprach ich: Siehe, hier bin ich,
   in der Schriftrolle steht, was ich tun muß.
9 Ich habe Lust, deinen Willen zu tun, mein Gott,
   und dein Gesetz trage ich im Herzen.
10 Ich verkündigte dein Heil in großer Gemeinde,
   ja ich verschloß nicht meine Lippen, DU, du weißt es.
11 Deine Gerechtigkeit verbarg ich nicht im Herzen,
   ich redete von deiner treuen Hilfe;
  ich verhehlte nicht deine Güte und Treue
   vor der großen Gemeinde.

12 DU, du wirst dein Erbarmen nicht vor mir verschließen;
   deine Güte und Treue werden mich allewege behüten.
13 Denn Leiden ohne Zahl haben mich umgeben,
   meine Sünden haben mich ereilt, und ich kann nicht aufsehn;
  ihrer sind mehr als die Haare meines Hauptes,
   und mein Mut hat mich verlassen.
14 Laß es dir gefallen, DU, mich zu erretten;
   eile, DU, mir zu helfen!
15 Es werden sich noch schämen und erröten allzumal,
   die mir nach dem Leben trachten;

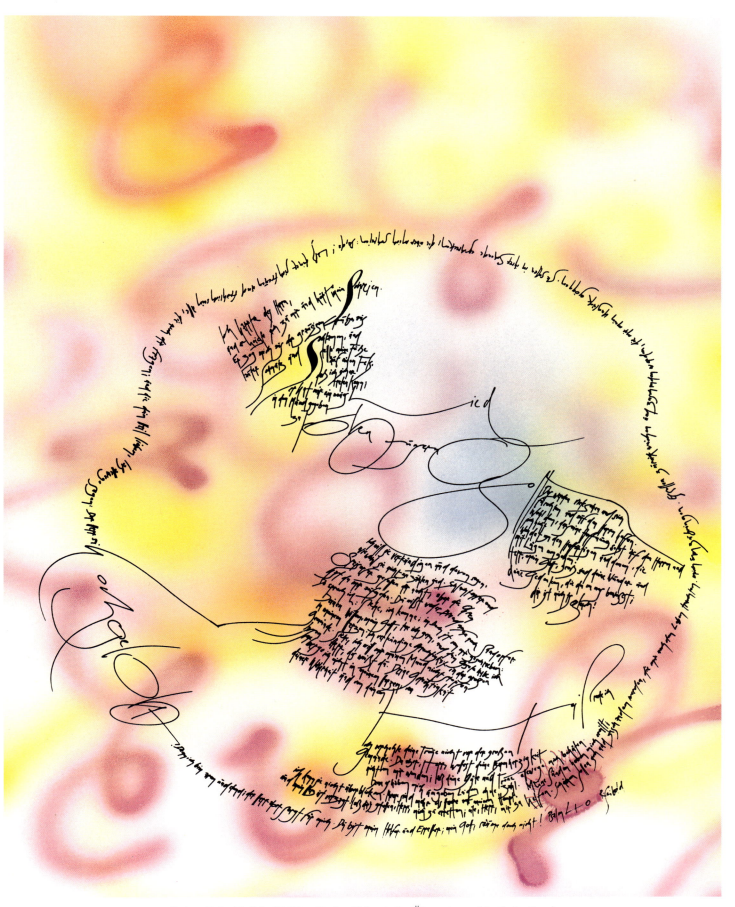

Reiner Seibold, Schriftbild zu Psalm 40 (nach der Übersetzung Martin Luthers)

es werden zurückweichen und zuschanden werden,
   die sich meines Unglücks freuen;

16 es werden sich entsetzen ob ihrer Schmach,
   die zu mir sprachen: »Ha! ha!«

17 Es werden noch frohlocken und deiner sich freuen
   alle, die dich suchen;
   die dein Heil lieben, werden allezeit sagen: »Er ist groß!«

18 Doch jetzt bin ich arm und elend; Du, eile zu mir!
   Meine Hilfe und mein Retter bist du; mein Gott, säume nicht!

Heile mich, denn ich habe gegen dich gesündigt

41 [Für den Chormeister.
Ein Psalm Davids.]

2 Wohl dem, der sich des Schwachen annimmt!
   Zur bösen Zeit wird Er ihn erretten.

3 Er wird ihn behüten und wird ihn erhalten,
   so daß er glücklich gepriesen wird im Lande.
   Ja, du wollest ihn nicht preisgeben der Gier der Feinde.

4 Er stützt ihn auf dem Siechbette;
   sein ganzes Krankenlager wandelst du.

5 Ich sprach: Du, sei mir gnädig;
   heile mich, denn ich habe gegen dich gesündigt.

6 Meine Feinde reden Arges wider mich:
   »Wann wird er sterben und sein Name vergehen?«

7 Und wenn einer kommt, mich zu besuchen,
   so redet falsch sein Herz;
   er sammelt sich Bosheit, geht hinweg und spricht sie aus.

8 Allzumal zischeln sie wider mich;
   alle, die mich hassen, sinnen mir Unheil:

9 »Verderben ist über ihn ausgegossen;
   und wer einmal liegt, steht nicht wieder auf.«

10 Ja, auch mein Freund, auf den ich vertraute,
   der mein Brot aß, tut wider mich groß.

11 Du aber, sei mir gnädig und richte mich auf,
   so will ich es ihnen vergelten.

12 Daran erkenne ich, daß du Gefallen an mir hast,
   wenn mein Feind nicht über mich jauchzen darf.

13 Ja, mich hältst du fest um meiner Unschuld willen
   und lässest mich vor deinem Angesicht stehen allezeit.

14 Gepriesen sei Er, der Gott Israels,
   von Ewigkeit zu Ewigkeit! Amen, Amen!*

Marc Chagall, Psalmen Davids, 1979 (zu Ps 40,6–9)

Hinweise zu den Bildern in Band 2

Eine Einführung in die Illustration des Psalters finden Sie in Band 1, ab Seite 48. Sie wird in diesem Band ergänzt durch die Einführungen in den Bildzyklus »Psalmen Davids« von Marc Chagall, 1979, und in die »Schriftbilder zu Psalmen« von Reiner Seibold.

Psalmen Davids von Marc Chagall, 1979

»Seit meiner frühen Jugend hat mich die Bibel gefesselt. Sie erschien mir immer und erscheint mir auch heute noch als die größte Quelle der Poesie aller Zeiten. Stets habe ich ihre Spiegelung im Leben und in der Kunst gesucht. Die Bibel ist wie ein Widerhall der Natur, und dieses Geheimnis habe ich weiterzugeben versucht.« Marc Chagall (1887–1985)

Nach den großen druckgraphischen Zyklen zur Bibel (»Die Bibel« 1931–1939 und 1952–1956 / Tériade 1957, »VERVE-Bibel I« 1956, »VERVE-Bibel II« 1960, »Exodus« 1966) sowie dem Ölbilderzyklus »Biblische Botschaft« (1954–1967) und den Glasfenstern der 60er und 70er Jahre für Jerusalem, Metz, Zürich, Reims und Mainz wandte sich Chagall im Alter von 91 Jahren in einem eigenen Zyklus den Psalmen zu.

Im Herbst 1978 traf der Künstler eine Auswahl von 30 Psalmen und schuf zu jedem eine Farbradierung. Der Zyklus erschien 1979 bei Gérald Cramer Editeur Genève in einer Auflage von 175 von Chagall signierten Exemplaren unter dem Titel »Psaumes de David – Eaux-fortes originales de Marc Chagall« als Buchausgabe (Format 28,5 x 22,5 cm, 80 Seiten); darüber hinaus erschienen 40 nummerierte und signierte Alben mit zwei zusätzlichen Farbradierungen. Die Psalmverse, die die einzelnen Radierungen begleiten, wurden von Prof. Robert Martin-Achard, Universität Genf, vorgeschlagen. Mit freundlicher Genehmigung von Herrn Patrick Cramer, Genf, der auch die Druckvorlagen zur Verfügung stellte, dürfen wir 14 Blätter aus Chagalls Zyklus »Psalmen Davids« im »Eschbacher Bilderpsalter« veröffentlichen (Bd. 2: Ps 22; 31; 40 / Bd. 3: Ps 44; 45; 51 / Bd. 4: Ps 63; 72 / Bd. 5: Ps 77 / Bd. 6: 100 / Bd. 7: Ps 114 / Bd. 8: Ps 122; 143; 147).

In seinen »Psalmen Davids« zeigt uns Chagall das Ringen, die Ängste und die Hoffnungen des Königs von Israel. Auf wunderbare Weise läßt er die Worte wieder aufleben, die Israel durch Jahrhunderte und Generationen wichtig geworden waren, dem Volk als Gebete gedient hatten und die zum Besitz der ganzen Menschheit geworden sind. In der Tat fand sich jeder wieder in diesem berühmten König, der zwischen Freude und Leid hin- und hergerissen wurde.

Chagall zeigt uns David und die Seinen, wie sie Jerusalem besingen, seine Mauern, Türme und Kuppeln (Ps 122). Auf einem anderen Bild zeigt er uns den von seinen Feinden bedrängten König, wie er die Arme dem Himmel entgegenstreckt und auf Rettung wartet (Ps 143). Von der Erinnerung an seine Fehler gepeinigt, meditiert er nahe der Mauer, an der Israel während seines Exils weinen wird (Ps 51). Ein anderes Mal zeigt der Maler die Sonne, die beim Schall der Trompete über einer Menschenmenge in Not aufgegangen ist (Ps 44); oder er zeigt uns die wunderbare Teilung des Roten Meeres unter der Führung Moses (Ps 114); seine besondere Liebe gilt der Darstellung von Engeln, die schützend ihre Flügel über die Menschen breiten.

Chagall eignet sich zurecht das Gebet Davids an; er gewährt uns durch seine Radierungen Einblick in sein Innerstes und enthüllt, wohin ihn seine Meditation führt. Er identifiziert sich mit dem König, der voll Vertrauen seine Aufgabe erfüllt. Er macht sich die Ängste und das Flehen Davids angesichts der Bedrohungen, die ihn in endloser Nacht umgeben, zueigen. Er besingt die Herrlichkeit der zukünftigen Welt, wo die Gerechtigkeit blühen wird.

Chagall tritt der »Welt der Bibel« mit unendlichem Respekt gegenüber und unterstreicht deren heiligen Charakter; seine Radierungen bringen uns einer Wirklichkeit näher, vor der, wie auf der Schwelle zu einem Heiligtum, allein Schweigen und Andacht angebracht sind. (Beschreibung nach Ausstellungskatalog »Psaumes de David«, Galerie Patrick Cramer, Genève, 22. 1. 1979–20. 1. 1980)

Schriftbilder zu Psalmen von Reiner Seibold

Denkt man an künstlerische Ausdrucksformen, fallen einem zuallererst Architektur, Plastik, Malerei, Grafik oder Zeichnung ein; Schrift aber würde sicher an letzter Stelle stehen. Eine solche Darstellungsart ist völlig ungewohnt und verlangt neues Sehen. In einer Zeit, in der die Schrift – im Gegensatz zu vergangenen Jahrhunderten – zum reinen Mitteilungsmittel abgesunken ist, hat es der 1933 im Erzgebirge geborene und im westfälischen Kierspe lebende Schreibkünstler Reiner Seibold unternommen, alle 150 Psalmen Wort für Wort in kalligraphische Bilder zu übertragen. So entstanden Arbeiten von außerordentlichem Reiz und künstlerischem Ausdruck, weit über das hinausgehend, was man bisher unter Kalligraphischem vorfindet. (Unter Kalligraphie versteht man das expressive Gestalten mit Schriftzeichen, wobei es keineswegs auf die Leserlichkeit ankommt, sondern auf den bildhaften Eindruck.)

Der »Eschbacher Bilderpsalter« bietet eine breitgefächerte Auswahl aus Seibolds Schriftbildern. Sie erscheinen mit eigens für diese Veröffentlichung geschaffenen Farbfonds, die die Aussage der Textinhalte unterstützen wollen, sowie mit kurzen Bildkommentaren des Künstlers.

Natürlich lösen weitgehend unleserliche Schriften auch Unbehagen aus; sie provozieren den Betrachter geradezu, die Schriftbilder, denen Martin Luthers Übersetzung der Psalmen zugrundeliegt (Text in der revidierten Fassung von 1984), mit dem gegenüberstehenden Text (in der Übersetzung der Zürcher Bibel) zu vergleichen – eine Seh- und Leseanstrengung, die beabsichtigt ist.

Umschlag und Seite 56

Max Hunziker, David vor blauem Grund, 1974. – Acryl, 31 x 22 cm. – Privatbesitz (das Bild wird mit freundlicher Genehmigung von Frau Gertrud Hunziker-Fromm hier zum ersten Mal veröffentlicht; Foto Peter Guggenbühl, Zürich; zu Max Hunziker s. Bd. 1, S. 50).

Seite 59, 77 und 97

Marc Chagall, Psalmen Davids, 1979 (s. S. 98). – S. 59: Ps 22,11–12.23–25; S. 77: Ps 31,2.12.14–16; S. 97: Ps 40,6–9 (Bildvorlagen Galerie Patrick Cramer, Genf), © VG Bild-Kunst, Bonn, 1990.

Seite 61

Sieger Köder, Psalm 23, 1979 (Bildvorlage und Wiedergabegenehmigung Foto-Baur, Aalen).

Für den Künstler und Priester Sieger Köder (geb. 1925 in Wasseralfingen, seit 1975 Pfarrer in den württembergischen Gemeinden Hohenberg und Rosenberg) ist Kunst »nicht Selbstzweck, sondern Spiegel und Symbol für das ganz andere, das unser eigentliches Leben ausmacht«.

Seite 63

Illustration zu Psalm 24 (23). – Utrecht-Psalter, Hautvillers bei Reims, zwischen 820–840. – Pergamenthandschrift, 33,5 x 26,0 cm, 112 Blatt mit 166 Federzeichnungen (s. Bd. 1, S. 48 und 50f.). – Utrecht, Universitätsbibliothek, Hs. 32, fol. 13v. (Bildvorlage Akademische Druck- und Verlagsanstalt Graz).

Quer über den Vordergrund des Bildes fließt der in V. 2 genannte Strom mit Schiffen, Fischen und Ungeheuern. Innerhalb eines ummauerten Bezirks (rechts) versammelt sich vor einem auf dem Gottesberg errichteten Heiligtum (V. 3) das Volk, das nach Gott fragt, sein Angesicht sucht (V. 6). Links erscheint die Hand Gottes, fünf Engel zur Seite, um den »König der Herrlichkeit« zu segnen. Dieser, mit Kreuznimbus und Speer, nähert sich in Begleitung einer bewaffneten Wache dem geöffneten Stadttor, wo ihn drei Männer willkommen heißen (V. 7–10).

Seite 65

Reiner Seibold, Schriftbild zu Psalm 25, © Reiner Seibold, Kierspe / Verlag am Eschbach, 1991.

Der Ruf zum Herrn nach den richtigen Wegen, nach der Führung Gottes bestimmt den Text. Die Kalligraphie beschreibt die Dramatik der Hilferufe durch die herausgehobenen »Herr«, die verschiedenen Wege durch unterschiedliche Schriften. Bei allen Schwierigkeiten bewegt sich der Psalmist in der Hoffnung wie in einer wohltuend grünen Landschaft.

Seite 67

Marc Chagall, David mit der Harfe. – Farblithographie aus »Die Bibel« (VERVE-Bibel I, 1956), Blatt 14, 35,5 x 26,5 cm. – Hannover, Sammlung Sprengel I, 409ff. / 14 (Foto Museum), © VG Bild-Kunst, Bonn, 1990.

Seite 69

Initiale »D« (Dominus illuminatio mea) zu Psalm 27. – York-Psalter, England, um 1260, Pergamenthandschrift, 193 Blatt, 34,6 x 23,8 cm. – London, British Library, Ms. Add. 54179, fol. 18v. (Foto Bibliothek).

Vier Bildfelder umschließt der Anfangsbuchstabe »D« zu Psalm 27, der mit den Worten beginnt: »Der Herr ist mein *Licht* und mein *Heil* …« (vgl. Bd. 1, S. 49: Bildinitialen, Psalterteilung). Szenen aus dem Anfang der Davidsgeschichte und der Geschichte Jesu Christi (dem »Sproß aus der Wurzel Davids«, Offb 22,16) sind in einer eindrücklichen Komposition aufeinander bezogen: oben die Salbung Davids durch Samuel (1 Sam 16,1–13; vgl. Bd. 1, S. 45 und 52) und die Darstellung Jesu im Tempel (Lk 2,22–33); unten die Krönung Davids und die Taufe Jesu (Mt 3,13–17 und Parr.).

Seite 70

Christus und sein Volk (zu Ps 28,9; zwischen Sonne und Mond breitet Christus segnend seine Hände über die zu seinen Füßen bittenden Menschen, vgl. auch Ps 29,11). – Stuttgarter Psalter, St. Germain des Prés, Paris, um 820 (s. Bd. 1, S. 48f. und

S. 51). – Stuttgart, Württembergische Landesbibliothek, bibl. fol. 23, fol. 34v. (Bildvorlage Bibliothek).

Seite 73

Illustration zu Psalm 30 (29). – Utrecht-Psalter (s. Bd. 1, S. 48 und 50f.), fol. 16v. (Bildvorlage Akademische Druck- und Verlagsanstalt Graz).

Die Hand Gottes zeigt auf die Szene in der Bildmitte: Christus, mit Kreuzstab und Kreuznimbus, gefolgt von drei Engeln, zieht den Psalmisten aus dem Sarg (V. 2); schlangengelockte Dämonen greifen nach ihm, und andere quälen mit Speeren und Dreizacken Menschen in der Feuergrube der Hölle (V. 4). In den oberen Ecken des Bildes ist der Psalmist zweimal dargestellt: rechts sitzt er kummervoll unter Mond und Sternen und links tanzt er auf einem Hügel unter der Personifikation der Sonne (vgl. V. 6: »am Abend kehrt Weinen ein und am Morgen Jubel«). Rechts unten ist eine Gruppe »Frommer« zu Dank und Lobgesang versammelt (V.5).

Seite 75

Reiner Seibold, Schriftbild zu Psalm 31, © Reiner Seibold, Kierspe / Verlag am Eschbach, 1991.

Die Anrufung »Herr« ist Fest- und Angelpunkt in den Versen des Sängers. Die Aussagen sind mit ihm, dem Herrn, verbunden. Das Schriftbild vermittelt den Zusammenhang mit diesem Herrn und zeigt Klarheit und Geborgenheit unter dem großen »Herrn«. Ruhe und Geborgenheit vermittelt auch die gedämpfte Farbgebung des Untergrundes.

Seite 79

David, Schreiber, Musikanten und Tänzer. – Canterbury-Psalter, Canterbury, um 735, Pergamenthandschrift, 160 Blatt, 23,5 x 18,0 cm. – London, British Library, Cotton Ms. Vespasianus 1, fol. 30v. (Bildvorlage Archiv für Kunst und Geschichte, Berlin).

Die auch »Vespasian-Psalter« genannte Handschrift entstand im Kloster St. Augustine zu Canterbury, das in der vorkarolingischen Buchmalerei führend war. Das von spätantiken, keltischen, germanischen und orientalischen Stilmerkmalen beeinflußte Davidbild, das wir hier den Lobpsalmen 32 bis 34 beigeben, ist die älteste Darstellung des Psalmdichters und -sängers in der englischen Kunst. Sie zeigt den mit einem goldenen Nimbus ausgezeichneten König David auf einem Thron sitzend; er spielt eine leierartige Harfe, zupft die Saiten mit der rechten und dämpft sie mit den gespreizten Fingern der linken Hand. Zwei Schreiber zeichnen seine Worte und seinen Gesang auf ein Täfelchen und eine Rolle auf. Vier Musikanten und zwei in die Hände klatschende Tänzer bilden vor dem König einen Halbkreis. Eine mit Wirbelmotiven, Flechtband- und Schlüsselbartmustern, Adlern und Löwen prachtvoll geschmückte Arkade umrahmt die Szene.

Seite 83

Reiner Seibold, Schriftbild zu Psalm 35, © Reiner Seibold, Kierspe / Verlag am Eschbach, 1991.

Dramatisch wie im Feuerschein des Krieges oder im Abendrot eines mühevoll durchlittenen Tages steht das gedrängte, gehetzte, finstere, nach Hilfe schreiende Schriftbild. Man stelle sich vor: Die Worte brechen hektisch aus dem Munde des Beters hervor, die Gedanken überschlagen sich, alles was ihm auf dem Herzen brennt, sprudelt aus ihm heraus. Dabei spart er nicht mit unheilvollen Forderungen gegen seine Widersacher.

Seite 84

»Der Engel des Herrn verfolge sie« (zu Ps 35,6). – Stuttgarter Psalter (s. Bd. 1, S. 48 und 51), fol. 42v. (Bildvorlage E. Schreiber, Grafische Kunstanstalt, Stuttgart).

Seite 87

Arik Brauer, Davids beflügelte Psalmen (David's winged Psalms), Israel/Wien 1980. – Öl auf acrylgrundiertem Papier auf Sperrholz kaschiert mit Weißleim (Polyvinyl), 20 x 15 cm, WV Öl 326 (Bildvorlage und © Arik Brauer, Wien).

Der Maler und Liedermacher Arik

Brauer wurde 1929 in Wien geboren und lebt dort und in Ein Hod/Israel. Er gehört zur Wiener Schule des phantastischen Realismus. Brauer über Brauer: »Ich habe, bewußt oder unbewußt, immer ›biblische Gestalten‹ gemalt. Tänzer, Wanderer, Naturliebhaber, Arbeiterrevolutionäre – alle gerieten mir zu Urjuden mit dunklen Gesichtern und faltenreichen Kleidern … Meine Liebe zur Bibel, zum jüdischen Volk und zum Land Israel hat ihre Wurzeln tief in meinem Unterbewußtsein, in meiner Phantasie. Meine Stilisierung eines menschlichen Antlitzes entspricht dem jüdischen Gesicht. Die Landschaft meiner Phantasie und meiner Träume findet man in den Wüsten, Hügeln und Pflanzen Israels. Das erzählerische Element meiner Malerei mit wuchernder Symbolik und Gleichnissen hat einen orientalischen Charakter … Wenn ich heute mein Werk betrachte, so sehe ich mit Freude, daß ich ein Judenmaler bin.« (Zit. nach: Arik Brauer, Das Runde fliegt, München 1983, S. 18)

Seite 88

Fliegender Mensch (zu Ps 37, 23–25). – Stuttgarter Psalter (s. Bd. 1, S. 48 und 51), fol. 47r. (Bildvorlage E. Schreiber, Stuttgart).

Rechts hat ein Verfolger mit Knüppel den Psalmbeter bis zur Spitze des Berges getrieben, unten erwartet ein zweiter mit erhobener Keule seinen Absturz; aber die Hand Gottes ergreift seine Hand, reißt ihn über die Schlucht hinweg, in die bereits ein anderer gestürzt ist und bewahrt ihn (V. 23f.). Links unten stehen Menschen, dicht gedrängt; sie beobachten den seltsamen Vorgang und bekennen dankbar und staunend, was unter dem Bild zu lesen ist und womit Ps 37 in V. 25 fortfährt.

Seite 91

Peter Paul Rubens (geb. 1577 in Siegen/Westfalen, gest. 1640 in Antwerpen), König David, die Harfe spielend, um 1618/20. – Öl auf Holz, 84,5 x 69,2 cm. – Städelsches Kunstinstitut, Frankfurt a.M. (Foto Blauel/Gnamm-Artothek, Peissenberg).

Seite 93

Max Hunziker, Trauer, 27 x 19 cm, aus den Grisaillen (Weiß-Schwarz-Grau-Malereien) zum Psalter, 1965. – Privatbesitz (mit freundlicher Genehmigung von Frau Gertrud Hunziker-Fromm; Foto Peter Guggenbühl, Zürich).

Seite 95

Reiner Seibold, Schriftbild zu Psalm 40, © Reiner Seibold, Kierspe / Verlag am Eschbach, 1991.

Der Psalmist bedankt sich auf musikalische Weise bei Gott. Er beschreibt seine Rettung, gibt seine Einsichten weiter und schließt den Kreis mit einem Notschrei. Sein Denken und Handeln dreht sich um Gott. Dies zeigt auch das Schriftbild. Die stachelige Schrift, die Leid verdeutlicht, steht im Wechsel mit großen lichten Schwüngen, die Lob umschreiben.

Anmerkungen zu Psalmtexten

Ps 22,1: Der Psalm soll offensichtlich nach der Melodie eines bekannten Volksliedes gesungen werden. (Vielleicht ist aber auch gemeint: Seine Wiedergabe soll sich das Klagen der Hinde zum Vorbild nehmen.) – *Ps 22,21:* »Kleinod« meint »Seele«.

Ps 23,4: »Ich habe in meinem Leben viele kluge und gute Bücher gelesen. Aber ich habe in ihnen allen nichts gefunden, was mein Herz so still und froh gemacht hätte wie die vier Worte aus dem 23. Psalm: ›Du bist bei mir.‹« (Immanuel Kant, 1724–1804)

Ps 25,1ff.: 21 Verse des Psalms beginnen im Charakter eines Lehrgedichtes fortlaufend mit den 21 Buchstaben des hebräischen Alphabets.

Ps 30,1: bezieht sich auf die ursprüngliche kultische Verwendung. Ps 30 wurde in Israel zum Festpsalm beim jährlichen Gedenkfest an die 164 v. Chr. nach dem Makkabäeraufstand vollzogene »Tempelreinigung«, dem sog. Chanukka-Fest; in der frühen Christenheit wurde der Psalm auf Jesu Tod und Auferstehung bezogen und in der Osternacht gesprochen.

Ps 34,1: vgl. 1 Sam 21,11–16.

Ps 35,2: »Tartsche« (germ.-fr.) ist ein mittelalterlicher Schild.

Ps 39,1: vgl. 1 Chr 25.

Ps 41,14: Mit einer Doxologie schließt das 1. Buch der Psalmen (vgl. Bd. 1, S. 49: Psalterteilung); es wird mit der Seligpreisung von Ps 1 und dem Königslied von Ps 2 eingeleitet und umfaßt in Ps 3–41 den sog. »Ersten Davidpsalter« (außer Ps 33 sind alle diese Psalmen mit »Von David« überschrieben).

Das Buch der Psalmen
Band 3: Psalm 42–59

Das Buch der Psalmen
Ein Eschbacher Bilderpsalter in acht Bänden
herausgegeben von Martin Schmeisser
Reihe: Eschbacher Bilderbibel

Der Text der Psalmen wird im allgemeinen nach der
Übersetzung der Zürcher Bibel wiedergegeben.
Überall, wo im hebräischen Text der Gottesname
JHWH steht (Zürcher Bibel: »der Herr«), wird in
Anlehnung an Martin Buber das durch Versalien
hervorgehobene Pronomen »DU«, »ER«, »SEIN«
verwendet.

Die Verwendung der Texte der Zürcher Bibel erfolgt
mit Genehmigung der Genossenschaft Verlag der
Zürcher Bibel. Der Text ist entnommen aus: »Die
Heilige Schrift des Alten und Neuen Testaments«,
herausgegeben vom Kirchenrat des Kantons Zürich.
© Zürich 1931/1955.
Das Zeichen * verweist auf die Anmerkungen zu
Psalmtexten Seite 148.

CIP-Titelaufnahme der Deutschen Bibliothek

Das Buch der Psalmen: Ein Eschbacher Bilderpsalter in acht Bänden /
[Hrsg. Martin Schmeisser.] –
Eschbach/Markgräflerland: Verlag am Eschbach;
Zürich: Theologischer Verlag Zürich; Leipzig: Thomas-Verlag Leipzig.
    (Eschbacher Bilderbibel)
    ISBN 3-88671-099-8   (Verlag am Eschbach)
    ISBN 3-290-10120-7   (Theologischer Verlag Zürich)
    ISBN 3-86174-010-9   (Thomas-Verlag Leipzig)
NE: Schmeisser, Martin [Hrsg.]

    Bd. 3: Psalm 42–59. – (1991)
    ISBN 3-88671-093-9   (Verlag am Eschbach)
    ISBN 3-290-10123-1   (Theologischer Verlag Zürich)
    ISBN 3-86174-003-6   (Thomas-Verlag Leipzig)

© 1991 Verlag am Eschbach GmbH
Im Alten Rathaus · D-7849 Eschbach/Markgräflerland
Alle Rechte an dieser Ausgabe vorbehalten

Theologischer Verlag Zürich
Räffelstr. 20 · CH-8045 Zürich

Thomas-Verlag Leipzig GmbH
Erich-Zeigner-Allee 34 · O-7031 Leipzig

Grafische Gestaltung: Reinhard Liedtke, Gelnhausen
Reproduktionen: Repro-Technik-Schröder, Uelzen
Satz und Druck: B & K Offsetdruck GmbH, Ottersweier
Verarbeitung: Großbuchbinderei Josef Spinner, Ottersweier

Das Buch der Psalmen
Band 3

Psalm 42–59

Verlag am Eschbach
Theologischer Verlag Zürich
Thomas-Verlag Leipzig

Max Hunziker, David auf goldenem Grund, 1973

Umgang mit Psalmen

Heinz Piontek

Ich bin ziemlich sicher, daß heutzutage außer unseren Geistlichen nur noch wenige in den Psalmen des Alten Testaments lesen. Ein paar Bibeltreue wahrscheinlich, einige kranke alte Menschen, vielleicht auch ein junger Dichter, der bei Brecht gelernt hat, wie gut Luthers kräftiges oder feingestimmtes Deutsch in unserer Zeit noch zu gebrauchen ist. Wer einmal zufällig den Psalter aufschlägt, kann etwa auf Stellen wie diese stoßen:

»Gott redet in seinem Heiligtum, deß bin ich froh und will Sichem teilen und das Tal Suchot abmessen.« (Ps 60,8)

Oder:

»Früh vertilge ich alle Gottlosen im Lande, daß ich alle Übeltäter ausrotte aus der Stadt des Herrn.« (Ps 101,8)

Zugegeben, solche Verlautbarungen sind uns fremd geworden, lassen uns kalt. Wir hören Stimmen, aber verstehen sie nicht. Es sind die von Nomaden oder Ackerbauern und Weingärtnern in kleinen Nestern. Mit den Psalmen feierten sie einst ihre religiösen Riten. Da fallen Namen von Herrschern und Volksstämmen, auf historische oder schon halbmythische Ereignisse wird angespielt, da ist die Rede von kultischen Abläufen, Zusagen der höchsten Instanz, die Patriarchen werden verherrlicht, zahllose Orts- und Flurnamen beschwörend ausgesprochen – eine in Staub gesunkene Welt.

Wer mehr Muße hat und ein Ohr für elementare Poesie, kann sich in manchen Text noch mit Genuß vertiefen.

»Du wölbest es oben mit Wasser; du fährest auf den Wolken wie auf einem Wagen und gehest auf den Fittigen des Windes; / Der du machest deine Engel zu Winden und deine Diener zu Feuerflammen …«

Ein wenig später heißt es:

»Du lässest Brunnen quellen in den Gründen, daß die Wasser zwischen den Bergen hinfließen, / Daß alle Tiere auf dem Felde trinken und das Wild seinen Durst lösche. / An denselben sitzen die Vögel des Himmels und singen unter den Zweigen. / Du feuchtest die Berge von oben her; du machest das Land voll Früchte, die du schaffest. / Du lässest Gras wachsen für das Vieh und Saat zu Nutz des Menschen, daß du Brot aus der Erde bringest; / Und daß der Wein erfreue des Menschen Herz und seine Gestalt schön werde vom Öl und das Brot des Menschen Herz stärke …« (Ps 104)

Eine Sprache, urtümlich und klangvoll. So ausgewogen wie der Parallelismus der Verse ist auch das, was sie her-aufrufen. Ein märchenhaftes Gleichgewicht scheint zwischen den Menschen und ihrer Umwelt zu herrschen. Schöne, genaue und doch eigenwillig gebaute Sätze verwandeln sich in Bilder von einer natürlichen Welt, auf die wir heute vielleicht noch nostalgisch reagieren. Andere Jahrhunderte sahen in ihnen einen Abglanz des goldenen Zeitalters.

Doch plötzlich ein Hilferuf. Da ist jemand, der nicht mehr weiter weiß. Er schämt sich nicht zu sagen: Ich bin es, der da ruft, ja *ich*.

»Ich versinke im tiefen Schlamm, da kein Grund ist; ich bin im tiefen Wasser, und die Flut will mich ersäufen.« Und mit einemmal ist es *deine* Stimme, die da ruft.

»Ich habe mich müde geschrien, mein Hals ist heiser …« (Ps 69,3f.)

Diese Lage kennst du. Hier kommt eine Verzweiflung zur Sprache, die gegen Mauern anrennt, ohne etwas auszurichten. Bist du nicht jemand, der zusehen muß, wie sich dein eigener Sohn zugrunde richtet? Jahrelang hast du ihm deine Überzeugungen vorgelebt, ihn erzogen mit Worten, für die deine Erfahrung bürgte, die einsehbare Weisheit der Bücher, der Gespräche an ihn weitergegeben – doch er hat deinen festen Boden verlassen und probiert, ob ihn nicht auch ein anderer, sehr gefährlicher trägt. Nun spürst du, wie es auch unter deinen Füßen nachgibt, denn das, worauf du unbedingt setztest: die Kraft der Vernunft, das Vermögen der Einsicht, die Klarheit von Gedanken – das erweist sich als immer schwächer, will auch dich nicht mehr tragen, sinkt langsam unter dir weg. Du kannst es noch nicht glauben, klammerst dich an das, was bisher Halt gegeben hat, aber auch dieser Halt versinkt.

»Ich bin im tiefen Wasser, und die Flut will mich ersäufen.«

Ja, das kennst du. Das ist die Welt, die sich, während du älter wurdest, unmerklich gewandelt hat und dir jetzt furchterregend fremd entgegenwächst, um über dir zusammenzuschlagen. Eine Welt nackter Gewalt, in der Geiseln erschossen, Dörfer verbrannt, Friedliebende von Attentätern heimtückisch umgebracht werden, eine Welt mit hunderttausend Verbannten und Millionen ausgesaugter Lohnsklaven, da gibt es für den einzelnen plötzlich kein Recht mehr, da herrscht Korruption, Verrat, dem Profit zuliebe verpestet man Wasser und Luft, Arbeit wird ohne Sorgfalt und Liebe verrichtet, andererseits bis zum Herztod das Wort »Leistung« vergöttert, Wissenschaftler experimentieren weit über die humanen Grenzen hinaus, um den Menschen nach ihrem Bild zu formen – muß eine solche Welt nicht im Irrsinn enden? Machtlos siehst du dich ihr ausgeliefert.

»Ich versinke im tiefen Schlamm, da kein Grund ist.«

Doch während du noch in solchen Bildern der Verzweiflung aufgehst, beginnst du zu begreifen, daß es Spiegelbilder eines anderen Ich sind, das sich hier mit letzter Kraft zu behaupten sucht. Ein von dir getrenntes Ich. Liegen nicht Jahrtausende zwischen ihm und dir? Was dir widerfährt, zählt also zu den uralten menschlichen Plagen, du bist nicht ungerechterweise die Ausnahme in einer Kette von lauter Verschonten, alles andere als ein einzigartiger Fall. Oft schien es ja so, als ob du allein, ausgerechnet *du*, zermürbt würdest mitten unter unbekümmerten Gesichtern, nur *deine* Zeit sich so wild gebärdete. Jetzt löst sich der Traum von einer soviel menschenfreundlicheren Vergangenheit in nichts auf. Diese Solidarität in der Erfahrung bringt dir Erleichterung. Du willst weiterlesen, dich unbedingt vergewissern, ob die Übereinstimmung bestehenbleibt oder es bloß ein Zufall gewesen ist, daß in den seltsamen Versen, Psalmen genannt, von einer Lage die Rede sein konnte, die dich so deutlich betrifft. Lies nur weiter:

»Meine Gestalt ist verfallen vor Trauern, dazu meine Seele und mein Bauch. / Denn mein Leben hat abgenommen vor Betrübnis und meine Zeit vor Seufzen; meine Kraft ist verfallen, meine Gebeine sind verschmachtet.« (Ps 31,10 f.)

Das ist der Punkt, wo keine Kosmetik mehr hilft und es nichts nützt, sich jugendlich zu verkleiden. Deine Zeit vergeht, ist vergangen, doch während sie weiter vergeht, vergeht sie sich auch weiter an dir. Das Delikt der Zeit. Hier im Spiegel der Psalmen kommt es klar an den Tag: Dein verfallenes, faltig gewordenes Gesicht, die Schlaffheit von Brust und Bauch, deine falschen Zähne und schwächer gewordenen Augen, die Steifheit der Gelenke, die Müdigkeit der Seele schon von Morgen an in diesem nur noch schwer in Gang zu bringenden Körper.

»Meine Kraft ist verfallen.«

Vorbei die Zeit, in der du sechzehn Stunden hintereinander arbeiten, bis in den Morgen hinein tanzen konntest. Wie schwer fallen dir jetzt schon Kleinigkeiten. Und wo ist die Konzentration geblieben, das verläßliche Gedächtnis? Kurzatmigkeit, Schmerzen in den Füßen, der Wirbelsäule und keine Gelassenheit, langes Wachliegen in der Nacht. Wenn auch alle, denen es ergeht wie dir, sich zu tarnen verstünden, den Verschleiß vertuschen könnten: Hier dieses Ich tritt als Zeuge auf und erhärtet die Erfahrung von unserem immer kleiner, immer enger werdenden Spielraum.

»Es ist nichts Gesundes an meinem Leibe. / Ich gehe krumm und sehr gebückt, den ganzen Tag gehe ich traurig. / Es ist mit mir gar anders, und ich bin sehr zerstoßen. Ich heule vor Unruhe meines Herzens.« (Ps 38,4.7.9)

Diese Unruhe, die uns jagt. Wie schnell ist ein Tag um.

Du willst ihn aufhalten, auskaufen bis an den Rand, du mobilisierst deine Reserven – und doch weißt du schon anderntags nicht mehr, was gestern war. Was habe ich gestern getan? Immer höher wächst der Berg des Unerledigten, und du schaffst immer weniger. Früher, wenn du dich abends ausstrecktest, war deine Rechnung aufgegangen.

»Es ist mit mir gar anders.«

Sosehr hast du dich verändert, daß du dich neu orientieren mußt. Bis unter die Haut bist du anders geworden. An deinen früheren Einsichten und Überzeugungen kannst du dich nicht länger messen. Und jetzt hörst du auch von deiner Vereinzelung sprechen:

»Meine Lieben und Freunde stehen gegen mich, und meine Nächsten treten ferne.« (Ps 38,12)

Hier wird nichts von alldem unterschlagen, was uns zugefügt werden kann. Diejenigen, die wir lieben, können uns am tiefsten verwunden. Und werden wir nicht oft gerade dann im Stich gelassen, wenn wir besonders elend sind? Jemand, mit dem du dein Leben geteilt hast, wendet sich genau in dem Augenblick zu einem andern, in dem dich dein Nachlassen, deine Erfolglosigkeit bis ins Herz hinunter würgt. Oder während du dich abzufinden versuchst, nicht mehr begehrenswert zu sein, die bitteren Spuren des Alters bejahen und verwandeln möchtest in mehr Güte, wirst du tyrannisiert, bis du in die Scheidung einwilligst. Oder du, der an einer zu groß gewählten Aufgabe gescheitert ist – aus allen Winkeln der Familie hörst du nur, daß man es von Anfang an gewußt, dich oft genug gewarnt habe: Jetzt sieh zu, wie du damit fertig wirst. Keine Hand rührt sich für dich. Und stehen dort nicht Kollegen beisammen, die dich verkauft haben, um sich selbst einen Vorsprung zu verschaffen, ein höheres Gehalt, einen Auftrag, der eigentlich dir galt? Freunde werden zu Konformisten, wechseln Gesinnungen, die euch über Jahre, Jahrzehnte hinweg verbunden haben. Jetzt, wo du nicht mehr an der Spitze stehst, machen viele einen Bogen um dich, drehen sich weg, um dich nicht grüßen zu müssen. Und deine Kinder zucken die Achseln, für sie lebst du auf dem Mond, draußen vor der Tür aber lachen sie über dich. Doch wie bist du erst allein in der Stunde der Todesnachrichten, nach dem Abschied im Krankenhaus, beim Hineinstarren in Gruben! – »Ich bin wie ein einsamer Vogel auf dem Dach.« (Ps 102,8)

Vereinzelung. Wie erträgt man sie? Kann man sie überhaupt ertragen? Keiner mehr, der mit dir zusammen ißt und schläft. Der sich nach dir erkundigt. Oder wenigstens zuhört. Auch nicht einer. Nur die vier Wände um dich, Trennwände, von keinem Schrei zum Einsturz zu bringen. Und auch draußen Mauern, Mauern von Menschen, kalt, blind, stumm, unbewegt. Alleinsein. Die Erfahrung der Wüste mitten in einem grünen Land. Wand an Wand mit Musik, Lachen, Umarmen.

Aber die Psalmen haben noch schrecklichere Bilder.

»Mein Herz ängstigt sich in meinem Leibe, und des Todes Furcht ist auf mich gefallen. / Furcht und Zittern ist mir angekommen, / und Grauen hat mich überfallen.« (Ps 55,5f.)

»Ich liege unter Toten verlassen, wie die Erschlagenen, die im Grabe liegen. / Du hast mich in die Grube hinunter geleget, in die Finsternis und in die Tiefe.« (Ps 88,6f.)

»Meine Tage sind vergangen wie ein Rauch, und meine Gebeine sind verbrannt wie ein Brand. / Mein Herz ist geschlagen und verdorret wie Gras, daß ich auch vergesse, mein Brot zu essen. / Mein Gebein klebet an meinem Fleisch vor Heulen und Seufzen. / Ich bin gleich wie eine Rohrdommel in der Wüste; ich bin gleich wie ein Käuzlein in den verstörten Städten.« (Ps 102,4–7)

»Ich fahre dahin wie ein Schatten, der vertrieben wird, und werde gejagt wie die Heuschrecken.« (Ps 109,23)

»Ich bin wie eine Haut im Rauch.« (Ps 119,83)

Das sind die Gleichnisse für unsere äußerste Verlassenheit. Sie entsteht, wenn uns der Sinn entzogen wird, um dessentwillen wir immer noch zu hoffen wagten. Sinn verbindet uns mit anderen, selbst wenn es nur in Gedanken geschieht. Sinnlosigkeit mauert uns ein. Sie ist die Dunkelzelle. Nur Schwärze umgibt dich noch. Außen und innen Finsternis. Nichts kann dich mehr freuen. Kein Rat dir helfen. Alles ist unglaubwürdig geworden. Du gehörst nicht mehr zu den Lebendigen. Du bist ausgestoßen.

»Ich liege unter Toten verlassen, wie die Erschlagenen, die im Grabe liegen.«

Unter Toten und doch nicht tot. Was trennt dich von ihnen? Ein einziger Schritt. Nur noch ein letzter Entschluß. Dann bist du frei wie sie. Tot unter Toten: das hat vielleicht wieder Sinn.

»Mein Herz ängstigt sich in meinem Leibe, und des Todes Furcht ist auf mich gefallen.«

Unsre Todesangst. Wir als aufgegebene Fälle. Als Unheilbare in isolierten Zimmern. Die sachlichen, gezwungen freundlichen oder vielleicht auch schon mürrischen letzten Handreichungen. Du wirst gewaschen und weißt: sie ersparen sich die Totenwäsche.

»Ich fahre dahin wie ein Schatten, der vertrieben wird.«

Wohin? Ist niemand da, der dich begleitet außer den unerträglichen Schmerzen? Wenn du noch fähig bist, Worte zu bilden, dann die:

»Mein Gott, mein Gott, warum hast du mich verlassen?«

Worte, die an eine Hinrichtung erinnern. Aber nicht allein an sie. Mit ihnen beginnt auch der 22. Psalm – ein weithin hallender Ruf in höchster Not, der nicht plötzlich mit einem Todesschrei abbricht, sondern allmählich zurückgenommen wird von der Hoffnung, ja Gewißheit, daß sich der Tod auf seinen Triumph nicht lange berufen kann. Von etwas unendlich Stärkerem wird er entmachtet. Die Dichter der Psalmen nennen es Gott, Herr, Höchster, Allmächtiger. Wir neigen heute dazu, die großen Namen nicht auszusprechen; zu oft sind sie mißbraucht worden. Auch ich habe bisher verschwiegen, daß die Psalmen nicht ins Leere gehen. Von vornherein sollte der Eindruck vermieden werden, hier könnte es sich vielleicht um so etwas wie Erbauungsliteratur handeln.

Nun jedoch, da wohl deutlich genug geworden ist, daß sich im Psalter unsere wirklichen, durch Jahrtausende hindurch unverändert gebliebenen Ängste und Qualen niedergeschlagen haben, muß die Gegenbewegung nachgezeichnet werden, jene, die konträr zum Sog aus der Finsternis verläuft.

»Der Herr ist nahe bei denen, die zerbrochenen Herzens sind, und hilft denen, die ein zerschlagen Gemüt haben.« (Ps 34,19)

Den zweiten Teil des Verses können wir zunächst bestreiten. Doch die faktische *Nähe* dessen, der »Herr« genannt wird, läßt sich nicht ohne weiteres verneinen. Jede von diesen Ich-Stimmen bezeugt sie. Auch in schwerer Einsamkeit wird hier von der Überzeugung, daß sich ein Anrufbarer in Rufweite befindet, nicht abgelassen.

»Ich sitze oder stehe, so weißt du es ... / Ich gehe oder liege, so bist du um mich und siehest alle meine Wege. / Denn siehe, es ist kein Wort auf meiner Zunge, das du, Herr, nicht alles wissest ... / Solche Erkenntnis ist mir zu wunderlich und zu hoch; ich kann es nicht begreifen ... / Führe ich gen Himmel, so bist du auch da. Bettete ich mich in die Hölle, siehe, so bist du auch da. / Nähme ich Flügel der Morgenröte und bliebe am äußersten Meer, so würde mich doch deine Hand daselbst führen und deine Rechte mich halten.« (Ps 139)

Die Entscheidung, ob dies glaubhaft sei, muß jeder für sich treffen. Wenn wir aber grundsätzlich bereit sind, Erfahrungen anderer für wahr zu halten, dann haben wir eigentlich wenig Grund, den Kronzeugen in den Psalmen, die sich durch ein Übermaß an Verzweiflung und Leiden als vollkommen aufrichtig legitimierten, nicht zu glauben. Doch es genügt schon, wenn wir ihnen einmal hypothetisch recht geben, um zu sehen, wie sie sich in der Nähe dieses alles übersteigenden, nicht ergründbaren Du verhalten, das sie zuweilen ganz furchtlos als Mann und Freund, als »Geselle, Pfleger und Verwandter« bezeichnen.

Zunächst machen sie sich frei von Illusionen, Menschen könnten ihnen in ihrer Auswegslosigkeit noch helfen. Auf Menschen ist jetzt kein Verlaß mehr. Doch sie kennen die Verheißungen, sie wissen, daß ihnen Hilfe zugesichert ist, und darauf pochen sie.

»Aber ich harre, Herr, auf dich; du, Herr, mein Gott, wirst erhören.« (Ps 38,16)

»Der Herr wird helfen ... Er wird dich versorgen und nicht ewig in Unruhe lassen.« (Ps 55,17.23)

»Der du zugesagt hast, mir zu helfen.« (Ps 71,3)

In derartigen Sätzen und Stoßgebeten, die sich ständig wiederholen, machen die Psalmendichter vom Recht des Leidenden Gebrauch, sich auf Rettung zu versteifen, solange noch Atem in ihnen ist. Freilich, nur mit einem raschen, augenblicklichen Eingreifen ist ihnen gedient. Darum immer wieder der Schrei:

»Eile mir zu helfen.« (z.B. Ps 70,2)

»Eile mir beizustehen.« (Ps 38,23)

Aber jener, der ihnen beispringen soll, zögert. Er läßt auf sich warten. Was tun? Die Hochgefährdeten verfallen nun nicht in stumpfes Schweigen oder in Panik, die ihnen die Sprache verschlägt, sie reden weiter – gleichviel, ob mit ihm oder nur mit sich selber. Dabei fangen sie an, sich zu erinnern. Gab es nicht schon einmal einen Augenblick, in dem ich nicht mehr aus noch ein wußte? In dem mir das Wasser bis zum Hals reichte? Während sie sich so ihre schweren Stunden ins Gedächtnis rufen, kommt auch unsere Erinnerung in Gang. Ja, einmal warst du zum Umfallen schwach vor Hunger und hattest keine Wohnung. Und du schlepptest jahrelang eine Krankheit mit dir, das Geld ging dir aus. Feinde betrieben deinen Rufmord. Dich zog man unter einem Auto hervor, dich schwerverbrannt aus einem Flugzeugwrack … Die Besinnung auf überstandene Gefahren und Schmerzen führt im Psalter nicht zu dem billigen Optimismus, der dir sagt: Auch diesmal werde ich schon davonkommen, Unkraut verdirbt nicht. Aber sie bestärkt die Geduld. Nur der Geduldige kann hoffen. Nur der Hoffende hält sich – mitten im Unmöglich-Scheinenden – den Zugang zum Möglichen offen.

Doch auch der Gedanke, daß man den Helfer herbeizwingen kann, wenn er sich doch in nächster Nähe aufhält, kommt den in die Enge Getriebenen nicht abwegig vor. Darum werden sie nicht müde, die Stimme zu erheben:

»Ich schreie Tag und Nacht vor dir.« (Ps 88,2)

Ihr Umgang mit Gott beschränkt sich durchaus nicht auf kniefälliges Bitten, er spitzt sich zu einem Hadern, Bedrängen, ja förmlichen Ringen zu. Sie, Nachkommen Jakobs, der mit einem Engel kämpfte, sie fühlen sich berechtigt, bis zum Äußersten zu gehen, mit dem Mut der Verzweiflung. Und da kommt es wirklich ans Licht: Sie haben keinen unnachgiebigen Gott. An zahllosen Stellen in den Psalmen wird offenkundig, daß der Schreiende gehört, der Kranke geheilt, der Gebrochene aufgerichtet worden ist. – Wenn jedoch weder Hartnäckigkeit noch Geduld, noch Standhaftigkeit bei dem hohen Herrn etwas ausrichten? Nun hören wir das erbitterte Fragewort, das das menschlichste ist und zugleich am wenigsten Aussicht auf Antwort hat: Warum?

»Warum verstößest du meine Seele und verbirgst dein Angesicht?« (Ps 88,15)

»Warum hast du meiner vergessen? Warum muß ich so traurig gehen?« (Ps 42,10)

Hinter diesem Ich steht kein Selbstgerechter, der bestreitet, am Elend der Welt mitschuldig zu sein, oft seine Entscheidungsfreiheit schlecht genutzt zu haben. Schuld kann nicht rückgängig gemacht, doch aus dem Weg geräumt werden durch Verzeihen. Darum: Vergib mir, damit nichts zwischen uns ist, was dich hindern könnte, einzugreifen! Aber das unverschuldete Unglück – wem ist das anzurechnen? Warum trifft es gerade mich?

Keine Antwort. Der Gefragte bleibt verschlossen. Der Fragende resigniert: »Ich muß das leiden.«

Nein, er resigniert nicht, denn er nimmt das Schweigen an, lebt mit ihm.

»Ich muß das leiden; die rechte Hand des Höchsten kann alles ändern.« (Ps 77,11)

Also ein Ja zum Unbegreiflichen und ein Dennoch des Glaubens. Wie ist eine solche Unbeirrbarkeit möglich? Woher nimmt sie die Kraft? Aus dem Verlangen nach dem wahren Leben! Diesem tiefsten Grund der Existenz. Wäre Gott nicht das wahre Leben, hätten sich die Kranken, Geschundenen, Betrübten der Psalmen längst von ihm gewandt. Denn nur dieses Verlangen vermag im Menschen soviel Beharrlichkeit hervorzurufen, daß er noch in der Stunde des Todes sich nicht verlorengibt.

»Du lässest mich erfahren viel und große Angst und machest mich wieder lebendig und holest mich wieder aus der Tiefe der Erde herauf.« (Ps 71,20)

Während das durchlitten und geglaubt wird, verändert sich allmählich das Bewußtsein. Qual und Traurigkeit trennen sich vom Sinnlosen, sie werden nachgerade zu Symptomen dieser um sich greifenden Veränderung. Sie zeigen an, daß etwas im Begriff ist, sich zu erneuern, zu befreien. Unter Schlägen geht die Schlacke in Stücke, die sich um den lebendigen Kern herum gebildet hat.

»Du hast uns geläutert, wie das Silber geläutert wird.« (Ps 66,10)

Nach solchen Schmelz- und Verwandlungsprozessen finden wir den Menschen in den Psalmen mit weitgeöffneten Augen wieder. Jetzt sieht er nicht mehr nur sich selbst. Er bekommt einen Blick für all das, was die Erde, das Universum ausmacht. Er wird gewahr, daß das Dunkle nicht überwiegt. Und nun flammt Dankbarkeit in ihm auf und entzündet ein Feuer unvergänglich schöner Verse.

»Herr, mein Gott, du bist sehr herrlich; du bist schön und prächtig geschmückt. / Licht ist dein Kleid, das du anhast; du breitest aus den Himmel wie einen Teppich … / Wie sind deine Werke so groß und viel! Du hast sie alle weislich geordnet, und die Erde ist voll deiner Güter. / Das Meer, das so groß und weit ist, da wimmelt es ohne Zahl, beide, große und kleine Tiere. / Daselbst gehen die Schiffe; da sind Walfische, die du gemacht hast, daß sie darinnen scherzen. / Es wartet alles auf dich, daß du ihnen Speise gebest zu seiner Zeit … / Verbirgst du dein Angesicht, so erschrecken sie; du nimmst weg ihren Odem, so vergehen sie und werden wieder zu Staub. / Du lässest aus deinen Odem, so werden sie geschaffen, und erneuerst die Gestalt der Erde. / Die Ehre des Herrn ist ewig; der Herr hat Wohlgefallen an seinen Werken. / Er schauet die Erde an, so bebet sie; er rühret die Berge an, so rauchen sie. / Ich will dem Herrn singen mein Leben lang und meinen Gott loben, so lange ich bin.« (Ps 104,1f.24–33)

Unsere Zeit hat das Loben verlernt. Warum meinen wir, mehr Grund zu Skepsis und Kritik zu haben als die Psalmendichter? Sind die Prüfungen etwa härter, die Leiden furchtbarer geworden? Wie Klagen und Hilferufe sind auch Lobgesänge Versuche, dem wahren Leben so nahe wie möglich zu kommen. Dank und Zustimmung behaupten nicht auf rationale Weise, daß Mensch und Welt im Lot seien, sie sind der Ausdruck von *Zuversicht*, daß es so ist. Sie stammen aus Momenten, wo Sinn nicht mehr gesucht wird, sondern wo ohne eigene Leistung *Einklang* ensteht. Für »ohne eigene Leistung« setzt der

Psalmist das Wort »Gnade« ein. Wer von ihr auch nur ge- streift wird, spürt, wie seine Widerstandskraft wächst. Er wird es mit neuen Verhängnissen wieder aufnehmen.

Das Letzte, was die Psalmen über den Menschen wis- sen, das Endgültige, kleiden sie in die Form der Utopie. Einmal heißt es in einer kühnen Metapher:

»Mit meinem Gott kann ich über die Mauer springen.« (Ps 18,30)

Jede Utopie ist so ein Über-Mauern-Hinwegsetzen. Die Psalmen fassen unsere Zukunft in ein unglaublich schönes Bild. »Unglaublich schön« will heißen, daß sogar Unglauben diesem Schönen nichts anhaben, sondern es, paradoxerweise, nur noch potenzieren kann.

»Wenn der Herr die Gefangenen Zions erlösen wird, so werden wir sein wie die Träumenden.« (Ps 126,1)

Hinweis zu Seite 105–109
Der Abdruck des Beitrags »Umgang mit Psalmen« von Heinz Piontek (geb. 1925 in Kreuzberg/Oberschlesien, Schriftsteller) erfolgt mit freundlicher Genehmigung, aus: Heinz Piontek, TRÄUMEN, WACHEN, WIDERSTEHEN, © 1978 by Franz Schnee- kluth Verlag, München.

Die Bibelstellenangaben wurden vom Herausgeber des »Eschbacher Bilderpsalters« eingefügt.

Abbildung unten: Roland Peter Litzenburger, »David sprang und tanzte mit Jauchzen«, 1974.

Was betrübst du dich,
meine Seele?

42 [Für den Chormeister.
Ein Weisheitslied der Korachiter.*]

2 Wie der Hirsch lechzt an versiegten Bächen,
   also lechzt meine Seele, o Gott, nach dir!
3 Meine Seele dürstet nach Gott,
   dem lebendigen Gott.
   Wann werde ich kommen
   und Gottes Angesicht schauen?
4 Tränen sind meine Speise geworden bei Tag und Nacht,
   da man täglich zu mir sagt:
   »Wo ist nun dein Gott?«
5 Dessen muß ich gedenken mit überquellendem Herzen,
   wie ich wallte in der Schar der Edlen zum Hause Gottes
   mit lautem Frohlocken und Danken in feiernder Menge.

6 Was betrübst du dich, meine Seele,
   und bist so unruhig in mir?
   Harre auf Gott; denn ich werde ihm noch danken,
   ihm, meinem Helfer und meinem Gott!

7 Betrübt ist meine Seele in mir; darum gedenke ich dein
   vom Lande des Jordan her und des Hermon,
   vom Berge Mizar.
8 Flut ruft der Flut beim Tosen deiner Wasserstürze;
   all deine Wellen und Wogen gehen über mich hin.
9 Des Tags seufze ich: Es sende der Herr seine Gnade!
   Und des Nachts singe ich ihm
   und flehe zum lebendigen Gott.
10 Ich spreche zu Gott, meinem Fels:
   Warum hast du meiner vergessen?
   Warum muß ich trauernd einhergehen,
   da der Feind mich bedrängt?
11 Wie Fraß in meinen Gebeinen
   ist mir der Hohn meiner Dränger,
   da sie täglich zu mir sagen:
   »Wo ist nun dein Gott?«

12 Was betrübst du dich, meine Seele,
   und bist so unruhig in mir?
   Harre auf Gott; denn ich werde ihm noch danken,
   ihm, meinem Helfer und meinem Gott!

INFINEM PSALMVS DAVID
FILIIS   CHORE

V
EM

A M O   D V M
DESIDE   R A T
CER   VVS
ADFON   TES
AQVA   RVM·
ITA   DE
SIDE   RAT
ANI   MA
ME   AD
TE   OS·

Initiale »Q« (QUEMADMODUM DESIDERAT CERVUS) zu Psalm 42, Goldener Psalter St. Gallen, um 875

Was bist du so unruhig
in mir?

43 Schaffe mir Recht, o Gott,
und führe meine Sache wider liebloses Volk,
    errette mich vor falschen und bösen Menschen!

2 Denn du bist der Gott meiner Zuflucht –
    warum verstößest du mich?
  Warum muß ich trauernd einhergehn,
    da der Feind mich bedrängt?
3 Sende dein Licht und deine Treue,
    daß sie mich leiten,
  mich bringen zu deinem heiligen Berg
    und zu deinen Wohnungen.
4 Laß mich hineingehen zum Altare Gottes,
    zu dem Gott, der meine Freude ist;
  laß mich jubeln und auf der Harfe dich preisen,
    o Herr, mein Gott!

5 Was betrübst du dich, meine Seele,
    und bist so unruhig in mir?
  Harre auf Gott; denn ich werde ihm noch danken,
    ihm, meinem Helfer und meinem Gott!

»Was betrübst du dich, meine Seele?« (zu Ps 43,4–5), Stuttgarter Psalter, 9. Jh.

Wach auf, Herr!
Warum schläfst du?

44 [Für den Chormeister.
Ein Weisheitslied der Korachiter.]

2 O Gott, mit unsern Ohren haben wir es gehört,
    unsre Väter haben es uns erzählt:
  Eine Tat hast du getan in ihren Tagen,
    in den Tagen der Vorzeit mit deiner Hand.
3 Völker hast du vertrieben, sie aber eingepflanzt,
    hast Nationen vernichtet, sie aber ausgebreitet.
4 Denn nicht mit ihrem Schwert gewannen sie das Land,
    und nicht ihr Arm schuf ihnen den Sieg,
  nein, deine Rechte und dein Arm
    und das Licht deines Angesichts;
    denn du warst ihnen hold.

5 Du bist's, mein König und mein Gott,
    der Sieg entbietet für Jakob.
6 Durch dich stoßen wir nieder unsre Bedränger;
    in Kraft deines Namens zertreten wir unsre Gegner.

7 Denn nicht auf meinen Bogen verlasse ich mich,
    und mein Schwert kann mir nicht helfen.
8 Nein, du hilfst uns vor unsern Bedrängern
    und machst zuschanden, die uns hassen.
9 Gottes rühmen wir uns allezeit,
    und deinen Namen preisen wir immerdar. [Sela.]

10 Und doch hast du uns verstoßen, mit Schmach uns bedeckt,
    und ziehst nicht aus mit unsern Heeren.
11 Du ließest uns weichen vor dem Feinde,
    und die uns hassen, machten sich Beute.
12 Du gabst uns hin wie Schafe zum Fraß
    und zerstreutest uns unter die Heiden.

13 Du verkauftest dein Volk um ein Spottgeld,
    leichten Kaufes gabst du es preis.
14 Du machtest uns zur Schmach bei unsern Nachbarn,
    zum Spott und Hohn derer, die uns umgeben.
15 Du machtest uns zum Sprichwort unter den Heiden,
    daß die Völker den Kopf über uns schütteln.

16 Allezeit ist meine Schmach vor meinen Augen,
    und Scham bedeckt mein Angesicht
17 ob der Stimme des lästernden Spötters,
    ob dem Blick des rachgierigen Feindes.

18 All das hat uns getroffen,
   und wir haben doch dein nicht vergessen
   und haben deinen Bund nicht verraten.
19 Unser Herz ist nicht abtrünnig geworden,
   noch ist gewichen von deinem Pfad unser Tritt,
20 daß du uns verstießest an die Stätte der Schakale
   und mit Finsternis uns bedecktest.

21 Wenn wir des Namens unsres Gottes vergaßen,
   unsre Hände erhoben zu einem fremden Gott –
22 würde Gott solches nicht erforschen?
   Er kennt ja die Heimlichkeiten des Herzens.
23 Nein, um deinetwillen werden wir hingewürgt Tag für Tag
   und sind wir geachtet wie Schlachtschafe.

24 Wach auf! Warum schläfst du, o Herr?
   Erwache! Verstoße nicht ewig!
25 Warum verbirgst du dein Angesicht,
   vergissest unsres Elends und unsrer Drangsal?
26 Denn in den Staub ist gebeugt unsre Seele,
   und unser Leib klebt an der Erde.

27 Mache dich auf, uns zu helfen,
   und erlöse uns um deiner Gnade willen!

Marc Chagall, Psalmen Davids, 1979 (zu Ps 44, 24–27)

Singen will ich
mein Lied dem König

45 [Für den Chormeister nach der Weise »Lilien«.
Ein Weisheitslied der Korachiter. Ein Liebeslied.]

2 Mein Herz wallt auf von anmutiger Rede,
   singen will ich mein Lied dem König;
   meine Zunge ist der Griffel eines gewandten Schreibers.
3 Du bist der Schönste unter den Menschenkindern,
   Anmut ist ausgegossen über deine Lippen;
   darum hat dich Gott auf immer gesegnet.

4 Gürte dein Schwert an die Hüfte, du Held!
   In Pracht und Prunk
5 fahre hin mit Glück für die Sache der Wahrheit und für das Recht!
   Und furchtbare Taten lehre dich dein Arm!
6 Deine Pfeile geschärft! Völker unter dir!
   So werden mutlos die Feinde des Königs.

7 Dein Thron, o Göttlicher, bleibt immer und ewig,
   das Szepter deiner Herrschaft ist ein Szepter des Rechts.
8 Du liebst Gerechtigkeit und hassest den Frevel;
   drum hat dich Gott, dein Gott, gesalbt
   mit Freudenöl vor deinen Genossen.
9 Von Myrrhe und Aloe, von Kassia duftet all dein Gewand,
   aus Elfenbeinhallen erfreut dich Saitenspiel.
10 Königstöchter schreiten einher in deinen Kleinodien,
   die Braut dir zur Rechten in Gold von Ophir.

11 Höre, meine Tochter, und siehe und neige dein Ohr:
   Vergiß dein Volk und das Haus deines Vaters!
12 Und verlangt den König nach deiner Schönheit –
   er ist ja dein Herr –, so neige dich ihm.
13 Und Tyrus wird kommen mit Gaben,
   die Reichsten im Volke werden dir huldigen.
14 Lauter Pracht ist die Königstochter,
   Korallen und Edelgestein und Gold ihr Gewand.
15 In gestickten Kleidern wird sie zum König geführt,
   Jungfrauen sind ihr Geleite;
   ihre Gespielinnen führen sie hin,
16 geleiten sie mit Freuden und Frohlocken,
   ziehen ein in den Königspalast.

17 An deiner Väter Statt treten einst deine Söhne,
   du wirst sie zu Fürsten setzen im ganzen Lande.
18 Ich will deinen Namen kundmachen unter allen Geschlechtern;
   darum werden die Völker dich preisen immer und ewig.

Marc Chagall, Psalmen Davids, 1979 (zu Ps 45, 2.3.9.10)

Ein feste Burg ist
unser Gott

46 [Für den Chormeister. Von den Korachitern. Nach der Weise »Mädchen«. Ein Lied.]

2 Gott ist unsre Zuflucht und Stärke,
    als mächtige Hilfe bewährt in Nöten.
3 Drum fürchten wir nichts, wenngleich die Erde sich wandelt
    und die Berge taumeln in die Tiefe des Meeres.
4 Mögen tosen, mögen schäumen seine Wogen,
    die Berge erzittern bei seinem Aufruhr:

   ER, der Herr der Heerscharen ist mit uns,
      eine Burg ist uns der Gott Jakobs. [Sela.]

5 Eines Stromes Arme erfreuen die Gottesstadt,
    die heiligste der Wohnungen des Höchsten.
6 Gott ist in ihrer Mitte; so wankt sie nimmer.
    Gott hilft ihr, wenn der Morgen anbricht.
7 Völker tobten, Königreiche wankten;
    er donnerte drein, da bebte die Erde.

8 ER, der Herr der Heerscharen ist mit uns,
    eine Burg ist uns der Gott Jakobs. [Sela.]

9 Geht hin und schauet SEINE Werke,
    der Erstaunliches geschaffen auf Erden,
10 der den Kriegen steuert bis ans Ende der Welt,
    der den Bogen zerbricht, den Speer zerschlägt
    und die Schilde im Feuer verbrennt.
11 »Lasset ab und erkennet, daß ich Gott bin,
    erhaben unter den Völkern, erhaben auf Erden!«

12 ER, der Herr der Heerscharen ist mit uns,
    eine Burg ist uns der Gott Jakobs. [Sela.]

ET ODISTIINIQUITATEM
PROPTEREAUNXITTEDS
DSTUUS OLEOLÆTITIAE
PRAECONSORTIBUSTUIS:
MYRRAEGUTTAETCASSIA
AUESTIMENTISTUIS A
DOMIBUSEBURNEISEX
QUIBUSDELECTAUERUNT
TE FILIAEREGUMINHO
NORETUO:
ASTITITREGINAADEX
TRISTUIS INUESTITU
DEAURATOCIRCUMDA
TAUARIETATE:
AUDIFILIAETUIDE ETIN
CLINAAUREMTUAMET
OBLIUISCEREPOPULUM

TUUEIDOMUPATRISTUI:
ETCONCUPESCETREXDECO
REMTUU QUONIAMIPSE
ESTDNSDSTUUSETADORA
BUNTEUM:
ETFILIAETYRIINMUNERI
BUS UULTUMTUUDEPRE
CABUNTURDIUITESPLEBIS
OMNISGLORIAEIUSFILIAE
REGISABINTUS INFIM
BRIISAUREISCIRCUAMIC
TAUARIETATIBUS
ADDUCENTURREGIUIRGI
NESPOSTEA PROXIMAE
EIADFERENTURTIBI:
ADFERENTURINLAETITIA
ETEXULTATIONE ADDU

CENTURINTEPLUREGIS:
PROPATRIBUSTUISNATI
SUNTTIBIFILII CONTITU
ESEOSPRINCIPESSUPER
OMNEMTERRAM:
MEMORERONOMINISTUI
INOMNIGENERATIONE
ETGENERATIONE
PROPTEREAPOPULICON
FITEBUNTURTIBI
INAETERNUMETINSAE
CULUMSAECULI:
XLVINFINEM
FILIISCOREPRO
ARCHANIS
PSALMUS

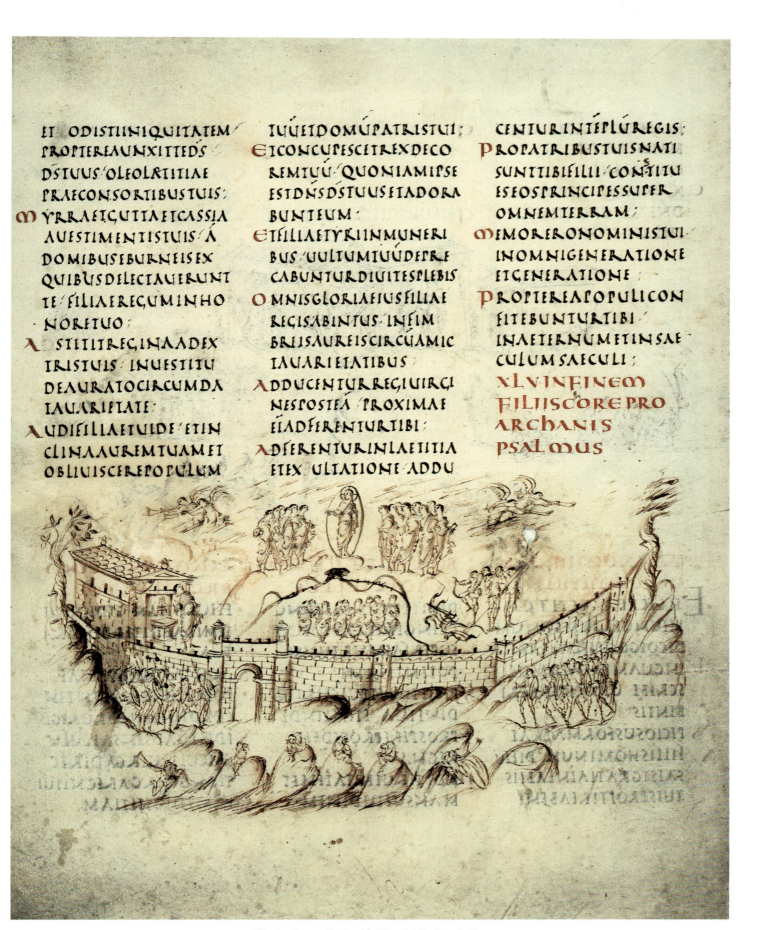

Illustration zu Psalm 46, Utrecht-Psalter, 9. Jh.

Gott, dem König der ganzen Erde, singet ein Lied

47 [Für den Chormeister.
Ein Lied der Korachiter.]

2 Ihr Völker alle, klatscht in die Hände!
    jauchzet Gott zu mit jubelndem Schall!
3 Denn ER, der Höchste, ist furchtbar,
    ein großer König über die ganze Welt.

4 Er zwang Völker unter uns,
    Nationen unter unsre Füße.
5 Er erwählte uns unser Erbteil,
    die Herrlichkeit Jakobs, den er liebt.

6 Empor stieg Gott unter Siegesgeschrei,
    ER, der Herr, beim Schall der Posaune.
7 Singet Gott, lobsinget!
    Singet unserm König, lobsinget!

8 Denn Gott ist König der ganzen Erde;
    singet ihm ein Lied!
9 Gott ist König geworden über die Völker,
    Gott hat sich gesetzt auf seinen heiligen Thron.

10 Die Fürsten der Völker sind versammelt
    als Volk des Gottes Abrahams;
    denn Gottes sind die Schilde der Erde, *
    hoch erhaben ist er.

Christus, der Allherrscher, und Davids Musik, aus einem Psalmenkommentar, 12. Jh.

Groß ist und hoch zu preisen
die Stadt unsres Gottes

48 [Ein Lied.
Ein Psalm der Korachiter.]

2 Groß ist und hoch zu preisen
   die Stadt unsres Gottes!
3 Sein heiliger Berg, schön ragend,
   ist die Wonne der Welt,
 der Berg Zion hoch im Norden
   ist eines großen Königs Stadt.
4 Gott hat in ihren Palästen
   als Hort sich kundgetan.

5 Denn siehe, Könige taten sich zusammen,
   zogen heran insgesamt.
6 Sie sahen es und starrten,
   erschraken, flohen davon.
7 Zittern ergriff sie daselbst,
   Wehen wie eine Gebärende.
8 Durch den Oststurm
   zerschmetterst du Tharsisschiffe.

9 Wie wir es gehört, so haben wir es gesehen
   in der Stadt des HERRN der Heerscharen,
 in der Stadt unsres Gottes:
   Gott läßt sie bestehen auf immer und ewig. [Sela.]

10 Wir bedenken, o Gott, deine Gnade
   inmitten deines Tempels.
11 Wie dein Name, o Gott,
   so geht dein Ruhm bis ans Ende der Erde.
   Deine Rechte ist voller Gerechtigkeit,
12 des freut sich der Zion;
   es frohlocken die Töchter Judas ob deines Gerichts.

13 Umkreiset den Zion, umwandelt ihn
   und zählt seine Türme;
14 beachtet sein Bollwerk, durchwandert seine Paläste,
   auf daß ihr erzählet dem künftigen Geschlecht:
15 Dies ist ER, unser Gott auf immer und ewig;
   er wird uns leiten.

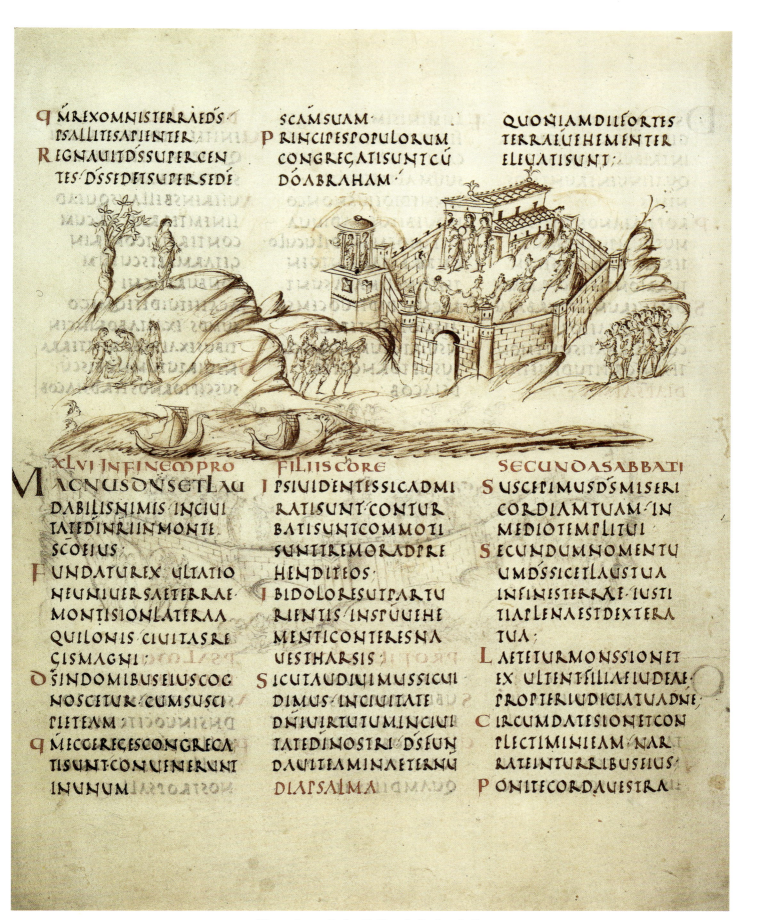

Illustration zu Psalm 48, Utrecht-Psalter, 9. Jh.

Der Mensch in seiner Pracht
ist ohne Bestand

49 [Für den Chormeister.
Ein Psalm der Korachiter.]

2 Höret an, ihr Völker alle!
    Merket auf, alle Bewohner der Welt,
3 geringe Leute sowohl wie Herren,
    der Reiche und der Arme zumal!
4 Mein Mund soll Weisheit reden
    und das Dichten meines Herzens Einsicht sein.
5 Ich will mein Ohr einem Spruche neigen,
    bei Harfenklang mein Rätsel lösen.

6 Warum muß ich mitansehn die Tage des Bösen,
    wo mich mit Frevel umgeben meine tückischen Feinde,
7 die sich verlassen auf ihr Vermögen
    und ihres großen Reichtums sich rühmen?
8 Doch loskaufen kann sich keiner,
    keiner Gott das Lösegeld für sich bezahlen –
9 zu teuer ist der Kaufpreis für ihr Leben.
    Für immer muß er davon abstehn,
10 daß er weiter lebe,
    daß er niemals schaue die Grube.
11 Nein, er schaut sie! Weise sterben,
    Tor und Narr kommen um zumal,
    und andern lassen sie ihr Vermögen.
12 Gräber sind ihre Behausung auf immer,
    ihre Wohnungen für und für,
    ob sie auch Länder benannten mit ihren Namen.

13 Der Mensch in seiner Pracht ist ohne Bestand,
    wird gleich dem Vieh, das abgetan wird.

14 Das ist das Geschick derer, die so zuversichtlich sind,
    und der Ausgang derer,
    die sich in großen Worten gefallen. [Sela.]
15 Schafen gleich sinken sie zur Unterwelt,
    der Tod weidet sie;
    geraden Wegs fahren sie zu Grabe.
    Ihre Gestalt zerfällt, die Unterwelt wird ihre Wohnung.
16 Aber Gott wird meine Seele erlösen
    aus der Gewalt der Unterwelt;
    denn er wird mich entrücken. [Sela.]

17 Laß dich's nicht anfechten, wenn einer auch reich wird
    und die Herrlichkeit seines Hauses sich mehrt.

Max Hunziker, David und Schädel, 1965

18 Denn im Tode nimmt er das alles nicht mit,
   seine Herrlichkeit steigt nicht mit ihm hinab.
19 Mag er seine Seele preisen in seinem Leben
   und sie loben, daß sie sich gütlich tut –
20 sie kommt doch zu der Wohnung seiner Väter,
   die das Licht nimmermehr schauen.

21 Der Mensch in Pracht, doch ohne Verstand,
   wird gleich dem Vieh, das abgetan wird.

Wer Dank opfert,
der ehrt mich

50 [Ein Psalm Asaphs.]
Der Gott der Götter, ER redet und ruft der Erde
   vom Aufgang der Sonne bis zu ihrem Niedergang.

2 Vom Zion her, der Krone der Schönheit,
   strahlt Gott auf.
3 Unser Gott kommt und kann nicht schweigen;
   verzehrendes Feuer geht vor ihm her,
   und rings um ihn ist ein mächtiges Wetter.
4 Er ruft dem Himmel droben zu
   und der Erde, um sein Volk zu richten.
5 Versammelt ihm seine Frommen,
   die mit ihm beim Opfer einen Bund geschlossen!
6 Und die Himmel sollen seine Gerechtigkeit verkünden;
   denn Gott selbst will Richter sein.

7 »Höre, mein Volk, ich will reden,
   o Israel, ich will dich mahnen,
   ich, der ich dein Gott bin.
8 Nicht wegen deiner Opfer will ich dich rügen,
   sind doch deine Brandopfer allezeit vor mir.
9 Ich mag nicht den Stier aus deinem Hause,
   noch Böcke aus deinen Hürden.
10 Mein ist ja alles Getier des Waldes,
   das Wild auf meinen Bergen zu Tausenden.
11 Ich kenne alle Vögel des Himmels,
   und was auf dem Felde sich regt, ist mir kund.
12 Wenn mich hungerte, ich brauchte es dir nicht zu sagen;
   denn mein ist der Erdkreis und was ihn erfüllt.
13 Sollte ich das Fleisch von Stieren essen
   und das Blut von Böcken trinken?

Reiner Seibold, Schriftbild zu Psalm 50 (nach der Übersetzung Martin Luthers)

14 Bringe Gott Dank als Opfer dar
   und bezahle so dem Höchsten deine Gelübde.
15 Und rufe mich an am Tage der Not.
   so will ich dich erretten, und du sollst mich preisen.«

16 Zum Gottlosen aber spricht Gott:
   »Was zählst du meine Satzungen her
   und führst mein Gesetz im Munde,
17 da du doch Zucht hassest
   und meine Worte hinter dich wirfst?
18 Siehst du einen Dieb, so hältst du zu ihm,
   und mit Ehebrechern hast du Gemeinschaft.
19 Deinen Mund lässest du Böses reden,
   und deine Zunge ficht Betrug.
20 Du setzest dich hin und redest wider den Bruder,
   beschimpfst den Sohn deiner Mutter.
21 Das hast du getan, und ich habe geschwiegen;
   da wähntest du, ich sei gleich wie du.
   Nun rüge ich dich und stelle es dir vor Augen.
22 Merket doch das, die ihr Gottes vergessen,
   damit ich nicht zerreiße – und niemand rettet.
23 Wer Dank opfert, der ehrt mich;
   und wer unsträflich wandelt,
   den lasse ich schauen mein Heil.«

Sei mir gnädig
nach deiner Güte

51 [Für den Chormeister.
Ein Psalm Davids, **2** als der Prophet Nathan zu ihm
kam, nachdem er sich mit Bathseba vergangen hatte.*]

3 Sei mir gnädig, o Gott, nach deiner Güte,
   nach deinem großen Erbarmen tilge meine Verfehlung.
4 Wasche mich rein von meiner Schuld,
   reinige mich von meiner Sünde.
5 Denn ich selber kenne meine Vergehen,
   und meine Sünde steht mir immerdar vor Augen.
6 An dir allein habe ich gesündigt,
   habe getan, was dir mißfällt.
   Du mußt Recht behalten in deinem Spruch,
   mußt rein dastehen in deinem Richten.
7 Siehe, in Schuld bin ich geboren,
   und meine Mutter hat mich in Sünden empfangen.

Davids Buße (zu Ps 51), »Griechischer Psalter in Paris«, 10. Jh.

8 Siehe, an Wahrheit im Innersten hast du Gefallen;
   tue mir im Verborgnen Weisheit kund.
9 Entsündige mich mit Ysop, daß ich rein werde;*
   wasche mich, daß ich weißer werde als Schnee.
10 Sättige mich mit Freude und Wonne,
   daß die Gebeine frohlocken, die du zermalmt hast.
11 Verbirg dein Angesicht vor meinen Sünden
   und tilge alle meine Missetaten.

12 Schaffe mir, o Gott, ein reines Herz
   und gib mir einen neuen gewissen Geist.*
13 Verwirf mich nicht von deinem Angesicht
   und nimm deinen heiligen Geist nicht von mir.
14 Gib mir wieder die Wonne deiner Hilfe
   und stütze mich durch einen willigen Geist,
15 so will ich die Übertreter deine Wege lehren,
   daß sich zu dir bekehren die Sünder.
16 Errette mich vor blutigem Anschlag,
   o Herr, du Gott meines Heils!
   So wird meine Zunge deine Treue preisen.

17 Herr, tue meine Lippen auf,
   daß mein Mund dein Lob verkünde.
18 Denn Schlachtopfer begehrst du nicht,
   und gäbe ich Brandopfer, es gefiele dir nicht.
19 Das Opfer, das Gott gefällt, ist ein zerbrochener Geist,
   ein zerschlagenes Herz wirst du, o Gott, nicht verachten.

20 Tue Zion Gutes nach deiner Gnade,
   baue die Mauern Jerusalems auf!
21 Dann hast du Gefallen an rechten Opfern,
   dann bringt man Stiere auf deinen Altar.

Marc Chagall, Psalmen Davids, 1979 (zu Ps 51, 3.5.19–20)

131

Wie ein grünender Ölbaum
im Hause Gottes

52 [Für den Chormeister.
Ein Weisheitslied Davids, **2** als Doeg, der Edomiter,
kam und dem Saul die Kunde brachte, daß David in das
Haus Ahimelechs gekommen sei.*]

3 Was rühmst du dich der Bosheit, Tyrann,
   wider den Frommen allezeit?
4 Auf Verderben geht deine Zunge
   wie ein scharfes Messer, du Ränkeschmied!
5 Du liebst das Böse mehr als das Gute,
   mehr die Lüge als wahrhafte Rede.
6 Du liebst lauter verderbliches Reden
   mit trügerischer Zunge.

7 So wird dich Gott auch niederbrechen auf immer,
   dich packen und herausreißen aus dem Zelte
   und dich entwurzeln aus dem Lande der Lebenden.
8 Und die Gerechten werden es schauen und schaudern,
   und sie werden seiner lachen:
9 »Seht, das ist der Mann, der nicht Gott zu seiner Zuflucht machte,
   der da vertraute auf seinen großen Reichtum,
   der da trotzte auf seine Schätze.«

10 Ich aber bin wie ein grünender Ölbaum im Hause Gottes,
   ich verlasse mich auf Gottes Gnade immer und ewig.
11 Ich will dich immerdar preisen, denn du machst es wohl,
   will vor deinen Frommen verkünden,
   daß dein Name voll Güte ist.

Die Toren sprechen in ihrem Herzen:
»Es ist kein Gott!«

53 [Für den Chormeister. Nach der Weise »Krankheit«.
Ein Weisheitslied Davids.*]

2 Die Toren sprechen in ihrem Herzen:
   »Es ist kein Gott!«
  Verderbt, abscheulich freveln sie;
   keiner ist, der Gutes tut.
3 Gott schaut vom Himmel herab auf die Menschenkinder,
   daß er sehe, ob ein Verständiger da sei, der nach Gott frage.

Max Hunziker, Ölbaumzweig, 1965 (zu Ps 52,10)

4 Alle sind sie entartet und miteinander verdorben;
    keiner ist, der Gutes tut, auch nicht einer.

5 Haben denn keinen Verstand die Übeltäter,
    die mein Volk verzehren?
    Sie essen Gottes Brot und rufen ihn nicht an.
6 Da trifft sie gewaltiger Schrecken;
    denn Gott zerstreut die Gebeine des Ruchlosen.
    Sie werden zuschanden; denn Gott hat sie verworfen.

7 O daß von Zion die Hilfe für Israel käme!
    Wenn Gott wendet seines Volkes Geschick,
    wird Jakob frohlocken, Israel fröhlich sein!

Der Herr ist es,
der mein Leben erhält

54 [Für den Chormeister. Mit Saitenspiel.
Ein Weisheitslied Davids, 2 als die Siphiter zu Saul
kamen und ihm sagten: Sieh, David hält sich bei uns
verborgen.*]

3 O Gott, hilf mir durch deinen Namen
    und schaffe mir Recht durch deine Kraft.
4 O Gott, erhöre mein Gebet,
    vernimm die Rede meines Mundes.

5 Denn Freche sind wider mich aufgestanden,
    und Gewalttätige stellen mir nach dem Leben;
    sie haben Gott nicht vor Augen. [Sela.]

6 Siehe, Gott ist mein Helfer;
    der Herr ist es, der mein Leben erhält.
7 Das Unheil soll auf meine Feinde zurückfallen;
    vernichte sie, Du, nach deiner Treue.

8 So will ich dir willig Opfer bringen,
    will deinen Namen preisen, daß er voll Güte ist.
9 Denn er errettet mich aus aller Not,
    und mein Auge schaut seine Lust an meinen Feinden.

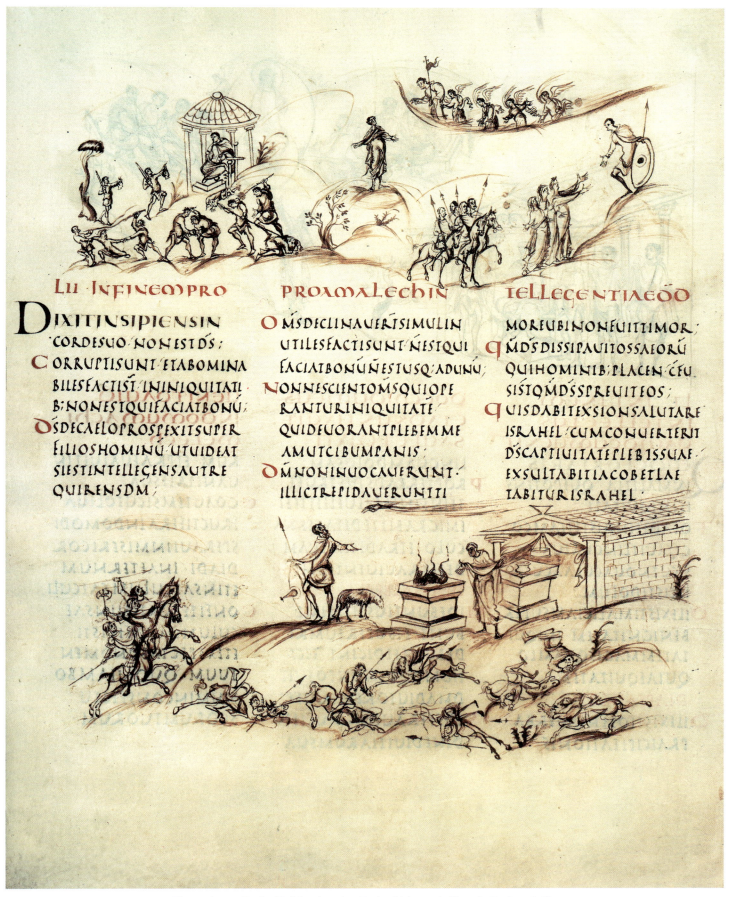

LII INFINEMPRO PROAMALECHIN TELLEGENTIAEOD

DIXITINSIPIENSIN
CORDESUO NONESTDS:
CORRUPTISUNT ETABOMINA
BILESFACTISŤ ININIQUITATI
B: NONESTQUIFACIATBONŬ·
DSDECAELOPROSPEXITSUPER
FILIOSHOMINŬ UTUIDEAT
SIESTINTELLEGENSAUTRE
QUIRENSDM·

OMSDECLINAUERTSIMULIN
UTILESFACTISUNT NESTQUI
FACIATBONŬ NESTUSQ·ADUNŬ·
NONNESCIENTOMSQUIOPE
RANTURINIQUITATE
QUIDEUORANTPLEBEMME
AMUTCIBUMPANIS·
DM NONINUOCAUERUNT·
ILLICTREPIDAUERUNTITI

MORE·UBINONFUITTIMOR·
QMDS DISSIPAUITOSSAEORŬ
QUIHOMINIB·PLACEN CEU
SISTQMDSSPREUITEOS·
QUISDABITEXSIONSALUTARE
ISRAHEL·CUMCONUERTERIT
DSCAPTIUITATEPLEBISSUAE
EXSULTABITIACOBETLAE
TABITURISRAHEL·

Illustration zu Psalm 53 (oben) und zu Psalm 54 (unten), Utrecht-Psalter, 9. Jh.

135

Ich irre umher
in meiner Klage

55 [Für den Chormeister. Mit Saitenspiel.
Ein Weisheitslied Davids.]

2 Vernimm, o Gott, mein Gebet,
  und verbirg dich nicht vor meinem Flehen.
3 Merke auf mich und erhöre mich;
  ich irre umher in meiner Klage.
4 Ich bin in Unruhe ob des Lärmens der Feinde,
  ob des Schreiens der Gottlosen;
  denn sie wälzen Unheil auf mich
  und befeinden mich grimmig.
5 Mein Herz ängstet sich in meiner Brust,
  und die Schrecken des Todes befallen mich.
6 Furcht und Zittern kommt mich an,
  und Grauen bedeckt mich.

7 Da sprach ich: O hätte ich Flügel wie die Taube!
  Wie wollte ich fliegen, bis ich Ruhe fände!
8 Ja, fernhin wollte ich flüchten,
  wollte herbergen in der Wüste.
9 Ich wollte hineilen, wo ich sicher wäre
  vor dem Sturmwind, vor dem Wetter.

10 Verwirre, Herr, entzweie ihre Zungen!
   Denn ich sehe Gewalttat und Hader in der Stadt.
11 Sie umkreisen sie Tag und Nacht auf ihren Mauern,
   und Frevel und Ungemach ist in ihrem Innern.
12 Verderben wohnt in ihrer Mitte,
   Bedrückung und Trug weicht nicht von ihrem Markt.

13 Denn nicht mein Feind schmäht mich,
   das wollte ich tragen;
   nicht mein Hasser tut groß wider mich,
   vor ihm wollte ich mich bergen.
14 Nein du, ein Mensch meinesgleichen,
   mein Freund und Vertrauter,
15 die wir zusammen süßer Gemeinschaft pflogen,
   zum Hause Gottes wallten im lauten Gedränge.

16 Der Tod soll sie überfallen,
   sie mögen lebend ins Totenreich fahren!
   denn Bosheit ist in ihrer Wohnung, in ihrem Herzen.
17 Ich will zu Gott rufen,
   und ER wird mir helfen.

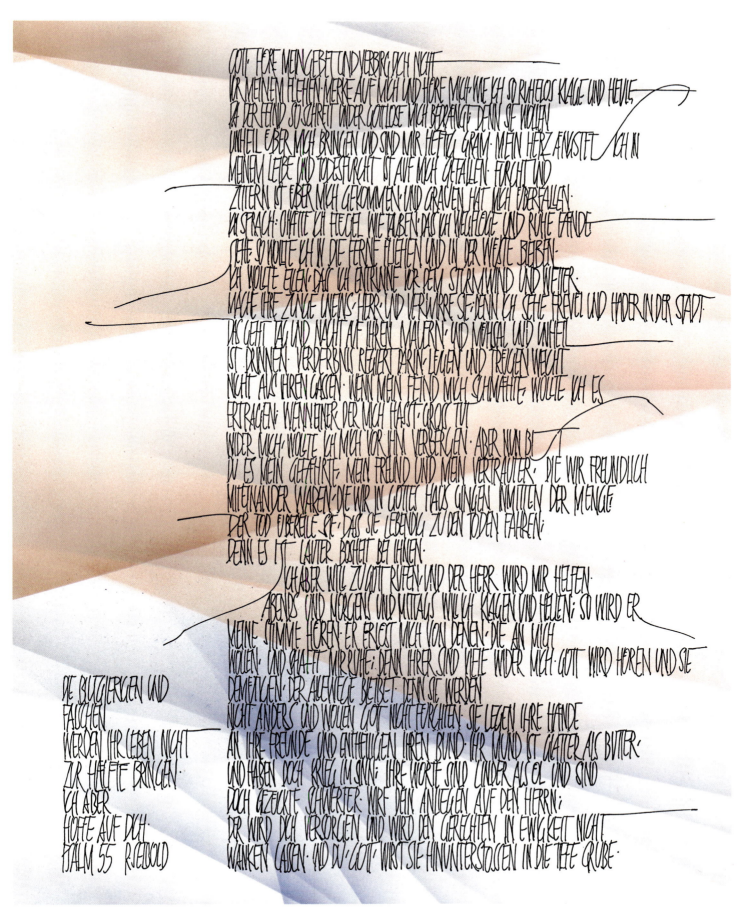

GOTT, HÖRE MEIN GEBET UND VERBIRG DICH NICHT
VOR MEINEM FLEHEN. MERKE AUF MICH UND HÖRE MICH, WIE ICH SO RUHELOS KLAGE UND HEULE,
DASS DER FEIND SO SCHREIT UND DER GOTTLOSE MICH BEDRÄNGT; DENN SIE WOLLEN
UNHEIL ÜBER MICH BRINGEN UND SIND MIR HEFTIG GRAM. MEIN HERZ ÄNGSTET SICH IN
MEINEM LEIBE UND TODESFURCHT IST AUF MICH GEFALLEN. FURCHT UND
ZITTERN IST ÜBER MICH GEKOMMEN, UND GRAUEN HAT MICH ÜBERFALLEN.
ICH SPRACH: HÄTTE ICH FLÜGEL WIE TAUBEN, DASS ICH WEGFLÖGE UND RUHE FÄNDE!
SIEHE, SO WOLLTE ICH IN DIE FERNE FLIEHEN UND IN DER WÜSTE BLEIBEN.
ICH WOLLTE EILEN, DASS ICH ENTRINNE VOR DEM STURMWIND UND WETTER.
MACHE IHRE ZUNGE UNEINS, HERR, UND VERWIRRE SIE; DENN ICH SEHE FREVEL UND HADER IN DER STADT.
DAS GEHT TAG UND NACHT AUF IHREN MAUERN, UND MÜHSAL UND UNHEIL
IST DRINNEN. VERDERBNIS REGIERT DARIN, LÜGEN UND TRÜGEN WEICHT
NICHT AUS IHREN GASSEN. WENN MEIN FEIND MICH SCHMÄHTE, WOLLTE ICH ES
ERTRAGEN; WENN EINER, DER MICH HASST, GROSS TUT
WIDER MICH, WOLLTE ICH MICH VOR IHM VERBERGEN. ABER NUN BIST
DU ES, MEIN GEFÄHRTE, MEIN FREUND UND MEIN VERTRAUTER, DIE WIR FREUNDLICH
MITEINANDER WAREN, DIE WIR IN GOTTES HAUS GINGEN INMITTEN DER MENGE!
DER TOD ÜBEREILE SIE, DASS SIE LEBENDIG ZU DEN TOTEN FAHREN;
DENN ES IST LAUTER BOSHEIT BEI IHNEN.

ICH ABER WILL ZU GOTT RUFEN, UND DER HERR WIRD MIR HELFEN.
ABENDS UND MORGENS UND MITTAGS WILL ICH KLAGEN UND HEULEN; SO WIRD ER
MEINE STIMME HÖREN. ER ERLÖST MICH VON DENEN, DIE AN MICH
WOLLEN, UND SCHAFFT MIR RUHE; DENN IHRER SIND VIELE WIDER MICH. GOTT WIRD HÖREN UND SIE
DEMÜTIGEN, DER ALLEWEGE BLEIBET, DENN SIE WERDEN
NICHT ANDERS UND WOLLEN GOTT NICHT FÜRCHTEN. SIE LEGEN IHRE HÄNDE
AN IHRE FREUNDE UND ENTHEILIGEN IHREN BUND. IHR MUND IST GLATTER ALS BUTTER,
UND HABEN DOCH KRIEG IM SINN; IHRE WORTE SIND LINDER ALS ÖL UND SIND
DOCH GEZÜCKTE SCHWERTER. WIRF DEIN ANLIEGEN AUF DEN HERRN;
DER WIRD DICH VERSORGEN UND WIRD DEN GERECHTEN IN EWIGKEIT NICHT
WANKEN LASSEN. UND DU, GOTT, WIRST SIE HINUNTERSTOSSEN IN DIE TIEFE GRUBE.

DIE BLUTGIERIGEN UND
FALSCHEN
WERDEN IHR LEBEN NICHT
ZUR HÄLFTE BRINGEN.
ICH ABER
HOFFE AUF DICH.
PSALM 55   R.SEIBOLD

Reiner Seibold, Schriftbild zu Psalm 55 (nach der Übersetzung Martin Luthers)

18 Abends und morgens und mittags will ich klagen und seufzen,
und er wird meine Stimme hören.
19 Sicherheit schafft er meiner Seele,
daß sie nicht an mich können;
denn ihrer viele sind wider mich.

20 Gott wird erhören, wird sie demütigen,
er, der da thront von Urzeit her. [Sela.]
Denn sie ändern sich nicht und fürchten Gott nicht.
21 Der Feind legt Hand an seine Freunde,
entweiht seinen Bund.
22 Glatt wie Butter ist seine Rede, doch Streit ist sein Sinnen;
seine Worte sind linder als Öl und sind doch gezückte Schwerter.

23 Wirf dein Anliegen auf IHN, er wird dich versorgen;
er läßt den Gerechten nimmer wanken.
24 Doch du, o Gott, wirst sie hinabstoßen in die Tiefe der Grube;
die Blutgierigen und Falschen
werden ihre Tage nicht auf die Hälfte bringen.
Ich aber vertraue auf dich.

Meine Tränen hebst du bei dir auf

56 [Für den Chormeister. Nach der Weise »Stumme Taube der Ferne«. Ein Lied Davids. Es entstand in der Zeit, als die Philister ihn in Gath ergriffen.*]

2 Erbarme dich meiner, o Gott,
denn Menschen schnauben wider mich,
allezeit bedrängen mich Krieger.
3 Meine Feinde schnauben den ganzen Tag,
ja, viele bekriegen mich bitter.
4 Tag für Tag rufe ich zu dir;
5 ich vertraue auf Gott, preise sein Wort.
Auf Gott vertraue ich, fürchte mich nicht;
was könnten Menschen mir antun?

6 Unablässig fechten sie mich an,
ihr ganzes Sinnen geht auf mein Verderben.
7 Sie rotten sich zusammen und lauern;
sie spähen nach meinen Fersen,
wie solche, die mir nach dem Leben trachten.
8 Ob des Frevels gibt es für sie kein Entrinnen.
Im Zorne stürze die Völker, o Gott!

Reiner Seibold, Schriftbild zu Psalm 56 (nach der Übersetzung Martin Luthers)

9 Du hast gezählt die Tage meines Elends,
    meine Tränen hebst du bei dir auf;
    stehen sie doch in deinem Buche.
10 Da werden meine Feinde zurückweichen;
    ich bin dessen gewiß, daß Gott für mich ist.
11 Gott will ich preisen ob seines Wortes,
    ob seines Wortes IHN preisen.
12 Auf Gott vertraue ich, fürchte mich nicht;
    was könnten Menschen mir antun?

13 Ich schulde dir, Gott, Gelübde;
    Dankopfer will ich dir bezahlen.
14 Denn du hast mein Leben vom Tode errettet,
    ja, meine Füße vom Sturze,
    daß ich vor Gott wandle im Lichte des Lebens.

Psalter und Harfe wacht auf, wecken will ich das Morgenrot

57 [Für den Chormeister. Nach der Weise »Zerstöre nicht!« Ein Lied Davids, als er vor Saul in die Höhle floh.*]

2 Erbarme dich, Gott, erbarme dich meiner!
    Denn bei dir ist mein Leben geborgen,
und in den Schatten deiner Flügel flüchte ich,
    bis das Verderben vorüber ist.
3 Ich rufe zu Gott, dem Allerhöchsten,
    zu Gott, der meine Sache hinausführt.
4 Er wird vom Himmel senden, mir helfen
    aus der Hand derer, die wider mich schnauben;
    Gott wird senden seine Güte und Treue.

5 Mitten unter Löwen muß ich mich lagern,
    unter Flammensprühenden, unter Menschen,
deren Zähne Spieße und Pfeile sind
    und deren Zunge ein scharfes Schwert.
6 Erhebe dich über die Himmel, o Gott,
    über die ganze Erde deine Herrlichkeit!
7 Sie haben meinen Füßen ein Netz gestellt,
    niedergebeugt meine Seele;
sie haben vor mir eine Grube gegraben
    und – sind darein gefallen.

Max Hunziker, David und Harfe, 1965 (zu Ps 57,8–12)

141

8 Mein Herz ist bereit, o Gott, mein Herz ist bereit;
   ich will singen und spielen.
9 Wache auf, meine Seele, wacht auf, Psalter und Harfe!
   Wecken will ich das Morgenrot!
10 Ich will dich preisen unter den Völkern, o Herr,
   will dir lobsingen unter den Nationen.
11 Denn groß bis zum Himmel ist deine Güte
   und deine Treue bis an die Wolken.
12 Erhebe dich über die Himmel, o Gott,
   über die ganze Erde deine Herrlichkeit!

Sprecht ihr in Wahrheit Recht, ihr Gewaltigen?

58 [Für den Chormeister.
Nach der Weise »Zerstöre nicht!« Ein Lied Davids.]

2 Sprecht ihr in Wahrheit Recht, ihr Gewaltigen,
   richtet ihr gerecht die Menschenkinder?
3 Vielmehr, ihr alle übt Frevel im Lande,
   der Gewalttat schaffen Bahn eure Hände.

4 Abtrünnig sind die Gottlosen vom Mutterschoß an,
   von Geburt an gehen irre die Lügner.
5 Ihr Gift ist gleich dem Gift der Schlange,
   gleich dem der tauben Otter, die ihr Ohr verschließt,
6 daß sie nicht hören die Stimme der Beschwörer,
   des bannspruchkundigen Zauberers.

Baum, Mensch und Schlange (zu Ps 58,4–6), Stuttgarter Psalter, 9. Jh.

7 O Gott, zerbrich ihnen die Zähne im Munde,
  zerschlage, Du, das Gebiß der jungen Löwen!
8 Sie sollen zergehen wie Wasser, das dahinrinnt,
  wie zartes Gras, das dahinwelkt,
9 wie eine Schnecke, die in Schleim zerfließt,
  wie eine Fehlgeburt, welche die Sonne nicht schaut.
10 Ehe eure Töpfe des Dornes Feuer merken,
  wird Gott ihn, ob frisch, ob brennend, hinwegfegen.

11 Der Gerechte wird sich freuen, daß er Rache schaut,
  wird seine Füße baden im Blute des Gottlosen.
12 Dann wird man sagen: Ja, Lohn wird dem Gerechten!
  Ja, es gibt noch ein göttliches Gericht auf Erden!

Du bist meine Zuflucht
zur Zeit meiner Not

59 [Für den Chormeister. Nach der Weise »Zerstöre
nicht!« Ein Lied Davids, als Saul Leute sandte
und sie das Haus bewachten, um ihn zu töten.*]

2 Errette mich vor meinen Feinden, mein Gott,
  vor meinen Widersachern beschütze mich.
3 Errette mich vor den Übeltätern,
  und hilf mir gegen die Blutmenschen.

4 Denn siehe, sie stellen mir nach dem Leben,
  Mächtige rotten sich wider mich zusammen.
  und doch ist, Du, Herr, nicht Frevel noch Sünde an mir.
5 Ob ich schon unschuldig bin,
  laufen sie heran und rüsten sich.
  Wache auf, komm mir entgegen und siehe darein!
6 Bist Du doch, Herr der Heerscharen,
  der Gott Israels!
 Wache auf, alle Heiden zu züchtigen!
  Sei keinem der frevlen Verräter gnädig! [Sela.]

7 Jeden Abend wieder heulen sie wie Hunde
  und durchstreifen die Stadt.
8 Siehe, sie lästern mit ihrem Munde,
  Schmähungen sind auf ihren Lippen;
  denn sie denken: Wer hört es?

9 Aber Du lachst ihrer,
  du spottest aller Heiden.

10 Meine Stärke, auf dich will ich achten;
     denn Gott ist meine Burg.
11 Mein Gott kommt mir entgegen mit seiner Güte;
     Gott läßt mich meine Lust sehen an meinen Feinden.

12 Töte sie nicht, damit mein Volk es nicht vergesse;
     zerstreue sie mit deinem Heer und stürze sie!
13 Gib sie hin, Du, in die Sünde ihres Mundes,
     in das Gerede ihrer Lippen,
   daß sie sich fangen in ihrem Stolze
     wegen des Fluches und der Lüge, die sie reden.
14 Vertilge sie im Zorne, vertilge sie,
     daß sie nicht mehr sind,
   damit sie es erfahren, daß Gott Herrscher ist in Jakob
     bis an die Enden der Erde. [Sela.]

15 Jeden Abend wieder heulen sie wie Hunde
     und durchstreifen die Stadt.
16 Sie schweifen umher nach Speise,
     murren, wenn sie nicht satt werden.

17 Ich aber will deine Macht besingen
     und jeden Morgen jubeln ob deiner Güte;
   denn du bist meine Burg geworden
     und meine Zuflucht zur Zeit meiner Not.
18 Meine Stärke, auf dich will ich achten;
     denn Gott ist meine Burg.

Arik Brauer, David auf der Flucht, 1980

Hinweise zu den Bildern in Band 3

Der Einführung in die Illustration des Psalters (Bd. 1, S. 48–50) sowie den Einführungen in den Bildzyklus »Psalmen Davids« von Marc Chagall, 1979, und in die »Schriftbilder zu Psalmen« von Reiner Seibold (Bd. 2, S. 98) folgt hier eine Einführung von E. H. Gombrich in die Kunst des Schweizer Malers Max Hunziker (1901–1976), dessen David-Bilder und Psalter-Grisaillen uns durch alle acht Bände des Eschbacher Bilderpsalters begleiten.

Gedanken zu den Bildern von Max Hunziker

Im dritten Buch seiner Memorabilien zeigt uns Xenophon seinen Lehrer Sokrates im Gespräch mit zwei berühmten Künstlern seiner Zeit: »Kann der Künstler die Seele malen?« »Wie sollte das möglich sein?« antwortete Parrhasius, »da die Malerei doch nur das Sichtbare wiedergeben kann«. Und nun beweist Sokrates, der selbst in der Künstlerwerkschaft aufgewachsen war, den beiden Meistern, daß das Geistige eben im Körper sichtbar wird und daß der Künstler darum befähigt und berufen ist, »das Wirken der Seele« darzustellen.

Während mehr als zwei Jahrtausenden wäre es kaum jemandem in den Sinn gekommen, diese Meinung zu bestreiten. Es war und blieb die höchste Aufgabe der Kunst, uns die Helden und Heiligen der Vergangenheit in ihrem Handeln und ihrem Leiden überzeugend und ergreifend vor Augen zu führen. Erst das vorige Jahrhundert sah die Abwendung der Künstler von allem, was als »literarisch« gelten konnte. Schuld an dieser Abneigung war sowohl die sentimentale Anekdotenmalerei wie das hohle Pathos opernhafter Historienbilder. Aber so wichtig es auch war und bleibt, die Kunst von dieser Art Kitsch zu befreien, so beruht doch der Kampf gegen die »Literatur« auf einem Mißverständnis. Ein Bild kann nie einen Text wiedergeben, genausowenig wie ein Text je ein Bild lückenlos beschreiben könnte. Das sollte seit Lessing selbstverständlich sein. Freilich waren ihm »die Grenzen der Malerei und Poesie« vor allem darum wichtig, weil er den Wetteifer des Dichters mit dem Maler kritisieren wollte. Das Wort steht in der Zeit und soll den Ablauf darstellen, das Bild steht im Raum und darf schildern. Wenn Vergil uns das furchtbare Ende Laokoons vorstellt, so kann er ihn schreien lassen. Dem Bildhauer ist dieses dramatische Mittel versagt. Aber Lessing hätte nie bezweifelt, daß uns der Bildhauer die Gestalt und darum auch die Seele des trojanischen Priesters im Sinne des Sokrates unmittelbarer vor Augen stellen kann als der Epiker. Denn was die Griechen das Ethos nannten, »das Wirken der Seele« in der Gestalt, schlüpft durch das großmaschige Netz der Sprache und bleibt im Bereich des Bildes.

Vielleicht liegt es auch an dieser Verlegenheit der Sprache, daß die Kunstwissenschaft und Kunstkritik dieser Erscheinung so hilflos gegenüber steht. Weder die Formanalyse noch die Ikonologie haben die Werkzeuge bereitgestellt, um über dieses wesentlichste Anliegen der Kunst zu sprechen. Beinahe ist es gut so. Das Ethos einer griechischen Plastik, einer gotischen Portalfigur, einer Prophetengestalt Michelangelos oder einer biblischen Erzählung Rembrandts spricht uns so unmittelbar an, daß das Wort nur aufdringlich wirken würde.

Bei keinem zeitgenössischen Künstler fühlt man die Macht des Ethos unmittelbarer als im Werk Max Hunzikers, und gerade darum kann ihm die Sprache der Kunstkritik so schwer gerecht werden. Wenn irgend einer, so hat Max Hunziker »die Grenzen der Malerei und Poesie« erkannt und auf die Probe gestellt. Seine Bilder etwa zum »Simplicissimus«, zu »Angelus Silesius«, zu Gides »Verlorenem Sohn«, zu Hofmannsthals »Brief des Lord Chandos«, zum »Buch Ruth«, und vor allem zum »Psalter« wetteifern nirgends mit dem Text im Sinne einer wörtlichen Illustration. Sie begleiten und beleben ihn, wie sonst es nur die Musik vermag, indem sie uns den seelischen Gehalt ganz unmittelbar nahe bringen. So beschreibt der an Shakespeares »Sturm« gemahnende letzte Abschnitt von Grimmelshausens Roman, wie die wilden Abenteurer auf einsamer Insel der Macht eines frommen Magus weichen müssen. Dem Text nach ist dieser geheimnisvolle Höhlenbewohner ein Schiffbrüchiger im Blätterschurz mit Haaren bis zur Hüfte. Hunziker läßt die Exotik beiseite und verbildlicht den inneren Sinn der entscheidenden Begegnung. Er stellt uns den nackten und hilflosen Sucher vor Augen, der gläubig zur Riesengestalt aufblickt, deren machtvolle Geste zu mahnen und zu weisen scheint. Wer Hunzikers Graphiken und Gemälde kennt, kennt diesen Blick des Vertrauens und diesen Ernst der stummen Zwiesprache, in der »das Wirken der Seele« sichtbar wird, ohne daß wir den Gefühlsgehalt in Worte fassen könnten. In der Welt der Geschichte, die Hunziker so heraufzubeschwören versteht, fühlen wir uns immer angesprochen, denn selbst im Abbild der Dinge, im Blütenzweig wie im schlichten Krug, schwingt etwas mit von der inneren Beseelung. Gerade diese Kraft, das Unsagbare zu verbildlichen, macht Hunziker zum echtesten religiösen Künstler. Auch seine Kirchenfenster illustrieren kein Programm; sie lassen die Dinge und die Menschen von einer Welt von Werten künden, die jenseits aller Mode so unvergänglich sind wie die Werte menschlichen Vertrauens und menschlicher Hingabe.

(Prof. E. H. Gombrich, Vom Ethos in der bildenden Kunst. Gedanken zum 70. Geburtstag Max Hunzikers (6. März 1971). In: Neue Zürcher Zeitung Nr. 106, 5. 3. 1971)

Umschlag und Seite 104

Max Hunziker, David auf goldenem Grund, 1973. – Lithographie, 63,5 x 50 cm. – Privatbesitz (das Bild wird mit freundlicher Genehmigung von Frau Gertrud Hunziker-Fromm hier zum ersten Mal veröffentlicht; Foto Peter Guggenbühl, Zürich).

Seite 109

Roland Peter Litzenburger (geb. 1917 in Ludwigshafen/Rhein, gest. 1987 in Markdorf), »David sprang und tanzte mit Jauchzen«, Federzeichnung, 1974 (Wiedergabe mit freundlicher Genehmigung von Frau Gretel Kunze, Markdorf-Leimbach).

Das Bild bezieht sich auf die Erzählung von Davids Tanz und Musik anläßlich der Überführung der Bundeslade nach Jerusalem (2 Sam 6,1–23; vgl. 1 Chr 13,1–14).

Seite 111

Initiale »Q« (QUEMADMODUM DESIDERAT CERVUS/»Wie der Hirsch lechzt …«) zu Ps 42(41). – Goldener Psalter, St. Gallen, um 875, Pergamenthandschrift, 344 Seiten, 36,3 x 26,5 cm. – St. Gallen, Stiftsbibliothek, Cod. sang. 22, S. 99 (Foto Bibliothek/C. Seltrecht, St. Gallen).

Seite 112

»Was betrübst du dich, meine Seele?« (zu Ps 43,4–5; vgl. auch Ps 42,6.12). – Stuttgarter Psalter, St. Germain des Prés, Paris, um 820 (s. Bd. 1, S. 48 f. und S. 51). – Stuttgart, Württembergische Landesbibliothek, bibl. fol. 23, fol. 55r. (Bildvorlage E. Schreiber, Grafische Kunstanstalt, Stuttgart).

Links steht der Psalmsänger, hält sein Psalterium vor sich und reißt die Saiten mit einem kleinen Holz an. Traurig schauen seine großen Augen in die Ecke. Rechts sitzt auf einem dunkelgrünen Hügel eine kleine, kümmerliche Frauengestalt. Es ist ANIMA, die betrübte, unruhige Seele des Psalmisten, zu der er spricht. Zu ihren Füßen blühen fünf üppige Blumen und hinter ihrem Rücken wächst ein kräftiger Baum. (Vgl. zu diesem Bild die Betrachtung von Jörg Zink, in: »Wer im Schutz des Höchsten wohnt. Trostpsalmen der Bibel, ausgelegt von Jörg Zink«, Verlag am Eschbach, 2. Aufl. 1990, S. 7–10.)

Seite 115, 117 und 131

Marc Chagall, Psalmen Davids, 1979 (s. Bd. 2, S. 98). – S. 115: Ps 44,24–27; S. 117: Ps 45,2.3.9.10; S. 131: Ps 51, 3.5.19–20 (Bildvorlagen Galerie Patrick Cramer, Genf), © VG Bild-Kunst, Bonn, 1990.

Seite 119

Illustration zu Psalm 46(45). – Utrecht-Psalter (s. Bd. 1, S. 48 und 50f.), fol. 26v. (Bildvorlage Akademische Druck- und Verlagsanstalt Graz).

»Gott ist unsere Zuflucht und Stärke, als mächtige Hilfe bewährt in Nöten« (V.1) bekennt der Psalmsänger, der links vor einem kirchenähnlichen Gebäude steht, innerhalb der von einer Mauer umschlossenen Gottesstadt: in ihrer Mitte Christus, in einer Mandorla, zwischen zwei Gruppen seines Volkes und Posaunen blasenden Engeln; darunter eine andere Gruppe an des Stromes Arme, die die Gottesstadt erfreuen (V. 5f.). Am unteren Bildrand kauern inmitten der tosenden Wasser und zwischen den Personifikationen der Meeresgötter auf vier Bergen Gestalten (V. 3f.). Soldaten bedrohen die Gottesstadt. Innerhalb der Mauer zerbrechen drei Männer Bogen, Speer und Schild (V. 10). (Vgl. Ps 48 und Bild S. 123.)

Seite 121

Christus, der Allherrscher (umrahmt von den Evangelistensymbolen, neben dem Thron eine Nonne und ein Mönch, darunter ein Altar und Weihrauchfässer schwingende Könige), und Davids Musik (u. a. König David mit Psalterium und drei Musiker mit Becken (?), Horn und Streichinstrument). – Einleitungsbild zu einem Psalmenkommentar, 12. Jh. – Paris, Bibliothèque Nationale, lat. 2508, fol. 0'(II') (Foto Bibliothek).

Psalm 47, ein Hymnus auf Jahwe als König der ganzen Erde, verweist nach der christozentrischen Auslegung des Psalters auf die Himmelfahrt und Erhöhung Christi. Dementsprechend ist auch das Bild eine Aufforderung, in den Lobgesang auf Christus, den Allherrscher, einzustimmen: »Christus ist unter dem Jubel der Engel aufgefahren, und deswegen, wer immer ihr seid: Lobsinget unserem Gott ob seiner göttlichen Hoheit. Lobsinget mit dem Munde, aber lobsinget auch mit dem Herzen … Denn König der ganzen Erde ist Gott.« (Albertus Magnus, 13. Jh.).

Seite 123

Illustration zu Psalm 48(47). – Utrecht-Psalter (s. Bd. 1, S. 48 und 50f.), fol. 27v. (Bildvorlage Akademische Druck- und Verlagsanstalt Graz).

Links steht auf einem Hügel vor einem Baum der Psalmist mit ausgebreiteten Armen und schaut staunend zur »Stadt unseres Gottes« hinüber, die auf »seinem heiligen Berg, schön ragend« erbaut ist (V. 2f.). Aus einem prächtigen Gebäude ist soeben Jahwe-Christus, begleitet von zwei Personen, herausgetreten, einen Globus in der Hand. »Töchter Judas« tanzen um den Berg (V. 12) oder gestikulieren in einem Turm. Im Tal nähern sich von links Könige der Stadt (V. 5), von rechts Menschen, die sehen, starren und erschrecken (V. 6). Unterhalb des Psalmisten wird eine Frau in Wehen (V. 7) von drei anderen umsorgt. Am unteren Bildrand werden die »Tharsisschiffe« (V. 8) von zwei Personifikationen des Oststurms über das Meer getrieben. (Vgl. Ps 46 und Bild S. 119.)

Seite 125, 133 und 141

Max Hunziker, Grisaillen (Weiß-Schwarz-Grau-Malereien, Format 27 x 19 cm) zum Psalter, 1965. – S. 125: David und Schädel (zu Ps 49); S. 133: Ölbaumzweig (zu Ps 52,10); S. 141: David und Harfe (zu Ps 57,8–12). – Privatbesitz (mit freundlicher Genehmigung von Frau Gertrud Hunziker-Fromm; Fotos Peter Guggenbühl, Zürich).

Seite 127

Reiner Seibold, Schriftbild zu Psalm 50, © Reiner Seibold, Kierspe/Verlag am Eschbach, 1991 (s. Bd. 2, S. 98).

Textbild und Farben beschreiben wesentlich die ersten Verse des Psalms, die die Teilnehmer am Tempelkult an die Gotteserscheinung am Sinai erinnern: »… fressendes (bzw. verzehrendes) Feuer geht vor ihm her ...« (V. 3). Die Versammlung der »Heiligen« (bzw. »Frommen«) wird durch dicht gedrängte Textblöcke ausgedrückt. Durch das Vortragen des Psalms soll ihnen die wesentliche mosaische und prophetische Bundesweisung immer aufs neue eingeprägt werden (vgl. A. Deissler, Die Psalmen, Düsseldorf 1964, S. 204).

Seite 129

Davids Buße (zu Ps 51). – Miniatur aus dem »Griechischen Psalter in Paris«, geschrieben und gemalt im 10. Jh. in Konstantinopel (vgl. Bd. 1, S. 45 und 52). – Paris, Bibliothèque Nationale, Cod. Graec. 139, fol. 135f. (Bildvorlage Archiv für Kunst und Geschichte, Berlin).

Das Bild ist auf dem Hintergrund der hochdramatischen Geschichte 2 Samuel 11,1–12,25 leicht verständlich (vgl. Bd. 4, S. 157f.). Links sitzt König David und faßt sich in tiefer Betroffenheit an den Kopf, bzw. an den Kronreif. Vor ihm steht der Prophet Nathan und spricht den König auf seinen Ehebruch mit Bathseba an. Zwischen Nathan und David scheint ein Pfeiler, der das Dach des Hauses trägt, einzustürzen, Symbol für das zerbrochene Einvernehmen zwischen Gott und dem König. Dieser stürzt selbst nach rechts unten auf die Knie und breitet die Hände aus, als wolle er sagen: »Sei mir gnädig, o Gott, ... an dir habe ich gesündigt« (Ps 51,3.6). Rechts oben steht hinter einem Mauervorsprung eine Frau und schaut in dieselbe Richtung wie der kniende David: nach rechts unten. Sie verkörpert die »Metanoia« (s. Inschrift), die Buße, die Reue, die Umkehr.

Seite 135

Illustration zu Psalm 53(52) und zu Psalm 54(53). – Utrecht-Psalter (s. Bd. 1, S. 48 und 50f.), fol. 30v. (Bildvorlage Akademische Druck- und Verlagsanstalt Graz).

Oberes Bild (zu Ps 53): In der Mitte steht auf einem Erdwall der Psalmist und zeigt auf die Szenen der Gewalttätigkeit, auf die auch Christus und sein Gefolge blicken (V. 3–5): Links sitzt in einem Tempelchen ein Richter. Zwei Soldaten mit Schwertern bringen ihm die Häupter von Getöteten. Unten grausame Kampf- und Tötungsszenen. Rechts von Reitern bedrängte Frauen, die einen Soldaten um Hilfe anflehen. (Ps 53 ist identisch mit Ps 14; s. Bd. 1, S. 32f. und 51.)

Unteres Bild (zu Ps 54): An einem lodernden Altar feiert ein Priester Gottesdienst, bei dem der Psalmist, mit Speer und Schild, ein Schaf zum Opfer darbringt (V. 8). Im Heiligtum befindet sich ein weiterer Altar mit einem Gefäß und einem Laib Brot. Von links eilen bewaffnete Reiter auf den Psalmisten zu (V. 5), der sich an Gott wendet und Hilfe erfährt: Unten werden die Feinde vernichtet und stürzen von ihren Pferden (V. 6f.).

Seite 137

Reiner Seibold, Schriftbild zu Psalm 55, © Reiner Seibold, Kierspe/Verlag am Eschbach, 1991 (s. Bd. 2, S. 98).

»Ich sehe hier David in königlicher Zurückhaltung, wie er gemessen weise Gedanken auflistet, wie er Dinge ordnet, auf klare Fakten verweist – dies alles nicht ohne innere Erregung. Die etwas unterkühlte Farbgebung unterstützt die Geradlinigkeit des Schriftbildes.« (R. Seibold)

Seite 139

Reiner Seibold, Schriftbild zu Psalm 56, © Reiner Seibold, Kierspe/Verlag am Eschbach, 1991 (s. Bd. 2, S. 98).

Angst überschattet das Leben des Psalmisten. Drohend greifen die Feinde nach ihm. Sein Hilfeschrei steigt zu Gott empor. Die Klage und die Aufzählung schmerzlicher Erfahrungen wird durch die untereinander angeordneten schwarzen Akzente ausgedrückt, dem Vertrauensbekenntnis entspricht die lichte, freundliche Schrift und Farbgebung.

Seite 142

Baum, Mensch und Schlange (zu Ps 58,4–6). – Stuttgarter Psalter, St. Germain des Près, Paris, um 820 (s. Bd. 1, S. 48f. und 51). – Stuttgart, Württembergische Landesbibliothek, bibl. fol. 23, fol. 69v. (Bildvorlage E. Schreiber, Grafische Kunstanstalt, Stuttgart).

Seite 145

Arik Brauer, David auf der Flucht (David on flight), Israel/Wien 1980. – Öl auf acrylgrundiertem Papier auf Sperrholz kaschiert mit Weißleim (Polyvinyl), 20 x 13 cm, WV Öl 324 (Bildvorlage und © Arik Brauer, Wien; zu Arik Brauer s. Bd. 2, S. 87 und 100).

Wie in Ps 59,1 wird auch in einer Reihe anderer Psalmen an die Phasen im Leben Davids erinnert, in denen er auf der Flucht war (s. dazu Bd. 4, S. 153–159): vor König Saul, seinem Vorgänger, der ihn über die Berge der judäischen Wüste jagte (Ps 18; 34; 52; 54; 56; 57; 59; 63; 142), und später vor seinem Sohn Absalom, als dieser den Staatsstreich versuchte (Ps 3).

Anmerkungen zu Psalmtexten

Ps 42 bildete ursprünglich mit Ps 43 ein einziges Lied, wie der Kehrvers Ps 42,6.12; Ps 43,5 zeigt. Mit diesem Psalm beginnt in der hebräischen Bibel das 2. Psalmenbuch (Ps 42–72; vgl. Bd. 1, S. 49: Psalterteilung). Und zugleich beginnt mit Ps 42 der bis Ps 83 reichende »Elohistische Psalter«, so genannt, weil in diesen Psalmen statt des Tetragramms JHWH meist die hebräische Gottesbezeichnung »Elohim« gebraucht wird. Das 2. Psalmenbuch umfaßt zwei Teilsammlungen: Ps 42/43–49 sind als Lieder der Korachiter überliefert, einer Gilde von Tempelsängern, die sich auf den Leviten Korach (hebr.: Kahlkopf) zurückführen (1 Chr 6); sie gehören zu den Sängern, die nach 1 Chr 6,16 »David zur Pflege des Gesangs im Haus des Herrn bestellte«; mit ihrem Namen sind neben Ps 42/43–49 (überwiegend Lieder der Gemeinschaft) auch Ps 84; 85; 87 und 88 verbunden. Ps 51–72 wird als »Zweiter Davidpsalter« bezeichnet (Ps 51–64; 69–71 tragen die Beischrift »von David«; Ps 72 »von Salomo«); er besteht überwiegend aus Individual-Psalmen, genauer: Klagepsalmen eines einzelnen. Zwischen Ps 42/43–49 und 51–72 ist ein »Psalm Asaphs« eingeschoben, der nach 1 Chr 16,5 Leiter der Tempelmusik unter König David war; ihm und seiner Sängergilde werden neben Ps 50 die Ps 73–83 zugeschrieben.

Ps 47,10: »Schilde« bedeutet wahrscheinlich »Mächte« der Erde.

Ps 51,1: vgl. 2 Sam 12. – *Ps 51,9:* »Ysop«, eine stark riechende Pflanze, wurde in Büscheln zum Besprengen verwendet. – *Ps 51,12:* »... einen neuen gewissen Geist«; Luther und Einheitsübersetzung: »... einen neuen, beständigen Geist«.

Ps 52,1: vgl. 1 Sam 22,9.

Ps 53,1 entspricht mit geringfügigen Abweichungen Ps 14.

Ps 54,1: vgl. 1 Sam 22,19; 26,1. – *Ps 56,1:* vgl. 1 Sam 21,11f. – *Ps 57,1:* vgl. 1 Sam 22,1; 24,4. – *Ps 59,1:* vgl. 1 Sam 19,11.

Das Buch der Psalmen
Band 4: Psalm 60–72

Das Buch der Psalmen
Ein Eschbacher Bilderpsalter in acht Bänden
herausgegeben von Martin Schmeisser
Reihe: Eschbacher Bilderbibel

Der Text der Psalmen wird im allgemeinen nach der
Übersetzung der Zürcher Bibel wiedergegeben.
Überall, wo im hebräischen Text der Gottesname
JHWH steht (Zürcher Bibel: »der Herr«), wird in
Anlehnung an Martin Buber das durch Versalien
hervorgehobene Pronomen »DU«, »ER«, »SEIN«
verwendet.

Die Verwendung der Texte der Zürcher Bibel erfolgt
mit Genehmigung der Genossenschaft Verlag der
Zürcher Bibel. Der Text ist entnommen aus: »Die
Heilige Schrift des Alten und Neuen Testaments«,
herausgegeben vom Kirchenrat des Kantons Zürich.
© Zürich 1931/1955.
Das Zeichen * verweist auf die Anmerkungen zu
Psalmtexten Seite 196.

CIP-Titelaufnahme der Deutschen Bibliothek

Das Buch der Psalmen: Ein Eschbacher Bilderpsalter in acht Bänden /
[Hrsg. Martin Schmeisser.] –
Eschbach/Markgräflerland: Verlag am Eschbach;
Zürich: Theologischer Verlag Zürich; Leipzig: Thomas-Verlag Leipzig.
  (Eschbacher Bilderbibel)
    ISBN 3-88671-099-8   (Verlag am Eschbach)
    ISBN 3-290-10120-7   (Theologischer Verlag Zürich)
    ISBN 3-86174-010-9   (Thomas-Verlag Leipzig)
NE: Schmeisser, Martin [Hrsg.]

  Bd. 4: Psalm 60–72. – (1991)
    ISBN 3-88671-094-7   (Verlag am Eschbach)
    ISBN 3-290-10124-X   (Theologischer Verlag Zürich)
    ISBN 3-86174-004-4   (Thomas-Verlag Leipzig)

© 1991 Verlag am Eschbach GmbH
Im Alten Rathaus · D-7849 Eschbach/Markgräflerland
Alle Rechte an dieser Ausgabe vorbehalten

Theologischer Verlag Zürich
Räffelstr. 20 · CH-8045 Zürich

Thomas-Verlag Leipzig GmbH
Erich-Zeigner-Allee 34 · O-7031 Leipzig

Grafische Gestaltung: Reinhard Liedtke, Gelnhausen
Reproduktionen: Repro-Technik-Schröder, Uelzen
Satz und Druck: B & K Offsetdruck GmbH, Ottersweier
Verarbeitung: Großbuchbinderei Josef Spinner, Ottersweier

Das Buch der Psalmen
Band 4

Psalm 60–72

Verlag am Eschbach
Theologischer Verlag Zürich
Thomas-Verlag Leipzig

Max Hunziker, David vor schwarzem Grund, o.J.

Der König und Psalmendichter David

Paul Maiberger

Saul, der verworfene, und David, der erwählte König

In der ungefähr anderthalb Jahrtausend langen Geschichte des alttestamentlichen Israel bildet das Mittelstück, die von Saul bis zum Babylonischen Exil (etwa 1020 bis 586 v. Chr.) reichende Königszeit, nach außen hin unter politischem, wirtschaftlichem und kulturellem Aspekt die glanzvollste Epoche. Allerdings hatte man nach dem Zusammenbruch der Dynastie diese Zeit dann unter einem religiösen Gesichtspunkt sehr kritisch und geradezu ablehnend beurteilt. Seiner Natur nach war Israel nämlich eine Stämmegemeinschaft, für die das Königtum etwas Aufgepfropftes war, das im Grunde seinem ursprünglichen Wesen nicht entsprach und ihm letztlich fremd blieb.

Die Spannungen und Probleme, das Für und Wider der Monarchie haben die nach dem Exil schreibenden deuteronomistischen Theologen* gleich im ersten König Saul verdichtet. Für sie war das Königtum von vornherein zum Scheitern verurteilt, weil es nicht dem Willen Jahwes, sondern dem trotzigen Willen eines uneinsichtigen und störrischen Volkes entsprach, das »wie alle anderen Völker sein« wollte (1 Sam 8,20) und mit seiner unnachgiebigen Forderung nach einem irdischen König das Königtum Jahwes verwarf. Dies findet deutlich seinen Ausdruck in den sog. königsfeindlichen Texten des ersten Samuelbuches (8,1–22a; 10,17–27; 11,12–14; 12,1–25; vgl. auch Dtn 17,14–20; Ri 8,22f; 9,8–15; Hos 3,4; 7,3; 13,10f). In diesen königskritischen Passagen hat die deuteronomistische Reflexion die negativen Erfahrungen mit einem jahrhundertelangen despotischen Königtum konzentriert und als negativen Auftakt und Warnung der Königszeit vorangestellt. Dementsprechend wird Saul als mißglückte Vorform eines Königs und als tragische Gestalt, als Prototyp des gescheiterten Herrschers in Israel geschildert. Trotz seiner glänzenden Anlagen und Erscheinung wurde er wegen seiner religiösen Verfehlungen von Gott verworfen und nach dem Verlust des Gottesgeistes von einem bösen Geist gequält. Die ganze Tragik dieses Menschen findet schließlich ihren Ausdruck in seinem Selbstmord nach der verlorenen Schlacht gegen die Philister und in der Schändung seines Leichnams.

Vor diesem düsteren Hintergrund erstrahlt um so heller die Gestalt Davids. Wie Saul im nachhinein als Negativbild des Königs gezeichnet wurde, so David als der wahre und echte König, als Vorbild und Maßstab aller seiner Nachfolger. Durch seine Treue zu Jahwe hat David das Königtum moralisch legitimiert und ihm durch die Gründung eines Großreiches und dessen vorbildliche Verwaltung zu einem unangefochtenen Ansehen verholfen. Seine Regierungszeit wurde von den späteren Generationen als Goldenes Zeitalter gepriesen, das man immer wieder herbeisehnte.

Die Restauration dieser ruhmreichen und glanzvollen Epoche erwartete man vom Messias. Deshalb richten die Jünger an Jesus die erwartungsvolle Frage: »Herr, stellst du in dieser Zeit das Reich für Israel wieder her?« (Apg 1,6). Weil dem Thron und Königtum Davids durch den Propheten Natan ewiger Bestand verheißen worden war, sah man im Messias, dem neuen König Israels, den wiedererstandenen David oder Sohn Davids. Daher wird zu Beginn des Matthäus-Evangeliums der Stammbaum Jesu über alle Könige des Südreiches Juda (die Könige des abgefallenen Nordreiches Israel galten als illegitim und jahweabtrünnig) bis auf David als den ersten und eigentlichen König zurückgeführt. Infolgedessen trägt Christus den messianischen Titel «Sohn Davids» (z. B. Mt 9,27; 12,23; 22,42), der ihm bei seinem Einzug in Jerusalem mit dem »Hosanna dem Sohn Davids!« (Mt 21,9) von einer begeisterten Volksmenge entgegenschallt.

Doch liegt die Nachwirkung Davids nicht allein auf weltlicher, sondern auch auf geistlicher Ebene. Durch seine ruhmreiche Regierung und lautere Gesinnung wurde er nicht nur zum Ideal eines Königs, sondern als genialer Dichter geistlicher Gesänge auch zum Vorbild der Frömmigkeit. Mit seinem Namen hat man daher das Buch der Psalmen verknüpft, das Gebetbuch Israels, das, weil es alle Bereiche des Lebens und jede Seelenstimmung zur Sprache bringt, in der Kirche zu allen Zeiten das gleiche hohe Ansehen genoß.

David am Hof Sauls

David entstammte einfachen Verhältnissen und stieg auf abenteuerlichem Weg vom Hirten bis zum König auf. Sein an Höhen und Tiefen reiches Leben wird von 1 Sam 16 über 2 Sam bis 1 Kön 2,12 erzählt (vgl. die Paralleldarstellung in 1 Chr 10,1–29,30). Wenn auch die Nachrichten aus verschiedenen Quellen stammen und manches, besonders aus seiner Jugendzeit, legendär zu sein scheint, so bewegen wir uns doch erstmals in der Geschichte Israels auf historisch zuverlässigem Boden.

Als jüngster von acht Söhnen des Efratiters Isai (lat. Jesse) war David in Betlehem geboren, wo er in seiner Jugendzeit die Schafe hütete. Sein Aussehen beschreibt die Bibel mit den Worten: »David war blond, hatte schöne Augen und eine schöne Gestalt« (1 Sam 16,12). Ferner wird er als wortgewandt, tapfer und als guter Krieger gerühmt. Auch muß er außerordentlich kräftig und mutig gewesen sein, da er Löwen und Bären, die in seine Herde einfielen, totschlug.

Weil Gott Saul wegen seiner Sünden verworfen hatte, ließ er den jugendlichen David noch zur Regierungszeit Sauls durch den Propheten Samuel insgeheim zum König salben. Seither ruhte der Geist des Herrn auf David, der es so einzurichten wußte, daß David von dem ahnungslosen Saul in persönliche Dienste genommen wurde, wodurch er mit dem ihm inoffiziell schon übertragenen Königtum in unmittelbare Berührung geriet. Auf welche Weise David nun genau vom Hirtenfeld in Betlehem an den Hof Sauls in Gibea (etwa 5 km nördl. von Jerusalem) kam, läßt sich nicht mehr eindeutig sagen, da die Schrift drei verschiedene Versionen überliefert. Am wahrscheinlichsten ist noch, daß er wegen seiner großen Körperkraft und Tapferkeit als Waffenträger Sauls in königliche Dienste trat. Die Schrift aber gibt jener Version den Vorzug, wonach er aufgrund seiner musikalischen Begabung an den Hof geholt wurde, um durch sein Saitenspiel (nach archäologischen Erkenntnissen muß er eine Leier, nicht die traditionelle Harfe gespielt haben) die Schwermut Sauls zu vertreiben. Nach der dritten Version hatte ihn Saul zu sich geholt, weil er den Riesen Goliat erschlagen hatte, dem er als Hirtenjunge ohne Rüstung und Waffen, nur mit einer Steinschleuder entgegengetreten war. Da aber nach 2 Sam 21,19 Elhanan, der Sohn Jaïrs aus Betlehem, den Goliat erschlug, hatte man entweder diese Heldentat später David zugeschrieben oder aber man hat, was weniger wahrscheinlich ist, Elhanan als Eigennamen und David als Thronnamen anzusehen. Der Name David ist nicht hinreichend geklärt. Vielleicht ist er mit dem hebräischen Lallwort *dod* »Geliebter«, »Vatersbruder« in Zusammenhang zu bringen. Demnach wäre der Name David am ehesten als »Liebling« aufzufassen.

Am Hof schloß David mit Jonatan, dem ältesten Sohn und Thronfolger des Königs, eine tiefe, unverbrüchliche Freundschaft. Doch sollte der als liebenswürdiger, jugendlicher Held geschilderte Jonatan im Laufe der Zeit zur festen Überzeugung gelangen, daß nach Gottes Willen nicht er, sondern David einmal König von Israel sein würde – was sein Vater Saul bald ahnte und dann mit allen Mitteln zu verhindern suchte –, und Jonatan war demütig und selbstlos genug, ihm den Vortritt zu lassen. So hatte er durch einen seltenen Edelmut und eine geradezu heroische Selbstverleugnung bewiesen, daß er David tatsächlich, wie dreimal gesagt wird, »wie sein eigenes Leben liebte« (1 Sam 18,1.3; 20,17).

Doch hatte David nicht nur das Herz Jonatans, sondern auch die Zuneigung des ganzen Volkes gewonnen. Bei seinen Feldzügen war er so erfolgreich, daß ihn Saul an die Spitze des Heeres stellte. Als er wieder einmal siegreich aus einer Schlacht gegen die Philister heimkehrte, zogen ihm die Frauen entgegen und sangen voller Begeisterung: »Saul hat Tausend erschlagen, David aber Zehntausend« (1 Sam 18,7). Voll Verdruß und Mißgunst mußte nun Saul feststellen, daß ihn David an Beliebtheit übertroffen hatte und zu einem gefährlichen Rivalen geworden war. Von nun an brütete er in einer geradezu krankhaften Eifersucht darüber nach, wie er diesen unliebsamen Konkurrenten aus dem Weg schaffen könne. Während in der Folgezeit das Bild des zunehmend erfolgreichen und beliebten David immer heller erstrahlt, verdüstert sich das Bild Sauls immer mehr. Saul wurde argwöhnisch und neidisch auf David, seine anfängliche Bewunderung und Zuneigung schlug um in Haß, Feindschaft und Gewalt. Als er eines Tages wieder von einem bösen Geist heimgesucht wurde und in Raserei geriet, David ihn aber durch sein Saitenspiel zu beruhigen versuchte, schleuderte er seinen Speer nach ihm, um ihn an die Wand zu spießen. Doch David gelang es, dem Wurfgeschoß zweimal auszuweichen. Nun begann sich Saul noch mehr vor ihm zu fürchten und versuchte, ihn auf diplomatische Weise loszuwerden. Er übertrug ihm zum Anschein besonderer Wertschätzung einen gefährlichen Spitzenposten im Heer, in der Hoffnung, er werde nun bald in der Schlacht den Tod finden. Doch David blieb am Leben und hatte immer mehr Erfolg, so daß er Saul immer unheimlicher wurde.

Die Hinterhältigkeit Sauls war noch lange nicht am Ende. Listigerweise versprach er David seine älteste Tochter Merab in zwei Jahren zur Ehe, wenn sich dieser weiterhin im Krieg gegen die Philister als tapfer erweise. Als aber David nach zwei Jahren immer noch am Leben war, hielt der König sein Wort nicht, sondern gab Merab einem anderen Mann zur Frau. David aber liebte Sauls Tochter Michal, was der König erneut als Falle benutzte. Saul versprach sie ihm heuchlerisch zur Frau, wenn er ihm als Brautgabe hundert Philistervorhäute bringe. Doch David brachte ihm gleich zweihundert, so daß Saul ganz klar und deutlich erkennen mußte, daß der Herr mit David war. Alle Anschläge des Verworfenen auf den Erwählten hatten nicht zum Erfolg geführt. Doch hatte der Haß Saul so verblendet, daß er daraus nicht die Konsequenzen zu ziehen wußte. Nach wie vor trachtete er David nach dem Leben, wovon ihn auch sein Sohn Jonatan nicht abbringen konnte.

Rembrandt, Der Bund zwischen Jonatan und David, um 1632 (zu 1 Samuel 18,3)

David auf der Flucht vor Saul

Als Saul eines Tages wiederum seinen Speer nach David schleuderte, hielt er es nicht mehr länger bei dem tollwütigen und unberechenbaren König aus. Seine Frau Michal ließ ihn durch ein Fenster herab, so daß er nach Rama zum Propheten Samuel fliehen konnte, dem er alles erzählte. Als Jonatan seinem Vater sein ungerechtes Verhalten vorwarf, bekam Saul wieder einen seiner Tobsuchtsanfälle. Er beschimpfte Jonatan auf unflätige Weise und warf voller Wut selbst nach ihm mit dem Speer. Damit war endgültig klar, daß David nie mehr an den Hof zurückkehren konnte.

Für David begann nun ein unstetes Abenteuerleben, das ihn von einem zum anderen Ort führte. Dabei kam er auch nach Nob, einem bedeutenden Heiligtum (vermutlich nördl. von Jerusalem), zum Priester Ahimelech, der ihm die Schaubrote und das Schwert Goliats gab. Wegen dieser Unterstützung des Flüchtenden ließ sich

Saul in maßloser Wut zu dem Sakrileg hinreißen, alle Priester von Nob, insgesamt 85 Personen, niederzumetzeln. Dieses grausige und abscheuliche Blutbad macht deutlich, wie tief Saul gesunken, zu welcher Brutalität und Menschenverachtung er fähig war. Sein schon satanischer Haß auf David schreckte vor nichts mehr zurück.

David aber hatte sich inzwischen zu den Philistern, zu König Achisch von Gat begeben. Da man ihm aber als einem Erzfeind mißtraute, konnte er sich nur dadurch retten, daß er sich wahnsinnig stellte und das Weite suchte. Er zog sich in ein abgeschiedenes Gebiet zurück und hielt sich in der Höhle von Adullam in der judäischen Wüste auf. Dort schlossen sich ihm seine Brüder und in Not geratene Männer an, etwa 400 an der Zahl; seine Eltern aber brachte er beim König von Moab in Sicherheit. Als die Philister Keïla in Juda plünderten, befreite David die Stadt. Doch konnte er auch dort nicht bleiben, weil ihn die Bewohner nach dem Orakelspruch Jahwes an Saul ausgeliefert hätten. Daher ließ er sich in den Bergfestungen der Steppe Sif nieder. Dort versuchte Saul, ihn in seine Gewalt zu bekommen, mußte aber wegen eines Philistereinfalls die Verfolgungsjagd aufgeben.

David setzte sich nun in dem schwer zugänglichen Felsengebirge bei En-Gedi am Toten Meer fest. Als ihn Saul dort aufzustöbern versuchte, hätte David Gelegenheit gehabt, sich seines Todfeindes zu entledigen, als Saul zur Verrichtung seiner Notdurft eine Höhle betrat, in der sich David mit seinen Männern versteckt hielt. David schlich sich heran, aber schnitt nur den Zipfel von Sauls Mantel ab, um damit dem König zu zeigen, daß er aus heiliger Scheu nicht Hand an den Gesalbten des Herrn anlege. Bei einer anderen Gelegenheit schlich er nachts in das Heerlager Sauls und entwendete dem schlafenden König Speer und Wasserkrug, um erneut seine Friedfertigkeit zu beweisen. Saul ließ sich zwar für kurze Zeit umstimmen, doch dann setzte er blindwütig seine Treibjagd auf David fort und hetzte ihn von einem Schlupfwinkel zum anderen, »wie man in den Bergen ein Rebhuhn jagt« (1 Sam 26,20).

Erst als David wiederum zu den Philistern flüchtete, ließ Saul von ihm ab. König Achisch gewährte dem Verfolgten politisches Asyl in der Stadt Ziklag, von der aus David Raubzüge gegen die Stämme der ringsum liegenden Steppengebiete unternahm. David erscheint hier in einer unrühmlichen Rolle als Räuberhauptmann und Freibeuter: „Er verheerte das Land und ließ weder Männer noch Frauen am Leben; Schafe und Rinder, Esel, Kamele und Kleider aber nahm er mit" (1 Sam 27,9). Schon jetzt hatte er begonnen, die feindlichen Nachbarn Israels, zu denen auch die verhaßten Amalekiter gehörten, zu bekämpfen und zu schwächen, so daß sein grausames Vorgehen bei den späteren Hörern weniger moralische Entrüstung als vielmehr Zustimmung hervorgerufen haben dürfte.

David als König

Inzwischen hatte Saul mit seinen Söhnen Jonatan, Abinadab und Malkischua in einer Schlacht gegen die Philister den Tod gefunden. Als man David in Ziklag die Nachricht überbrachte, zerriß er voller Trauer seine Kleider und stimmte auf Saul und Jonatan ein Klagelied an. Diese noble Geste hatte sicher nicht ihre Wirkung auf die Anhänger Sauls verfehlt, da David damit zu erkennen gab, daß er Saul nach wie vor als legitimen Herrscher betrachtete, dem er großmütig seine Feindschaft und Verfolgung vergeben hatte. Auf einen Orakelspruch des Herrn hin begab sich der nun etwa 30jährige David nach Hebron, wo er zum König über das Haus Juda gesalbt wurde.

Doch hatte Abner, der Heerführer Sauls, dessen Sohn Ischbaal zum König von Israel ausgerufen, so daß es zu einem langwierigen Kampf kam, der jedoch immer mehr zugunsten Davids verlief. Abner hatte sich nämlich wegen einer Frauengeschichte mit Ischbaal überworfen und

mit David verbündet, wurde aber aus Blutrache von Joab, dem Feldherrn Davids, heimtückisch erstochen. Nachdem auch noch Ischbaal ermordet worden war, konnte sich David allmählich bei allen Stämmen durchsetzen und alle rivalisierenden Kräfte einen, so daß er schließlich von ganz Israel als König anerkannt wurde.

Nachdem er 7 Jahre und 6 Monate in Hebron regiert hatte, eroberte er durch eine List (indem er durch einen unterirdischen Schacht einstieg) die stark befestigte Jebusiterstadt Jerusalem, in der er von nun an als König herrschte und die er »die Stadt Davids« nannte. Da der ehemals selbständige kanaanäische Stadtstaat Jerusalem weder zum Norden noch zum Süden des israelitischen Territoriums gehörte, konnte er durch die Verlegung der Residenz an diesen neutralen Ort, womit der Grundstein zu einem beispiellosen Aufstieg gelegt war, politisch sehr geschickt die alten Gegensätze zwischen den Nord- und Südstämmen überbrücken. (Nach dem Tod Salomos lebten sie um so stärker wieder auf, so daß das Davidisch-Salomonische Großreich in das Nordreich Israel und in das Südreich Juda zerfiel.)

Um das politische Zentrum auch zum religiösen Mittelpunkt zu machen, ließ David die Bundeslade in die Hauptstadt überführen. Da die Traditionen dieses alten tragbaren Kultobjektes und Kriegspalladiums mit dem Norden, bes. mit Efraim und Benjamin, verbunden waren, sollten mit dieser Maßnahme vor allem die Stämme des individualistischen Nordens auch religiös an Jerusalem interessiert werden. Als die Lade in einer feierlichen Prozession unter dem Jubel der Menge in Jerusalem eintraf, tanzte und hüpfte David, mit dem kurzen Priestergewand, dem linnenen Efod, bekleidet, voller Begeisterung vor ihr her. Da ihn seine erste Frau, Sauls Tochter Michal, deswegen verachtete, blieb sie zur Strafe bis zu ihrem Tod kinderlos. Damit sollte nochmals daran erinnert werden, daß keine Nachkommen des verworfenen Saul auf den Thron Davids zu sitzen kamen, sondern erst mit David die Dynastie begann.

Nachdem David seinen Palast vollendet hatte, beschloß er, auch für die Bundeslade, die bisher nur provisorisch in einem Zeltheiligtum untergebracht war, ein »Haus«, einen großen Tempel, zu bauen. Da schickte Gott den Propheten Natan zu David und ließ ihm ankündigen, daß umgekehrt der Herr ihm ein »Haus« (nämlich ein Könighaus oder eine Dynastie) bauen wolle: »Dein Haus und dein Königtum sollen durch mich auf ewig bestehen bleiben; dein Thron soll auf ewig Bestand haben« (2 Sam 7,16; vgl. 1 Chr 17,4). Aufgrund dieser berühmten »Natanverheißung«, einer der wichtigsten Texte des Alten Testaments, erwartete man später nach dem Untergang der Monarchie einen zweiten David oder »Sohn Davids«, dem eine unvergängliche Herrschaft zuteil werden sollte (vgl. z.B. Jer 23,5f; 33,15ff; Ez 34,23f und 37,24f).

David schickte sich nun an, ein Großreich zu schaffen, indem er die benachbarten Stämme und Völker der Reihe nach unterwarf und sich untertan machte. Zu-

Rembrandt, Natan ermahnt David, um 1654 (zu 2 Samuel 12,1–13)

nächst eroberte er die restlichen kanaanäischen Stadtstaaten, die, wie Jerusalem, innerhalb des israelitischen
Siedlungsgebiets lagen, und vereinigte ihr Territorium
mit dem der israelitischen Stämme. Vor allem aber gelang es ihm, die gefährlichsten Gegner der Israeliten, die
Philister, die nach Sauls Tod ihre Vorherrschaft über Israel wieder auszudehnen hofften, endgültig zurückzu-
drängen und ihre Stadtstaaten an der Mittelmeerküste
zu Vasallenstaaten zu machen. In einem zweiten Sta-
dium der Großreichsbildung gliederte er jenseits der
Grenzen Palästinas liegende politische Gebilde auf unterschiedliche Weise seinem Reich an. Von den Aramäer-
staaten Süd- und Mittelsyriens verwandelte er Aram-Da-
maskus in ein Untertanenland mit einem Statthalter und
machte andere tributpflichtig. Der Staat der Ammoniter
wurde mit seiner Hauptstadt Rabbat-Ammon (Amman)
erobert und in Personalunion mit dem Reich verbunden,
der Moabiterkönig zum tributpflichtigen Vasall und der
Edomiterstaat zu einer von Statthaltern verwalteten Pro-
vinz. Damit dieses erste Großreich auf dem Boden Palä-

stinas in jeder Hinsicht funktionierte, sorgte er für ein
straff organisertes Heerwesen und Beamtentum. Israel
stand nun auf dem Höhepunkt seiner Größe und Macht.
Da die alten Großmächte am Nil und in Mesopotamien
damals eine Zeit der Schwäche erlebten und keinerlei
Expansionskraft besaßen, war David der rechte Mann
zur rechten Zeit, der auf kluge und geniale Weise dieses
politische Vakuum durch ein vorbildliches Großreich
auszufüllen verstand.

Wenn sich auch die Regierungszeit Davids als sehr erfolgreich und glänzend darstellt und der König Jahwe
immer treu ergeben war, so fallen doch auch Schatten
auf sein persönliches und familiäres Leben. So beging
David Ehebruch mit der schönen Batseba, der Frau des
Hetiters Urija, die er beim Baden beobachtet hatte und
leidenschaftlich begehrte. Damit er sie seinem Harem
einverleiben konnte (David besaß bereits mehrere
Frauen und Nebenfrauen; insgesamt wurden ihm in Hebron sechs und in Jerusalem elf Söhne sowie Töchter geboren), ließ er ihren Mann im Kampf in die vorderste

Schlachtreihe stellen, so daß er fiel. Der Prophet Natan machte ihm deshalb schwere Vorwürfe, und Gott ließ das aus diesem Ehebuch hervorgegangene Kind zur Strafe sterben. David hat daraufhin seine Schuld bitter bereut und mit dem ergreifenden Bußpsalm 51 um Vergebung gefleht: »Gott, sei mir gnädig nach deiner Huld, tilge meine Frevel nach deinem reichen Erbarmen!« Batseba aber gebar dann Salomo, den David kurz vor seinem Tod zum Nachfolger bestimmte.

Weil jedoch der sonst so umsichtige David es versäumt hatte, einen seiner vielen Söhne frühzeitig zum Nachfolger zu bestimmen und darauf vorzubereiten, gab es um die Thronnachfolge große Streitigkeiten und Auseinandersetzungen in der Familie. Legitimer Nachfolger wäre sein Erstgeborener Amnon gewesen, doch weil er seine Halbschwester Tamar vergewaltigt hatte, wurde er auf Betreiben ihres Bruders Abschalom umgebracht, der dann die Herrschaft an sich reißen wollte und einen Aufstand gegen seinen Vater David anzettelte, der sich nur durch die Flucht aus Jerusalem retten konnte. In der Schlacht blieb Abschalom mit den Haaren in den Zweigen einer Eiche hängen und wurde getötet. Bald darauf brachte ein anderer Sohn Davids, Adonija, einen Teil der Hofbeamten hinter sich und ließ sich im Kidrontal zum König ausrufen. Doch Salomo konnte sich gegen ihn durchsetzen und ließ ihn und andere Gegner Davids nach seiner Thronbesteigung hinrichten. David aber starb nach insgesamt vierzigjähriger Regierungszeit und wurde in Jerusalem begraben.

Die biblischen Erzähler erkannten in dem Leben Davids das verborgene Wirken Gottes und hatten seinen Aufstieg damit begründet, daß »der Geist des Herrn auf ihm ruhte« und »der Geist des Herrn mit ihm war«. Später aber wurden die Person und die Zeit Davids immer mehr idealisiert und glorifiziert und zum Maßstab für alle nachfolgenden Könige. Aus diesem Grund werden in den nachexilischen Chronikbüchern alle negativen Nachrichten über David, wie sein einstiges Räuberdasein oder der Ehebruch mit Batseba, übergangen und dafür – oft in anachronistischer Weise – seine Verdienste für den Kult und seine Vorbereitungen zum Tempelbau um so mehr herausgestellt. David wurde aber nicht nur als bedeutender König, sondern auch als genialer Psalmendichter verehrt.

David als Psalmendichter

In der alttestamentlichen Überlieferung erscheint David als Sänger und Liederdichter. Er spielte auf der Leier vor dem schwermütigen Saul (1 Sam 16,18-23; 18,10), dichtete und sang eine Totenklage auf Saul und Jonatan (2 Sam 1,19-27) sowie auf Abner, den Feldherrn Sauls (2 Sam 3,33f). In 2 Sam 23,2-7 werden uns die »letzten Worte Davids« überliefert, die jedoch keine Abschiedsrede darstellen, sondern ein Danklied für die Wohltaten Jahwes. Im einleitenden Vers 1 wird er vorgestellt als

»Liebling der Lieder Israels«. Dies kann heißen, daß ihm die Lieder Israels galten, er also besungen wurde (vgl. 1 Sam 18,7 und 29,5), oder »der Liebliche in bezug auf seine Gesänge«, d.h. der holdselige Sänger. Dies dürfte wohl eher gemeint sein, da er sich gleich zu Beginn dieses Liedes als inspiriert bezeichnet: »Der Geist des Herrn sprach durch mich, sein Wort war auf meiner Zunge.« In 2 Sam 22,1 schließlich heißt es: »David sang dem Herrn an dem Tag, als ihn der Herr aus der Gewalt all seiner Feinde und aus der Gewalt Sauls errettet hatte, folgendes Lied.« Das Kap. 22 nun ist identisch mit Ps 18, der auch dieselbe Überschrift trägt. In Amos 6,5 macht der Prophet der betrunkenen und gröhlenden Oberschicht von Samaria den Vorwurf: »Ihr wollt Lieder erfinden wie David.«

Wie in der späteren Tradition David als König glorifiziert wurde, so auch als Liederdichter. In einer Psalmenrolle aus der 11. Höhle von Qumran wird er als Verfasser von 3600 Hymnen (oder Psalmen) und 450 liturgischen Gesängen gepriesen. Demnach hatte man David wohl auch als Verfasser der 150 im Alten Testament tradierten Psalmen angesehen, die man damals als prophetische Texte aktualisierend auf die Gegenwart bezog, wie denn auch im Neuen Testament David als Prophet bezeichnet wird (Apg 2,30), durch den der Heilige Geist in den Psalmen Ereignisse vorausgesagt hatte, die durch das Christusereignis in Erfüllung gingen (Apg 1,16.20; Lk 20,42). Im Traktat Baba batra (»Letzte Pforte«) des Babylonischen Talmud wird schließlich gesagt: »David schrieb das Buch der Psalmen durch Vermittlung der zehn Alten, das sind Adam, Melchisedek, Abraham, Mose, Heman, Jedutun, Asaf und die drei Söhne Korachs.«

In der Hebräischen Bibel sowie in den alten Übersetzungen, der im 3.–2. Jahrhundert v. Chr. in Ägypten entstandenen *Septuaginta* (griechisch) und der von Hieronymus um 400 n. Chr. angefertigten *Vulgata* (lateinisch), erscheint jedoch David nicht als Autor aller Psalmen. In nachträglichen Überschriften hat man von den 150 Psalmen 100 sechs verschiedenen Personen zugeschrieben. Fast die Hälfte aller Psalmen, nämlich 73 (in der Septuaginta 84 und in der Vulgata 85!) werden auf David zurückgeführt: 3–9; 11–32; 34–41 // 51–65; 68–70 // 86 // 101; 103 // 108–110; 122; 124; 131; 133; 138–145. Es fällt auf, daß das 1. Psalmenbuch (wie der Pentateuch ist der Psalter in 5 Bücher eingeteilt: 1–41; 42–72; 73–89; 90–106; 107–150) fast nur aus Davids-Psalmen besteht. Häufig findet man sie auch im 2. und 5. Buch, wogegen im 3. Buch nur einer, Ps 86, erscheint. Neben David werden 12 Psalmen Asaf (50; 73–83), 11 den Korachitern (42; 44–49; 84f; 87f), 2 Salomo (72; 127), 1 Mose (90) und 1 Etan (89) zugeschrieben.

Die Davids-Psalmen sind (wie die Psalmen Asafs und der Korachiter) zu größeren Gruppen oder Reihen geordnet und bilden nicht nur mengenmäßig, sondern auch strukturell den Grundbestand des Psalters. Wahrscheinlich hat die umfangreichste Gruppe 3–41 als Basisreihe einmal eine selbständige Einheit gebildet und ebenso die zweite Gruppe 51–72. Dieses Gebetbuch Davids, das meist aus Individualpsalmen oder »Psalmen des einzelnen« besteht, wurde später mit den Teilsammlungen der Asaf- und Korachiterpsalmen kombiniert, die aus den Sängergilden und Tempelchorgruppen hervorgegangen sind. Insgesamt ist der Psalter durch Hinzufügen von verschiedenen Teilsammlungen und Einzeltexten im Laufe der Jahrhunderte von vorne her zum Ende hin gewachsen und hat wohl erst im 4. Jahrhundert v. Chr. seine heutige Gestalt erhalten. Schon dieser komplizierte Entstehungsprozeß zeigt, daß der Psalter als Ganzes nicht von David stammen kann.

Wie steht es aber mit den ausdrücklich David zugeschriebenen Psalmen? Im Hebräischen lautet diese Zuweisung *l*ᵉ*Dāwid*. Dagegen wird jedoch eingewendet, daß die Präposition *l*ᵉ verschieden übersetzt werden kann. In Verbindung mit Personen bezeichnet sie normalerweise den Dativ, sie kann aber auch die Bedeutung »für«, »über« und »von« besitzen. Die Übersetzung »von David« liegt insofern nahe, als bei einer Reihe von Psalmen mitgeteilt wird, bei welcher Gelegenheit David den betreffenden Psalm gedichtet hat. Da heißt es z.B.: »Ein Psalm Davids, als er vor seinem Sohn Abschalom floh« (3,1) oder »Ein Lied Davids, als Saul hinschickte und man das Haus bewachte, um ihn zu töten« (59,1). Solche Situationsangaben liefern die Psalmen 3; 7; 18; 34; 51; 52; 54; 56; 57; 59; 60; 63 und 142. Doch handelt es sich hierbei um spätere, schriftgelehrte Nachträge, die in einem nicht näher bekannten Zusammenhang mit der (Auto-) Biographisierung des Psalters stehen. Auch die übrigen David zugeschriebenen Psalmen können kaum, wie die Exegese gezeigt hat, von ihm stammen. Dagegen sprechen zu viele philologische, kulturelle und theologiegeschichtliche Argumente.

Es steht also keinesfalls mit Sicherheit fest, daß die Angabe *l*ᵉ*Dāwid* ursprünglich als Autorenangabe gemeint war, auch wenn sie später zweifellos so verstanden wurde. Die umstrittene Präposition *l*ᵉ kann auch die Zugehörigkeit zu einer Person oder das Eigentumsverhältnis zum Ausdruck bringen. Vielleicht verbirgt sich hinter dem Namen David nicht der König, sondern eine größere und bedeutendere Chorsängergruppe am Jerusalemer Tempel (ähnlich wie die Korachiter), die sich von David als ihrem Ahnherrn abgeleitet hat. Dann wäre mit *l*ᵉ*Dāwid* ein Zugehörigkeits- oder Registrationsvermerk gemeint, den man dann später als Verfasserangabe mißverstanden und in manchen Fällen biographisch ausgedeutet hat.

Jedenfalls kann *l*ᵉ*Dāwid* nicht als zuverlässiger Hinweis auf David als Dichter des Psalms gewertet werden. Dieses kritische Urteil trifft auch auf jene Psalmen zu, die mit anderen Personen verknüpft sind. Wahrscheinlich wurden die Psalmen anonym überliefert. Wo aber hat man dann die Verfasser zu suchen? Heute geht man davon aus, daß die meisten Psalmen von Priestern und Tempelsängern gedichtet wurden. Sie haben wohl in den Gebetsliedern und Dankliedern des einzelnen und des Volkes die Schilderung der Not und des Dankes in ein Psalmenlied umgesetzt und dadurch die Glaubenserfahrungen anderer wachgehalten. Lesen, Schreiben und Dichten war ja geradezu das Privileg der Priester und Tempelsänger. Im Laufe der Zeit werden sich viele Dichtungen im Tempelarchiv angesammelt haben. Dieses ganze Material wurde nicht nur geordnet, sondern im Traditionsprozeß auch umgedeutet, erweitert und aktualisiert. Während dieses Traditionsprozesses sind sicherlich auch die Psalmenüberschriften mit den Verfasserangaben entstanden.

Wenn wir auch nicht mit Sicherheit sagen können, welche Psalmen nun tatsächlich auf David zurückgehen, so gilt doch für jedes einzelne Lied auch für uns heute noch der Hinweis von Ps 102,19: »Dies sei aufgeschrieben für das kommende Geschlecht, damit das Volk, das noch erschaffen wird, den Herrn lobpreise.«

Hinweis zu Seite 153–159
Paul Maiberger, der Autor des Beitrags »Der König und Psalmendichter David«, geb. 1941, Dr. phil., Dr. theol., ist seit 1987 Professor für Alttestamentliche Exegese und Hebräische Sprache an der Katholisch-Theologischen Fakultät der Universität Passau.
Die Schreibung der Seite 153–159 genannten biblischen Personen- und Ortsnamen erfolgt gemäß dem »Ökumenischen Verzeichnis der biblischen Eigennamen nach den Loccumer Richtlinien« (Stuttgart, 2. Aufl. 1981).

Hast du, o Gott,
uns verstoßen?

60 [Für den Chormeister.
Nach der Weise »Lilie des Zeugnisses«.
Ein Lied Davids zur Unterweisung. **2** Es entstand,
als er gegen die Aramäer im Zweistromland
und gegen die Aramäer von Zoba Krieg führte und als
Joab umkehrte und die Edomiter im Salztal schlug,
zwölftausend Mann.*]

3 O Gott, du hast uns verstoßen, unsre Reihen durchbrochen;
du hast gezürnt, hast uns zurückweichen lassen.
4 Du hast die Erde erbeben gemacht, hat sie zerrissen;
heile ihre Risse, denn sie wankt.
5 Du hast dein Volk Hartes erfahren lassen,
hast uns getränkt mit Taumelwein.
6 Du hast denen, die dich fürchten, ein Panier gegeben,
daß sie sich flüchten vor dem Bogen.
7 Auf daß, die dir lieb sind, errettet werden,
hilf mit deiner Rechten und erhöre uns!

8 Gott hat in seinem Heiligtum gesprochen:
»Ich will frohlocken, will Sichem verteilen
und das Tal von Sukkoth ausmessen.
9 Mein ist Gilead, mein auch Manasse;
Ephraim ist die Schutzwehr meines Hauptes,
Juda ist mein Herrscherstab.
10 Moab ist mein Waschbecken,
auf Edom werfe ich meinen Schuh;
jauchzen will ich über das Philisterland!«

11 Wer wird mich führen nach der Feste,
wer mich geleiten nach Edom?
12 Hast du doch, o Gott, uns verstoßen?
und ziehst nicht aus mit unsern Scharen!

13 Schaffe uns Hilfe vor dem Bedränger!
eitel ist ja Menschenhilfe.
14 Mit Gott werden wir Taten tun;
er wird unsre Bedränger zertreten.

das er als du waurhait giht ·   qit der ysrahelschē schar
die haut ab dem siverte niht   vnd hattent die schar also gar
noch das sivert dārus gewinnen   In dem strit vmbe gerān
mohte mit deharnen sinen   das nieu nit mohtet widerstān
wān das unsider nāch der frist   wān das si fluhent āne wer
wiser arтzat maister list   pђy listen der haiden her
die haut von dem sivert hin dan   do das ersach der degen her
mit rechter maisterschaft gewan   gen im thet er wider ker
an das si gar vertrungen was   In grosser manhait der er wielt
der vierde hies semeias   die haiden er gar vÞ enthielt
dem man och degen namen iach   vnd trab si alle gemaine
wān im ain hoher pris geschach   mit siner craft allaine
wie semeias degens namen erst ·   ab dem velde dā si stritten
ait vñ den sig der ysrahelschē schar   mit so fraulichen sitten

David, Schreiber und Musikanten, aus der Toggenburger Bibel, Lichtensteig, 1411

Laß mich Gast sein
in deinem Zelte immerdar

61 [Für den Chormeister.
Mit Saitenspiel. Von David.]

2 Höre, o Gott, meine Klage,
   merke auf mein Gebet!
3 Vom Ende der Erde rufe ich zu dir,
   da mein Herz verschmachtet;
  auf den Fels der Rettung geleite du mich –
   mir ist er zu hoch.
4 Denn du bist meine Zuflucht,
   ein starker Turm vor dem Feinde.

Verkündigung an Maria (zu Ps 61,5), Stuttgarter Psalter, 9. Jh.

5 Laß mich Gast sein in deinem Zelte immerdar,
   mich bergen im Schirm deiner Flügel. [Sela.]

6 Denn du, o Gott, hörst meine Gelübde,
   erfüllst den Wunsch derer, die deinen Namen fürchten.

162

7 Du wollest dem König die Tage seines Lebens mehren
und seine Jahre von Geschlecht zu Geschlecht.

8 Er möge ewig thronen vor Gottes Angesicht;
laß Gnade und Treue ihn behüten!

9 So will ich deinem Namen lobsingen allezeit,
meine Gelübde bezahlen Tag für Tag.

Verkündigung an König Hiskia (zu Ps 61,7), Stuttgarter Psalter, 9. Jh.

Zu Gott allein
ist stille meine Seele

62 [Für den Chormeister. Nach Jedutun.*
Ein Psalm Davids.]

2 Zu Gott allein ist stille meine Seele;
    von ihm kommt mir Hilfe.
3 Nur er ist mein Fels und meine Hilfe,
    meine Burg; ich werde nicht allzusehr wanken.

4 Wie lange zetert ihr wider einen Mann,
    schreiet ihr alle
  wie beim Sinken einer Wand,
    beim Einsturz einer Mauer?
5 Sie ratschlagen nur, ihn von seiner Höhe zu stürzen,
    sie lieben die Lüge.
  Mit ihrem Munde segnen sie,
    aber im Herzen fluchen sie. [Sela.]

6 Zu Gott allein sei stille, meine Seele!
    denn von ihm kommt mir Hoffnung.
7 Nur er ist mein Fels und meine Hilfe,
    meine Burg; ich werde nicht wanken.

8 Auf Gott steht mein Heil und meine Ehre;
    mein starker Fels, meine Zuflucht ist Gott.
9 Vertraue auf ihn, du ganze Volksgemeinde,
    schüttet euer Herz vor ihm aus!
  Gott ist unsre Zuflucht. [Sela.]

10 Nur ein Hauch sind die Menschenkinder,
    ein Trug die Sterblichen.
  Auf der Waage schnellen sie empor,
    allzumal leichter als ein Hauch.
11 Verlasset euch nicht auf Gewalt
    und setzt nicht eitle Hoffnung auf Raub.
  Wenn der Reichtum wächst,
    hängt euer Herz nicht daran.

12 Eines hat Gott geredet,
    zwei Dinge sind's, die ich gehört:
    daß Gottes die Macht ist,
13 und dein, o Herr, die Gnade.
    Denn du vergiltst einem jeden nach seinem Tun.

Max Hunziker, Schlafender, 1965

Gott, dich suche ich,
meine Seele dürstet nach dir

63 [Ein Psalm Davids,
als er in der Wüste Juda war.*]

2 O Gott, du bist mein Gott, dich suche ich;
    meine Seele dürstet nach dir.
  Mein Leib schmachtet nach dir
    wie dürres, lechzendes Land ohne Wasser.
3 So habe ich dich geschaut im Heiligtum,
    habe gesehen deine Macht und Herrlichkeit.
4 Denn deine Gnade ist besser als das Leben;
    meine Lippen sollen dich preisen.

5 Also will ich dich loben mein Leben lang,
    will meine Hände erheben und dich anrufen.
6 Gleich wie an Mark und Fett ersättigt sich meine Seele,
    und mit jauchzenden Lippen lobpreist mein Mund,
7 wenn ich deiner auf meinem Lager gedenke,
    in Nachtwachen über dich sinne.
8 Denn du bist meine Hilfe geworden,
    und unter dem Schatten deiner Flügel frohlocke ich.
9 Meine Seele hängt an dir,
    deine Rechte hält mich fest.

10 Sie aber, die mir nach dem Leben stellen,
    werden in die Tiefen der Erde hinabfahren.
11 Sie werden dem Schwerte dahingegeben,
    die Beute der Schakale werden sie.
12 Doch der König wird sich Gottes freuen,
    alle, die bei ihm schwören, werden sich rühmen;
    denn den Lügnern wird der Mund gestopft.

Marc Chagall, Psalmen Davids, 1979 (zu Ps 63,2.7.8.10)

Bewahre mein Leben
vor dem Schrecken des Feindes

64 [Für den Chormeister.
Ein Psalm Davids.]

2 Höre, o Gott, meine Stimme, wenn ich klage;
  bewahre mein Leben vor dem Schrecken des Feindes.
3 Birg mich vor dem Rat der Bösewichte,
  vor der tobenden Rotte der Übeltäter,
4 die ihre Zunge schärfen wie ein Schwert,
  mit giftigem Worte zielen wie mit einem Pfeil,
5 um im Versteck auf den Frommen zu schießen,
  plötzlich auf ihn zu schießen ohne Scheu.
6 Fest sind sie entschlossen zu bösem Anschlag,
  sie reden davon, Fallstricke zu legen,
  und sprechen: »Wer wird sie sehen?«
7 Sie planen Freveltaten, verbergen den ersonnenen Plan;
  das Innere ist heillos und ein Abgrund das Herz.

8 Aber Gott wird sie treffen mit dem Pfeil;
  plötzlich ist ihre Verwundung da.
9 Er bringt sie zu Fall ob ihrer Zunge;
  es höhnen alle, die auf sie sehen.
10 Da fürchten sich alle Menschen
  und verkünden Gottes Tun
  und verstehen sein Walten.
11 Der Gerechte wird sich des Herrn freuen
  und zu ihm seine Zuflucht nehmen,
  und alle redlichen Herzen werden sich rühmen.

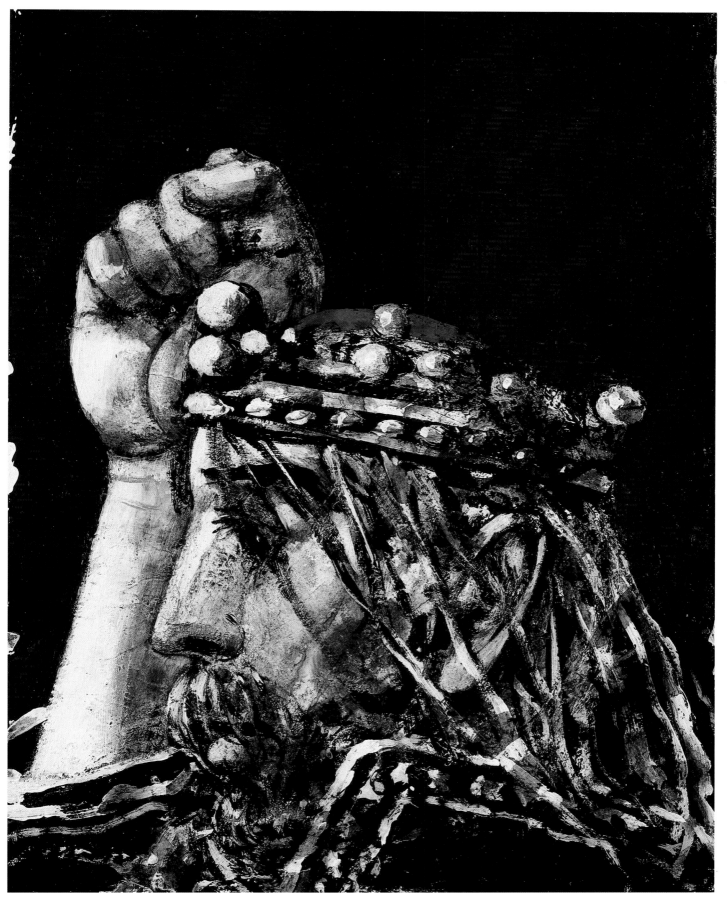

Max Hunziker, Warnender David, 1965

Du schaust auf das Land
und segnest sein Gewächs

65 [Für den Chormeister.
Ein Psalm Davids. Ein Lied.*]

2 Dir gebührt Lobpreis, o Gott, auf Zion,
    und dir bezahle man Gelübde,
3 der du Gebete erhörst!
    Zu dir kommt alles Fleisch
4 um der Verschuldungen willen.
    Werden uns zu mächtig unsre Sünden,
    du sühnest sie.
5 Wohl dem, den du erwählst und nahen lässest,
    daß er in deinen Vorhöfen wohne!
  Laß uns satt werden am Segen deines Hauses,
    deines heiligen Tempels!

6 Mit gewaltigen Taten antwortest du in Treuen,
    du Gott unsres Heils,
  du Zuversicht aller Enden der Erde
    und der fernen Gestade,
7 der du die Berge feststellst durch deine Kraft,
    mit Macht umgürtet,
8 der du stillest das Brausen der Meere,
    das Brausen ihrer Wellen und das Tosen der Völker –
9 so daß, die da wohnen an den Enden der Welt,
    sich fürchten vor deinen Zeichen.
  Du schaffst Jubel, wo der Morgen aufgeht
    und wo der Abend anbricht.

10 Du schaust auf das Land und schenkst ihm Überfluß,
    du machst es gar reich.
  Mit dem Gottesquell, der Wasser die Fülle hat,
    bereitest du ihr Korn;
    ja, du bereitest es zu:
11 du wässerst seine Furchen und ebnest seine Schollen;
    du machst es weich durch Regenschauer
    und segnest sein Gewächs.
12 Du krönst das Jahr mit deiner Güte,
    und deine Spuren triefen von Fett.
13 Es triefen die Anger der Steppe,
    und mit Jubel gürten sich die Hügel;
14 die Berge bekleiden sich mit Herden,
    und die Täler hüllen sich in Korn,
    jauchzen sich zu und singen.

Erschaffung der Welt, aus einem Stundenbuch, England, 14. Jh.

PSALM

schlag in die silbensaiten
schöner dichter
schlag in die saiten: spiel!
dass der versteinte könig lächeln muss
mit seinen traurigen propheten
die tag und nacht
und ganz umsonst
auf gottes worte warten

schlag in die saiten
spiel und sing
den rippenstrand die ginsterbuchten
das junge unbekannte meer
aus dem die weltorkane steigen
die jüngste nacht der jüngste tag
wenn gottes wort wie springflut kommt

schlag in die silbensaiten
schöner dichter

Kurt Marti

Kommt und schauet
die Taten Gottes

66 [Für den Chormeister.
Ein Lied, ein Psalm.]

2 Singet vom Ruhm seines Namens,
    machet herrlich sein Lob!
3 Sprechet zu Gott: Wie furchtbar ist dein Walten!
    Ob der Größe deiner Macht schmeicheln dir deine Feinde.
4 Der ganze Erdkreis bete dich an und lobsinge dir,
    lobsinge deinen Namen! [Sela.]

5 Kommt und schauet die Taten Gottes,
    der mächtig waltet über den Menschenkindern.
6 Er wandelte das Meer in trockenes Land;
    durch den Strom gingen sie zu Fuß.
    Freuen wollen wir uns seiner,
7 der ewiglich herrscht durch seine Macht.
    Seine Augen haben acht auf die Völker;
    die Widerspenstigen dürfen sich nicht erheben. [Sela.]

8 Preiset unsern Gott, ihr Völker,
    lasset laut sein Lob erschallen,
9 der unsre Seele am Leben erhielt
    und unsern Fuß nicht wanken ließ.

10 Denn du hast uns geprüft, o Gott,
    hast uns geläutert, wie man Silber läutert.
11 Du hast uns ins Netz geraten lassen,
    hast drückende Last auf unsre Hüften gelegt;
12 du hast Menschen über unser Haupt dahinfahren lassen.
    Wir sind durch Feuer und Wasser gegangen,
    aber du hast uns herausgeführt ins Weite.

13 Ich komme mit Brandopfern in dein Haus
    und bezahle dir meine Gelübde,
14 zu denen sich aufgetan meine Lippen
    und die mein Mund gesprochen in meiner Not.
15 Fette Brandopfer bringe ich dir
    samt dem Rauch von Widdern;
    ich rüste dir Rinder zu samt Böcken. [Sela.]

16 Auf! und höret mir zu,
    alle, die ihr Gott fürchtet:
    ich will erzählen, was er meiner Seele getan hat.
17 Zu ihm rief ich mit meinem Munde,
    und Lobpreis war auf meiner Zunge.

EXAUDINOSDSSALUTA
RISNOSTER SPESOMNIU
FINIUTERRAEETINMA
RILONGE;
PRAEPARANSMONTES
INUIRTUTETUAACCINC
TUSPOTENTIA QUICON
TURBASPROFUNDUM
MARIS SONUMFLUC
TUUMEIUS;
TURBABUNTURGENTES
ETTIMEBUNTQUIINHA
BITANTTERMINOS

ASIGNISTUIS EXITUS
MATUTINIETUESPERE
DELECTABIS;
UISITASTITERRAMETINE
BRIASTIEA MULTIPLICAS
TILOCUPLETAREEAM;
FLUMENDIREPLETUEST
AQUIS PARASTICIBUM
ILLORUQNMITAEST
PRAEPARATIOEIUS;
RIUOSEIUSINERIAMULTI
PLICAGEMINAEIUS
INSTILLICIDIISEIUSLAE

TABITURGERMINANS;
BENEDICESCORONAEAN
NIBENIGNITATISTUAE
ETCAMPITUIREPLEBUN
TURUBERTATE
PINGUESCENTSPECIOSA
DESERTI ETEXSULTATI
ONECOLLESACCINGENT;
INDUTISUNTARIETES
OUIUMETUALLESHA
BUNDABUNTFRUMEN
TO CLAMABUNTETENI
HYMNUMDICENT;

LXV INFINEMCAN
IUBILATEDÓOM
NISTERRA PSALMUMDI
CITENOMINIEIUS DA
TEGLORIAMLAUDIEIUS;
DICITEDÓ QUAMTERRIBI
LIASUNTOPERATUADNE

TICUPSALMIRE
INMULTITUDINEUIR
TUTISTUAE MENTIEN
TURTIBIINIMICITUI;
OMNISTERRAADORETTE
ETPSALLATTIBI PSALMÚ
DICATNOMINITUO;

SURRECTIONIS
DIAPSALMA
UENITEETUIDETEOPERA
DI TERRIBILISINCONSI
LIISSUPERFILIOSHOMINÚ;
QUICONUERTITMAREIN
ARIDAM INFLUMINE

Illustration zu Psalm 66, Utrecht-Psalter, 9. Jh.

18 Hätte ich auf Unrecht gedacht in meinem Herzen,
   so würde der Herr nicht hören.
19 Aber wahrlich, Gott hat gehört,
   er hat auf mein Flehen geachtet.

20 Gelobt sei Gott, der mein Gebet nicht verworfen,
   noch seine Gnade von mir gewendet hat!

Gott sei uns gnädig
und segne uns

67 [Für den Chormeister. Mit Saitenspiel.
Ein Psalm. Ein Lied.]

2 Gott sei uns gnädig und segne uns,
   er lasse sein Angesicht bei uns leuchten. [Sela.]
3 Daß man auf Erden deinen Weg erkenne,
   unter allen Völkern dein Heil!

4 Es müssen dich preisen, o Gott, die Völker,
   dich preisen die Völker alle!

5 Es müssen sich freuen und jauchzen die Nationen,
   daß du die Völker gerecht richtest
   und leitest die Nationen auf Erden. [Sela.]

6 Es müssen dich preisen, o Gott, die Völker,
   dich preisen die Völker alle!

7 Das Land hat seinen Ertrag gegeben,
   es segnet uns Gott, unser Gott.
8 Es segnet uns Gott, und es sollen ihn fürchten
   alle Enden der Erde.

Menora, aus der hebräischen Cervera-Bibel, Spanien, 1300 (zu Ps 67)

Uns trägt der Gott,
der unsre Hilfe ist

68 [Für den Chormeister.
Ein Psalm Davids. Ein Lied.]

2 Gott erhebt sich; seine Feinde zerstieben,
    und die ihn hassen, fliehen vor ihm.
3 Wie Rauch vor dem Winde verweht,
    wie Wachs vor dem Feuer zerschmilzt,
    vergehen die Frevler vor Gottes Antlitz.

4 Doch die Gerechten freuen sich,
    frohlocken vor Gott und jauchzen in Wonne.
5 Singet Gott, spielt seinem Namen,
    erhebt ihn, der durch Steppen einherfährt!
    Freut euch SEINER und frohlockt vor ihm!

6 Ein Vater der Waisen, ein Richter der Witwen
    ist Gott in seiner heiligen Wohnstatt.
7 Gott bringt Verlassene wieder heim,
    führt Gefangene heraus zum Wohlstand;
    nur Widerspenstige wohnen in dürrem Lande.

8 O Gott, als du auszogst vor deinem Volk,
    als du einherschrittest in der Wüste, [Sela]
9 da erbebte die Erde, ja, die Himmel troffen vor Gott;
    der Sinai zitterte vor dem Herrn, dem Gott Israels.
10 Reichen Regen sprengtest du, Gott;
    dein verschmachtendes Erbe stelltest du her.
11 Deine Schar fand darin Wohnung;
    durch deine Güte, o Gott, stelltest du es her für die Elenden.

12 Der Herr läßt Kunde erschallen –
    der Siegesbotinnen ist ein großes Heer –:
13 »Die Könige der Heerscharen, sie fliehen, sie fliehen,
    und die Hausfrau verteilt die Beute!«
14 »Wollt ihr zwischen den Hürden liegen?«
    »Flügel der Taube, überzogen mit Silber,
    und ihre Schwingen mit gelbem Golde!«
15 Als der Allmächtige Könige daselbst zerstreute,
    fiel Schnee auf dem Zalmon.

16 Ein Gottesberg ist der Berg Basans,
    ein Berg vieler Gipfel der Basansberg.
17 Was blickt ihr feindselig, ihr Berge, ihr Gipfel,
    auf den Berg, wo Gott Lust hat zu weilen?
    Ja, ewiglich wird ER darauf thronen!

Reiner Seibold, Schriftbild zu Psalm 68 (nach der Übersetzung Martin Luthers)

18 Der Wagen Gottes sind vielmal tausend,
   tausend und abertausend;
   der Herr ist vom Sinai hergekommen ins Heiligtum.
19 Du bist emporgestiegen zur Höhe,
   hast Gefangene weggeführt.
   Du hast Gaben empfangen unter den Menschen;
   auch die widerstrebten, werden nun wohnen bei DIR, Gott.

20 Gelobt sei der Herr Tag für Tag!
   Uns trägt der Gott, der unsre Hilfe ist. [Sela.]
21 Gott ist uns ein Gott des Sieges,
   ER, Gott, errettet vom Tode.
22 Ja, Gott zerschmettert das Haupt seiner Feinde,
   den Scheitel dessen, der einherschreitet in seiner Schuld.
23 Der Herr hat gesprochen: Aus Basan bringe ich heim,
   bringe heim aus den Tiefen des Meeres,
24 auf daß du deinen Fuß badest in Blut
   und die Zunge deiner Hunde an den Feinden sich letze.

25 Man schaute, o Gott, deine Festzüge,
   die Festzüge meines Gottes und Königs, im Heiligtum.
26 Sänger zogen voran, darnach Saitenspieler,
   inmitten von Jungfrauen mit Handpauken.
27 »In Versammlungen lobet Gott,
   IHN, die ihr vom Quell Israels seid!«
28 Da schreitet voran Benjamin, der Jüngste,
   die Fürsten Judas in buntem Schmuck,
   die Fürsten Sebulons, die Fürsten von Naphthali.

29 Entbiete, o Gott, deine Macht, erweise dich mächtig,
   o Gott, der du für uns gewirkt hast
30 von deinem Tempel über Jerusalem!
   Könige sollen dir Gaben darbringen!
31 Bedrohe das Tier im Schilf,
   die Rotte der Starken unter den Völkerkälbern;
   tritt nieder, die das Silber liebhaben,
   zerstreue die Völker, die Lust haben an Kriegen!
32 Mit Salböl aus Ägypten werden sie kommen;
   Äthiopien wird eilends seine Gaben vor Gott bringen.

33 Ihr Königreiche der Erde, singet Gott,
   spielet dem Herrn! [Sela.]
34 Ihm, der daherfährt im höchsten Himmel, dem ewigen!
   Siehe, er läßt seine Stimme erschallen, eine mächtige Stimme.
35 Gebet Gott die Macht! Über Israel waltet seine Hoheit
   und seine Macht in den Wolken.
36 Furchtbar ist Gott von seinem Heiligtum aus.
   Der Gott Israels, er gibt Kraft und Stärke dem Volke.
   Gelobt sei Gott!

Marc Chagall, Die Bundeslade wird nach Jerusalem gebracht, aus »Die Bibel«, 1956 (zu Ps 68,25—28)

Verbirg dein Antlitz nicht,
denn mir ist bange

69 [Für den Chormeister.
Nach der Weise »Lilien«. Von David.]

2 Hilf mir, o Gott!
　　denn die Wasser gehen mir bis an die Seele.
3 Ich bin versunken in tiefen Schlamm,
　　wo kein Grund ist;
　ich bin in Wassertiefen geraten,
　　und die Flut schwillt über mich her.

4 Ich bin müde von meinem Rufen,
　　vertrocknet ist meine Kehle.
　Meine Augen verzehren sich
　　im Harren auf meinen Gott.
5 Derer, die mich ohne Ursache hassen,
　　sind mehr als der Haare auf meinem Haupte.
　Zahlreich sind, die mich verderben, die mich grundlos anfeinden;
　　was ich nicht geraubt habe, soll ich erstatten.

6 O Gott, du weißt um meine Torheit,
　　und was ich verschuldet, ist dir nicht verborgen.
7 Laß nicht in mir zuschanden werden,
　　die auf dich hoffen, Du, Herr der Heerscharen!
　Laß nicht in mir beschämt werden,
　　die dich suchen, o Gott Israels!
8 Denn um deinetwillen trage ich Schande.
　　bedeckt Schmach mein Angesicht.

9 Fremd bin ich geworden meinen Brüdern,
　　ein Unbekannter den Söhnen meiner Mutter.
10 Denn der Eifer für dein Haus hat mich verzehrt,
　　und die Schmähungen derer, die dich schmähen,
　　sind auf mich gefallen.

11 Ich peinigte durch Fasten meine Seele,
　　und es ward mir zur Schmach.
12 Ich nahm das Trauergewand zum Kleide,
　　da ward ich ihnen zum Spottlied.
13 Es schwatzen von mir, die im Tore sitzen,
　　von mir singen die Zecher beim Saitenspiel.

14 Ich aber bete zu dir, Du,
　　zur Zeit, da es dir wohlgefällt;
　nach deiner großen Güte erhöre mich
　　mit deiner treuen Hilfe!

Alexej Jawlensky, Kopf (Doppelkreuz), 1935

15 Errette mich aus dem Schlamm, daß ich nicht versinke,
   daß ich errettet werde vor meinen Hassern!
   Laß nicht aus Wasserschlünden
16 die Flut mich überströmen;
   laß nicht die Tiefe mich verschlingen
   noch den Brunnen über mir sich schließen.
17 Erhöre mich, Du, nach der Güte deiner Huld;
   nach deiner großen Barmherzigkeit wende dich zu mir!
18 Verbirg dein Antlitz nicht vor deinem Knechte,
   denn mir ist bange; eilends erhöre mich!
19 Nahe dich meiner Seele, erlöse sie,
   um meiner Feinde willen befreie mich!

20 Du weißt ja meine Schmach,
   und meine Widersacher kennst du alle.
21 Die Schmach bricht mir das Herz,
   unheilbar ist meine Schande und mein Schimpf;
   ich harrte auf einen, der mitleidig wäre, aber da war keiner,
   und auf Tröster, doch ich fand sie nicht.
22 Und sie gaben mir Gift zur Speise
   und Essig zu trinken für meinen Durst.

23 Der Tisch vor ihnen möge zur Schlinge werden
   und ihre Opfergelage zum Fallstrick.
24 Ihre Augen mögen dunkel werden, daß sie nicht sehen,
   und ihre Lenden laß immerdar wanken.
25 Schütte aus über sie deinen Grimm,
   und die Glut deines Zornes erreiche sie.

26 Ihr Lagerplatz möge veröden,
   und niemand wohne in ihren Zelten.
27 Denn sie verfolgen, die du geschlagen hast,
   und mehren den Schmerz um deine Gefallenen.
28 Rechne ihnen Schuld auf Schuld zu,
   und laß sie nicht kommen zu deinem Heil.
29 Sie sollen getilgt werden aus dem Buche der Lebenden,
   sollen nicht aufgeschrieben werden unter die Gerechten.
30 Ich aber bin elend und voller Schmerzen;
   deine Hilfe, o Gott, wird mich erhöhen.

31 Ich will den Namen Gottes preisen im Liede,
   will ihn hoch ehren mit Lobgesang.
32 Das wird IHM besser gefallen als Rinder,
   als Stiere mit Hörnern und Klauen.
33 Schaut her, ihr Gebeugten, und freuet euch!
   Die ihr Gott suchet, euer Herz lebe auf!
34 Denn ER erhört die Armen,
   und seine Gefangenen verachtet er nicht.

35 Es lobe ihn Himmel und Erde,
   das Meer und alles, was darin sich regt.
36 Denn Gott wird Zion helfen
   und die Städte Judas aufbauen,
   daß man dort Wohnung nehme und sie besitze.
37 Und das Geschlecht seiner Knechte wird es ererben;
   die seinen Namen lieben, werden darin wohnen.

Eile, Gott,
mir zu helfen

70 [Für den Chormeister.
Von David. Zum Weihrauchopfer.*]

2 O Gott, eile, mich zu erretten,
   Du, eile mir zu helfen!

3 Es werden sich noch schämen und erröten,
   die mir nach dem Leben trachten;
 es werden zurückweichen und zuschanden werden,
   die sich meines Unglücks freuen.
4 Sie werden abziehen ob ihrer Schmach,
   die da höhnen: »Ha! ha!«

5 Es werden noch frohlocken und deiner sich freuen
   alle, die dich suchen,
 und die dein Heil lieben, werden allzeit sagen:
   Gott ist groß!

6 Doch jetzt bin ich arm und elend;
   o Gott, eile zu mir!
 Meine Hilfe und mein Retter bist du;
   säume nicht, Du!

Reiner Seibold, Schriftbild zu Psalm 70 (nach der Übersetzung Martin Luthers)

Auch im Alter
verlaß mich nicht

71 Du, auf dich vertraue ich,
laß mich nimmermehr zuschanden werden!

2 Errette mich nach deiner Gerechtigkeit und befreie mich;
neige dein Ohr zu mir und hilf mir!
3 Sei mir ein Hort der Zuflucht,
eine feste Burg, daß du mir helfest;
denn du bist mein Fels und meine Feste.

4 Mein Gott, errette mich aus der Hand des Gottlosen,
aus der Faust des Frevlers und Unterdrückers.
5 Denn du bist meine Hoffnung, Du, mein Gott,
meine Zuversicht seit meiner Jugend.
6 Auf dich habe ich mich verlassen vom Mutterleib an,
vom Mutterschoß an bist du mein Schutz;
von dir singt mein Loblied allezeit.

7 Ein Wunder bin ich für viele,
und du bist meine starke Zuflucht.
8 Mein Mund ist deines Lobes voll,
voll deines Preises den ganzen Tag.

9 Verwirf mich nicht in den Tagen des Alters;
wenn meine Kraft schwindet, verlaß mich nicht.
10 Denn meine Feinde reden über mich,
und die auf mein Leben lauern, ratschlagen und sprechen:
11 »Gott hat ihn verlassen; so jaget ihm nach
und ergreift ihn, denn da ist kein Retter!«

12 O Gott, sei nicht ferne von mir,
mein Gott, eile, mir zu helfen!
13 Es müssen zuschanden werden und umkommen,
die meiner Seele feind sind,
mit Schmach und Schande sich bedecken,
die mein Unglück suchen.

14 Ich aber will immerdar harren
und mehren all deinen Ruhm.
15 Mein Mund soll deine Gerechtigkeit verkünden,
deine Hilfe den ganzen Tag;
denn ich kann sie nicht ermessen.
16 Ich komme mit den Großtaten meines Herrn, o Du,
deine Gerechtigkeit allein will ich rühmen.

17 Gott, du hast mich gelehrt von Jugend auf,
und bis jetzt verkünde ich deine Wunder.

LXXDAVIDPSAL FILI   ORUMIONADABET   PRIORUCAPTIVORU

INTEDNESPERA
VINONCONFUNDAR
INAETERNUM INIUS
TITIATUALIBERAME
ETERIPEME ;
INCLINAADMEAUREM
TUAM ETSALUAME ;
ESTOMIHIINDMPROTEC
TOREM ETINLOCUM
MUNITUMUTSALUUM
MEFACIAS ;
QNMFIRMAMENTUMME
UM ETREFUGIUMMEU
ESTU ;
DSMEUSERIPEMEDEMA

NUSPECCATORISETDEMANU
CONTRALEGEMAGENTIS
ETINIQUI ;
QNMTUESPACIENTIAMEA
DNE DNESPESMEA ALU
UENTUTEMEA ;
INTECONFIRMATUSSUM
EXUTERO DEUENTREMA
TRISMEAE TUESPROTEC
TORMEUS ;
INTECANTATIOMEASEM
PER TAMQUAMPRODI
GIUMFACTUSSUMMUL
TIS ETTUADIUTORFORTIS ;
REPLEATUROSMEUMLAU
DEUTCANTEMGLORIAM

TUAM TOTADIEMAGNI
TUDINEMTUAM ;
NEPROICIASMEINTEMPO
RESENECTUTIS CUMDEFI
CIETUIRTUSMEANEDERE
LINQUASME ;
QUIADIXERUNTINIMICI
MEIMIHI ETQUICUSTO
DIEBANTANIMAMMEA
CONSILIUMFECERUNT
INUNUM ;
DICENTESDSDERELIQUIT
EUM PERSEQUIMINIET
COMPREHENDITEEUM
QUIANONESTQUIERIPIAT
DSNEELONGERISAME ;

Illustration zu Psalm 71, Utrecht-Psalter, 9. Jh.

18 Auch im Alter noch, wenn ich grau werde,
   verlaß mich nicht, o Gott,
daß ich deinen Arm der Nachwelt verkünde,
   deine Kraft allen, die noch kommen werden,
19 und deine Gerechtigkeit, o Gott, für und für.
   Der du so große Dinge getan,
   Gott, wer ist dir gleich?
20 Der du uns schauen ließest viel Angst und Not,
   du wirst uns wieder beleben,
   uns wieder heraufführen aus den Tiefen der Erde.
21 Du wirst mich zu hohen Ehren bringen
   und wirst mich wiederum trösten.

22 So will auch ich dir danken, mein Gott,
   deiner Treue danken mit Harfenspiel,
   will dir spielen auf der Laute, Heiliger Israels.
23 Meine Lippen sollen frohlocken
   und meine Seele, die du erlöst hast.
24 Auch meine Zunge soll den ganzen Tag
   reden von deiner Gerechtigkeit;
denn zuschanden wurden, erröten mußten,
   die mein Unglück suchten.

Die Gerechtigkeit blühe auf,
und des Friedens sei Fülle

72 [Von Salomo.*]
   O Gott, gib dein Gericht dem König
   und deine Gerechtigkeit dem Königssohne,
2 daß er dein Volk richte mit Gerechtigkeit
   und deine Elenden nach dem Recht.
3 Die Berge mögen dem Volke Heil tragen
   und die Hügel Gerechtigkeit.

4 Er wird Recht schaffen den Elenden des Volkes,
   wird den Armen helfen und den Bedrücker zermalmen.
5 Er wird leben, solange die Sonne scheint
   und der Mond, Geschlecht um Geschlecht.
6 Er ist wie Regen, der herabströmt auf die Au,
   wie die Tropfen, die die Erde netzen.
7 In seinen Tagen blüht das Recht
   und reiches Glück, bis der Mond nicht mehr ist.

8 Er wird herrschen von Meer zu Meer,
   vom Euphrat bis an die Enden der Erde.

Marc Chagall, Psalmen Davids, 1979 (zu Ps 72,1.5.7.)

9 Vor ihm müssen sich beugen die Widersacher
    und seine Feinde den Staub lecken.
10 Die Könige von Tharsis und den Inseln
    müssen Geschenke geben,
  die Könige von Saba und Seba
    müssen Gaben darbringen.
11 Alle Könige müssen ihm huldigen,
    alle Völker müssen ihm dienen.

12 Denn er errettet den Armen, der schreit,
    den Elenden und den, der keinen Helfer hat.
13 Er erbarmt sich des Geringen und Armen,
    den Seelen der Armen hilft er.
14 Von Druck und Gewalttat erlöst er ihre Seele,
    und ihr Blut ist kostbar in seinen Augen.

15 Er lebe, und man gebe ihm vom Golde aus Saba,
    für ihn bete man immerdar,
    allezeit soll man ihn segnen.
16 Es wird Überfluß an Korn sein im Lande,
    auf den Höhen der Berge wird es rauschen.
  Seine Frucht wird sein wie der Libanon;
    sie werden hervorblühen aus der Stadt
    wie das Gras der Erde.
17 Sein Name soll ewiglich bleiben,
    soll sprossen, solange die Sonne scheint.
  Mit seinem Namen sollen sich Segen wünschen
    alle Geschlechter der Erde,
    alle Völker sollen ihn glücklich preisen.

18 Gelobt sei Er, der Gott Israels,*
    der allein Wunder tut!
19 Und gelobt sei sein herrlicher Name in Ewigkeit,
    alle Lande sollen seiner Herrlichkeit voll werden!
    Amen! Amen!

20 Zu Ende sind die Gebete Davids, des Sohnes Isais.

Anbetung der Könige (zu Ps 72,10−11), aus dem Brevier des Königs Martin von Aragon, 14. Jh.

Hinweise zu den Bildern in Band 4

Eine Einführung in die Illustration des Psalters finden Sie in Band 1, ab Seite 48; Einführungen in den Bildzyklus »Psalmen Davids«, 1979, von Marc Chagall und in die »Schriftbilder zu Psalmen« von Reiner Seibold in Band 2, Seite 98; eine Einführung in die Bilder von Max Hunziker in Band 3, Seite 146.

Umschlag und Seite 152

Max Hunziker, David vor schwarzem Grund, o.J.. – Grisaillemalerei auf Leinwand, 120 x 100 cm. – Privatbesitz (das Bild wird mit freundlicher Genehmigung von Frau Gertrud Hunziker-Fromm hier zum ersten Mal veröffentlicht; Foto Peter Guggenbühl, Zürich; zu Max Hunziker s. Bd. 1, S. 50 und Bd. 3, S. 146).

Seite 155

Rembrandt, Der Bund zwischen Jonatan und David, um 1632 (zu 1 Sam 18,3). – Feder- und Pinselzeichnung, 20,6 x 26,8 cm. – Birmingham, Barber-Institut.

Seite 157

Rembrandt, Natan ermahnt David, um 1654 (zu 2 Sam 12,1–13). – Lavierte Rohrfederzeichnung, 18,3 x 25,2 cm. – New York, Metropolitan-Museum.

Seite 161

David, Schreiber und Musikanten. – Toggenburger Bibel, Lichtensteig, 1411, Pergamenthandschrift, 267 Blatt, 36 x 23,5 cm. – Berlin, Museen Preußischer Kulturbesitz, Kupferstichkabinett, 78E1, fol. 239v. (Foto Jörg P. Anders).

Über dem Bild steht die Beischrift: »dis ist als got daviden sant den hailigen gaist do machet er den salter und vant allerhant saitenspil da mit got sin tag und hohgezit ziert solt werden«. (»Dies ist, als Gott dem David sandte den heiligen Geist, da machte er den Psalter und fand allerhand Saitenspiel, damit Gott am Werk- und Festtag (?) soll verherrlicht werden.«)

Bei der sog. »Toggenburger Bibel« handelt es sich um eine Abschrift der um 1250 verfaßten Weltchronik des Rudolf von Ems, einer deutschsprachigen Nachdichtung der alttestamentlichen Heilsgeschichte, die der Kaplan Dietrich von Lichtensteig (Grafschaft Toggenburg in der Nordostschweiz) 1411 für Friedrich III. von Toggenburg und seine Frau Elisabeth von Matsch erstellte. Der Maler der farbenprächtigen, sehr lebendigen Bilder steht stilistisch der Prager Wenzelswerkstatt nahe.

Seite 162/163

Seite 162: Verkündigung an Maria (zu Ps 61,5) / Seite 163: Verkündigung an König Hiskia (zu Ps 61,7). – Stuttgarter Psalter, St. Germain des Prés, Paris, um 820 (s. Bd. 1, S. 48f. und S. 51). – Stuttgart, Württembergische Landesbibliothek, bibl. fol. 23, fol. 72v. (Foto Bibliothek).

Seite 162: »Laß mich Gast sein in deinem Zelte immerdar, mich bergen im Schirm deiner Flügel« bittet der Psalmbeter (Ps 61,5). Symbol der göttlichen Gegenwart im heiligen Zelt, bzw. im Tempel war die Bundeslade, deren Deckel zwei goldene Cherubsgestalten trug, die ihre Flügel schützend über die Bundeslade breiteten. In ihr waren aufbewahrt: die beiden steinernen Tafeln mit den Zehn Geboten, ein goldenes Gefäß mit Manna, das an die Speisung in der Wüste erinnerte, und der Stab Aarons. In der frühen Kirche wird die Bundeslade auf Maria bezogen, »die in ihrem Schoß dem Herrn eine Wohnung bereitet hat«. Modestus von Jerusalem preist sie: »Bundeslade Maria, du trägst nicht Aarons immergrünenden Stab, sondern das Reis aus Jesse ... Nicht die Cherubim der Herrlichkeit sind über dir. Dich umschattet die göttliche Macht des hochherrlichen Vaters.« Diese Gedanken könnten den Maler des Stuttgarter Psalters bei seiner Verkündigungsdarstellung begleitet haben.

Seite 163: Der Bitte um Schutz und Geborgenheit im »Zelt« Gottes (Ps 61,5) folgt die Fürbitte um langes Leben für einen König (V. 7–8). Dem Maler fiel beim Lesen dieser Verse

die in 2 Könige 20,1–6 berichtete Geschichte vom todkranken König Hiskia (716–687 v. Chr.) ein, dem der Prophet Jesaja die gute Botschaft Jahwes überbrachte: »Siehe, ich will dich gesund machen …, und ich will fünfzehn Jahre zu deinem Leben hinzutun.« Und so malt er Hiskia auf sein Krankenlager gebreitet und den Propheten, der mit ausgestrecktem Arm und mit einem Buch in der verhüllten linken Hand das Wort Gottes dem König überbringt.

Seite 165 und 169

Max Hunziker, Grisaillen (Weiß-Schwarz-Grau-Malereien, Format 27 x 19 cm) zum Psalter, 1965. – S. 165: Schlafender (zu Ps 62); S. 169: Warnender David (zu Ps 64). – Privatbesitz (mit freundlicher Genehmigung von Frau Gertrud Hunziker-Fromm; Fotos Peter Guggenbühl, Zürich).

Seite 167 und 191

Marc Chagall, Psalmen Davids, 1979 (s. Bd. 2, S. 98). – S. 167: Ps 63,2.7.8.10; S. 191: Ps 72,1.5.7 (Bildvorlagen Galerie Patrick Cramer, Genf), © VG Bild-Kunst, Bonn, 1990.

Seite 171

Erschaffung der Welt. – Aus einem Stundenbuch, England, 14. Jh., Pergamenthandschrift, 223 Blatt, 21 x 13 cm. – Biblioteca Apostolica Vaticana, Pal. lat. 537, fol. 36r. (Bildvorlage: Mit freundlicher Genehmigung der Chr. Belser AG für Verlagsgeschäfte, entnommen aus: Die schönsten Stundenbücher aus der Biblioteca Apostolica Vaticana.)

»Et os meu(m) anu(n)ciabit lau de(m) tua(m)« (»Und mein Mund wird dein Lob verkünden«) – dazu möchten uns das farbenprächtige Schöpfungsbild und der Psalm 65, ein Hymnus auf den Schöpfergott, sein Segenswirken und seine Barmherzigkeit, bewegen.

Seite 172/173

Rembrandt, David spielt Harfe vor Saul, 1658/59 (zu 1 Sam 16,14–23; 18,10; 19,9f.). – Öl auf Leinwand, 130 x 164,3 cm. – Den Haag, Mauritshuis (Foto Joachim Blauel-Artothek, Peissenberg).

Am Anfang ihres König David-Romans »Der Brautpreis« (Verlag Nagel & Kimche AG, Zürich/Frauenfeld 1988) erzählt die Jüdin Grete Weil (geb. 1906) von ihrer Begegnung mit zwei Davidbildern:

»Ich, Grete, mit den beiden deutschen, den beiden christlichen Namen Margarete Elisabeth, bekam vom Vater in einem Kunstbuch den David des Michelangelo gezeigt. Liebevoll strich er über die Seite und sagte dazu: ›Il Gigante.‹ Das Wort gefiel mir; ich war ein Wortfetischist, wenn mich eines anrührte im Klang, war ich ihm verfallen. Natürlich wußte ich, schon aus dem Monolog der Jungfrau von Orleans: ›… der einst den frommen Knaben Isais, den Hirten sich zum Streiter ausersehen‹, daß David ein Hirtenjunge gewesen war, der den Riesen Goliath mit der Schleuder besiegte. Ein Gigant konnte er also selbst nicht gewesen sein, da wäre seine Tat nicht so erstaunlich. Dann las ich, daß der ungeheure Marmorblock, aus der der junge Bildhauer seine Jünglingsfigur herausgeschlagen hatte, schon von seinem Vorbesitzer, Agostino di Duccio, ›il Gigante‹ genannt worden und dazu bestimmt war, einen David daraus zu formen, welcher Plan aber aufgegeben wurde, weil der Koloß beim Transport von Carrara nach Florenz beschädigt worden war. Der Name verblieb dem Stein, Michelangelo nahm die Herausforderung an und machte den jungen David daraus, den Schönen, Unbesiegbaren, den Helden, den ich bewunderte in einer Zeit, in der ich nicht wußte, welch ein Unglück Helden für die Welt bedeuten …

So blieb es lang. Mein Held veränderte sich nicht, ich veränderte mich. Wurde erwachsen. Ich brachte David mit nichts Jüdischem in Verbindung. Er war Florentiner und basta …

Irgendwann … unternahm ich eine Reise mit meinem Bruder nach Holland. Ich war eine Bergbesessene und mochte die Ebene nicht. Keinem hätte ich geglaubt, der mir prophezeit hätte, daß ich hier einmal zwölf Jahre, die entscheidendsten, bittersten meines Lebens verbringen und das flache Land unter dem großen lebendigen Himmel samt seinen Menschen, die mir in ihren Regenmänteln so grau erschienen, liebgewinnen sollte. Dann stand ich in Den Haag, im Mauritshuis vor einem David, Rembrandts David, der so ganz anders als der meine war und mich doch anrührte, mehr als mich je zuvor ein Bild angerührt hatte. Ein kleiner Judenjunge spielt die Harfe vor dem großen, gewaltigen, turbangeschmückten König Saul, der sich ergriffen halb hinter einem Vorhang verbirgt und sich die Träne aus dem Auge wischt. David, kein Held, ein Dichter und Sänger, warum hatte ich nie daran gedacht? Ich wurde zur Verräterin an meinem Schönen. Dieser dunkellockige, eher häßliche Knabe verdrängte den Krieger, er, ein Bruder der vielen aus dem Judenviertel Amsterdams, die da noch lebten und Juda, Benjamin, Ruben, Abraham oder auch David hießen, keine Könige waren, sondern Händler, Diamantschleifer, Talmudschüler, zuweilen Musiker – und von denen kaum einer überlebte.

Ich kaufte einen großen Farbdruck des Rembrandt-Bildes und heftete ihn daheim neben den David des Michelangelo. Da waren sie beide beisammen, zwei Pole des Menschseins, und ich saß davor, den Kopf in die Hände gestützt, unschlüssiger als in Holland, hingerissen wieder von der Schönheit, doch mit der Ahnung, daß der Kleine, der Häßliche, der Künstler, besser in meine Welt paßte.

Michelangelo und Rembrandt, beide hatten einen Teil des David gestaltet, wie er überliefert ist von der Bibel, halb der Geschichte, halb dem Mythos angehörend, vierzig Jahre erst nur über Juda, dann über ganz Israel herrschend um die Jahrtausendwende vor Christi Geburt, ein großer Held, ein großer Dichter, später ein großer König.

Ich begann zu zweifeln, den Historikern, den Chronisten zu mißtrauen. Alles konnte David sein: Heiliger und Verbrecher, Sänger und Mörder, Menschenliebender, Menschenverachtender, Weiser und Narr. Was war er?« (Grete Weil)

Seite 175

Illustration zu Ps 66(65). – Utrecht-Psalter (s. Bd. 1, S. 48 und 50f.), fol. 36v. (Bildvorlage Akademische Druck- und Verlagsanstalt Graz).

Inmitten von fünf Engeln erscheint über einem Heiligtum Christus, mit einem Schild als Attribut seiner Macht (V. 3). Der Psalmist treibt Opfertiere zum Altar und deutet mit der Rechten auf seinen Mund, während die Linke zu den Tieren und zum Heiligtum weist (vgl. V. 13–15). Es folgen ihm Vertreter der »Völker«, die in V. 8 aufgefordert werden, Gott zu preisen für seine Taten an den Menschenkindern (vgl. V. 5ff.; beispielhaft werden genannt: der Durchzug durchs Schilfmeer und die Überschreitung des Jordans). Die in V. 10–12 genannten Prüfungen sind im Bild unten dargestellt: rechts geht eine Gruppe durchs Wasser (V. 12); in der Mitte stehen vier Männer in einem Feuerofen, die Hände zum Himmel erhoben; links vier von jenen, die »drückende Last« auferlegen (V. 11), mit Peitschen.

Seite 177

Menora (zu Ps 67). – Aus der hebräischen Cervera-Bibel, Spanien, 1300, Pergamenthandschrift, 28,2 x 21,7 cm. – Lissabon, Biblioteca Nacional, Ms 72 (Bildvorlage Archiv für Kunst und Geschichte, Berlin).

Der siebenarmige Leuchter, die Menora, ist den Juden Symbol für Fülle und Ganzheit, für Licht und Schalom, eben für Segen: »Am siebten Tag vollendete Gott das Werk, das er geschaffen …, und segnete den siebten Tag …« (Gen 2,2f.). Jeder Sabbat ist Feier des Segens. Er beginnt mit dem Entzünden der Sabbatkerzen und dem Segen über die Lichter und klingt aus mit der Segensbitte des Psalms 67, dessen Worte in der jüdischen Kunst gelegentlich zu einer Menora geformt wurden (vgl. F.C. Endres/A. Schimmel, Das Mysterium der Zahl, Diederichs Gelbe

Reihe 52, S. 149). Die Menora aus der Cervera-Bibel ist von zwei Olivenbäumen und drei Ölbehältern umgeben, aus denen siebenfach Öl fließt (vgl. Sach 4,1–14). Öl aus der Frucht des Olivenbaums, der gerade auf dürrem, steinigem Boden besonders gedeiht, symbolisiert den Geist Gottes und die von ihm ausgehenden Segensfülle.

Seite 179 und 181

Seite 179: Reiner Seibold, Schriftbild zu Psalm 68, © Reiner Seibold Kierspe/Verlag am Eschbach, 1991 (s. Bd. 2, S. 98).

Psalm 68, ein Lied für eine Festprozession, feiert Gottes Sieg und Herrschaft und erinnert dabei die Kultteilnehmer an wichtige Ereignisse der Geschichte Israels: den Auszug aus Ägypten, die Führung durch die Wüste und die Gabe des Landes (V. 6–11), den Einzug Gottes vom Sinai aus ins Heiligtum (V. 16–19), die Überführung der Bundeslade nach Jerusalem (V. 25–28, vgl. im vorliegenden Bd. S. 156 und Chagalls Bild S. 181). Das Schriftbild von Reiner Seibold zieht klare Linien zwischen dem »Gott des Sieges« (V. 21) und den Menschen, die mit ihm in Feindschaft leben, und solchen, die mit ihm in Freundschaft verbunden sind. Während die Schrift tänzerisch schwingt und die Hochstimmung des Psalmdichters wiederzugeben versucht, spiegelt die strenge Anordnung der etwas unterkühlten Farben die Heiligkeit und Distanz Gottes wieder.

Seite 181: Marc Chagall, Die Bundeslade wird nach Jerusalem gebracht (zu Ps 68,25–28; vgl. 2 Sam 6). – Aus: »Die Bibel«, 1956, Blatt 68, Radierung, 32,2 x 22,7 cm. – Hannover, Sammlung Sprengel I, 365ff. 68 (Foto Museum), © VG Bild-Kunst, Bonn, 1991.

Seite 183

Alexej Jawlensky (geb. 1864 in Torschok/Rußland, gest. 1941 in Wiesbaden), Kopf (Doppelkreuz), 1935 (zu Ps 69,18). – Öl auf Pappe, 17,8 x 13,7 cm. – Hannover, Sprengelmuseum (Foto Museum), © VG Bild-Kunst, Bonn, 1991.

Das Bild »Kopf« (»Doppelkreuz«) gehört zu der Reihe der »Kreuz-Gesicht-Meditationen«, die Jawlensky in den Jahren 1934–1937 malte. Der seit 1929 an Arthritis deformans erkrankte Künstler notierte nach einem Kuraufenthalt: »Da ich durch meine Steifheit in den Ellenbogen und Händen sehr behindert wurde, mußte ich mir eine neue Technik suchen. Meine letzte Periode meiner Arbeit hat ganz kleine Formate, aber die Bilder sind noch tiefer und geistiger, nur mit der Farbe gesprochen …« Jawlensky malte diese Bilder in Erinnerung an die Ikonen seiner russischen Heimat: »Ich sitze vor der Staffelei, die Palette auf den Knien, Pinsel haltend mit zwei Händen und arbeite, arbeite mit brennendem Gefühl … ich meditiere, es ist wie mein Gebet« (Jawlensky, 1936).

Seite 184/185

Ben Shahn, Lithographienfolge »Hallelujah Suite«, 1970/71 (S. 184: Schofarbläser; S. 185: Alter Mann spielt auf einem Saiteninstrument), © VG Bild-Kunst, Bonn, 1991.

Seite 187

Reiner Seibold, Schriftbild zu Psalm 70, © Reiner Seibold, Kierspe/Verlag am Eschbach, 1991.

»Eile, Gott, mich zu erretten, Herr, mir zu helfen!« ruft David in höchster Bedrängnis. Dramatisch sind daher die Ausprägung und Intensität der Farbe und die Anordnung der Schrift, die wie eine Last auf den Hilfesuchenden drückt. Über allem Bedrohlichen ahnt der Beter wohl auch bereits den hellen Schein der herannahenden Rettung und versucht ein Lob.

Seite 189

Illustration zu Psalm 71(70). – Utrecht-Psalter (s. Bd. 1, S. 48 und 50f.), fol. 40r. (Bildvorlage Akademische Druck- und Verlagsanstalt Graz).

Vor einem Heiligtum steht der Psalmist, ein bärtiger, offensichtlich bejahrter Mann, und wendet sich zu Christus, der mit einem Buch in Händen (er ist der »Lehrer«, vgl. V. 17) und zwei Kreuzstäbe tragenden En-

geln am Himmel erscheint. In seiner linken Hand hält der Psalmist eine Laute, neben ihm liegt eine Harfe und steht ein an eine kleine Orgel erinnerndes Instrument (vgl. V. 22. 23). Links unten schwingen drei Personen (Dämonen?) Dreizacke und Schlangen, die die »Angst und Not« darstellen, welche der Psalmist erdulden mußte und aus der er wieder heraufgeführt wurde »aus den Tiefen der Erde« (V. 20). Rechts stößt eine Gruppe bewaffneter »Feinde« Drohungen gegen den Psalmisten aus (V. 10,11).

Seite 193

Anbetung der Könige (zu Ps 72,10–11); seit Anfang 3. Jh. (Tertullian) werden die in Ps 72, 10–11 genannten Könige mit den Magiern von Mt 2,1–12 gleichgesetzt). – Aus dem Brevier des Königs Martin von Aragon/Katalonien, 14. Jh., Pergamenthandschrift, 35,1 x 26,2 cm. – Paris, Bibliothèque Nationale, Ms. Rothschild 2529, fol. 145r.

Anmerkungen zu S. 153 und zu Psalmtexten

S. 153: »Deuteronomistisch« nennt man das mit dem Buch Deuteronomium (5. Mose) beginnende Geschichtswerk (Dtn, Jos, Ri, 1 + 2 Sam, 1 + 2 Kön) und dessen Verfasser.

Ps 60,2: vgl. 2 Sam 8,1–14; 1 Chr 18,1–13. Durch den später angebrachten Verweis auf 2 Sam 8,13 wird der Psalm, ursprünglich ein Klagelied des Volkes Israel auf eine schwere Niederlage, nachträglich zu einem Siegeslied umgedeutet.

Ps 62,1: Jedutun (genannt in den Überschriften von Ps 39; 62 und 77) war nach 1 Chr 16,41 einer der levitischen Sänger, die David dazu bestimmte, »dem Herrn zu danken, daß seine Güte ewiglich währt«.

Ps 63,1: vgl. 1 Sam 23,14.

Ps 65 bildet zusammen mit den Psalmen 66, 67 und 68 eine thematische Komposition, »den Ziongott als den Gott feiert, der alle Chaosmächte entmachtet und Leben in Fülle schenkt« (E. Zenger).

Ps 70 ist weitgehend identisch mit Ps 40, 14–18.

Ps 72,1: Unter »Von Salomo« sind dieses Fürbitt- und Segenslied zur Thronbesteigung eines Königs sowie das Wallfahrtslied Ps 127 überliefert. – *Ps 72,18f.* ist die Schlußdoxologie des 2. Psalmenbuches (vgl. Bd. 1, S. 49: Psalterteilung; und Bd. 3, S. 148: Anmerkung zu Ps 42). V. 20 ist wohl als Abschlußformel einer Sammlung von Davids-Psalmen zu verstehen.

Das Buch der Psalmen
Band 5: Psalm 73–89

Das Buch der Psalmen
Ein Eschbacher Bilderpsalter in acht Bänden
herausgegeben von Martin Schmeisser
Reihe: Eschbacher Bilderbibel

Der Text der Psalmen wird im allgemeinen nach der
Übersetzung der Zürcher Bibel wiedergegeben.
Überall, wo im hebräischen Text der Gottesname
Jhwh steht (Zürcher Bibel: »der Herr«), wird in
Anlehnung an Martin Buber das durch Versalien
hervorgehobene Pronomen »Du«, »Er«, »Sein«
verwendet.

Die Verwendung der Texte der Zürcher Bibel erfolgt
mit Genehmigung der Genossenschaft Verlag der
Zürcher Bibel. Der Text ist entnommen aus: »Die
Heilige Schrift des Alten und Neuen Testaments«,
herausgegeben vom Kirchenrat des Kantons Zürich.
© Zürich 1931/1955.
Das Zeichen * verweist auf die Anmerkungen zu
Psalmtexten Seite 244.

CIP-Titelaufnahme der Deutschen Bibliothek

Das Buch der Psalmen: Ein Eschbacher Bilderpsalter in acht Bänden /
[Hrsg. Martin Schmeisser.] –
Eschbach/Markgräflerland: Verlag am Eschbach;
Zürich: Theologischer Verlag Zürich; Leipzig: Thomas-Verlag Leipzig.
    (Eschbacher Bilderbibel)
    ISBN 3-88671-099-8   (Verlag am Eschbach)
    ISBN 3-290-10120-7   (Theologischer Verlag Zürich)
    ISBN 3-86174-010-9   (Thomas-Verlag Leipzig)
NE: Schmeisser, Martin [Hrsg.]

Bd. 5: Psalm 73–89. – (1992)
    ISBN 3-88671-095-5   (Verlag am Eschbach)
    ISBN 3-290-10125-8   (Theologischer Verlag Zürich)
    ISBN 3-86174-005-2   (Thomas-Verlag Leipzig)

© 1992 Verlag am Eschbach GmbH
Im Alten Rathaus · D-7849 Eschbach/Markgräflerland
Alle Rechte an dieser Ausgabe vorbehalten

Theologischer Verlag Zürich
Räffelstr. 20 · CH-8045 Zürich

Thomas-Verlag Leipzig GmbH
Weissenfelser Straße 33 · O-7031 Leipzig

Grafische Gestaltung: Reinhard Liedtke, Gelnhausen
Reproduktionen: Repro-Technik-Schröder, Uelzen
Satz und Druck: B & K Offsetdruck GmbH, Ottersweier
Verarbeitung: Großbuchbinderei Josef Spinner, Ottersweier

Das Buch der Psalmen
Band 5

Psalm 73–89

Verlag am Eschbach
Theologischer Verlag Zürich
Thomas-Verlag Leipzig

Max Hunziker, David – die Rosen, o. J.

»Rabbi Chajim von Kossow sagte:
›Bisweilen sagt ein Jude ein Kapitel Psalmen mit Inbrunst
und bewirkt im Himmel viel mehr als ein anderer,
der sein ganzes Leben in Fasten verbrachte.‹«

Chassidische Geschichte (aus: Chajim Bloch, Die Gemeinde der Chassidim,
Benjamin Harz-Verlag, Berlin-Wien)

Die Psalmen
als Geschenk Israels an die Welt

Nathan Peter Levinson

Zur Bedeutung der Psalmen
im jüdischen Glauben

Bei Juden und Christen spielen die Psalmen eine einmalige, durch kein anderes Buch erreichte Rolle; sie sind Teil unserer Zivilisation, unseres westlichen Erbes geworden.

Die Lyrik der Seele, der Schrei der geschundenen Kreatur, das unerschütterliche Vertrauen, die überdauernde Hoffnung, hier sind sie anzutreffen. Hier finden wir Geburt und Tod, Aufgang und Niedergang, Zuversicht und Verzweiflung, das ganze Drama der Menschheit. Dies ist das Erbe, dies der unbestrittene Beitrag der Psalmen, und so ist es kein Wunder, daß die Juden und später auch die Christen in dieser Sammlung den Ausdruck ihres ureigensten Befindens sahen, daß sie nach ihr griffen in ihrer Not, aber auch in ihrer Dankbarkeit. So sind diese Psalmen ein Geschenk Israels an die Welt geworden.

Vor allem dienten und dienen die Psalmen bei den Juden als Gebete. Das jüdische Gebetbuch, der *Siddur,* besteht zu einem großen Teil aus Psalmen oder aus Psalmenversen. Insgesamt sind 73 Psalmen und 250 Psalmverse im Gebetbuch enthalten, wobei in vielen Ausgaben der gesamte Psalter abgedruckt ist. Dies war nicht immer so. In talmudischen Zeiten enthielten die Gebete für Sabbat und Wochentage keine Psalmen. Da aber die Gemeinden darauf bestanden, wurden langsam mehr und mehr Psalmen in die Liturgie aufgenommen.

So sind zum Beispiel die Psalmen 95–99 und 20, die heute in allen aschkenasischen Synagogen zum Beginn des Sabbats gebetet werden, eine Einführung der Kabbalisten Safeds aus dem 17. Jahrhundert.

Täglich werden im Morgengebet die Psalmen 145–150 gebetet. Dazu kommen am Sabbat und an Feiertagen die Psalmen 19, 33–34, 90–93 und 135–136. Die Sefardim – die ursprünglich aus Spanien stammenden Juden – fügen außerdem die Psalmen 98, 103 und 121–124 hinzu. Dazu kommen die Psalmen 24 und 29 beim Zurückbringen der Gesetzesrollen in die Heilige Lade, jeweils am Wochentag und am Sabbat, sowie die Psalmen 104 und 120–134 beim Nachmittagsgottesdienst für den Sabbat in den Wintermonaten. Für jeden Tag werden nach dem

Beispiel der Leviten im Tempel besondere Psalmen gesagt. Die Tradition ist im Talmud überliefert: Sonntag: Psalm 24; Montag: Psalm 48; Dienstag: Psalm 82; Mittwoch: Psalm 94; Donnerstag: Psalm 81; Freitag: Psalm 93; Sonnabend: Psalm 92. Am Sabbatausgang werden die Psalmen 144 und 67 gebetet; im Trauerhaus nach dem Morgen- und Abendgebet der Psalm 16. Die Psalmen 6, 20, 27, 30 und 100 sind ebenfalls Teil der Liturgie bei verschiedenen Anlässen. An den drei Wallfahrtsfesten werden die Hallelpsalmen 113–118 feierlich vorgetragen.

Andere Teile des Gebetbuchs sind entweder wie ein Mosaik aus Psalmenversen zusammengesetzt, oder sie sind im poetischen Stil der Psalmen verfaßt. Eine Ausnahme stellen die liturgischen Dichtungen des Mittelalters *(Pijutim)* dar, Hinzufügungen, die nicht in allen Riten Eingang gefunden haben. Sie sind oft im kunstvollen Stil der arabischen Dichtungen geschrieben.

Außer zu den festen Gebetszeiten werden Psalmen bei fast allen Anlässen gesprochen, sei es in der Familie oder in der Gemeinde. Hierzu gehören das Tischgebet, der Antritt einer Reise, die Gebete vor dem Schlafengehen; bei Krankheit und Tod; bei der Einweihung eines Hauses, einer Synagoge oder eines Friedhofs; beim Aufstellen eines Grabsteins; beim Gebet um Regen während einer Dürre; beim Jahrzeitgebet für die Verstorbenen. Auch werden Verse des 119. Psalms, der achtmal das Alphabet enthält, in der Weise vorgetragen, daß die einzelnen Verse den Namen des Verstorbenen enthalten, für den das Gebet gesprochen wird. Dazu werden Verse aufgesagt, die das Wort *Neschama* (Seele) bilden. Ähnlich verfährt man bei Gebeten für Kranke, wobei noch die Psalmen 90–108, 20, 38, 41, 86 und 118 hinzugefügt werden.

Die Psalmen (das griechische Wort »psalmos« bedeutet Saiteninstrument) heißen in der hebräischen Sprache *Tehillim,* Lobgesänge. In der Bibel finden wir nur die Einzahl: *Tehilla.* Der vollständige Name lautet: *Sefer Tehillim,* das Buch der Lobgesänge. Es ist jetzt das erste Buch der *Ketuwim,* der Schriften (Hagiographen), dem dritten Teil der hebräischen Bibel. Oft wird der Name zu *Tillim* (aramäisch *tillin*) zusammengezogen. »Tillim sagen« ist neben dem Rezitieren des Glaubensbekenntnisses auf 5. Mose 6,4 der wichtigste Ausdruck jüdischer Frömmigkeit und Gottverbundenheit. So gab und gibt es immer Gruppen von Frommen, die einzeln oder gemeinsam jeden Tag das ganze Buch der Psalmen beten. In Jerusalem geschieht das heute täglich an der Westmauer.

Die Psalmen besitzen im hebräischen Urtext auch eine eigene musikalische Vortragsweise – so wie Tora und Propheten, das Esterbuch und die Klagelieder.

Es ist anzunehmen, daß die Einteilung der Psalmen in fünf Bücher vorgenommen wurde, um eine Ähnlichkeit mit den Fünf Büchern Mose anzudeuten. Mose, der Gesetzgeber, wird mit dem König David verglichen, der als Verfasser oder Redaktor der Psalmen angesehen wurde. Da das Buch der Tora die größte Heiligkeit besitzt, wurde durch diesen Vergleich die Wichtigkeit der Psalmen innerhalb des biblischen Kanons unterstrichen. Im ersten Kapitel des Midrasch zu den Psalmen können wir daher lesen: »Mose gab die fünf Bücher der Tora, und gleichermaßen gab David das Buch der Psalmen, das ebenfalls fünf Bücher enthält.« Jedes Buch schließt mit einer Doxologie (Lobpreis Gottes), während der 150. Psalm als ganzer das Ende des ganzen Buchs anzeigt.

Diese Einteilung war wohl keine ursprüngliche. So waren sicherlich die Psalmen 120–134 und 73–83 zunächst eigene Sammlungen. Die ersteren wurden von den Levitenchören beim Wasserschöpfen während des Laubhüttenfestes gesungen. Auch die Hallelpsalmen am Ende des fünften Buchs stellen eine separate Einheit dar. Verschiedene Psalmen wurden außerdem von den Leviten während des täglichen Opferdienstes gesungen. Andere wurden wohl nur in gottesdienstlichen Versammlungen vorgetragen. Einige sind Ausdruck individueller Frömmigkeit, nur zum persönlichen Gebrauch bestimmt. Die verschiedenen Sammlungen wurden im Lauf der Zeit in einem Buch vereint.

Samson Raphael Hirsch, der Begründer der Neo-Orthodoxie und begnadete Bibelerklärer zitiert den Midrasch Jalkut, nach dem die Psalmen mit demselben Wort beginnen, mit dem Mose am Ende seines Lebens das Volk gesegnet hat (5. Mose 33,29). Nicht nur wird hier noch einmal die Kontinuität der Psalmen mit der Tora betont, sondern das Anliegen Hirschs ist die Zukunft, das Königreich Gottes. Drei sind es, die nach einer Talmudstelle (Sanhedrin 98b) »im Dienst der höchsten Weltziele standen und stehen«: Mose, David und der Messias. So führt durch Tora und Psalmen der Weg der Menschheit zur endgültigen Erlösung.

»Neid trug ich den Prahlern, da in Frieden die Frevler ich sah« Psalm 73 in der jüdischen Auslegung

Wie schon eingangs dargelegt sind die Psalmen Israels Antwort auf die Not des einzelnen und des Volkes. Wann immer der Jude in Bedrängnis ist, greift er zu den Psalmen, jedenfalls dort, wo die Tradition noch lebendig ist. Das war so in den frommen, vernichteten jüdischen Zentren Osteuropas, es kann noch heute in orthodoxen Vierteln Israels beobachtet werden. Wenn Juden an der sogenannten Klagemauer, der ehemaligen Westmauer des alten Tempels in Jerusalem beten, Männer wie Frauen, dann rezitieren sie entweder die für die Tageszeit vorgeschriebenen Gebete oder die Psalmen. Bei Krankheitsfällen, in Notzeiten, in der Sterbestunde, immer sind es die Psalmen, aus denen vorzugsweise gelesen wird.

Ich bin gebeten worden, über Psalm 73 – dem ersten Psalm dieses Bandes (siehe S. 206) – in der jüdischen Auslegung zu berichten. Es ist dies ein Psalm, der besonders dazu geeignet ist, von Menschen in Not und Bedrängnis gesprochen zu werden.

In der Übertragung des deutsch-jüdischen Dichters Leopold Marx (1889–1983) lautet der Psalm:

Der dreiundsiebzigste Lobgesang

[Ein Lied Assafs.]
Gut fürwahr ist zu Jisrael Gott,
zu denen, die lauteren Herzens.
Ich aber, um ein Geringes
hätten meine Füße versagt,
ein Nichts, und mein Schritt wär verglitten.
Neid nämlich trug ich den Prahlern,
da in Frieden die Frevler ich sah,
ohne Bängnis gar bei ihrem Tod,
und ihr Wanst war gesund.

5 In Menschennot sind sie gar nicht,
und nicht wie das Erdvolk geplagt.
Drum ist Hoffart ihr Nackengeschmeid,
hängt Unrecht wie Putz ihnen um.
Aus dem Fett heraus gafft ihr Auge,
was ihr Herz sich ausmalt, quillt über.
Sie grinsen und reden zum Bösen,
Bedrückung reden sie hochher,
sie tragen ihr Maulwerk zum Himmel
und auf Erden spaziert ihre Zunge.

10 Drum kehrt sein Volk sich an diese,
und Wassers Fülle finden sie sich
und sagen: »Wie kann Gott das wissen,
da droben, was weiß man da schon?«
Schaut sie doch, diese Frevler,
immerzu in Behagen erlangten sie Macht!«
Umsonst hielt ich sauber mein Herz
und wusch meine Hände in Unschuld

und war doch geplagt all den Tag hin
und Morgen für Morgen gezüchtigt.

15 Hätte nun ich gesprochen:
»So erzähl ich's, wie's ist«,
oh, da hätt das Geschlecht ich
deiner Söhne verraten.
Wie ich nachsann, dies zu erkennen,
überschwer erschiens meinen Augen,
bis ich hinkam zum Heiligtum Gottes:
da hab ich ihr Nachher erkannt.
Du hast sie gesetzt auf gar schlüpfrige Bahn
und läßt in Getrümmer sie fallen.
Wie werden im Nu sie zunichte,
aus mit ihnen, zuend in Entsetzen!

20 Einem Traum gleich nach dem Erwachen,
machst, mein Herr, du, wenn du dich regst,
zum Spott ihr Schattengebilde.
Da's im Herzen mir gärte
und michs stach in den Nieren,
da war ich ein Tölpel und wußte nichts,
da war ein Stück Vieh ich vor dir.
Nun aber bleibe ich stets bei dir,
du hast meine Rechte ergriffen.
Mit deinem Rat geleitest du mich
und nimmst nachher in Ehren mich an.

25 Wen sonst hab ich im Himmel! und außer
dir kein Bedürfen auf Erden.
Mein Fleisch und mein Herz wird schwinden,
doch der Fels meines Herzens, mein Teil
ist Gott bis in weltferne Zeit.
Ja denn, die von dir weichen, verlieren sich,
wer sich weghurt von dir – die entkräftest du alle.
Ich aber, mir ist Gottes Nahsein das Gute,
mein Vertraun gesetzt hab ich an DICH, meinen Herrn
und will all deine Werke erzählen.

Das Hauptanliegen von Psalm 73 gilt der uralten Frage, die auch uns nicht loslassen will, weshalb es den Guten schlecht und den Schlechten gut geht. Schon Hiob drohte an ihr zu scheitern, und ähnlich geht es dem Autor unseres Psalms. Aber anders als in Psalm 38 und 49, wo das Glück der Bösen als vorübergehende Episode erscheint, der man mit Ruhe und Geduld begegnen sollte, behandelt Psalm 73 die ganze Tiefe des Problems, vor allem die Tragik und die Zweifel des Gerechten. Und hier begegnen wir der sehr persönlichen Schilderung einer Glaubenskrise. Der Psalmist hätte, so erzählt er freimütig, beinahe seinen Glauben verloren, als er die Ungerechtigkeit der Welt mitansehen mußte.

Es ist dies auch das Problem unserer Zeit. Drohen wir nicht an Auschwitz zu zerbrechen? Wie viele haben in den letzten Jahrzehnten ihren Glauben verloren! Und selbst jene, die das Grauen verleugnen, werden davon getrieben, denn sie können das Unsagbare nicht verkraf-ten. Aber selbst wenn wir von dem besonderen Schrek-ken unserer Vergangenheit absehen, drohen die sozialen Ungleichheiten nicht viele von uns verzweifeln zu las-sen? Die Not der Alten, Kranken und Schwachen, der Flüchtlinge und der verhungernden Kinder in Afrika und anderswo sowie der Drogenabhängigen und Aids-Infizierten!

Und all dem gegenüber sieht der Psalmist die Satten und die Schlemmer, die nach seinen Worten vor Fett kaum aus den Augen schauen können und die sich frech und anmaßend über die Not und das Elend hinwegset-zen. Ihnen kann keiner! Ihr Schmuck ist der Hochmut und das Gewand der Gewalttat. Und wie sollten sie auch mitfühlen mit den Bedrängten? Aus eigener Erfahrung, so sieht es der Psalmist, kennen sie keine Entbehrung, sie sind gesund und wohlgenährt. Sie verstehen nicht die Not des einfachen Volkes, die Qualen der Unterprivile-gierten. Sie gleichen der Dame, die einem Hungernden, der ihr sagt, er hätte schon drei Tage nichts gegessen, rät: »Sie sollten sich zum Essen zwingen!«

Das Schlimmste ist, daß diese Haltung Schule macht. Auch andere, die nicht umhin können, den Wohlstand der Frevler zu bemerken, wenden sich ihnen zu, um »an der Fülle Wasser« Anteil zu haben. Denn offensichtlich haben jene die Macht. Warum abseits stehen, wenn Frömmigkeit und Tugend sich nicht bezahlt machen? Gott nimmt sowieso keine Notiz davon, denn sonst sähe die Welt anders aus!

Aber an diesem Punkt kommt die Wende. Als der Psalmist zu zerbrechen droht, kommt die Besinnung. Und dazu dient ihm der Besuch im Tempel – nicht das Eindringen in göttliche Mysterien, wie einige überset-zen! Jetzt versteht er, daß mit der Meute zu agieren Ver-rat bedeutet und daß darüber hinaus das Glück der Gott-losen nicht ewig währt, im Gegenteil, die Frevler stehen auf schlüpfrigem Boden, ihr Fall ist vorprogrammiert, es ist nur eine Frage der Zeit. Nicht hämisch ist das gesagt oder mit Rachegefühlen, sondern als Einsicht in die wah-ren Gesetzmäßigkeiten der Welt, wo der Frevel sich nicht lohnt und Gottlosigkeit keine Früchte trägt.

Dieser Gedanke wird sehr schön ausgedrückt in einer rabbinischen Predigt aus talmudischer Zeit zu Vers 3 un-seres Psalms: »›Neid nämlich trug ich den Prahlern.‹ Diese Worte müssen im Zusammenhang mit Psalm 37,1 gelesen werden ›Wider Bösgesinnte flamme nicht auf, neide nicht die Täter des Args.‹ Das heißt, sei nicht eifer-süchtig auf etwas, das kein zukünftiges Leben in sich trägt. So bedeutet auch das Wort in den Sprüchen 24,20 ›denn der Böse hat nicht zu hoffen‹, daß der Heilige, ge-lobt sei Er, sagte: Wenn du die Leuchte der Bösen hell brennen siehst, neide ihnen nicht, denn sie wird bald zum Erlöschen kommen, wie geschrieben steht: ›Und die Leuchte der Gottlosen wird verlöschen‹ (dort). Wor-auf aber solltest du eifersüchtig sein? ›Auf die Furcht des Herrn immerdar‹ (Sprüche 23,17), denn das ist etwas, das künftiges Leben in sich trägt und auf ewig nicht ab-geschnitten wird, denn es steht geschrieben: ›In der

Furcht des Herrn ... ist Zukunft, und deine Hoffnung wird nicht abgeschnitten‹ (dort).«

Der Autor des Psalms gibt zu, daß seine Zweifel Torheit gewesen waren, ohne Vernunft, wie das Agieren eines Tiers. Jetzt versteht er, daß er sich umsonst gegrämt hat: »Da war ich ein Tölpel und wußte nichts, da war ein Stück Vieh ich vor dir.«

Ein chassidischer Rabbi erläuterte diesen Text wie folgt (der Chassidismus ist der Name einer im 18. Jahrhundert in der Ukraine gegründeten Erweckungsbewegung): »Das Wesen des Wissens ist, daß wir von Gott nichts wissen können. Und wenn jemand meint, daß er etwas weiß, dann ist das ein Zeichen, daß er überhaupt nichts weiß. Sagt der Psalmist in seiner Demut: ›Ich bin ein Tölpel und weiß nichts.‹ Ich weiß nicht, daß ich ein Tölpel bin und glaube etwas zu wissen. Daher: ›Ich bin ein Stück Vieh.‹ Das Wort ›Vieh‹ ist ein Plural. Ich bin ein doppeltes Vieh. Ich bin wahrlich ein Tölpel und meine, daß ich etwas weiß.«

Einige Bibelerklärer, jüdische wie nichtjüdische, meinen, die Antwort und der Trost des Psalmisten liege in seinem Glauben an die Unsterblichkeit: Im Jenseits wird das Gleichgewicht wiederhergestellt werden, und zwar durch eine gerechte Verteilung von Lohn und Strafe. So jedenfalls verstehen sie Vers 24: »und nimmst nachher in Ehren mich an«. Ich meine jedoch, daß der Unsterblichkeitsglaube, wenn auch nicht verneint, so doch durch eine reinere Einsicht überhöht wird: daß nämlich Gott, ob im Diesseits oder im Jenseits, stets unser Fels, unser Trost, unsere Stärke sein wird. Außer Gott benötigt unser Autor keine weitere Stütze: Er ergreift seine Rechte, geleitet ihn mit seinem Rat, ist sein Teil bis in weltferne Zeit: »Wen sonst hab ich im Himmel! Und außer dir kein Bedürfen auf Erden!« Rabbi Schneur Salman von Lubawitsch, der Gründer einer der wichtigsten chassidischen Gruppen, pflegte während des Gebets zu sagen: »›Wen sonst hab ich im Himmel?‹ Ich brauche nicht deine zukünftige Welt und nicht das Paradies, sondern ›außer dir‹ habe ich kein Bedürfnis!«

Daß Gott gut ist, wurde als Schlußfolgerung schon in Vers 1 vorweggenommen. Es ist dies bei dem Zustand unserer Welt keine selbstverständliche Einsicht. Sie kommt nicht denen zu, die »reinen« Herzens sind, denn diese Eigenschaft kann natürliche Anlage sein. Sie wird von denen erreicht, die lauteren, das heißt geläuterten Herzens sind (Samson Raphael Hirsch). Und dazu gehört Mühe, Anstrengung, das Durchforschen der Seele, das Besiegen des Zweifels. Deshalb ist es vielleicht nicht müßig darauf hinzuweisen, daß viermal in unserem Psalm das Wort »Waani« (aber ich) benutzt wird (M. Spanier). Es ist, als ob der Autor, der sich von der Masse abgegrenzt hat, seine Erkenntnis mit anderen Suchern teilen möchte.

Bei unserem Autor besticht nicht nur seine absolute selbstkritische Ehrlichkeit, der Bekennermut einer ringenden Seele, sondern daß er weder Lohn für seine Frömmigkeit erwartet noch sich durch das auszeichnet, was viele nichtjüdische Exegeten so gern als Werkgerechtigkeit bezeichnen. Es geht bei ihm um das innere Leben, um die Beziehung zu Gott und um die Beziehung zu den Menschen. Das ist es, was uns diesen Psalm so lieb macht. Juden und Christen können viel von ihm lernen.

Hinweis zu Seite 201–204

Nathan Peter Levinson, geb. 1921, Professor für Judaistik, war von 1964 bis 1986 Landesrabbiner von Baden; jetzt pensioniert, aber noch Landesrabbiner von Hamburg und Schleswig-Holstein; Vizepräsident des Internationalen Rates der Juden und Christen; Verfasser von Büchern über Juden und Judentum; der heute in Heidelberg, auf Mallorca und in Jerusalem lebende Theologe erhielt 1991 wegen seiner Verdienste um Verständigung und Toleranz zwischen Christen und Juden den »Augsburger Friedenspreis«.

Den ersten Teil des Beitrags von Nathan Peter Levinson »Zur Bedeutung der Psalmen im jüdischen Glauben« (S. 201 und S. 202, linke Spalte) sowie die Übertragung des »dreiundsiebzigsten Lobgesangs« drucken wir ab mit freundlicher Genehmigung, aus: Leopold Marx, Die Lobgesänge. – Das Buch der Psalmen, aus dem hebräischen Urtext neu übertragen. – Herausgegeben in Verbindung mit der Deutschen Schillergesellschaft von Nathan Peter Levinson, © Bleicher Verlag, Gerlingen 1987.

Der zweite Teil »Psalm 73 in der jüdischen Auslegung« (S. 202, rechte Spalte bis S. 204) ist ein Originalbeitrag für den »Eschbacher Bilderpsalter«.

Marc Chagall, Betender Jude (Der Rabbiner aus Witebsk), 1914

Eifer wider die Übermütigen
ergriff mich

73 [Ein Psalm Asaphs.*]
Lauter Güte ist Gott gegen den Frommen,
der Herr gegen die, die reines Herzens sind.

2 Ich aber wäre beinahe gestrauchelt;
um ein Kleines, so wäre mein Fuß ausgeglitten.
3 Denn Eifer wider die Übermütigen ergriff mich,
da ich sah, wie es den Gottlosen so wohlging:

4 Sie leiden keine Qualen;
gesund und wohlgenährt ist ihr Leib.
5 Von der Mühsal der Sterblichen sind sie frei,
sie sind nicht geplagt wie andre Menschen.
6 Darum ist Hoffart ihr Halsgeschmeide,
Gewalttat das Gewand, das sie umhüllt.
7 Aus der Verstockung kommt ihr Unrecht,
es überwallen die Anschläge ihres Herzens.
8 Sie höhnen und reden in Bosheit;
Verkehrtes reden sie von oben herab.
9 Sie erheben gegen den Himmel ihr Maul
und lassen auf Erden ihrer Zunge den Lauf.
10 Darum wendet sich ihnen das Volk zu
und schlürft Wasser in Fülle
11 und spricht: »Wie wüßte es Gott?
Wie wäre Wissen beim Höchsten?«
12 Siehe, so treiben es die Gottlosen!
Immer im Glück, häufen sie Reichtum.

13 Ganz umsonst hielt ich rein mein Herz
und wusch meine Hände in Unschuld;
14 war ich doch geplagt allezeit,
und meine Züchtigung war jeden Morgen da.

15 Wenn ich gedacht hätte: »Ich will auch so reden«,
siehe, so hätte ich das Geschlecht deiner Kinder verraten.
16 Da sann ich nach und suchte es zu verstehen –
und es war eine Qual in meinen Augen –,
17 bis ich erfaßte Gottes heiliges Walten
und acht hatte auf ihr Ende.
18 Ja, du stellst sie auf schlüpfrigen Grund,
du lässest sie fallen in Täuschung.
19 Wie werden sie zum Entsetzen im Nu,
werden hingerafft, nehmen ein Ende mit Schrecken!
20 Wie man einen Traum verachtet beim Erwachen,
wirst du, Herr, wenn du dich aufmachst, ihr Bild verachten.

21 Als mein Herz erbittert war
   und es mich stach in meinen Nieren,
22 da war ich dumm und ohne Einsicht,
   war wie ein Tier vor dir.

23 Nun aber bleibe ich stets bei dir,
   du hältst mich bei meiner rechten Hand.
24 Du leitest mich nach deinem Ratschluß
   und nimmst mich hernach in die Herrlichkeit.
25 Wen hätte ich im Himmel außer dir?
   Und wenn ich dich habe, so wünsche ich nichts auf Erden.
26 Mag Leib und Sinn mir schwinden,
   Gott ist ewiglich mein Fels und mein Teil.
27 Denn siehe, die dir fernbleiben, kommen um;
   du vernichtest alle, die dir untreu werden.
28 Mir aber ist es köstlich, Gott nahe zu sein;
   ich setze meine Zuversicht auf DICH, meinen Herrn,
   und verkünde alle deine Werke.

Gib nicht dem Raubtier preis
die Seele deiner Taube

74 [Ein Lied Asaphs.*]
Warum, o Gott, verstößest du uns auf immer,
   flammt dein Zorn wider die Schafe deiner Weide?
2 Gedenke deiner Gemeinde, die du vor alters erworben,
   die du erlöst hast, daß sie dein Volk sei,
   des Berges Zion, auf dem du Wohnung genommen.
3 Erhebe deine Schritte zu den uralten Trümmern;
   alles hat der Feind im Heiligtum verheert.

4 Deine Widersacher brüllten inmitten deiner heiligen Stätte,
   stellten ihre Paniere als Zeichen auf.
5 Es war anzusehen, wie wenn man die Axt
   hoch schwingt im Dickicht des Waldes;
6 und dann zerschlugen sie das Schnitzwerk
   allzumal mit Beilen und Hämmern.
7 Sie haben dein Heiligtum in Brand gesteckt,
   bis auf den Grund entweiht die Wohnstatt deines Namens.
8 Sie dachten bei sich: »Wir vertilgen sie allzumal!«
   Sie verbrannten alle Gottesstätten im Lande.
9 Unsre Zeichen sehen wir nimmer, kein Prophet ist mehr da;
   niemand unter uns weiß, bis wie lange.

10 Wie lange, o Gott, soll der Widersacher noch schmähen,
   soll der Feind deinen Namen immerfort lästern?
11 Warum ziehst du die Hand zurück,
   hältst deine Rechte im Busen verborgen?

12 Aber Gott ist mein König von alters her,
   der Heilstaten vollbringt auf Erden.
13 Du hast das Meer zerspalten mit deiner Kraft,
   die Häupter der Drachen über den Fluten zerschmettert.
14 Du hast zerschlagen die Köpfe des Leviathan,*
   dem Volke der Wüstentiere ihn zum Fraß gegeben.
15 Du hast aufgetan Quellen und Bäche,
   hast ausgetrocknet mächtige Ströme.
16 Dein ist der Tag, dein auch die Nacht;
   du hast hingesetzt Leuchte und Sonne.
17 Du hast festgestellt alle Grenzen der Erde;
   Sommer und Winter, du hast sie geschaffen.

18 Gedenke dessen, da der Feind schmäht, o Du,
   da törichtes Volk deinen Namen lästert.
19 Gib nicht dem Raubtier preis die Seele deiner Taube,
   und vergiß nicht ewig des Lebens deiner Elenden!
20 Blicke auf die Fettstrotzenden, wie sie voll sind!
   Die Schlupfwinkel des Landes sind Stätten der Gewalttat.*
21 Laß nicht den Geringen in Schande davongehen;
   der Arme und Elende müssen deinen Namen preisen.
22 Stehe auf, o Gott, und führe deinen Streit,
   gedenke, wie du stetsfort von Gottlosen geschmäht wirst.
23 Vergiß nicht des Geschreis deiner Feinde,
   des Tobens deiner Widersacher, das allzeit emporsteigt.

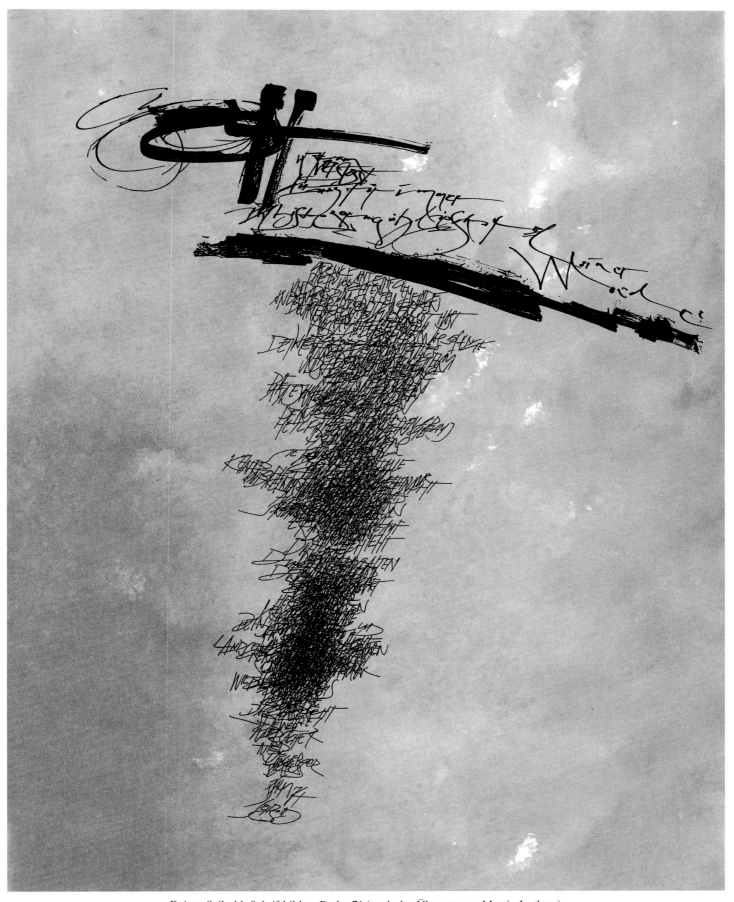

Reiner Seibold, Schriftbild zu Psalm 74 (nach der Übersetzung Martin Luthers)

Den einen erniedrigt,
den andern erhöht Gott

75 [Für den Chormeister. Nach der Weise »Zerstöre mich nicht!«. Ein Psalm Asaphs. Ein Lied.]

2 Wir preisen dich, o Gott, wir preisen dich,
   und die deinen Namen anrufen,
   erzählen von deinen Wundern.

3 »Wenn ich mir gleich eine Frist nehme –
   ich halte doch gerechtes Gericht.
4 Ob auch die Erde wankt und alle, die darauf wohnen –
   ich selbst habe festgestellt ihre Säulen.« [Sela.]

5 Ich spreche zu den Rasenden: Raset nicht!
   und zu den Gottlosen: Erhebt nicht das Horn,*
6 Erhebt nicht gegen den Himmel euer Horn,
   redet nicht vermessen wider unsern Fels!

7 Denn weder vom Aufgang noch vom Niedergang,
   noch von der Wüste her kommt Erhöhung;
8 sondern Gott ist der Richter:
   den einen erniedrigt, den andern erhöht er.

9 Denn ein Kelch ist in SEINER Hand
   mit schäumendem Wein, stark gewürztem;
   und er schenkt ein der Reihe nach,
   auch seine Hefe müssen schlürfen,
   müssen trinken alle Gottlosen der Erde.

10 Ich aber will immerdar jubeln,
    will lobsingen dem Gotte Jakobs.
11 Alle Hörner der Gottlosen schlägt er ab:
    aber hoch werden erhoben die Hörner des Gerechten.

Groß ist dein Name
in Israel

76 [Für den Chormeister. Mit Saitenspiel.
Ein Psalm Asaphs. Ein Lied.]

2 Gott ist in Juda bekannt,
    sein Name ist groß in Israel.
3 In Salem erstand seine Hütte
    und seine Wohnstatt auf Zion.
4 Dort zerbrach er die Blitze des Bogens,
    Schild und Schwert und Krieg. [Sela.]

5 Furchtbar bist du, herrlich,
    von den ewigen Bergen her.
6 Zur Beute wurden die Tapfern,
    sanken hin in ihren Schlaf;
    allen Kriegshelden versagte die Kraft.
7 Vor deinem Schelten, o Gott Jakobs,
    versank in Betäubung so Reiter wie Roß.

8 Furchtbar bist du!
    Wer kann bestehen vor dir
    ob der Gewalt deines Zornes?
9 Vom Himmel herab verkündest du Gericht –
    die Erde erschrickt und verstummt,
10 wenn Gott sich erhebt zum Gericht,
    allen Gebeugten auf Erden zu helfen. [Sela.]

11 Ja, die Menschenvölker sollen dich preisen,
    der Überrest der Völker dir Feste feiern.
12 Tut Gelübde und erfüllt sie IHM, eurem Gott;
    alle ringsum sollen Gaben bringen dem Furchtbaren,
13 der Fürstenhochmut dämpft,
    furchtbar den Königen der Erde.

Du hast dein Volk
mit starkem Arm erlöst

77 [Für den Chormeister. Nach Jedutun.
Ein Psalm Asaphs.*]

2 Laut will ich schreien zu Gott,
  laut zu Gott, daß er auf mich höre.
3 Am Tage meiner Not suche ich den Herrn,
  des Nachts ist unermüdlich meine Hand ausgestreckt;
  meine Seele will sich nicht trösten lassen.
4 Ich denke an Gott und seufze;
  ich sinne nach, und mein Geist will verzagen. [Sela.]

5 Von nächtlichem Wachen gehalten sind meine Augen;
  ich bin voll Unruhe und kann nicht reden.
6 Ich sinne über die Tage der Vorzeit,
  urlängst vergangener Jahre gedenke ich.
7 Ich flüstre des Nachts für mich hin;
  ich sinne nach, und es forscht mein Geist.

8 Will denn der Herr auf ewig verstoßen?
  will er nimmermehr gnädig sein?
9 Hat seine Güte für immer ein Ende?
  ist es aus mit seiner Treue für alle Zeiten?
10 Hat Gott des Erbarmens vergessen
  oder hat er im Zorn sein Mitleid verschlossen? [Sela.]

11 Und ich sprach: Das ist mein Schmerz,
  daß so anders geworden das Walten des Höchsten.
12 Ich will gedenken der Werke des Herrn,
  ja gedenken deiner Wunder von Uranfang an,
13 will nachsinnen über all dein Tun,
  will reden von deinen mächtigen Taten.

14 O Gott, dein Weg ist heilig!
  Wo ist ein Gott, groß wie der Herr?
15 Du allein bist Gott, der du Wunder tust;
  du hast deine Macht an den Völkern erwiesen.
16 Du hast dein Volk mit starkem Arm erlöst,
  die Kinder Jakobs und Josephs. [Sela.]

17 Die Wasser sahen dich, Gott,
  die Wasser sahen dich und erbebten,
  die Meerestiefen erzitterten.
18 Es gossen Wasser die Wolken,
  es donnerte das Himmelsgewölk,
  und deine Pfeile fuhren dahin.

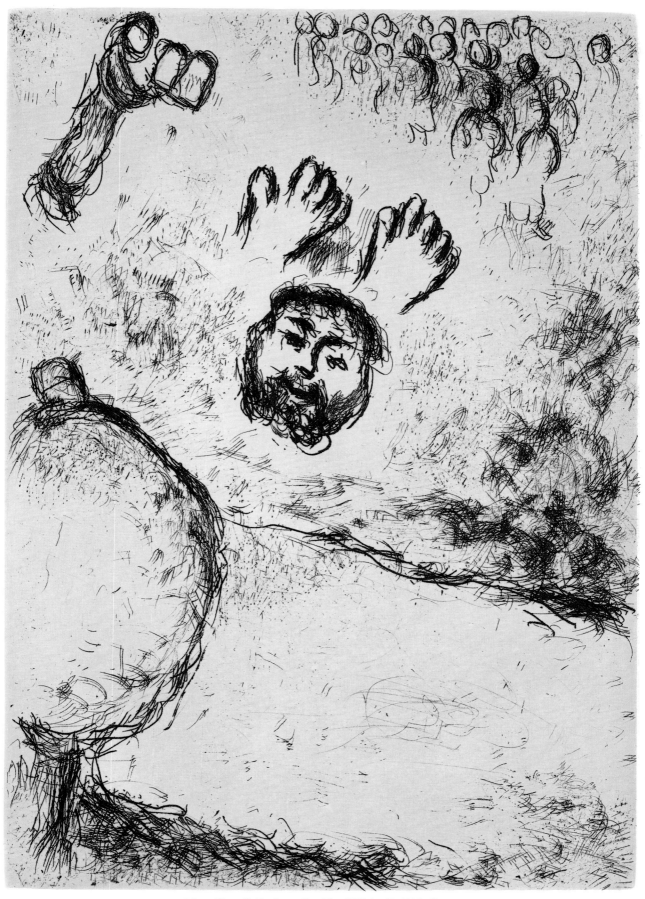

Marc Chagall, Psalmen Davids, 1979 (zu Ps 77,2–5)

213

19 Rollend erdröhnte dein Donner,
  deine Blitze erhellten den Erdkreis;
  die Erde erbebte, erzitterte.
20 Dein Weg ging durchs Meer
  und dein Pfad durch gewaltige Wasser
  doch deine Spuren waren nicht zu erkennen.
21 Du führtest dein Volk wie eine Herde
  durch Moses und Aarons Hand.

Was unsere Väter erzählten,
will ich verkünden

78 [Ein Lied Asaphs.*]
  Höre, mein Volk, auf meine Weisung;
  neiget euer Ohr den Worten meines Mundes.
2 Ich will meinen Mund auftun zu Sprüchen,
  will Rätsel verkünden aus der Vorzeit,
3 die wir gehört und verstanden haben,
  die unsre Väter uns erzählten.
4 Nicht ward es verschwiegen von ihren Kindern;
  dem kommenden Geschlecht erzählten sie
  SEINE Ruhmestaten und seine Stärke
  und seine Wunder, die er getan hat:
5 wie er ein Zeugnis aufstellte in Jakob
  und eine Satzung gab in Israel,
  die er unsern Vätern auftrug
  ihren Kindern kundzutun,
6 damit das kommende Geschlecht sie erfahre,
  daß die Kinder, die geboren werden sollten,
  aufstünden und sie kundtäten ihren Kindern
7 und auf Gott ihr Vertrauen setzten,
  daß sie der Taten Gottes nicht vergäßen
  und seine Gebote hielten,
8 daß sie nicht würden wie ihre Väter,
  ein widerspenstiges und trotziges Geschlecht,
  ein Geschlecht, dessen Herz nicht fest war
  und dessen Geist nicht treulich zu Gott hielt.

9 Die Söhne Ephraims, bogengewappnet,
  kehrten um am Tage der Schlacht;
10 sie hielten den Bund Gottes nicht
  und wollten nicht wandeln nach seinem Gesetz.
11 Sie vergaßen seiner Taten,
  seiner Wunder, die er sie schauen ließ.

Arik Brauer, Mit starker Hand, aus »Pessach-Haggada«, 1977/78 (zu Ps 77,16–21)

12 Vor ihren Vätern hatte er Wunder getan.
im Lande Ägypten, in Zoans Gefilde:
13 das Meer zerteilte er und führte sie durch,
ließ die Wasser feststehen gleich einem Damm,
14 leitete sie mit der Wolke bei Tage,
die ganze Nacht mit Feuerschein.
15 Er spaltete Felsen in der Wüste,
tränkte die Steppe wie mit Urzeitsflut,
16 ließ Bäche hervorbrechen aus dem Stein
und Wasser herabfließen wie Ströme.

17 Dennoch sündigten sie weiter an ihm
und trotzen dem Höchsten in der Wüste:
18 sie versuchten Gott in ihrem Herzen,
Speise verlangend nach ihrem Gelüste.
19 Und sie redeten wider Gott:
»Vermag wohl Gott in der Wüste den Tisch
uns zu decken?
20 Siehe, er hat den Felsen geschlagen,
daß Wasser flossen und Bäche strömten;
vermag er aber auch Brot zu geben,
oder Fleisch zu schaffen seinem Volke?«

21 Darum, als der Herr das hörte, ward ER entrüstet,
Feuer entzündete sich wider Jakob
und Zorn stieg auf wider Israel,
22 weil sie Gott nicht glaubten
und nicht vertrauten auf seine Hilfe.
23 Und er gebot den Wolken droben,
die Tore des Himmels tat er auf,
24 ließ Manna auf sie regnen, sie zu speisen
und gab ihnen Himmelskorn.
25 Menschen aßen Engelbrot,
Zehrung sandte er ihnen in Fülle.

26 Er ließ den Ostwind aufstehen am Himmel,
führte den Südwind heran durch seine Kraft,
27 ließ Fleisch auf sie regnen wie Staub,
fliegende Vögel wie Sand am Meere;
28 mitten in sein Lager ließ er sie fallen,
rings um seine Wohnung her.
29 Da aßen sie und wurden reich gesättigt,
ihr Begehr gewährte er ihnen.
30 Noch hatten sie ihr Gelüste nicht gestillt,
noch war die Speise in ihrem Munde
31 da erhob sich der Zorn Gottes wider sie
und würgte unter ihren Großen
und streckte Israels Jungmannschaft nieder.

Arik Brauer, Und er teilte das Schilfmeer für uns, aus »Pessach-Haggada«, 1977/78 (zu Ps 78,12–14)

32 Trotz alledem sündigten sie wieder
    und glaubten nicht an seine Wunder.
33 Darum ließ er ihre Tage erfolglos vergehen
    und ihre Jahre in Schrecken.
34 Wenn er sie hinwürgte, fragten sie nach ihm
    und suchten wiederum Gott,
35 gedachten, daß Gott ihr Fels sei
    und Gott, der Höchste, ihr Erlöser,
36 wollten ihn betören mit ihrem Munde
    und logen ihm vor mit ihrer Zunge,
37 da doch ihr Herz nicht fest zu ihm hielt
    und sie untreu waren seinem Bunde.
38 Er aber in seiner Gnade und seinem Erbarmen,
    er vergab ihre Schuld und vertilgte sie nicht,
    ließ oftmals ab von seinem Zorn,
    ließ nicht aufwachen seinen Grimm;
39 denn er gedachte, daß sie Fleisch seien,
    ein Hauch, der hinfährt und nicht wiederkehrt.

40 Wie oft trotzten sie ihm in der Wüste
    und kränkten ihn in der Einöde!
41 Und immer wieder versuchten sie Gott
    und betrübten den Heiligen Israels,
42 gedachten nicht mehr seiner Hand,
    des Tages, da er sie vom Feinde erlöste,
43 da er seine Zeichen tat in Ägypten,
    seine Wunder in Zoans Gefilde,
44 da er ihre Flüsse in Blut verwandelte
    und ihre Bäche ungenießbar machte,
45 da er Geschmeiß auf sie losließ, das sie fraß,
    und Frösche, die ihnen Verderben brachten,
46 da er ihre Ernte dem Fresser gab
    und ihre Arbeit den Heuschrecken,
47 da er ihren Weinstock mit Hagel schlug
    und ihre Maulbeerbäume mit Schlossen,
48 da er ihr Vieh der Pest preisgab
    und ihre Herden den Seuchen,
49 auf sie losließ die Glut seines Zorns,
    Grimm und Wut und Drangsal,
    eine Rotte verderbender Engel,
50 da er freie Bahn schuf seinem Zorn,
    ihre Seele nicht vor dem Tod bewahrte
    und ihr Leben der Pest dahingab,
51 alle Erstgeburt schlug in Ägypten,
    die Blüte der Kraft in den Zelten Hams,
52 da er sein Volk ausziehen ließ wie Schafe,
    sie in der Wüste leitete wie einer Herde,
53 sie sicher führte sonder Schrecken,
    während das Meer ihre Feinde bedeckte.

Arik Brauer, Und er ernährte uns mit Manna, aus »Pessach-Haggada«, 1977/78 (zu Ps 78, 23–25)

54 Er brachte sie nach seinem heiligen Bezirk,
in das Bergland, das er mit seiner Rechten erworben.
55 Völker vertrieb er vor ihnen,
verteilte sie mit der Meßschnur als Erbe
und ließ in ihren Zelten Israels Stämme wohnen.

56 Aber sie versuchten trotzig den höchsten Gott,
und seine Gesetze hielten sie nicht.
57 Treulos fielen sie ab wie die Väter,
wandten sich wie ein versagender Bogen.
58 Sie erbitterten ihn durch ihren Höhendienst
und reizten ihn zur Eifersucht mit ihren Götzen.
59 Als Gott es hörte, ward er entrüstet
und verwarf Israel ganz und gar.
60 Er verwarf die Wohnung zu Silo,
das Zelt, wo er unter den Menschen geweilt.
61 Er gab seine Macht in Gefangenschaft,
seine Zier in die Hand des Feindes,*
62 er überlieferte sein Volk dem Schwerte
und war entrüstet über sein Erbe.
63 Seine Jünglinge fraß das Feuer,
und seine Jungfrauen blieben ohne Brautlied.
64 Seine Priester fielen durch das Schwert,
und seine Witwen konnten nicht Totenklage halten.

65 Es erwachte der Herr wie ein Schlafender,
wie ein Held, der vom Weine bezwungen war.
66 Er stieß seine Feinde von sich,
trieb sie in ewige Schande.
67 Er verwarf das Zelt Josephs,
den Stamm Ephraim erwählte er nicht,
68 sondern erwählte den Stamm Juda,
den Berg Zion, den er liebhat.
69 Himmelshöhen gleich baute er sein Heiligtum,
fest wie die Erde, die er auf ewig gegründet.
70 Er erwählte David, seinen Knecht,
nahm ihn von den Hürden der Herde,
71 holte ihn weg von den Mutterschafen,
daß er weide sein Volk Jakob
und sein Eigentum Israel.
72 Und er weidete sie mit frommem Sinn,
leitete sie mit weiser Hand.

Laß vor dich kommen
das Seufzen der Gefangenen

79 [Ein Psalm Asaphs.*]
O Gott, Heiden sind in dein Erbe eingefallen,
haben deinen heiligen Tempel befleckt
und Jerusalem zu Steinhaufen gemacht.
2 Sie haben die Leichen deiner Knechte
den Vögeln zum Fraße gegeben,
das Fleisch deiner Frommen den Tieren des Feldes,
3 sie haben ihr Blut vergossen wie Wasser
rings um Jerusalem, und niemand begrub sie.
4 Wir sind bei unsern Nachbarn zur Schmach geworden,
ein Spott und Hohn denen, die um uns wohnen.

5 Wie lange, Du? Willst du immerdar zürnen,
soll dein Eifer lodern wie Feuer?
6 Schütte deinen Grimm aus über die Heiden,
die dich nicht kennen,
und über die Königreiche,
die deinen Namen nicht anrufen.
7 Denn sie haben Jakob gefressen
und seine Wohnung verwüstet.
8 Rechne uns nicht an die Schuld der Vorfahren,
dein Erbarmen komme uns eilends entgegen;
denn wir sind gar schwach geworden.

9 Hilf uns, du Gott unsres Heils,
um der Ehre deines Namens willen;
errette uns und sühne unsre Sünden
um deines Namens willen!
10 Warum sollen die Heiden sagen:
Wo ist nun ihr Gott?
Laß kundwerden an den Heiden vor unsern Augen
die Rache für das vergossene Blut deiner Knechte!
11 Laß vor dich kommen das Seufzen der Gefangenen;
nach der Macht deines Armes
befreie die dem Tode Geweihten!
12 Und unsern Nachbarn vergilt
siebenfältig in ihren Busen den Hohn,
womit sie dich, Herr, gehöhnt haben!

13 Wir aber, dein Volk, die Schafe deiner Weide,
wir wollen dir ewig Dank sagen
und deinen Ruhm verkünden
von Geschlecht zu Geschlecht.

Sieh nach deinem Weinstock
und richte ihn auf

80 [Für den Chormeister. Nach der Weise »Lilien«. Ein Zeugnis. Ein Psalm Asaphs.]

2 Du Hirte Israels, schenke Gehör,
  der du Joseph leitest wie Schafe!
 Der du auf den Cheruben thronst, erstrahle
3 vor Ephraim und Benjamin und Manasse!
 Laß aufwachen deine Heldenkraft
  und komm uns zu Hilfe!

4 Herr der Heerscharen, stelle uns wieder her!
  laß dein Angesicht leuchten, so wird uns geholfen.

5 Du, Herr der Heerscharen, wie lange zürnst du noch
  beim Gebet deines Volkes?
6 Du speistest uns mit Seufzerbrot
  und tränktest uns mit Tränen über die Maßen.
7 Du machtest uns zum Hohn unsern Nachbarn,
  und unsre Feinde verspotteten uns.

8 Herr der Heerscharen, stelle uns wieder her!
  laß dein Angesicht leuchten, so wird uns geholfen.

9 Du hobst einen Weinstock aus in Ägypten;
  du vertriebst Völker und pflanztest ihn ein.
10 Du machtest Raum vor ihm,
  und er schlug Wurzel und erfüllte das Land.
11 Berge wurden bedeckt von seinem Schatten,
  von seinen Ranken die Zedern Gottes.
12 Er breitete seine Zweige bis an das Meer,
  bis an den Strom seine Schößlinge.
13 Warum hast du seine Mauern zerbrochen,
  daß alle, die vorübergehen, von ihm pflücken?
14 Der Eber aus dem Walde zerfrißt ihn,
  und das Getier des Feldes weidet ihn ab.

15 Herr der Heerscharen, stelle uns wieder her!
  laß dein Angesicht leuchten, so wird uns geholfen.

 Blicke vom Himmel herab und schaue,
  sieh nach dem Weinstock hier,
16 und richte ihn auf,
  den deine Rechte gepflanzt hat.
17 Sie haben ihn mit Feuer verbrannt, zerschnitten;
  vor dem Dräuen deines Angesichts kommen sie um.

Wurzel Jesse, aus dem Ingeborg-Psalter, Nordfrankreich, um 1195

223

18 Deine Hand sei über dem Mann deiner Rechten,
    über dem Menschenkind, das du dir gestärkt hast.
19 Laß uns leben, so wollen wir dich anrufen
    und wollen nicht von dir weichen.

20 Herr der Heerscharen, stelle uns wieder her!
    laß dein Angesicht leuchten, so wird uns geholfen.

Stimmt an den Gesang
und schlaget die Handpauke

81 [Für den Chormeister. Nach dem Kelterlied.
Von Asaph.*]

2 Frohlocket Gott, der unsre Stärke ist,
    jauchzet dem Gott Jakobs zu!
3 Stimmt an den Gesang und schlaget die Handpauke,
    die liebliche Laute samt der Harfe!
4 Stoßt am Neumond in die Posaune,
    am Vollmond zur Feier unsres Festes!
5 Denn das ist Satzung für Israel,
    ein Gesetz des Gottes Jakobs.
6 Als Gebot hat er es festgesetzt in Joseph,
    da er auszog wider Ägypten.

    Eine Stimme, die ich nicht kannte, vernehme ich:
7 »Ich habe deine Schulter von der Bürde befreit,
    deine Hände sind des Tragkorbs ledig.
8 Du riefst in der Not, und ich riß dich heraus,
    ich antwortete dir im Donnergewölk,
    am Haderwasser prüfte ich dich. [Sela.]

9 Höre, mein Volk, ich will dich vermahnen.
    O Israel, wenn du mich hören wolltest!
10 Kein andrer Gott soll unter dir sein,
    du sollst keinen Gott der Fremde anbeten.
11 Ich bin es, Ich, dein Gott,
    der dich heraufführte aus dem Lande Ägypten.
    Tue weit deinen Mund auf, so will ich ihn füllen.

12 Aber mein Volk hörte nicht auf mich,
    Israel willfahrte mir nicht.
13 Da überließ ich sie ihrer Verstocktheit,
    daß sie wandelten nach eignem Rat.

Marc Chagall, Tanz der Mirjam, aus »Die Bibel«, 1956

14 O daß mein Volk auf mich hörte,
   daß Israel doch wandelte in meinen Wegen!
15 Wie bald wollte ich ihre Feinde beugen
   und meine Hand wider ihre Bedränger wenden!
16 MEINE Hasser müßten ihnen schmeicheln,
   und ihr Glück würde ewig währen.
17 Ich wollte sie speisen mit dem Mark des Weizens,
   mit Honig aus dem Felsen wollte ich sie sättigen.«

Stehe auf, o Gott, richte die Erde

82 [Ein Psalm Asaphs.]
Gott steht da in der Gottesversammlung,
   inmitten der Götter hält er Gericht.

2 »Wie lange noch wollt ihr ungerecht richten
   und die Person der Gottlosen ansehen? [Sela.]
3 Seid Richter dem Geringen und der Waise
   und helft dem Elenden und Dürftigen zum Recht.
4 Rettet den Geringen und Armen,
   befreit ihn aus der Hand der Gottlosen.«

5 Sie sind ohne Einsicht und ohne Verstand,
   sie wandeln in Finsternis;
   es wanken alle Grundfesten der Erde.

6 »Wohl habe ich gesprochen: Götter seid ihr,
   ihr alle seid Söhne des Höchsten.
7 Doch wahrlich, wie Menschen sollt ihr sterben,
   sollt stürzen wie einer der Fürsten.«

8 Stehe auf, o Gott, richte die Erde!
   Denn dein Eigentum sind die Völker alle.

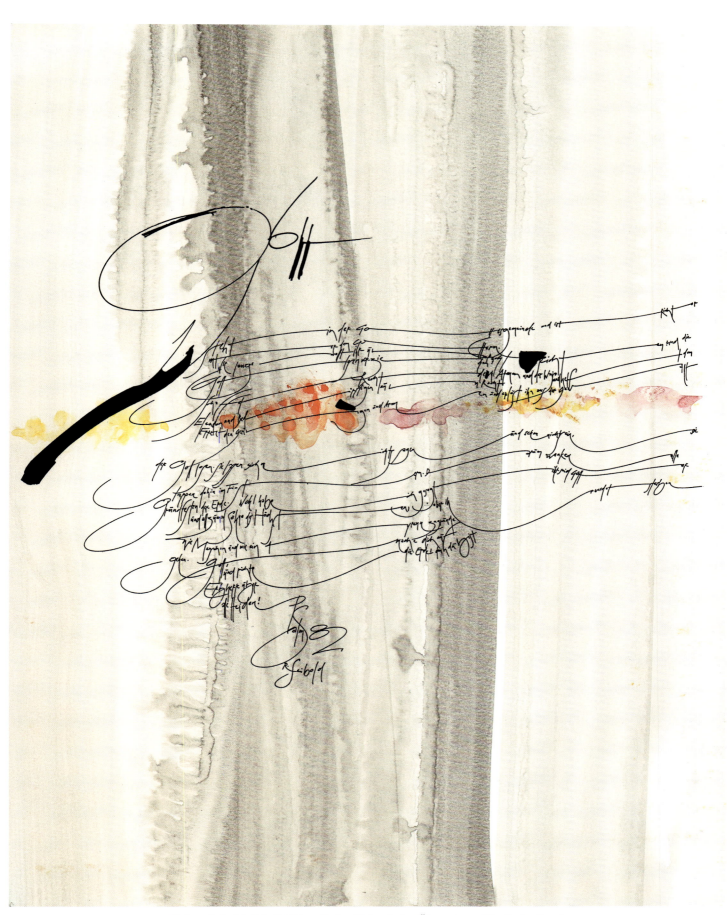

Reiner Seibold, Schriftbild zu Psalm 82 (nach der Übersetzung Martin Luthers)

Deine Feinde
sollen beschämt werden

83 [Ein Lied, ein Psalm Asaphs.]
O Herr, bleibe nicht stille!
Schweige doch nicht und ruhe nicht, o Gott!

3 Denn siehe, deine Feinde toben,
und die dich hassen, erheben das Haupt.
4 Wider dein Volk machen sie listige Anschläge
und ratschlagen wider deine Schützlinge.
5 Sie sprechen: »Wohlan, vertilgen wir sie,
daß sie kein Volk mehr sind,
daß Israels nicht mehr gedacht wird!«

6 Ja, sie beraten einträchtigen Sinnes
und schließen einen Bund wider dich:
7 die Zelte Edoms und die Ismaeliter,
Moab und die Hagriter,
8 Gebal und Ammon und Amalek,
die Philister samt den Bewohnern von Tyrus.
9 Auch Assur gesellt sich zu ihnen
und verleiht seinen Arm den Söhnen Lots. [Sela.]

10 Tu ihnen wie Midian und Sisera,
wie Jabin am Bache Kison,
11 die vernichtet wurden zu Endor,
zum Dünger wurden für den Acker.
12 Mache ihre Edlen wie Oreb und wie Seeb,
wie Sebah und Zalmunna all ihre Fürsten,
13 die da sprechen: »Wir wollen für uns
die Wohnstatt Gottes einnehmen.«

14 Mein Gott, mache sie wie Spreu,
wie Stoppeln vor dem Winde.
15 Dem Feuer gleich, das den Wald verzehrt,
der Flamme gleich, die Berge versengt,
16 so jage sie mit deinem Wetter
und schrecke sie mit deinem Sturm!

17 Mache ihr Angesicht voll Schmach,
daß sie nach deinem Namen fragen, o Du!
18 Sie sollen beschämt werden und erschrecken für immer,
daß sie vor Schande vergehen.
19 Dann werden sie erkennen, daß du allein
– dein Name: ER IST DA –
der Höchste bist über die ganze Erde.

David mit Schreibern, aus einem oberitalienischen Psalter, Mailand, 10. Jh.

Wohl denen, die in
deinem Hause wohnen

84 [Für den Chormeister. Nach dem Kelterlied.
Ein Psalm der Korachiter.*]

2 Wie lieblich sind deine Wohnungen,
   Du, Herr der Herrscharen!

3 Meine Seele sehnte sich, ja schmachtete
   nach SEINEN Vorhöfen.
   Nun jauchzen mein Herz und mein Leib
   dem lebendigen Gott entgegen.
4 Auch der Sperling hat ein Haus gefunden
   und die Schwalbe ein Nest für sich,
   darein sie ihre Jungen gelegt hat:
   deine Altäre, Du, Herr der Heerscharen,
   mein König und mein Gott.
5 Wohl denen, die in deinem Hause wohnen,
   die dich immerdar preisen! [Sela.]

6 Wohl dem, der seine Stärke findet in dir,
   wenn er wallfahrten will!
7 Wenn sie durch das Bakatal ziehen,
   macht der Herr es zum Quellort,
   ja, mit Segen bedeckt es der Frühregen.
8 Sie wandern mit wachsender Kraft,
   bis sie Gott schauen auf Zion.

9 Du, Herr der Heerscharen, höre mein Gebet,
   neige dein Ohr, du Gott Jakobs! [Sela.]

10 Siehe an unsern Schild, o Gott,*
   und schaue auf das Antlitz deines Gesalbten!
11 Denn ein Tag in deinen Vorhöfen
   ist besser als tausend draußen,
   besser an der Schwelle stehen im Hause meines Gottes,
   als wohnen in den Zelten des Frevels.
12 Denn ER ist Zinne und Schild,
   Gnade und Ehre gibt der Herr;
   ER versagt nicht Glück
   denen, die unsträflich wandeln.

13 Du, Herr der Heerscharen,
   wohl dem Menschen, der dir vertraut!

Max Hunziker, Freunde, 1965

231

Gerechtigkeit und Friede
küssen sich

85 [Für den Chormeister.
Ein Psalm der Korachiter.]

2 Du, du hast dein Land begnadet,
   hast Jakobs Geschicke gewendet.
3 Du hast deinem Volke die Schuld vergeben,
   hast all ihre Sünden bedeckt. [Sela.]
4 Du hast hinweggenommen all deinen Grimm,
   hast abgewendet die Glut deines Zorns.

5 Stelle uns wieder her, Gott unsres Heils,
   laß ab von deinem Unmut gegen uns.
6 Willst du denn ewig über uns zürnen,
   deinen Zorn erstrecken von Geschlecht zu Geschlecht?
7 Willst du uns nicht wieder beleben,
   daß sich dein Volk deiner freue?
8 Laß uns schauen, o Du, deine Güte,
   und schenke uns dein Heil.

9 Ich will lauschen, was Gott mir sagt:
   Fürwahr, Er redet von Heil
 zu seinem Volk und seinen Frommen,
   zu denen, die ihm ihr Herz zuwenden. [Sela.]

10 Ja, seine Hilfe ist nahe denen, die ihn fürchten,
   daß die Herrlichkeit wohne in unsrem Lande.
11 Gnade und Treue begegnen einander,
   Gerechtigkeit und Friede küssen sich.
12 Treue sproßt auf aus der Erde,
   und Gerechtigkeit schaut hernieder vom Himmel.
13 Dann spendet Er auch den Segen,
   und unser Land gibt seinen Ertrag.
14 Gerechtigkeit geht vor ihm her,
   und Heil folgt der Spur seiner Schritte.

LXXXIII INFINEM PROTORCULARIB FILIISCOREPSAL

QUAMDILECTA
TABERNACULATUADNEVIR
TUTUM· CONCUPISCIT
ETDEFICITANIMAMEA
INATRIADNI·
CORMEUMETCAROMEA·EX
SULTAVERUNTINDMUIVU;
ETENIMPASSERINVENITSIBI
DOMUM· ETTURTURNIDU
SIBIUBIREPONATPULLOSSUOS·
ALTARIATUADNEVIRTUTU·
REXMEUSETDSMEUS·
BEATIQUIHABITANTINDO
MOTUA· INSAECULASAECU
LORUMLAUDABUNTTE·
DIAPSALMA
BEATUSVIRCUIUSESTAUXILI
UMABSTE· ASCENSIONESIN

CORDESUODISPOSUIT· IN
UALLELACRIMARUMIN
LOCOQUEMPOSUIT·
ETENIMBENEDICTIONESDA
BITLEGISLATOR· IBUNTDE
UIRTUTEINUIRTUTEM· UI
DEBITURDSDEORUINSION·
DNEDSVIRTUTUMEXAUDI
ORATIONEMMEAM
AURIBUSPERCIPEDSIACOB;
DIAPSALMA
PROTECTORNOSTERASPICE
DS· ETRESPICEINFACIEM
XPITUI·
QUIAMELIORESTDIESUNA
INATRIISTUISSUPERMILIA·
ELEGIABIECTUSESSEINDOMO
DIMEI· MAGISQUAMHABI

TAREINTABERNACULIS
PECCATORUM·
QUIAMISERICORDIAMET
UERITATEMDILIGITDS·
GRATIAMETGLORIAM
DABITDNS·
NONPRIVABITBONISEOS
QUIAMBULANTININNO
CENTIA· DNIVIRTUTUM
BEATUSHOMOQUISPERAT
INTE·

Illustration zu Psalm 85, Utrecht-Psalter, 9. Jh.

Ich rufe dich an,
denn du erhörst mich

86 [Ein Gebet Davids.*]
Neige dein Ohr, Du, erhöre mich;
    denn ich bin elend und arm.
2 Bewahre meine Seele, denn ich bin fromm;
    hilf deinem Knechte, der auf dich vertraut.
3 Du bist mein Gott, erbarme dich meiner, o Herr!
    denn dich rufe ich an allezeit.
4 Erfreue die Seele deines Knechtes, o Herr;
    denn zu dir erhebe ich meine Seele.
5 Du bist ja gütig, o Herr, und verzeihst gern,
    bist reich an Huld gegen alle, die dich anrufen.
6 Vernimm, Du, mein Gebet
    und achte auf mein lautes Flehen.
7 Am Tage der Not rufe ich dich an;
    denn du erhörst mich.

8 Dir gleicht keiner unter den Göttern, o Herr,
    und nichts gleicht deinen Werken.
9 Alle Völker, die du geschaffen,
    werden kommen und vor dir anbeten,
    werden deinen Namen ehren, o Herr.
10 Denn groß bist du und tust Wunder;
    du allein bist Gott.

11 Lehre mich, Du, deinen Weg,
    daß ich wandle in deiner Wahrheit;
erhalte mein Herz bei dem einen,
    daß es deinen Namen fürchte.
12 Ich will dich preisen, mein Gott, von ganzem Herzen,
    will deinen Namen ewiglich ehren.
13 Denn deine Gnade, Herr, ist groß über mir,
    du hast meine Seele errettet aus dem Totenreich drunten.

14 O Gott, freche Menschen sind wider mich aufgestanden,
    eine Rotte Gewalttätiger stellt mir nach dem Leben,
    und sie haben dich nicht vor Augen.
15 Aber du, o Herr, bist ein barmherziger, gnädiger Gott,
    langmütig und reich an Huld und Treue.
16 Wende dich zu mir und sei mir gnädig!
    Verleihe deinem Knecht deine Stärke
    und hilf dem Sohne deiner Magd.
17 Tue an mir ein Zeichen zum Guten,
    damit, die mich hassen, voll Beschämung es sehen,
    daß Du selber mir geholfen und mich getröstet hast.

Zion, meine Mutter,
meine Quellen sind in dir

87 [Ein Psalm der Korachiter.
Ein Lied.]

Der Herr hat lieb seine Gründung
   auf den heiligen Bergen;
2 Er liebt die Tore Zions mehr
   als alle Wohnstätten Jakobs.
3 Herrliches redet er von dir,
   du Stadt Gottes: [Sela.]

4 »Ich preise Ägypten und Babel
   um meiner Bekenner willen;
ja, auch vom Philisterland,
   von Tyrus und Äthiopien gilt es:
   Der und der ist daselbst geboren.
5 Aber Zion nenne ich Mutter;
   Mann für Mann ist in ihr geboren.«
   Und er selbst, der Höchste, erhält sie.
6 Er zählt im Buche der Völker:
   »Der und der ist daselbst geboren.« [Sela.]

7 Und sie singen im Reigen:
   »All meine Quellen sind in dir.«

David spielt auf der Harfe, Stuttgarter Psalter, 9. Jh.

Warum verstößest du
meine Seele?

88 [Ein Lied. Ein Psalm der Korachiter.
Für den Chormeister.
Nach der Weise »Krankheit« zu singen.
Ein Weisheitslied Hemans, des Esrachiters.*]

2 DU, mein Gott, ich rufe um Hilfe bei Tage
   und schreie des Nachts vor dir.
3 Laß mein Gebet vor dich kommen,
   neige dein Ohr zu meiner Klage!

4 Denn meine Seele ist mit Leiden gesättigt
   und mein Leben dem Totenreich nahe.
5 Schon zähle ich zu denen, die zur Grube fuhren,
   ich bin geworden wie ein kraftloser Mann.
6 Unter den Toten muß ich wohnen,
   Erschlagenen gleich, die im Grabe liegen,
deren du nicht mehr gedenkst
   und die von deiner Hilfe geschieden sind.
7 Du hast mich hinunter in die Grube gelegt,
   in Finsternisse, in Meerestiefen.
8 Schwer lastet dein Grimm auf mir,
   all deine Wogen gehen über mich hin. [Sela.]

9 Meine Freunde hast du mir entfremdet,
   hast mich ihnen zum Abscheu gemacht.
   Ich bin gefangen und kann nicht heraus,
10   mein Auge verschmachtet vor Elend.
   Ich rufe dich an, DU, allezeit,
   ich strecke meine Hände aus zu dir.

11 Wirst du an den Toten Wunder tun?
   Können Schatten aufstehen, dich zu preisen? [Sela.]
12 Wird deine Gnade im Grab verkündet
   und deine Treue im Abgrund?
13 Werden deine Wunder in der Finsternis kund,
   dein Heil im Lande des Vergessens?

14 Darum schreie ich zu dir, DU,
   jeden Morgen tritt mein Gebet vor dich.
15 Warum, DU, verstößest du meine Seele
   und verbirgst dein Antlitz vor mir?

16 Elend, hinsiechend von Jugend auf,
   muß ich deine Schrecken tragen und ermatte.

LXXXVI FILIIS CORE

PSALMUS CANTICI

FUNDAMENTA
EIUS IN MONTIBUS SCIS
DILIGIT DNS PORTAS SION
SUPER OMNIA TABERNACU
LA IACOB
GLORIOSA DICTA SUNT DE TE
CIUITAS DI
DIAPSALMA

MEMOR ERO RAABET BABI
LONIS SCIENTIBUS ME
ECCE ALIENIGENAE ET TYRUS
ET POPULUS AETHYOPUM
HI FUERUNT ILLIC
NUMQUID SION DICET HO
MO ET HOMO NATUS EST IN
EA ET IPSE FUNDAUIT EAM

ALTISSIMUS
DNS NARRABIT IN SCRIPTU
RIS POPULORU ET PRIN
CIPUM HORUM QUI FUE
RUNT IN EA
DIAPSALMA
SICUT LAETANTIUM OMNIU
HABITATIO IN TE

LXXXVII CANTICU
PSALMI FILIIS CORE

IN FINEM PRO ME
LETH AD RESPON

DENDUM IN TELLEC
TUS AEMAN EZRAHAE

DNE DS SALUTIS ME
AE IN DIE CLAMAUI ET NOC
TE CORAM TE
INTRET IN CONSPECTU TUO
ORATIO MEA INCLINA AU
REM TUAM AD PRECEM MEA
QUIA REPLETA EST MALIS ANI
MA MEA ET UITA MEA

INFERNO ADPROPINQUA
UIT
AESTIMATUS SUM CUM DES
CENDENTIBUS IN LACUM
FACTUS SUM SICUT HOMO
SINE ADIUTORIO INTER MOR
TUOS LIBER
SICUT UULNERATI DORMIEN

TES IN SEPULCHRIS QUORU
NON EST MEMOR AMPLIUS
ET IPSI DE MANU TUA REPUL
SI SUNT
POSUERUNT ME IN LACU IN
FERIORI IN TENEBROSIS
ET IN UMBRA MORTIS
SUPER ME CONFIRMATUS ES

Illustration zu Psalm 88, Utrecht-Psalter, 9. Jh.

17 Deine Zornesgluten gehen über mich hin,
    deine Schrecknisse vernichten mich.
18 Sie umfluten mich wie Wasser allezeit,
    sie umringen mich allzumal.
19 Den Freund und Genossen hast du mir entfremdet,
    mein Vertrauter ist die Finsternis.

Du hast mit David
einen Bund geschlossen

89 [Ein Weisheitslied Ethans,
      des Esrahiten.]

2 Deine Gnade, Du, will ich ewig besingen,
    von Geschlecht zu Geschlecht deine Treue kundtun.
3 Auf ewig ward Gnade gebaut im Himmel,
    ward Treue dort gegründet durch deinen Mund.
4 Du sprachst: »Ich habe einen Bund geschlossen
    mit meinem Erwählten,
    ich habe meinem Knechte David geschworen:
5 Auf ewig will ich gründen dein Geschlecht,
    für alle Zeiten aufbauen deinen Thron.« [Sela.]

6 Die Himmel sollen preisen deine Wunder, Du,
    und die Versammlung der Heiligen deine Treue.
7 Denn wer in den Wolken darf neben Ihn sich stellen,
    wer ist Ihm gleich unter den Gottessöhnen?
8 Gott ist gefürchtet im Kreise der Heiligen,
    groß und furchtbar über allen, die ihn umgeben.
9 Du, Gott der Heerscharen, wer ist wie du?
    Stark bist Du, und deine Treue ist rings um dich her.
10 Du meisterst das Ungestüm des Meeres;
    wenn seine Wellen sich erheben.
11 Du hast Rahab niedergetreten wie einen Erschlagenen,*
    mit starkem Arm hast du deine Feinde zerstreut.
12 Dein ist der Himmel, dein auch die Erde;
    der Erdkreis und was ihn erfüllt – du hast sie gegründet.
13 Nord und Süd hast du geschaffen;
    Tabor und Hermon jauchzen ob deines Namens.
14 Du hast einen Arm voll Heldenkraft;
    stark ist deine Hand und hoch erhoben deine Rechte.
15 Recht und Gerechtigkeit ist deines Thrones Stütze;
    Gnade und Treue stehen vor deinem Angesicht.

16 Wohl dem Volke, das den Jubelruf kennt,
    das im Licht deines Angesichts wandelt, Du,

17 das deinem Namen allezeit frohlockt
   und ob deiner Gerechtigkeit jauchzt!
18 Denn du bist ihre Zier und Stärke,
   und durch deine Huld ist hoch erhoben unser Horn,
19 Ja, DEIN ist unser Schild,
   des Heiligen Israels unser König.

20 Einst hast du im Gesichte geredet mit deinem Frommen,
   hast gesprochen:
   »Ich habe die Krone aufgesetzt einem Helden,
   einen Erwählten aus dem Volk erhöht.
21 Ich habe meinen Knecht David gefunden,
   mit meinem heiligen Öl ihn gesalbt.
22 Beständig soll meine Hand ihn halten,
   ja, mein Arm soll ihn stärken.
23 Kein Feind soll ihn überfallen,
   kein Ruchloser soll ihn bedrücken.
24 Ich will seine Widersacher vor ihm zermalmen,
   und die ihn hassen, schlage ich nieder.
25 Meine Treue und Gnade wird mit ihm sein,
   hoch soll sein Horn ragen kraft meines Namens.
26 Ich lasse ihn die Hand auf das Meer legen,
   seine Rechte auf die Ströme.
27 Er wird mich anrufen: ›Mein Vater bist du,
   mein Gott und der Fels meines Heils.‹
28 Ich aber will ihn zum Erstgebornen machen,
   zum höchsten unter den Königen der Erde.
29 Immerdar will ich ihm meine Gnade bewahren
   und mein Bund soll ihm festbleiben.
30 Ich will auf ewig sein Geschlecht erhalten
   und seinen Thron solange der Himmel steht.
31 Wenn seine Söhne mein Gesetz verlassen
   und nicht nach meinen Rechten wandeln,
32 wenn sie meine Satzungen entweihen
   und meine Gebote nicht halten,
33 so werde ich ihre Sünde mit der Rute ahnden
   und ihre Verschuldung mit Schlägen.
34 Doch meine Gnade will ich ihm nicht entziehen,
   und meine Treue will ich nicht brechen.
35 Ich will meinen Bund nicht entweihen,
   und was meine Lippen gesprochen, nicht ändern.
36 Das eine habe ich bei meiner Heiligkeit geschworen –
   nie werde ich David belügen –:
37 ›Sein Geschlecht soll immerdar dauern,
   sein Thron wie die Sonne vor mir;
38 wie der Mond soll er ewig bestehen‹ –
   und der Zeuge in den Wolken ist treu.« [Sela.]

39 Aber nun hast du verstoßen, verworfen,
    bist entrüstet wider deinen Gesalbten.
40 Du hast preisgegeben den Bund mit deinem Knechte,
    hast seine Krone zu Boden getreten.
41 Du hast all seine Mauern niedergerissen,
    hast seine Festen in Trümmer gelegt.
42 Es plündern ihn alle, die des Weges kommen,
    er ist seinen Nachbarn zum Spott geworden.
43 Hoch hast du die Hand seiner Bedränger erhoben,
    hast alle seine Feinde erfreut.
44 Ja, du ließest zurückweichen seines Schwertes Schneide,
    ließest ihn im Kampfe nicht aufkommen.
45 Du hast seinem Glanz ein Ende gemacht,
    hast seinen Thron zur Erde gestürzt.
46 Du hast die Tage seiner Jugend verkürzt,
    hast ihn mit Schande bedeckt. [Sela.]

47 Wie lange, Du, willst du dich noch verbergen,
    deinen Grimm lodern lassen wie Feuer?
48 Bedenke, o Herr: was ist doch das Leben!
    Wie nichtig alle Menschenkinder, die du geschaffen!
49 Wo lebt der Mann, der den Tod nicht sieht,
    der seine Seele vor dem Totenreich rettet? [Sela.]

50 Wo sind deine frühern Gnadenbeweise, o Herr,
    wie du sie David geschworen hast bei deiner Treue?
51 Gedenke, o Herr, der Schmach deines Knechtes,
    daß ich im Busen trage den Hohn der Völker,
52 womit deine Feinde schmähen, Du,
    womit sie schmähen die Fußstapfen deines Gesalbten!

53 Gelobt sei Er in Ewigkeit!
    Amen, Amen.

Georges Rouault, Der alte König, 1936

Hinweise zu den Bildern in Band 5

Eine Einführung in die Illustration des Psalters finden Sie im Band 1, ab Seite 48; Einführungen in den Bildzyklus »Psalmen Davids«, 1979, von Marc Chagall und in die »Schriftbilder zu Psalmen« von Reiner Seibold in Band 2, Seite 98; eine Einführung in die Bilder von Max Hunziker in Band 3, Seite 146.

Umschlag und Seite 200

Max Hunziker, David – die Rosen, o.J. – Acryl auf Leinwand, 120 x 120 cm. – Privatbesitz (das Bild wird mit freundlicher Genehmigung von Frau Gertrud Hunziker-Fromm hier zum ersten Mal veröffentlicht; Foto Peter Guggenbühl, Zürich).

Seite 205

Marc Chagall, Betender Jude (Der Rabbiner aus Witebsk), 1914. – Öl auf Leinwand, 104 x 84 cm. – Venedig, Galleria Internazionale d'Arte Moderna die Ca' Pesaro (Foto Reale Fotografia Giacomelli, Venedig), © VG Bild-Kunst, Bonn, 1991.

Gezeigt wird ein orthodoxer Jude in Gebetskleidung, wie sie insbesondere für das Morgengebet vorgeschrieben ist. Er ist bekleidet mit dem *Tallit* (hebr. »Gebetsmantel«), einem viereckigen Tuch aus Wolle oder Seide, meist weiß mit blauen oder schwarzen Streifen. An dessen vier Enden sind gemäß Num 15,37–41 die *Zizit* (»Schaufäden«), speziell geknotete Quasten, angebracht. Sie sollen den Träger ermahnen, nicht von Gottes Wegen abzuweichen.

Am linken Arm und an der Stirn hat er die *Tefillin* (»Gebetsriemen«, von teffila »Gebet«) angebracht – zwei schwarze Würfel aus Pergament, die an schwarzen Lederriemen befestigt sind; in den Würfeln befinden sich – auf Pergament geschrieben – die vier Schriftstellen Dtn 6,4–9; 11,13–21; Ex 13,1–10; 13,11–17. Sie ordnen an, die Worte Gottes um den Arm zu winden und vor Augen zu halten. Sie enthalten das Bekenntnis: »Höre Israel! Jahwe, unser Gott, Jahwe ist einig – einzig.« Sie besagen, daß der Mensch Gott allezeit vor Augen haben und sich in seinem Tun von ihm leiten lassen solle. Als Zeichen der Gegenwart Gottes umgeben die Tefillin das Gehirn, den Sitz des Denkens, weisen den Augen, dem Sitz der Sehkraft, die Richtung, liegen neben dem Herzen, dem Sitz der Gefühle, und binden die Hand, das Werkzeug des Tuns. So wird sinnenfällig: »Das Leben wird durch Gebet geformt, und das Gebet ist der Wesenskern des Lebens« (Rabbi Abraham J. Heschel).

Auf seinem Kopf trägt Chagalls »Betender Jude« die *Kippa*, die die Begrenztheit des menschlichen Geistes und die Ehrfurcht vor Gott zum Ausdruck bringen will.

Seite 209

Reiner Seibold, Schriftbild zu Psalm 74, © Reiner Seibold, Kierspe/Verlag am Eschbach, 1992.

In der Mitte des 74. Psalms steht die Klage des Volkes über die Zerstörung des Tempels zu Jerusalem (586 v. Chr.), die in V. 3–9 ausführlich geschildert wird. Völlige Trostlosigkeit hat sich des Beters bemächtigt. Gottes Abwendung von seinem Volk scheint endgültig zu sein. Wie eine Rauchsäule aus einem brennenden Gebäude steigt der Text empor. Hilfe ist nicht in Sicht – und dennoch: würde Israel mit Gott ringen, wenn es nicht noch Hoffnung hätte?

Seite 213, 215, 217 und 219

Aus der schweren Notzeit Israels, dem Exil (586–538 v. Chr.), stammen die Psalmen 77 und 78. Sie durchleuchten die Vergangenheit, erinnern an die Taten Jahwes, aber auch an die Schuld des Volkes und seiner Führer und wollen zur Treue gegenüber Jahwes Tora anleiten – um einer guten Zukunft willen (s. auch Bd. 6, S. 296). Bilder der jüdischen Maler Marc Chagall und Arik Brauer erinnern und vergegenwärtigen das wichtigste Ereignis in Israels Geschichte: die Befreiung aus Ägypten (S. 213, 215 und 217), die Wüstenwanderung (S. 219) und die Gabe der Tora am Sinai (S. 213).

Seite 213: Marc Chagall, Psalmen Davids, 1979 (s. Bd. 2, S. 98). – Illustration zu Ps 77,2–5 (Bildvorlage Galerie Patrick Cramer, Genf), © VG Bild-Kunst, Bonn, 1990.

Seite 215, 217 und 219: Arik Brauer, Zyklus »Pessach-Haggada«, Wien 1977/78 (vgl. Brauer, WV III, »Die bibliophilen Taschenbücher«, Nr. 922). – Gouachen auf acrylgrundiertem Papier (Bildvorlagen und © Arik Brauer, Wien; zu Arik Brauer s. Bd. 2, S. 100). – S. 215: Mit starker Hand (»Bejad Chasaka«), 30 x 23,5 cm (zu Ps 77,16–21). – S. 217: Und er teilte das Schilfmeer für uns (»Wekara lanu et hayam«), 50 x 37,3 cm (zu Ps 78,12–14). – S. 219: Und er ernährte uns mit Manna (»Wenatan lanu et haman«), 50 x 27,3 cm (zu Ps 78,23–25).

Die »Haggada« (= Erzählung, Verkündigung), das Buch mit der Liturgie des Pessach-Mahles – sie umfaßt Bibeltexte, Legenden, Erklärungen, Deutungen, Segenssprüche, Psalmen und Lieder – wurde immer wieder künstlerisch ausgestaltet. In dieser Tradition steht auch der phantasievolle, 29 Illustrationen umfassende Zyklus »Pessach-Haggada« des jüdischen Malers und Liedermachers Arik Brauer. Die ausgewählten Bilder wollen – wie auch das vorangestellte Bild von Marc Chagall (S. 213) – dazu anregen, die Psalmen 77 und 78 gleichsam als »Haggada« zu lesen, gemäß dem Wort des Juden und Philosophen Ernst Bloch (1885–1977): »Die Hoffnung auf Zukunft verlangt ein Studium, das die Not nicht vergißt und den Exodus erst recht nicht.«

Seite 223

Wurzel Jesse (zu Ps 80, bes. V. 9ff). – Aus dem Ingeborg-Psalter, Nordfrankreich, um 1195, Pergamenthandschrift, 197 Blatt mit 51 ganzseitigen Miniaturen, 30,4 x 20,4 cm. – Chantilly, Musée Condé, Ms 9 olim 1695, fol. 14 v. (Bildvorlage Akademische Druck- und Verlagsanstalt Graz).

Psalm 80 ist für Christen vor allem ein Adventsgebet. Sie verbinden die Bilder vom Weinstock, von der

Wurzel, den Zweigen und Schöß-
lingen(V. 9ff.) mit dem (durch Jes
11,1–10 und 7,14 angeregten) Advents-
symbol von der »Wurzel Jesse« und
vom »Jessebaum«, dessen Spitze
Christus bildet. Und sie nehmen die
Hilferufe des 80. Psalms auf, wenn
sie mit den Worten der Adventslitur-
gie sich an Christus wenden: »O Wurzel Jesse, gesetzt zum Zeichen für
die Völker, komm und erlöse uns,
zögere nicht länger.«

Seite 225
Marc Chagall, Tanz der Mirjam (bei
Chagall zu Ex 15,20–21; hier zu Ps
81, der zum Lobgesang auf den Gott
des Exodus aufruft und ab V. 6 an die
Zeit in Ägypten, die Befreiung, die
Wüstenwanderung und die Sinai-
offenbarung erinnert). – Aus: »Die
Bibel«, 1956, Blatt 35, Radierung,
29,6 x 23,1 cm. – Hannover, Sammlung Sprengel I, 365ff. 35 (Foto
Museum), © VG Bild-Kunst, Bonn,
1991.

Seite 227
Reiner Seibold, Schriftbild zu Psalm
82, © Reiner Seibold Kierspe/Verlag
am Eschbach, 1992.

Die Darstellung des Textes wirkt
wie ein vielfach gesichertes und mit
Stacheldraht umgebenes Gefange-
nenlager, in dem Menschen festge-
halten werden, wehrlos denjenigen
ausgeliefert, die über sie urteilen
und Macht ausüben. Der Psalm hat
bis heute nichts von seiner Aktuali-
tät verloren.

Seite 229
David mit vier namentlich bezeich-
neten Schreibern (Asaph, Aeman,
Aethan, Idithun), Autorenbild aus
einem oberitalienischen Psalter, Mailand, 10. Jh. – Malerei auf Pergament, 25 x 17 cm. – München, Bayerische Staatsbibliothek, Clm 343,
fol. 12 v. (Foto Bibliothek).

Seite 231
Max Hunziker, Freunde (zu Ps 84). –
Aus den Grisaillen (Weiß-Schwarz-
Grau-Malereien, Format 27 x 19 cm)
zum Psalter, 1965. – Privatbesitz (mit
freundlicher Genehmigung von Frau

Gertrud Hunziker-Fromm; Foto Peter Guggenbühl, Zürich).

Seite 233
Illustration zu Psalm 85(84). – Utrecht-Psalter (s. Bd. 1, S. 48 und
50 f.), fol. 49 v. (Bildvorlage: Akademische Druck- und Verlagsanstalt
Graz).

Psalm 85, »eines der schönsten
Lieder des Psalters« (A. Deissler),
hat den Illustrator zu vielen originel-
len Einzelszenen angeregt. Der deutlich zweigeteilte Psalm (V. 1–8/9–14)
gilt als nachexilisches Volksklage-
lied. (538 v. Chr. erlaubte der persi-
sche König Cyrus die Rückkehr der
verbannten Juden nach Jerusalem
und den Wiederaufbau des Tempels.)

Mit erhobener Hand und ausgestrecktem Daumen tritt der Psalmist
vor Christus (dargestellt mit Kreuzstab und Kreuznimbus), der im Himmel steht und dessen Hand sich
dem Psalmisten entgegenstreckt.
V. 3 »Du hast deinem Volke die
Schuld vergeben, hast all ihre Sünden bedeckt« ist rechts dargestellt:
Zwei Engel mit Kreuzstäben breiten
eine Decke, die an ein Boot erinnert, als bergenden Schutz über das
Volk Gottes. Im Vertrauen auf den
bergenden und vergebenden Gott
stellt der Psalmist in aktueller Not-
situation seine Fragen an Jahwe-
Christus (V. 6f.): Willst du ewig
zürnen? Willst du uns nicht wieder
beleben, daß sich dein Volk deiner
freue?

Die Antwort Jahwes (V. 9–14) ist
im restlichen Teil des Bildes dargestellt: Personifiziert durch jeweils
zwei Frauengestalten begegnen im
Bildmittelpunkt »Gnade und Treue«
einander; links davon küssen sich
»Gerechtigkeit und Friede« (V. 11);
links oben schaut die personifizierte
»Gerechtigkeit« vom Himmel hernieder; sie breitet ihre Arme aus, um
die »Treue«, die aus der Erde sproßt,
in der Gestalt eines von einer Frau
hochgehobenen neugeborenen Kindes aufzunehmen (V. 12).

Der Utrecht-Psalter bezieht die
Aussagen des Psalms auf Christus,
den »Sproß Davids«. In seiner Geburt sieht er die Heilszusage des

Psalms erfüllt, die an eine Weissagung beim Propheten Jesaja (45,8)
anknüpft: »Taut, ihr Himmel von
oben, ihr Wolken, laßt Gerechtigkeit
regnen! Die Erde tue sich auf und
bringe das Heil hervor, sie lasse Gerechtigkeit sprießen. Ich, Jahwe, will
es vollbringen.« Deshalb zeigt der
Illustrator am linken Bildrand Maria,
die Christus, den heilbringenden
Sproß der Erde, der herniederblick-
enden Gerechtigkeit (»Gerechtigkeit« bedeutet das »bundgetreue
Heilswalten Jahwes« [A. Deissler])
entgegenhält: Christus ist die
»Treue« Jahwes, von der der V. 12
des Psalms spricht. Und die beiden
Frauen, die einander begrüßen und
küssen, versinnbilden die Begegnung von Elisabeth und Maria, welche den Boten des Friedens und das
Kind des Friedens in ihrem Mutterschoß bergen.

Das »Heilswalten Jahwes« ge-
reicht der ganzen Schöpfung zum
Segen. Es wirkt hinein bis in die
Fruchtbarkeit des Erdbodens (V. 13;
vgl. Hos 2,23f.). Davon erzählt der
untere Teil des Bildes: Zwei Hirten
beobachten Rinder und Schafe, die
an den Ufern von Bächen weiden,
welche aus seitlich im Bild darge-
stellten Quellflüssen gespeist werden. Ein Mann pflügt, zwei andere
schneiden mit Sicheln Korn.

Seite 235
David spielt auf der Harfe. – Stuttgarter Psalter, St. Germain des Prés,
um 820 (s. Bd. 1, S. 48f. und S. 51).
– Stuttgart, Württembergische Landesbibliothek, bibl. fol. 23, fol.
36 r. (zu Ps 30,1–2) (Bildvorlage
E. Schreiber, Grafische Kunstanstalt, Stuttgart).

Dies ist unter den Bildern des
Stuttgarter Psalters eines der tiefsten
und ergreifendsten. Zwischen zwei
Türmen spannt sich über die ganze
Breite des Bildes ein Kirchengebäude, in das wir über die geöffnete
Seitenwand hineinsehen. Gemeint
ist einerseits der Tempel in Jerusalem, denn es ist David, der unter
dem mittleren Joch steht. Aber gemeint ist andererseits die Kirche der
Christen, wie sich an den auf den

Turmspitzen stehenden Kreuzen ablesen läßt. Was damals im Tempel geschah, das soll auch in der christlichen Kirche geschehen.

Unter dem rechten Bogen ist das Tor des Tempels halb geöffnet. Der Vogel mit strahlenförmig gebreitetem Gefieder, der im Bogenfeld über dem Tor ruht, ist ein Bild für den Sperling, der ein Haus gefunden hat, und die Schwalbe, die ein Nest hat für ihre Jungen, »deine Altäre, Herr der Heerscharen, mein König und mein Gott«, wie Psalm 84,4 sagt. Denn über Psalm 30, dem das Bild im Stuttgarter Psalter beigegeben ist, steht als Überschrift, dieses Lied sei von David geschrieben und zur Einweihung des Tempels gesungen worden.

So steht also David im Tempel und singt sein Lied zur Harfe. Die Linke faßt das Instrument, die Rechte schlägt die Saiten an. Aber merkwürdig – er hat gar keine Harfe zur Hand! Er spielt in der bloßen Luft, als hätte er ein Instrument vor sich. Und was er singt, steht neben ihm im Gewölbe: »Exultabo te, Domine!« – »Ich will dich erheben, Gott!«

David hat sein Instrument weggelegt, um selbst Instrument zu sein, auf dem Gott, die Hände des Menschen führend, das Lied spielt, das aus dem Nachdenken und dem Glauben eines Menschen aufsteigen soll. (Nach: Jörg Zink, DiaBücherei Christliche Kunst, Bd. 16, Eschbach/Markgräflerland 1986)

Seite 237
Illustration zu Psalm 88 (87). – Utrecht-Psalter (s. Bd. 1, S. 48 und 50 f.), fol. 51 r. (Bildvorlage Akademische Druck- und Verlagsanstalt Graz).

Auf einer Weltkugel sitzt Jahwe-Christus, gekennzeichnet mit Kreuznimbus und Buch und umgeben von sechs Engeln und den Personifikationen der Sonne und des Mondes, die auf V. 2 verweisen: »... ich rufe um Hilfe bei Tage und schreie des Nachts vor dir«. Er neigt sein Ohr dem mit Aussatz bedeckten Psalmbeter zu (V. 3).

Dieser ist »dem Totenreich nahe« (V. 4); er steht im Sarg, der sich im Abgrund des Grabes befindet (V. 12), in das drei aus Quellen gespeiste Bäche fließen (V. 8: »Wogen gehen über mich hin«; V. 17f.: »... deine Schrecknisse ... umfluten mich wie Wasser«). Hilferufend streckt der Beter die Arme nach Christus aus. Außerhalb dieser Grube stehen fünf weitere Särge mit Toten (vgl. V. 5–7); das tiefste, finsterste Grab ist das des Psalmisten.

Rechts hat sich eine Gruppe von Engeln (mit Stäben) versammelt; unterhalb von diesen wenden sich die Freunde des Psalmbeters von diesem ab (V. 9 und 19). Sein Vertrauter ist von nun an die Finsternis! Links wütet der »Tod« in einem Feuerschlund, in dem die ins Grab Hinabsinkenden (vgl. V. 5) von Dämonen gequält werden.

Seite 241
Georges Rouault, Der alte König, 1936 (zu Ps 89). – Öl auf Leinwand, 76,8 x 54 cm. – Pittsburgh, The Carnegie Museum of Art; Patrons Art 3undL DJKA £3oto 0useum·L © VG Bild-Kunst, Bonn, 1991.

Wie ein Glasfenster wirkt dieses Bild. (G. Rouault, geb. 1871 und gest. 1958 in Paris, ging als 14jähriger bei einem Glasmaler in die Lehre.) Zwischen schwarzen Rahmen schichtet der Maler Farbe um Farbe übereinander, bis die Lichtwirkung von Glas entsteht, so daß man empfindet, das Licht dringe durch das Bild hindurch zum Betrachter hin.

Der alte König – das Gesicht zur Seite gewendet, streng, gesammelt, klar in der Kontur, die Krone auf dem Haupt, in leuchtend rotem Gewand – läßt an den alt gewordenen König David denken, dem soviel zerbrochen war und soviel mißlungen, der auch sich selbst so fragwürdig geworden war am Ende seines Lebens. Aber welch ein bewegender Zug: Dieser so männliche Monarch hält einen zarten Strauß weißer Blumen! Ist dies ein Hinweis, daß Gott verläßlich ist und zu seinem Bund, den er mit David geschlossen hat, steht?

Daß seine Verheißung an David, an die Psalm 89 (im Anschluß an 2 Sam 7) erinnert, gilt? (»Psalm 89 läßt uns in die schwerste Glaubensprüfung der altbundlichen Heilgeschichte hineinblicken: Jahwe, den man als allmächtigen ... Schöpfergott, aber auch als liebenden und getreuen Bundesgott bekennt und besingt, hat anscheinend den ewigen Bund mit David ... widerrufen« [A. Deissler].)

Es scheint, als blicke dieser alte König mit seinem Strauß weißer Blumen auf die Prophetie des Jesaja, die 250 Jahre nach David (der von 1000 bis 961 regierte) von jenem König spricht, dessen ferner Vorläufer und Ahnherr er sein sollte: »Aus dem Baumstumpf Isais (dem Vater Davids) wächst ein Reis hervor, ein junger Trieb aus seinen Wurzeln bringt Frucht« (Jes 11).

Anmerkungen zu Psalmtexten
Ps 73–89 (mit V. 53 als Schlußdoxologie) bildet in der hebräischen Bibel das 3. Psalmenbuch (vgl. Bd. 1, S. 49: Psalterteilung). Ps 73–83 ist die dritte Teilsammlung des »Elohistischen Psalters«, Ps 84–89 gilt als Anhang dazu. Innerhalb des 3. Psalmenbuches (mehrheitlich Gemeindepsalmen!) wird nur Ps 86 David zugeschrieben, die übrigen sind mit den Namen Asaph (Ps 73–83), Korach (Ps 84; 85; 87; 88) und Ethan (Ps 89) verbunden (vgl. Bd. 3, S. 148: Anmerkungen; Bd. 4, S. 158f.: David als Psalmendichter).

Ps 73: s. dazu die Auslegung im vorliegenden Bd. 6, S. 202f.

Ps 74: s. Bd. 6, S. 254f. (Das Leiden). – V. 14: »Leviathan« – ein mythologisches Seeungeheuer mit mehreren Köpfen – erscheint im AT als Personifikation aller Kräfte des Unheils. – V. 20: Die Übersetzung ist unsicher. Andere Deutung: »Blicke auf deinen Bund! Denn voll sind die Schlupfwinkel des Landes von Stätten der Gewalttat.«

Ps 75,5 u.a.a.O.: »Horn« galt als Sinnbild der Kraft.

Ps 77: s. Bd. 3, S. 108.

Ps 78: s. Bd. 6, S. 252f. (Die Heilsgeschichte). – V. 61: »Zier« meint die Bundeslade.

Ps 79: s. Bd. 6, S. 254 (Das Leiden).

Ps 81: s. Bd. 6, S. 253 (Die Kirche).

Ps 84: s. Bd. 6, S. 253 (Die Kirche). – V. 10 u.a.a.O.: »Schild«, d.h. den König.

Ps 86: s. Bd. 6, S. 254ff. (Das Leiden/Die Schuld).

Ps 88: s. Bd. 3, S. 108; Bd. 6, S. 254 (Das Leiden).

Ps 89,11: »Rahab« – ein mythologisches Ungetüm – ist hier ein sinnbildlicher Name für Ägypten.

Das Buch der Psalmen
Band 6: Psalm 90–106

Das Buch der Psalmen
Ein Eschbacher Bilderpsalter in acht Bänden
herausgegeben von Martin Schmeisser
Reihe: Eschbacher Bilderbibel

Der Text der Psalmen wird im allgemeinen nach der
Übersetzung der Zürcher Bibel wiedergegeben.
Überall, wo im hebräischen Text der Gottesname
Jhwh steht (Zürcher Bibel: »der Herr«), wird in
Anlehnung an Martin Buber das durch Versalien
hervorgehobene Pronomen »Du«, »Er«, »Sein«
verwendet.

Die Verwendung der Texte der Zürcher Bibel erfolgt
mit Genehmigung der Genossenschaft Verlag der
Zürcher Bibel. Der Text ist entnommen aus: »Die
Heilige Schrift des Alten und Neuen Testaments«,
herausgegeben vom Kirchenrat des Kantons Zürich.
© Zürich 1931/1955.
Das Zeichen * verweist auf die Anmerkungen zu
Psalmtexten Seite 296.

CIP-Titelaufnahme der Deutschen Bibliothek

Das Buch der Psalmen: Ein Eschbacher Bilderpsalter in acht Bänden /
[Hrsg. Martin Schmeisser.] –
Eschbach/Markgräflerland: Verlag am Eschbach;
Zürich: Theologischer Verlag Zürich; Leipzig: Thomas-Verlag Leipzig.
(Eschbacher Bilderbibel)
 ISBN 3-88671-099-8 (Verlag am Eschbach)
 ISBN 3-290-10120-7 (Theologischer Verlag Zürich)
 ISBN 3-86174-010-9 (Thomas-Verlag Leipzig)
NE: Schmeisser, Martin [Hrsg.]

 Bd. 6: Psalm 90–106. – (1992)
 ISBN 3-88671-096-3 (Verlag am Eschbach)
 ISBN 3-290-10126-6 (Theologischer Verlag Zürich)
 ISBN 3-86174-006-0 (Thomas-Verlag Leipzig)

© 1992 Verlag am Eschbach GmbH
Im Alten Rathaus · D-7849 Eschbach/Markgräflerland
Alle Rechte an dieser Ausgabe vorbehalten

Theologischer Verlag Zürich
Räffelstr. 20 · CH-8045 Zürich

Thomas-Verlag Leipzig GmbH
Weissenfelser Straße 33 · O-7031 Leipzig

Grafische Gestaltung: Reinhard Liedtke, Gelnhausen
Reproduktionen: Repro-Technik-Schröder, Uelzen
Satz und Druck: B & K Offsetdruck GmbH, Ottersweier
Verarbeitung: Großbuchbinderei Josef Spinner, Ottersweier

Das Buch der Psalmen Band 6

Psalm 90–106

Verlag am Eschbach
Theologischer Verlag Zürich
Thomas-Verlag Leipzig

Max Hunziker, David, 1968

»Rabbi Chajim von Sandez geriet mit
Rabbi Elieser von Ropschütz in einen Streit. Jener warf ihm vor:
›Ihr klettert in den oberen Welten herum.
Ich aber erwirke, wenn ich zehn Kapitel Psalmen anstimme,
ebensoviel wie ihr.‹
Er antwortete: ›Es ist wahr, ich klettere in den Welten,
aber für ein Fünklein Gottesfurcht gebe ich alles hin.‹«

Chassidische Geschichte (aus: Chajim Bloch, Chassidische Geschichten,
Eugen Diederichs Verlag, München 1990)

Das Gebetbuch der Bibel

Dietrich Bonhoeffer

»Herr, lehre uns beten!« So sprachen die Jünger zu Jesus. Sie bekannten damit, daß sie von sich aus nicht zu beten vermochten. Sie müssen es lernen. Beten-lernen, das klingt uns widerspruchsvoll. Entweder ist das Herz so übervoll, daß es von selbst zu beten anfängt, sagen wir, oder es wird nie beten lernen. Das ist aber ein gefährlicher Irrtum, der heute freilich weit in der Christenheit verbreitet ist, als könne das Herz von Natur aus beten. Wir verwechseln dann Wünschen, Hoffen, Seufzen, Klagen, Jubeln – das alles kann das Herz ja von sich aus – mit Beten. Damit aber verwechseln wir Erde und Himmel, Mensch und Gott. Beten heißt ja nicht einfach das Herz ausschütten, sondern es heißt, mit seinem erfüllten oder auch leeren Herzen den Weg zu Gott finden und mit ihm reden. Das kann kein Mensch von sich aus, dazu braucht er Jesus Christus.

Die Jünger wollen beten, aber sie wissen nicht, wie sie es tun sollen. Das kann eine große Qual werden, mit Gott reden wollen und es nicht können, vor Gott stumm sein müssen, spüren, daß alles Rufen im eigenen Ich verhallt, daß Herz und Mund eine verkehrte Sprache sprechen, die Gott nicht hören will. In solcher Not suchen wir Menschen, die uns helfen können, die etwas vom Beten wissen. Wenn uns einer, der beten kann, in sein Gebet mit hineinnähme, wenn wir sein Gebet mitbeten dürften, dann wäre uns geholfen! Gewiß können uns erfahrene Christen hier viel helfen, aber sie können es auch nur durch den, der ihnen selbst helfen muß und zu dem sie uns weisen, wenn sie rechte Lehrer im Beten sind, durch Jesus Christus. Wenn er uns mit in sein Gebet hineinnimmt, wenn wir sein Gebet mitbeten dürfen, wenn er uns auf seinem Wege zu Gott mit hinaufführt und uns beten lehrt, dann sind wir von der Qual der Gebetslosigkeit befreit. Das aber will Jesus Christus. Er will mit uns beten, wir beten sein Gebet mit und dürfen darum gewiß und froh sein, daß Gott uns hört. Wenn unser Wille, unser ganzes Herz eingeht in das Gebet Christi, dann beten wir recht. Nur in Jesus Christus können wir beten, mit ihm werden auch wir erhört.

So müssen wir also beten lernen. Das Kind lernt sprechen, weil der Vater zu ihm spricht. Es lernt die Sprache des Vaters. So lernen wir zu Gott sprechen, weil Gott zu uns gesprochen hat und spricht. An der Sprache des Vaters im Himmel lernen seine Kinder mit ihm reden. Gottes eigene Worte nachsprechend, fangen wir an zu ihm zu beten. Nicht in der falschen und verworrenen Sprache unseres Herzens, sondern in der klaren und reinen Sprache, die Gott in Jesus Christus zu uns gesprochen hat, sollen wir zu Gott reden und will er uns hören.

Gottes Sprache in Jesus Christus begegnet uns in der Heiligen Schrift. Wollen wir mit Gewißheit und Freude beten, so wird das Wort der Heiligen Schrift der feste Grund unseres Gebetes sein müssen. Hier wissen wir, daß Jesus Christus, das Wort Gottes, uns beten lehrt. Die Worte, die von Gott kommen, werden die Stufen sein, auf denen wir zu Gott finden.

Nun gibt es in der Heiligen Schrift ein Buch, das sich von allen anderen Büchern der Bibel dadurch unterscheidet, daß es nur Gebete enthält. Das sind die Psalmen. Es ist zunächst etwas sehr Verwunderliches, daß es in der Bibel ein Gebetbuch gibt. Die Heilige Schrift ist doch Gottes Wort an uns. Gebete aber sind Menschenworte. Wie kommen sie daher in die Bibel? Wir dürfen uns nicht irre machen lassen: die Bibel ist Gottes Wort, auch in den Psalmen. So sind also die Gebete zu Gott – Gottes eigenes Wort? Das scheint uns schwer verständlich. Wir begreifen es nur, wenn wir daran denken, daß wir das rechte Beten allein von Jesus Christus lernen können, daß es also das Wort des Sohnes Gottes, der mit uns Menschen lebt, an Gott den Vater ist, der in der Ewigkeit lebt. Jesus Christus hat alle Not, alle Freude, allen Dank und alle Hoffnung der Menschen vor Gott gebracht. In seinem Munde wird das Menschenwort zum Gotteswort, und wenn wir sein Gebet mitbeten, wird wiederum das Gotteswort zum Menschenwort. So sind alle Gebete der Bibel solche Gebete, die wir mit Jesus Christus zusammen beten, in die er uns hineinnimmt und durch die er uns vor Gottes Angesicht trägt, oder es werden keine rechten Gebete; denn nur in und mit Jesus Christus können wir recht beten.

Wenn wir daher die Gebete der Bibel und besonders die Psalmen lesen und beten wollen, so müssen wir nicht zuerst danach fragen, was sie mit uns, sondern was sie mit Jesus Christus zu tun haben. Wir müssen fragen, wie wir die Psalmen als Gottes Wort verstehen können, und dann erst können wir sie mitbeten. Es kommt also nicht darauf an, ob die Psalmen gerade das ausdrücken, was wir gegenwärtig in unserem Herzen fühlen. Vielleicht ist es gerade nötig, daß wir gegen unser eigenes Herz beten, um recht zu beten. Nicht was wir gerade beten wollen, ist wichtig, sondern worum Gott von uns gebeten sein will. Wenn wir auf uns allein gestellt wären, so würden wir wohl auch vom Vaterunser oft nur die vierte Bitte beten. Aber Gott will es anders. Nicht die Armut unseres Herzens, sondern der Reichtum des Wortes Gottes soll unser Gebet bestimmen.

Wenn also die Bibel auch ein Gebetbuch enthält, so lernen wir daraus, daß zum Worte Gottes nicht nur das Wort gehört, das er uns zu sagen hat, sondern auch das Wort, das er von uns hören will, weil es das Wort seines lieben Sohnes ist. Das ist eine große Gnade, daß Gott uns sagt, wie wir mit ihm sprechen und Gemeinschaft haben können. Wir können es, indem wir im Namen Jesu Christi beten. Dazu sind uns die Psalmen gegeben, daß wir sie im Namen Jesu Christi beten lernen.

Auf die Bitte der Jünger hat Jesus ihnen das Vaterunser gegeben. In ihm ist alles Beten enthalten. Was in die Bitten des Vaterunsers eingeht, ist recht gebetet, was in ihnen keinen Raum hat, ist kein Gebet. Alle Gebete der Heiligen Schrift sind im Vaterunser zusammengefaßt. Sie werden in seine unermeßliche Weite aufgenommen. Sie werden also durch das Vaterunser nicht überflüssig gemacht, sondern sie sind der unerschöpfliche Reichtum des Vaterunsers, wie das Vaterunser ihre Krönung und Einheit ist. Vom Psalter sagt Luther: »Er ist durchs Vaterunser und das Vaterunser durch ihn also gezogen, daß man eins aus dem andern sehr fein verstehen kann und lustig zusammenstimmen.« So wird das Vaterunser zum Prüfstein dafür, ob wir im Namen Jesu Christi beten oder im eigenen Namen. Es hat darum guten Sinn, wenn der Psalter in unser Neues Testament meist mit hineingebunden wird. Er ist das Gebet der Gemeinde Jesu Christi, er gehört zum Vaterunser.

Die Beter der Psalmen

Von den 150 Psalmen werden 73 dem König David zugeschrieben, 12 dem von David angestellten Sangmeister Asaph, 12 der unter David wirkenden levitischen Sängerfamilie der Kinder Korah, 2 dem König Salomo, je einer den vermutlich unter David und Salomo tätigen Musikmeistern Heman und Ethan. So ist es verständlich, daß sich der Name Davids in besonderer Weise mit dem Psalter verbunden hat.

Von David wird berichtet, daß er nach seiner heimlichen Salbung zum König zu dem von Gott verworfenen und mit einem bösen Geist geplagten König Saul gerufen worden sei, um ihm auf der Harfe vorzuspielen. »Wenn nun der Geist Gottes über Saul kam, so nahm David die Harfe und spielte mit seiner Hand, so erquickte sich Saul, und es ward besser mit ihm, und der böse Geist wich von ihm« (1. Sam 16,23). Das mag der Anfang der Psalmendichtung Davids gewesen sein. In der Kraft des Geistes Gottes, der mit der Salbung zum König über ihn gekommen war, vertreibt er den bösen Geist durch sein Lied. Kein Psalm aus der Zeit vor der Salbung ist uns überliefert. Erst der zum messianischen König Berufene, aus dem der verheißene König Jesus Christus entstammen sollte, betete die Lieder, die später in den Kanon der Heiligen Schrift aufgenommen werden.

David ist nach dem Zeugnis der Bibel als der gesalbte König des erwählten Volkes Gottes ein Vorbild auf Jesus Christus. Was ihm widerfährt, geschieht ihm um deswillen, der in ihm ist und aus ihm hervorgehen soll, Jesus Christus; und das blieb ihm nicht unbewußt, sondern »da er nun ein Prophet war und wußte, daß ihm Gott verheißen hatte mit einem Eide, daß die Frucht seiner Lenden sollte auf seinem Stuhle sitzen, hat er's zuvorgesehen und geredet von der Auferstehung Jesu Christi« (Apg 2,30f.). David war ein Zeuge Christi in seinem Amt, seinem Leben, seinen Worten. Ja, mehr noch sagt das Neue Testament. In den Psalmen Davids spricht schon der verheißene Christus selbst (Hebr 2,12; 10,5) oder, wie es auch heißen kann, der Heilige Geist (Hebr 3,7). Dieselben Worte also, die David sprach, sprach in ihm der zukünftige Messias. Die Gebete Davids wurden von Christus mitgebetet oder vielmehr Christus selbst betete sie in seinem Vorläufer David.

Diese kurze Bemerkung des Neuen Testaments wirft ein bedeutsames Licht auf den ganzen Psalter. Sie bezieht ihn auf Christus. Wie das im einzelnen zu verstehen ist, werden wir noch zu überlegen haben. Wichtig ist für uns, daß auch David nicht nur aus dem persönlichen Überschwang seines Herzens, sondern aus dem in ihm wohnenden Christus heraus betete. Der Beter seiner Psalmen bleibt zwar er selbst, aber in ihm und mit ihm Christus. Die letzten Worte des alten David sprechen das in geheimnisvoller Weise selber aus: »Es spricht David, der Sohn Isais, es spricht der Mann, der hoch erhoben ist, der Gesalbte des Gottes Jakobs, der liebliche Psalmensänger Israels: der Geist des Herrn hat durch mich geredet und seine Rede ist auf meiner Zunge«, und nun folgt eine letzte Weissagung auf den künftigen König der Gerechtigkeit, Jesus Christus (2. Sam 23,2 ff.).

Damit sind wir wiederum zu der Erkenntnis geführt, die wir früher gewonnen hatten. Gewiß sind nicht alle Psalmen von David, und es gibt kein Wort des Neuen Testamentes, das den ganzen Psalter Christus in den Mund legt. Immerhin müssen uns die genannten Andeutungen wichtig genug für den ganzen Psalter werden, der ja entscheidend mit dem Namen Davids verbunden ist, und von den Psalmen insgesamt sagt Jesus selbst, daß sie seinen Tod und seine Auferstehung und die Predigt des Evangeliums verkündigt haben (Lk 24,44 ff.)

Wie ist es möglich, daß zugleich ein Mensch und Jesus Christus den Psalter beten? Es ist der menschgewordene Sohn Gottes, der alle menschliche Schwachheit an seinem eigenen Fleisch getragen hat, der hier das Herz der ganzen Menschheit vor Gott ausschüttet, der an unserer Stelle steht und für uns betet. Er hat Qual und Schmerz, Schuld und Tod tiefer gekannt als wir. Darum ist es das Gebet der von ihm angenommenen menschlichen Natur, das hier vor Gott kommt. Es ist wirklich unser Gebet, aber da er uns besser kennt als wir selbst, da er selbst wahrer Mensch war uns zugut, ist es auch wirklich sein

Gebet, und es kann unser Gebet nur werden, weil es sein Gebet war.

Wer betet den Psalter? David (Salomo, Asaph usw.) betet, Christus betet, wir beten. Wir – das ist zunächst die ganz Gemeinde, in der allein der ganze Reichtum des Psalters gebetet werden kann, es ist schließlich aber auch jeder einzelne, sofern er an Christus und seiner Gemeinde teil hat und ihr Gebet mitbetet. David, Christus, die Gemeinde, ich selber – und wo wir dies alles miteinander bedenken, erkennen wir den wunderbaren Weg, den Gott geht, um uns beten zu lehren.

Namen, Musik, Versgestalt

Die hebräische Überschrift des Psalters heißt soviel wie »Hymnen«. Ps 72,20 werden alle vorangegangenen Psalmen »Gebete Davids« genannt. Beides ist überraschend und doch verständlich. Zwar enthält der Psalter auf den ersten Blick weder ausschließlich Hymnen noch ausschließlich Gebete. Trotzdem sind auch die Lehrgedichte oder die Klagelieder im Grunde Hymnen, denn sie dienen dem Lobpreis der Herrlichkeit Gottes, und selbst diejenigen Psalmen, die nicht einmal eine Anrede an Gott enthalten (z.B. 1;2;78), dürfen Gebete genannt werden, denn sie dienen der Versenkung in Gottes Gedanken und Willen. »Psalter« ist ursprünglich ein Musikinstrument und erst in übertragener Weise von der Sammlung der Gebete gebraucht, die Gott als Lieder dargebracht werden.

Die Psalmen, wie sie uns heute überliefert sind, sind großenteils für den gottesdienstlichen Gebrauch in Musik gesetzt. Singstimmen und Instrumente aller Art wirken zusammen. Wiederum ist es David, auf den die eigentliche liturgische Musik zurückgeführt wird. Wie einst sein Harfenspiel den bösen Geist vertrieb, so ist die heilige, gottesdienstliche Musik eine wirksame Kraft, so daß gelegentlich für sie dasselbe Wort gebraucht werden kann wie für die prophetische Verkündigung (1. Chr 25,2). Viele der schwer verständlichen Überschriften der Psalmen sind Anweisungen für den Musikmeister. Ebenso das häufige »Sela« mitten in einem Psalm, das vermutlich ein hier einsetzendes Zwischenspiel bezeichnet. »Das Sela zeigt an, daß man muß stille halten und dem Worte des Psalmes fleißig nachdenken; denn sie fordern eine ruhige und stillstehende Seele, die da begreifen und fassen könne, was ihr der Heilige Geist allda vorhält und einbildet« (Luther).

Die Psalmen wurden wohl meist im Wechselchor gesungen. Dafür waren sie auch durch ihre Versform besonders geeignet, dergemäß je zwei Versglieder so miteinander verbunden sind, daß sie mit anderen Worten im wesentlichen denselben Gedanken aussprechen. Das ist der sogenannte Parallelismus der Glieder. Diese Form ist nicht zufällig, sondern sie ruft uns dazu auf, das Gebet nicht abbrechen zu lassen, und sie lädt dazu ein, miteinander zu beten. Was uns, die wir hastig zu beten gewöhnt sind, als unnötige Wiederholung erscheint, ist in Wahrheit die rechte Versenkung und Sammlung im Gebet, ist zugleich das Zeichen dafür, daß viele, ja daß alle Gläubigen mit verschiedenen Worten doch ein und dasselbe beten. So fordert uns die Versform noch besonders dazu auf, die Psalmen gemeinsam zu beten.

Der Gottesdienst und die Psalmen

In vielen Kirchen werden sonntäglich oder sogar täglich Psalmen im Wechsel gelesen oder gesungen. Diese Kirchen haben sich einen unermeßlichen Reichtum bewahrt, denn nur im täglichen Gebrauch wächst man in jenes göttliche Gebetbuch hinein. Bei nur gelegentlichem Lesen sind uns diese Gebete zu übermächtig in Gedanken und Kraft, als daß wir uns nicht immer wieder zu leichterer Kost wendeten. Wer aber den Psalter ernstlich und regelmäßig zu beten angefangen hat, der wird den anderen, leichten, eigenen »andächtigen Gebetlein bald Urlaub geben und sagen: ach, es ist nicht der Saft, Kraft, Brunst und Feuer, die ich im Psalter finde, es schmeckt mit zu kalt und zu hart« (Luther).

Wo wir also in unseren Kirchen die Psalmen nicht mehr beten, da müssen wir den Psalter um so mehr in unsere täglichen Morgen- und Abendandachten aufnehmen, jeden Tag mehrere Psalmen möglichst gemeinsam lesen und beten, damit wir mehrmals im Jahr durch dieses Buch hindurchkommen und immer tiefer eindringen. Wir dürfen dann auch keine Auswahl nach eigenem Gutdünken vornehmen, damit tun wir dem Gebetbuch der Bibel Unehre und meinen besser zu wissen, was wir beten sollen, als Gott selbst. In der alten Kirche war es nichts Ungewöhnliches, »den ganzen David« auswendig zu können. In einer orientalischen Kirche war dies Voraussetzung für das kirchliche Amt. Der Kirchenvater Hieronymus erzählt, daß man zu seiner Zeit in Feldern und Gärten Psalmen singen hörte. Der Psalter erfüllte das Leben der jungen Christenheit. Wichtiger als dies alles aber ist, daß Jesus mit Worten der Psalmen auf den Lippen am Kreuz gestorben ist.

Mit dem Psalter geht einer christlichen Gemeinde ein unvergleichlicher Schatz verloren, und mit seiner Wiedergewinnung werden ungeahnte Kräfte in sie eingehen.

Einteilung

Die Gegenstände, um die es im Psalmengebet geht, wollen wir folgendermaßen einteilen: Die Schöpfung; das Gesetz; die Heilsgeschichte; der Messias; die Kirche; das Leben; das Leiden; die Schuld; die Feinde; das Ende. Es wäre nicht schwer, alle diese Stücke dem Vaterunser einzuordnen und so zu zeigen, wie der Psalter ganz in das Gebet Jesu aufgenommen ist. Um aber nicht dieses Ergebnis unserer Betrachtungen vorwegzunehmen, wollen wir bei der den Psalmen selbst entnommenen Einteilung bleiben.

Die Schöpfung

Die Schrift verkündigt Gott als den Schöpfer Himmels und der Erden. Ihm Ehre, Lob und Dank zu bringen, rufen uns viele Psalmen auf. Es gibt jedoch keinen einzigen Psalm, der nur von der Schöpfung spricht. Immer ist es der Gott, der sich seinem Volk in seinem Wort schon offenbart hat, der als der Schöpfer der Welt erkannt werden soll. Weil Gott zu uns gesprochen hat, weil uns Gottes Name offenbar geworden ist, können wir ihn als den Schöpfer glauben. Sonst könnten wir ihn nicht kennen. Die Schöpfung ist ein Bild der Macht und Treue Gottes, die er uns in seiner Offenbarung in Jesus Christus erwiesen hat. Den Schöpfer, der sich uns als Erlöser offenbart hat, beten wir an.

Psalm 8 preist den Namen Gottes und sein gnädiges Tun am Menschen als – von der Schöpfung her unbegreifliche – Krönung seiner Werke. Ps 19 kann von der Herrlichkeit des Laufes der Gestirne nicht sprechen, ohne sogleich in jähem, unvermitteltem neuem Einsatz der viel größeren Herrlichkeit der Offenbarung seines Gesetzes zu gedenken und zur Buße zu rufen. Ps 29 läßt uns die furchtbare Gewalt Gottes im Gewitter bewundern, und doch liegt ihr Ziel in der Kraft, dem Segen und dem Frieden, den Gott seinem Volk schenkt. Ps 104 faßt die Fülle der Werke Gottes ins Auge und sieht sie zugleich als ein Nichts vor ihm, dessen Ehre allein ewig bleibt und der zuletzt die Sünder vertilgen muß.

Die Schöpfungspsalmen sind nicht lyrische Gedichte, sondern die Anleitung für das Volk Gottes, in der erfahrenen Heilsgnade den Weltschöpfer zu finden und zu ehren. Die Schöpfung dient den Gläubigen, und alle Kreatur Gottes ist gut, wenn wir sie mit Danksagung empfangen (1. Tim 4,3 f.). Danken aber können wir nur für das, was mit der Offenbarung Gottes in Jesus Christus in Einklang steht. Um Jesu Christi willen ist die Schöpfung mit all ihren Gaben da. So danken wir Gott mit, in und durch Jesus Christus, dem wir gehören, für die Herrlichkeit seiner Schöpfung.

Das Gesetz

Die drei Psalmen (1; 19; 119), die in besonderer Weise das Gesetz Gottes zum Gegenstand des Dankens, Lo-

bens und Bittens machen, wollen uns vor allem die Wohltat des Gesetzes vor Augen führen. Unter »Gesetz« ist dann meist die ganze Erlösungstat Gottes und die Weisung für ein neues Leben im Gehorsam zu verstehen. Die Freude am Gesetz, an den Geboten Gottes erfüllt uns, wenn Gott unserem Leben durch Jesus Christus die große Wendung gegeben hat. Daß Gott mir sein Gebot einmal verbergen könnte (Ps 119,19), daß er mich eines Tages seinen Willen nicht erkennen lassen könnte, ist die tiefste Angst des neuen Lebens.

Es ist Gnade, Gottes Befehle zu kennen. Sie befreien uns von den selbstgemachten Plänen und Konflikten. Sie machen unsere Schritte gewiß und unseren Weg fröhlich. Gott gibt seine Gebote, damit wir sie erfüllen, und »seine Gebote sind nicht schwer« (1. Joh 5,3) für den, der in Jesus Christus alles Heil gefunden hat. Jesus ist selbst unter dem Gesetz gewesen und hat es in völligem Gehorsam gegen den Vater erfüllt. Gottes Wille wird seine Freude, seine Speise. So dankt er in uns für die Gnade des Gesetzes und schenkt uns die Freude in seiner Erfüllung. Nun bekennen wir unsere Liebe zum Gesetz, wir bekräftigen, daß wir es gern halten, und bitten, daß wir in ihm unsträflich bewahrt bleiben. Nicht in eigener Kraft tun wir das, sondern wir beten es im Namen Jesu Christi, der für uns und in uns ist.

Besonders schwer wird uns vielleicht der 119. Psalm um seiner Länge und Gleichmäßigkeit willen. Hier hilft uns ein ganz langsames, stilles, geduldiges Fortschreiten von Wort zu Wort, von Satz zu Satz. Dann erkennen wir, daß die scheinbaren Wiederholungen doch immer neue Wendungen der einen Sache sind, der Liebe zu Gottes Wort. Wie diese Liebe kein Ende nehmen kann, so auch die Worte nicht, die sie bekennen. Sie wollen uns durch ein ganzes Leben begleiten, und in ihrer Einfachheit werden sie zum Gebet des Kindes, des Mannes und des Greises.

Die Heilsgeschichte

Die Psalmen 78; 105; 106 erzählen uns von der Geschichte des Volkes Gottes auf Erden, von der erwählenden Gnade und Treue Gottes und von der Untreue und dem Undank seines Volkes. Ps 78 hat überhaupt keine Gebetsanrede. Wie sollen wir diese Psalmen beten? Ps 106 fordert uns zu Dank, Anbetung, Gelöbnis, Bitte, Sündenbekenntnis und Hilferuf angesichts der vergangenen Heilsgeschichte auf. Dank für die Güte Gottes, die über seinem Volk in Ewigkeit währt, die auch wir Heutigen erfahren wie unsere Väter; Anbetung für die Wunder, die Gott uns zugute tat, von der Erlösung seiner Gemeinde aus Ägypten bis zu Golgatha; Gelöbnis, das Gebot Gottes treuer zu halten als bisher; Bitte um die Gnade Gottes hierzu nach seiner Verheißung; Bekenntnis der eigenen Sünde, Untreue und Unwürdigkeit angesichts so großer Barmherzigkeit; Hilferuf um endliche Sammlung und Erlösung des Volkes Gottes.

Wir beten diese Psalmen, indem wir all das, was Gott einst an seinem Volk tat, als uns getan ansehen, indem wir unsere Schuld und Gottes Gnade bekennen, indem wir Gott auf Grund seiner vormaligen Wohltaten seine Verheißungen vorhalten und um ihre Erfüllung bitten, indem wir schließlich die ganze Geschichte Gottes mit seiner Gemeinde erfüllt sehen in Jesus Christus, durch den uns geholfen wurde und wird. Um Jesu Christi willen bringen wir Gott Dank, Bitte und Bekenntnis.

Der Messias

Gottes Heilsgeschichte kommt zur Vollendung in der Sendung des Messias. Von diesem Messias hat nach Jesu eigener Auslegung der Psalter geweissagt (Lk 24,44). Die Psalmen 22 und 69 sind der Gemeinde als die Leidenspsalmen Christi bekannt.

Den Anfang des 22. Psalmes hat Jesus am Kreuz selbst gebetet und so ganz deutlich zu seinem Gebet gemacht, Den 23. Vers legt Hebr 2,12 Christus in den Mund. Die Verse 9 und 19 sind unmittelbare Weissagungen auf die Kreuzigung Jesu. Mag David selber einst diesen Psalm in seinem eigenen Leiden gebetet haben, so tat er es doch als der von Gott gesalbte und darum von den Menschen verfolgte König, aus dem Christus kommen sollte. Er tat es als der, der Christus in sich trug. Christus aber nahm sich dieses Gebetes an, und erst für ihn galt es in vollem Sinne. Wir aber können diesen Psalm nur beten in der Gemeinschaft Jesu Christi, als die, die an Christi Leiden teil bekommen haben. Nicht aus unserem zufälligen, persönlichen Leiden, sondern aus dem Christusleiden, das auch über uns gekommen ist, beten wir diesen Psalm. Immer aber hören wir Jesus Christus mit uns beten und durch ihn hindurch jenen alttestamentlichen König, und dieses Gebet nachsprechend, ohne es je in seiner ganzen Tiefe ermessen oder erfahren zu können, treten wir mit Christus betend vor den Thron Gottes.

Im Psalm 69 pflegt der 6. Vers Schwierigkeiten zu bereiten, weil hier Christus Gott seine Torheit und Schulden klagt. Gewiß hat David hier von seiner persönlichen Schuld gesprochen. Christus aber spricht von der Schuld aller Menschen, auch der des David und meiner eigenen, die er auf sich genommen und getragen hat, und für die er nun den Zorn des Vaters erleidet. Der wahre Mensch Jesus Christus betet in diesem Psalm und nimmt uns in sein Gebet hinein.

Die Psalmen 2 und 110 bezeugen den Sieg Christi über seine Feinde, die Aufrichtung seines Reiches, die Anbetung durch das Volk Gottes. Auch hier knüpft die Weissagung an David und sein Königtum an. Wir aber erkennen in David schon den künftigen Christus. Luther nennt den 110. Psalm »den rechten hohen Hauptpsalm von unserem lieben Herrn Jesu Christo«.

Die Psalmen 20; 21 und 72 beziehen sich ursprünglich zweifellos auf das irdische Königtum Davids und Salomos. Ps 20 bittet um den Sieg des messianischen Königs über seine Feinde, um die Annahme seines Opfers durch Gott; Ps 21 dankt für Sieg und Krönung des Königs, Ps 72 bittet für Recht und Hilfe der Armen, um Frieden, beständige Herrschaft, ewigen Ruhm im Reiche des Königs. Wir beten in diesen Psalmen um den Sieg Jesu Christi in der Welt, wir danken für den gewonnenen Sieg und bitten um die Aufrichtung des Reiches der Gerechtigkeit und des Friedens unter dem König Jesus Christus. Dahin gehört auch Ps 61,7 ff.; 63,12.

Von der Liebe zu dem messianischen König spricht der viel umstrittene 45. Psalm, von seiner Schönheit, seinem Reichtum, seiner Macht. Bei der Hochzeit mit diesem König soll die Braut ihres Volkes und ihres Vaterhauses vergessen (V. 11) und dem König huldigen. Ihm allein soll sie sich schmücken und mit Freude bei ihm einziehen. Das ist das Lied und das Gebet von der Liebe zwischen Jesus, dem König, und seiner Gemeinde, die ihm zugehört.

Die Kirche

Von Jerusalem, der Stadt Gottes, von den großen Festen des Gottesvolkes, vom Tempel und den schönen Gottesdiensten singen die Psalmen 27; 42; 46; 48; 63; 81; 84; 87 u. a. Es ist die Gegenwart des Gottes des Heils in seiner Gemeinde, für die wir hier danken, über die wir uns freuen, nach der wir uns sehnen. Was für den Israeliten der Berg Zion und der Tempel, das ist für uns die Kirche Gottes in aller Welt, wo immer Gott in seinem Wort und Sakrament bei seiner Gemeinde Wohnung macht. Diese Kirche wird allen Feinden zum Trotz bleiben (Ps 46), ihre Gefangenschaft unter die Mächte der gottlosen Welt wird ein Ende nehmen (126; 137). Der in Christus seiner Gemeinde gegenwärtige, gnädige Gott ist die Erfüllung alles Dankens, aller Freude und Sehnsucht der Psalmen. Wie Jesus, in dem doch Gott selbst wohnt, nach der Gemeinschaft Gottes Verlangen hatte, weil er ein Mensch wie wir gewesen war (Lk 2,49), so betet er mit uns um die völlige Nähe und Gegenwart Gottes bei den Seinigen.

Gott hat verheißen, im Gottesdienst seiner Gemeinde gegenwärtig zu sein. So hält die Gemeinde nach Gottes Ordnung ihren Gottesdienst. Den vollkommenen Gottesdienst aber hat Jesus Christus selbst dargebracht, in dem er alle verordneten Opfer in seinem freiwilligen, sündlosen Opfer vollendete. Christus brachte das Opfer Gottes für uns und unser Opfer für Gott in sich selbst dar. Uns bleibt nur noch das Lob- und Dankopfer in Gebeten, Liedern und in einem Leben nach Gottes Geboten (Ps 15; Ps 50). So wird unser ganzes Leben zum Gottesdienst, zum Dankopfer. Zu solchem Dankopfer will sich Gott bekennen und dem Dankbaren sein Heil zeigen (Ps 50,23). Gott um Christi willen dankbar zu werden und ihn in der Gemeinde mit Herzen, Mund und Händen zu loben, das wollen uns diese Psalmen lehren.

Das Leben

Es fällt vielen ernsten Christen beim Beten der Psalmen auf, wie häufig die Bitte um Leben und Glück begegnet. Aus dem Blick auf das Kreuz Christi erwächst manchem der ungesunde Gedanke, als seien das Leben und sichtbare irdische Segnungen Gottes an sich schon ein zweifelhaftes und jedenfalls nicht zu begehrendes Gut. Sie nennen dann die entsprechenden Gebete des Psalters eine unvollkommene Vorstufe alttestamentlicher Frömmigkeit, die im Neuen Testament überwunden sei. Damit aber wollen sie geistlicher sein als Gott selbst.

Wie die Bitte um das tägliche Brot das ganze Gebiet der Notdurft des leiblichen Lebens umfaßt, so gehört die Bitte um Leben, Gesundheit und sichtbare Erweise der Freundlichkeit Gottes notwendig zu dem Gebet, das sich an Gott, den Schöpfer und Erhalter dieses Lebens, richtet. Das leibliche Leben ist nicht verächtlich, sondern dazu hat Gott uns seine Gemeinschaft in Jesus Christus geschenkt, daß wir in diesem – und dann freilich auch in jenem Leben vor ihm leben können. Dazu gibt er uns die irdischen Gebete, damit wir ihn desto besser erkennen, loben und lieben können. Gott will, daß es den Frommen auf Erden wohlergeht (Ps 37). Dieser Wille wird auch durch das Kreuz Jesu Christi nicht außer Kraft gesetzt, sondern vielmehr bestätigt, und gerade dort, wo Menschen in der Nachfolge Jesu viele Entbehrungen auf sich nehmen müssen, wie die Jünger, werden sie auf die Frage Jesu: »Habt ihr auch je Mangel gehabt?« antworten: »Niemals!« (Lk 22,35). Voraussetzung dafür ist die Erkenntnis des Psalmes: »Das Wenige, das ein Gerechter hat, ist besser als das große Gut vieler Gottloser« (Ps 37,16).

Wir dürfen wirklich kein schlechtes Gewissen dabei haben, mit dem Psalter um Leben, Gesundheit, Friede, irdisches Gut zu beten, wenn wir nur wie der Psalm selbst dies alles als Erweise der gnädigen Gemeinschaft Gottes mit uns erkennen und dabei festhalten, daß Gottes Güte besser ist denn Leben (Ps 63,4; 73,25 f.).

Der 103. Psalm lehrt uns die ganze Fülle der Gaben Gottes von der Erhaltung des Lebens bis zur Vergebung der Sünden als eine große Einheit zu verstehen und für sie dankend und lobend vor Gott zu treten (vgl. auch Ps 65). Um Jesu Christi willen gibt und erhält uns der Schöpfer das Leben. So will er uns bereit machen, zuletzt durch den Verlust aller irdischen Güter im Tode das ewige Leben zu gewinnen. Allein um Jesu Christi willen und auf sein Geheiß dürfen wir um die Lebensgüter beten, und um seinetwillen sollen wir es auch mit Zuversicht tun. Wenn wir aber empfangen, was wir bedürfen, so sollen wir nicht aufhören, Gott von Herzen zu danken, daß er um Jesu Christi willen so freundlich ist.

Das Leiden

»Wo findest du kläglichere, jämmerlichere Worte an Traurigkeit, denn die Klagepsalmen haben? Da siehst du allen Heiligen ins Herz, wie in den Tod, ja wie in die Hölle. Wie finster und dunkel ist's da an allerlei betrübtem Anblick des Zornes Gottes« (Luther).

In rechter Weise in den vielfachen Leiden, die die Welt über uns bringt, vor Gott zu kommen, lehrt uns der Psalter reichlich. Schwere Krankheit und tiefe Verlassenheit von Gott und Menschen, Bedrohung, Verfolgung, Gefangenschaft und was es an erdenklicher Not auf Erden gibt, die Psalmen kennen es (13; 31; 35; 41; 44; 54; 55; 56; 61; 74; 79; 86; 88; 102; 105 u. a.). Sie leugnen es nicht ab, sie täuschen sich nicht mit frommen Worten darüber hinweg, sie lassen es als harte Anfechtung des Glaubens stehen, ja sie sehen manchmal nicht mehr über das Leiden hinaus (Ps 88), aber sie alle klagen es Gott. Kein einzelner Mensch kann aus eigener Erfahrung die Klagepsalmen nachbeten; es ist die Not der ganzen Gemeinde zu allen Zeiten, wie sie Jesus Christus nur allein ganz erfahren hat, die hier ausgebreitet ist. Weil sie mit Gottes Willen geschieht, ja weil Gott allein sie ganz weiß und besser weiß als wir selbst, darum kann auch nur Gott selbst helfen, aber darum müssen auch alle Fragen immer wieder gegen Gott selbst anstürmen.

Es gibt in den Psalmen keine allzu geschwinde Ergebung in das Leiden. Immer geht es durch Kampf, Angst, Zweifel hindurch. An Gottes Gerechtigkeit, die den Frommen vom Unglück getroffen werden, den Gottlosen aber frei ausgehen läßt, ja an Gottes gutem, gnädigem Willen wird gerüttelt (Ps 44; 35). Zu unbegreiflich ist sein Handeln. Aber selbst in der tiefsten Hoffnungslosigkeit bleibt Gott allein der Angeredete. Weder wird von Menschen Hilfe erwartet noch verliert der Geplagte in Selbstbemitleidung den Ursprung und das Ziel aller Not, Gott, aus den Augen. Er tritt zum Kampf gegen Gott für Gott an. Dem zornigen Gott wird seine Verheißung ungezählte Male vorgehalten, seine frühere Wohltat, die Ehre seines Namens unter den Menschen.

Bin ich schuldig, warum vergibt Gott nicht? Bin ich unschuldig, warum macht er der Qual kein Ende und erweist meine Unschuld vor meinen Feinden? (Ps 38; 79; 44). Eine theoretische Antwort auf alle diese Fragen gibt es nicht, so wenig wie im Neuen Testament. Die einzige wirkliche Antwort heißt: Jesus Christus. Diese Antwort aber wird in den Psalmen schon erbeten. Es ist ihnen ja allen gemeinsam, daß sie alle Not und Anfechtung auf Gott werfen: Wir können sie nicht mehr tragen, nimm du sie uns ab und trage sie selbst, du allein kannst mit dem Leiden fertig werden. Das ist das Ziel aller Klagepsalmen. Sie beten um den, der die Krankheit auf sich lud und alle unsere Gebrechen trug, Jesus Christus, sie predigen Jesus Christus als die einzige Hilfe in den Leiden; denn in ihm ist Gott bei uns.

Um die volle Gemeinschaft mit Gott, der die Gerechtigkeit und die Liebe ist, geht es in den Klagepsalmen. Aber nicht nur ist Jesus Christus das Ziel unseres Betens, sondern er ist auch in unserem Beten selbst mit dabei. Er, der alle Not getragen hat, hat sie vor Gott gebracht, um unsertwillen hat er in Gottes Namen gebetet:

»Nicht wie ich will, sondern wie du willst.« Um unsertwillen hat er am Kreuz geschrieen: »Mein Gott, mein Gott, warum hast du mich verlassen?« Nun wissen wir, daß es kein Leiden auf Erden mehr gibt, in dem nicht Christus bei uns wäre, mit uns leidend, betend, der einzige Helfer.

Auf diesem Grunde wachsen die großen Vertrauenspsalmen. Ein Gottvertrauen ohne Christus ist leer und ohne Gewißheit, ja es kann nur eine andere Form des Selbstvertrauens sein. Wer aber weiß, daß Gott in Jesus Christus selbst in unser Leiden eingegangen ist, der darf mit großem Vertrauen sagen: »Du bist bei mir, dein Stekken und Stab trösten mich« (Ps 23; 37; 63; 73; 91; 121).

Die Schuld

Seltener als wir erwarten, begegnet uns im Psalter das Gebet um Vergebung der Sünden. Die meisten Psalmen setzen die volle Gewißheit der Vergebung der Sünden voraus. Das mag uns überraschen. Aber auch im Neuen Testament verhält es sich nicht anders. Es ist eine Verkürzung und Gefährdung des christlichen Gebetes, wenn es ausschließlich um die Vergebung der Sünden kreist. Es gibt ein getrostes Hinter-sich-lassen der Sünde um Jesu Christi willen.

Dennoch fehlt im Psalter keineswegs das Bußgebet. Die sogenannten 7 Bußpsalmen (6; 32; 38; 51; 102; 130; 143), aber nicht nur sie (Ps 14; 15; 25; 31; 39; 40; 41 u. a.) führen uns in die ganze Tiefe der Sündenerkenntnis vor Gott, sie helfen uns zum Bekenntnis der Schuld, sie lenken unser ganzes Vertrauen auf die vergebende Gnade Gottes, so daß Luther sie mit Recht „paulinische Psalmen" genannt hat. Meist führt ein besonderer Anlaß zu solchem Gebet, sei es eine schwere Schuld (Ps 32; 51), sei es ein unerwartetes Leiden, das in die Buße treibt (Ps 38; 102). Jedesmal wird alle Hoffnung auf die freie Vergebung gesetzt, wie sie uns Gott in seinem Wort von Jesus Christus für alle Zeiten angeboten und zugesagt hat.

Der Christ wird beim Beten dieser Psalmen kaum Schwierigkeiten finden. Jedoch könnte die Frage entstehen, wie es zu denken sei, daß Christus auch diese Psalmen mit uns betet. Wie kann der Sündlose um Vergebung bitten? Nicht anders als wie der Sündlose die Sünde aller Welt tragen und für uns zur Sünde gemacht werden kann (2. Kor 5,21). Nicht um seiner, aber um unserer Sünde willen, die er selbst auf sich genommen hat und für die er leidet, betet Jesus um Vergebung der Sünde. Er stellt sich ganz zu uns, er will vor Gott ein Mensch sein wie wir. So betet er auch das menschlichste aller Gebete mit uns und erweist sich gerade dabei als wahrer Sohn Gottes.

Besonders auffallend und anstößig ist dem evangelischen Christen vielfach die Tatsache, daß im Psalter mindestens ebenso oft von der Unschuld wie von der Schuld der Frommen gesprochen wird (vgl. Ps 5; 7; 9; 16; 17; 26; 35; 41; 44; 59; 66; 68; 69; 73; 86 u. a.). Hier scheint ein Rest sogenannter alttestamentlicher Werkgerechtigkeit

sichtbar zu werden, mit dem der Christ nichts mehr anfangen kann. Doch bleibt diese Betrachtung ganz an der Oberfläche und weiß nichts von der Tiefe des Wortes Gottes. Es ist gewiß, daß man von der eigenen Unschuld in selbstgerechter Weise sprechen kann, aber wissen wir denn nicht, daß man auch die demütigsten Sündenbekenntnisse sehr selbstgerecht beten kann? Von der eigenen Schuld kann ebenso fern von Gottes Wort geredet werden wie von der eigenen Unschuld.

Aber nicht das ist ja die Frage, welche möglichen Motive hinter einem Gebet stehen, sondern ob der Inhalt des Gebetes selbst recht oder unrecht ist. Hier aber ist es deutlich, daß der gläubige Christ durchaus nicht nur etwas von seiner Schuld, sondern auch etwas jedenfalls ebenso Wichtiges über seine Unschuld und Gerechtigkeit zu sagen hat. Es gehört zum Glauben des Christen, daß er durch Gottes Gnade und das Verdienst Jesu Christi ganz gerecht und unschuldig vor Gottes Augen geworden ist, daß »nichts Verdammliches an denen ist, die in Christus Jesus sind« (Röm 8,1). Und es gehört zum Gebete des Christen, daß es an dieser ihm zuteil gewordenen Unschuld und Gerechtigkeit festhält, sich auf Gottes Wort beruft und für sie dankt. So dürfen wir nicht nur, sondern so müssen wir geradezu, wenn anders wir Gottes Handeln an uns überhaupt ernst nehmen, in aller Demut und Gewißheit beten: »Ich bin ohne Tadel vor ihm und hüte mich vor Sünden« (Ps 18,24), »du prüfst mein Herz und findest nichts« (Ps 17,3). Mit solchem Gebet stehen wir mitten im Neuen Testament, in der Kreuzesgemeinschaft Jesu Christi.

Besonders stark tritt die Beteuerung der Unschuld in den Psalmen hervor, die von der Bedrängnis durch gottlose Feinde handeln. Hier ist mehr an das Recht der Sache Gottes gedacht, die freilich dem, der ihr anhängt, auch recht gibt. Daß wir um der Sache Gottes verfolgt werden, setzt uns wirklich ins Recht gegenüber dem Feind Gottes. Neben der sachlichen Unschuld, die freilich niemals nur eine sachliche sein kann, weil die Sache der Gnade Gottes uns ja immer auch persönlich betrifft, kann dann in einem solchen Psalm das persönliche Schuldbekenntnis stehen (Ps 41,5; 69,6), das ja wiederum nur ein Anzeichen dafür ist, daß ich wirklich an der Sache Gottes hänge. ich kann dann sogar im selben Atem bitten: »Richte mich und führe meine Sache wider das unheilige Volk« (Ps 43,1).

Es ist ein durchaus unbiblischer und zersetzender Gedanke, daß wir niemals unschuldig leiden können, solange in uns selbst noch irgendein Fehler steckt. So urteilt weder das Alte noch das Neue Testament. Werden wir um der Sache Gottes willen verfolgt, so leiden wir unschuldig, das heißt ja, dann leiden wir mit Gott selbst; und daß wir wirklich mit Gott und darum unschuldig sind, wird sich gerade darin erweisen, daß wir um Vergebung unserer Sünden bitten.

Aber auch nicht nur gegenüber den Feinden Gottes sind wir unschuldig, sondern auch vor Gott selbst; denn er sieht uns nun mit seiner Sache verbunden, in die er uns selbst hineingezogen hat, und vergibt uns unsere Sünden. So münden alle Unschuldspsalmen ein in das Lied: »Christi Blut und Gerechtigkeit, das ist mein Schmuck und Ehrenkleid, damit will ich vor Gott bestehn, wenn ich zum Himmel werd eingehn.«

Die Feinde

Kein Stück des Psalters bereitet uns heute größere Not als die sogenannten Rachepsalmen. In erschreckender Häufigkeit durchdringen ihre Gedanken den ganzen Psalter (5; 7; 9; 10; 13; 16; 21; 23; 28; 31; 35; 36; 40; 41; 44; 52; 54; 55; 58; 59; 68; 69; 70; 71; 137 u. a.). Hier scheinen alle Versuche mitzubeten zum Scheitern verurteilt, hier scheint nun wirklich die sogenannte religiöse Vorstufe gegenüber dem Neuen Testament vorzuliegen. Christus betet am Kreuz für seine Feinde und lehrte uns ebenso beten. Wie können wir noch mit den Psalmen Gottes Rache über die Feinde herbeirufen? Die Frage ist also: Lassen sich die Rachepsalmen als Gottes Wort für uns und als Gebet Jesu Christi verstehen? Können wir als Christen diese Psalmen beten? Wohlgemerkt, wiederum fragen wir nicht nach möglichen Motiven, die wir doch nicht ergründen können, sondern nach dem *Inhalt* des Gebetes.

Die Feinde, von denen hier gesprochen wird, sind Feinde der Sache Gottes, die uns um Gottes willen angreifen. Es handelt sich also nirgends um persönlichen Streit. Nirgends will der Psalmenbeter die Rache in eigene Hand nehmen, er befiehlt die Rache Gott allein (vgl. Röm 12,19). Damit muß er sich selbst aller persönlichen Rachegedanken entschlagen, er muß frei sein von eigenem Rachedurst, sonst wäre die Rache nicht ernstlich Gott befohlen. Ja, nur wer selbst unschuldig ist gegenüber dem Feind, kann Gott die Rache anheimgeben. Das Gebet um die Rache Gottes ist das Gebet um die Vollstreckung seiner Gerechtigkeit im Gericht über die Sünde. Dieses Gericht muß ergehen, wenn Gott zu seinem Wort steht, es muß ergehen, wen es auch trifft; ich selbst gehöre mit meiner Sünde mit unter dieses Gericht. Ich habe kein Recht, dieses Gericht hindern zu wollen. Es muß erfüllt werden um Gottes willen, und es ist erfüllt worden, freilich in wunderbarer Weise.

Gottes Rache traf nicht die Sünder, sondern den einzig Sündlosen, der an der Sünder Stelle getreten ist, den Sohn Gottes. Jesus Christus trug die Rache Gottes, um deren Vollstreckung der Psalm betet. Er stillte Gottes Zorn über die Sünde und betete in der Stunde der Vollstreckung des göttlichen Gerichtes: »Vater, vergib ihnen, denn sie wissen nicht, was sie tun!« Kein anderer als er, der den Zorn Gottes selbst trug, konnte so beten. Das war das Ende aller falschen Gedanken über die Liebe Gottes, der die Sünde nicht so ernst nimmt. Gott haßt und richtet seine Feinde an dem einzigen Gerechten, und dieser bittet für die Feinde Gottes um Vergebung. Nur im Kreuz Jesu Christi ist die Liebe Gottes zu finden.

So führt der Rachepsalm zum Kreuz Jesu und zur vergebenden Feindesliebe Gottes. Nicht ich kann von mir aus den Feinden Gottes vergeben, sondern allein der gekreuzigte Christus kann es, und ich darf es durch ihn. So wird die Vollstreckung der Rache zur Gnade für alle Menschen in Jesus Christus.

Gewiß ist es ein bedeutsamer Unterschied, ob ich mit dem Psalm in der Zeit der Verheißung oder ob ich in der Zeit der Erfüllung stehe; aber dieser Unterschied gilt für alle Psalmen. Ich bete den Rachepsalm in der Gewißheit seiner wunderbaren Erfüllung, ich stelle Gott die Rache anheim und bitte ihn um die Vollstreckung seiner Gerechtigkeit an allen seinen Feinden und weiß, daß Gott sich treu geblieben ist und sich Recht verschafft hat in seinem zornigen Gericht am Kreuz, und daß uns dieser Zorn zur Gnade und Freude geworden ist. Jesus Christus selbst bittet um die Vollstreckung der Rache Gottes an seinem Leibe, und er führt mich so täglich zu dem Ernst und der Gnade seines Kreuzes für mich und alle Feinde Gottes zurück.

Auch heute kann ich nur durch das Kreuz Christi, durch die Vollstreckung der Rache Gottes hindurch Gottes Liebe glauben und den Feinden vergeben. Das Kreuz Jesu gilt allen. Wer sich ihm widersetzt, wer das Wort vom Kreuz Jesu verdirbt, an dem muß sich Gottes Rache selbst vollstrecken, er muß den Fluch Gottes tragen in dieser oder in jener Zeit. Von diesem Fluch aber, der denen gilt, die Christus hassen, spricht das Neue Testament in aller Klarheit und unterscheidet sich darin in nichts vom Alten, aber auch von der Freude der Gemeinde an dem Tage, an dem Gott sein letztes Gericht vollstrecken wird (Gal 1,8 f.; 1. Kor 16,22; Offenbarung 18; 19; 20,11). So lehrt uns der gekreuzigte Jesus, die Rachepsalmen recht zu beten.

Das Ende

Die Hoffnung der Christen richtet sich auf die Wiederkunft Jesu und die Auferstehung der Toten. Im Psalter findet sich diese Hoffnung nicht wörtlich ausgesprochen. Was sich seit der Auferstehung Jesu für die Kirche in eine lange Reihe heilsgeschichtlicher Ereignisse am Ende aller Dinge aufgegliedert hat, ist für den Blick des Alten Testaments noch ein einziges unteilbares Ganzes. Das Leben in der Gemeinschaft mit dem Gott der Offenbarung, der endliche Sieg Gottes in der Welt und die Aufrichtung des messianischen Königtums sind Gegenstand des Gebetes in den Psalmen.

Der Sache nach liegt hier kein Unterschied zum Neuen Testament. Zwar bitten die Psalmen um Gemeinschaft mit Gott im irdischen Leben, aber sie wissen, daß diese Gemeinschaft nicht im irdischen Leben aufgeht, sondern weit darüber hinausreicht, ja im Gegensatz zu ihm steht (Ps 17,14 f.; 6, 34). So ist das Leben in der Gemeinschaft mit Gott immer schon jenseits des Todes. Der Tod ist zwar das unwiderrufliche bittere Ende für Leib und Seele. Er ist der Sünde Sold, und die Erinnerung an ihn tut not (Ps 39; 90). Jenseits des Todes aber ist der ewige Gott (Ps 90; 102). Darum wird nicht der Tod, sondern das Leben in der Kraft Gottes triumphieren (Ps 16,9 ff.; 56,14; 49,16; 73,24; 118,15 ff.). Dieses Leben finden wir in der Auferstehung Jesu Christi, und wir erbitten es für diese und jene Zeit.

Die Psalmen vom Endsieg Gottes und seines Messias (2; 96; 97; 98; 110; 148–150) führen uns in Lob, Dank und Bitte an das Ende aller Dinge, wenn alle Welt Gott die Ehre geben wird, wenn die erlöste Gemeinde mit Gott in Ewigkeit herrschen wird, wenn die Mächte des Bösen fallen und Gott allein die Macht behält.

Wir haben diesen kurzen Gang durch den Psalter unter-nommen, um einige Psalmen vielleicht besser beten zu lernen. Es wäre nicht schwer, alle die genannten Psal-men dem Vaterunser einzuordnen. Wir brauchen an der Reihenfolge der Abschnitte, die wir besprachen, nur we-nig zu ändern. Wichtig aber ist allein dies, daß wir von neuem und mit Treue und Liebe die Psalmen im Namen unseres Herrn Jesu Christi zu beten beginnen.

»Unser lieber Herr, der uns den Psalter und das Vater-unser zu beten gelehrt und gegeben hat, verleihe uns auch den Geist des Gebetes und der Gnade, daß wir mit Lust und ernstem Glauben recht und ohne Aufhören be-ten; denn es tut uns not; so hat er's geboten und will's also von uns haben. Dem sei Lob, Ehre und Dank. Amen.« (Luther)

Hinweis zu Seite 249–257

Der Abdruck des Beitrags »Das Gebetbuch der Bibel« von Dietrich Bonhoeffer (1906–1945) erfolgt mit freundlicher Genehmigung des Chr. Kaiser Verlags aus: Dietrich Bonhoeffer Werke, Fünfter Band (= DBW 5): Gemeinsames Leben / Das Gebetbuch der Bibel, hrsg. von Gerhard Ludwig Müller und Albrecht Schönherr, München 1987, S. 107–132.

Die Schrift, eine erweiterte Ausführung dessen, was Bonhoeffer im zweiten Abschnitt von »Gemeinsames Leben« zum Verständnis und Um-gang mit den Psalmen gesagt hat (vgl. DBW 5, S. 38–43), ist unter dem Titel »Das Gebetbuch der Bibel. Eine Einführung in die Psalmen« erst-mals 1940 im Verlag für Missions- und Bibel-Kunde Bad Salzuflen als Heft 8 der Reihe »Hinein in die Schrift« erschienen. Nach dem zweiten Weltkrieg fand die Schrift eine weite Verbreitung: 12. Aufl. ebd. 1986, Übersetzungen: franz. 1968; ital. 1969 ([3]1985); holl. 1969 ([2]1971); engl. 1970 ([3]1983); span. 1974; norw. 1979; slowakisch 1985. Als Titelbild für die Erstveröffentlichung hat Bonhoeffer eine Skulptur des Königs David vom Wormser Dom (1483) ausgewählt. »Die Absicht war, daran zu erin-nern, daß Gott die christliche Gemeinde durch die Psalmen verbindlich anspreche, und zwar durch den Mund eines jüdischen Königs – eine damals theologisch wie politisch brisante Aussage« (DBW 5, S. 10).

Zum zeitgeschichtlichen Hintergrund und zu den Auslegungsgrundsät-zen dieser Schrift, die im Zusammenhang mehrerer Auslegungen von einzelnen Psalmen und wichtiger Bibelarbeiten zu Themen des Alten Testaments im Predigerseminar Finkenwalde steht, bemerkt Gerhard L. Müller im Nachwort zu DBW 5 (S. 172 ff.): »›Das Gebetbuch der Bibel‹ dient der vertieften Hinführung des Christen zum Psalter als ›der großen Schule des Betens‹ überhaupt ... Es war dabei auch der Kampf um die Geltung des Alten Testaments und des alttestamentlichen Gottesvolkes für die christliche Kirche auszufechten. Verschärft wurde die Problema-tik durch den Antijudaismus besonders der Deutschen Christen und ihre ideologisch gestützten Versuche, das jüdische Erbe des Christentums zu eliminieren.« In der Auseinandersetzung mit denjenigen Theologen, die nur noch ein sachliches und wissenschaftliches Interesse am Alten Testa-ment zulassen und es somit für die Christenheit nicht mehr als Gottes Wort gelten lassen wollten, kommt Bonhoeffer zu einer entschieden theologischen Deutung der Psalmen und anderer alttestamentlicher Texte und stellt sich in seinen Psalmenauslegungen konsequent in die große abendländische Tradition von Augustinus und Luther, die die Psal-men christozentrisch deuten (vgl. dazu auch die Einführung in die Illu-stration des Psalters in Bd.1, S. 48f. dieses »Eschbacher Bilderpsalters«). »Es geht im Psalmengebet um das entscheidend Christliche des Gebets. In diesem Sinn gewann die Bemerkung Friedrich Christoph Ötingers (1702–1782), der Psalter enthalte im Grunde nichts anderes als die sie-ben Bitten des Gebetes des Herrn, einen Schlüsselcharakter für Bon-hoeffers Auffassung der Psalmen. Dies bedeutet freilich für Bonhoeffer nicht nur, daß sich der Psalter von Christus her erschließt, sondern auch umgekehrt, daß der Psalter das Christusgeschehen auslegt.«

Unsere Tage zu zählen,
lehre uns

90 [Ein Gebet Moses,
des Mannes Gottes.*]

1 O Herr, du warst unsre Zuflucht
   von Geschlecht zu Geschlecht.
2 Ehe die Berge geboren waren
   und die Erde und die Welt geschaffen,
   bist du Gott von Ewigkeit zu Ewigkeit.
3 Du lässest die Menschen zum Staube zurückkehren,
   sprichst zu ihnen: »Kehret zurück, ihr Menschenkinder!«
4 Denn tausend Jahre sind vor deinen Augen
   wie der gestrige Tag, wenn er vergangen,
   wie eine Wache in der Nacht.
5 Du säest sie aus, von Jahr zu Jahr,
   sie sind wie das sprossende Gras:
6 am Morgen erblüht es und sproßt,
   am Abend welkt es und verdorrt.

7 Denn wir vergehen durch deinen Zorn,
   fahren plötzlich dahin durch deinen Grimm.
8 Du hast unsre Sünden vor dich gestellt,
   unser Geheimstes in das Licht deines Angesichts.
9 Ja, all unsre Tage schwinden durch deinen Zorn,
   unsre Jahre gehen dahin wie ein Seufzer.
10 Unser Leben währet siebzig Jahre,
   und wenn es hoch kommt, sind es achtzig Jahre,
   und das meiste daran ist Mühsal und Beschwer;
   denn eilends geht es vorüber, und wir fliegen dahin.
11 Wer erkennt die Gewalt deines Zorns,
   und wer hegt Furcht vor deinem Grimm?
12 Lehre uns unsre Tage zählen,
   daß wir ein weises Herz gewinnen.

13 Kehre doch wieder, Du! Ach, wie lange!
   Habe Erbarmen mit deinen Knechten!
14 Sättige uns frühe mit deiner Gnade,
   daß wir frohlocken und uns freuen unser Leben lang.
15 Erfreue uns so viele Tage, wie du uns beugtest,
   so viele Jahre, wie wir Unglück litten.
16 Laß deine Knechte dein Walten schauen
   und ihre Kinder deine Herrlichkeit.

17 Die Huld des Allherrschers, unsres Gottes, sei über uns!
   Das Werk unsrer Hände wollest du fördern,
   ja, fördere es, das Werk unsrer Hände!

Reiner Seibold, Schriftbild zu Psalm 90 (nach der Übersetzung Martin Luthers)

Schild und Schutz ist dir
seine Treue

91 Wer unter dem Schirm des Höchsten wohnt,
wer im Schatten des Allmächtigen ruht,

2 der darf sprechen zu IHM: »Meine Zuflucht, meine Feste,
mein Gott, auf den ich vertraue!«

3 Denn er errettet dich aus der Schlinge des Jägers,
vor Tod und Verderben.

4 Mit seinem Fittich bedeckt er dich,
unter seinen Flügeln findest du Zuflucht,
Schild und Schutz ist dir seine Treue.

5 Du brauchst dich nicht zu fürchten
vor dem Schrecken der Nacht,
noch vor dem Pfeil, der am Tage fliegt,

6 nicht vor der Pest, die im Finstern einhergeht,
noch vor der Seuche, die am Mittag verwüstet.

»Schild und Schutz ist dir seine Treue« (zu Ps 91,4–6), Stuttgarter Psalter, 9. Jh.

7 Ob tausend fallen an deiner Seite,
zehntausend zu deiner Rechten,
dich trifft es nicht.

8 Ja, mit eignen Augen darfst du es schauen,
darfst sehen, wie den Gottlosen vergolten wird.

9 Denn deine Zuversicht ist ER,
den Höchsten hast du zu deiner Zuflucht gemacht.

10 Es wird dir kein Unheil begegnen,
keine Plage zu deinem Zelte sich nahen.

11 Denn seine Engel wird er für dich entbieten,
   dich zu behüten auf all deinen Wegen.
12 Sie werden dich auf den Händen tragen,
   daß dein Fuß nicht an einen Stein stoße.

Oberes Bild: »Seine Engel wird er für dich entbieten« (zu Ps 91,11–12);
unteres Bild: »Über Löwen und Ottern wirst du schreiten« (zu Ps 91,13), Stuttgarter Psalter, 9. Jh.

13 Über Löwen und Ottern wirst zu schreiten,
   wirst zertreten Löwen und Drachen.

14 »Weil er an mir hängt, will ich ihn erretten,
   will ihn schützen, denn er kennt meinen Namen.
15 Er ruft mich an, und ich erhöre ihn;
   ich bin bei ihm in der Not,
   reiße ihn heraus und bringe ihn zu Ehren.
16 Ich sättige ihn mit langem Leben
   und lasse ihn schauen mein Heil.«

NEFORTEOFFENDASADLA
PIDEMPEDEMTUUM ;
SUPERASPIDEMETBASILIS
CUMAMBULABIS · ETCON
CULCABISLEONEM · ETDRA
CONEM ;

QNMINMESPERAUITETLI
BERABOEUM · PROTEGAM
EUM · QNMCOGNOUIT
NOMENMEUM ;
CLAMABITADMEETEXAU
DIAMEUM · CUMIPSOSU

INTRIBULATIONE ;
ERIPIAMEUMETGLORIFICA
BOEUM · LONGITUDINE
DIERUMREPLEBOEUM
ETOSTENDAMILLISALU
TAREMEUM ;

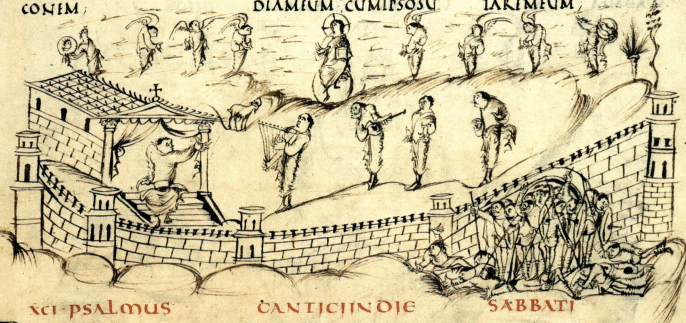

XCI PSALMUS

CANTICUM DIE

SABBATI

BONUMESTCONFI
TERIDNO · ETPSALLERENO
MINITUOALTISSIME ·
ADADNUNTIANDUMMA
NEMISERICORDIAMTUA
ETUERITATEMTUAMPER
NOCTEM ·
INDECACORDOPSALTERIO ·
CUMCANTICOIN · ITHARA ·
QUIADELECTASTIMEDNEIN
FACTURATUA · ETINOPERI
BUSMANUUMTUARUM ·

EXSULTABO ;
QUAMMAGNIFICATASUN
OPERATUADNE · NIMISPRO
FUNDAEFACTAESUNTCO
GITATIONESTUAE ;
UIRINSIPIENSNONCOGNOS
CET · ETSTULTUSNONINTEL
LEGETHAEC ;
CUMEXORTIFUERINTPECCA
TORESSICUTFAENUM
ETAPPARUERINTOMNES
QUIOPERANTURINI

QUITATEM ·
UTINTEREANTINSAECULU
SAECULI · TUAUTEMALTIS
SIMUSINAETERNUDNE ·
QNMECCEINIMICITUIDNE
QNMECCEINIMICITUIPERI
BUNT · ETDISPERGENTUR
OMNESQUIOPERANTUR
INIQUITATEM ;
ETEXALTABITURSICUTUNI
CORNISCORNUMEUM ·
ETSENECTUSMEAINMISE

54

Illustration zu Psalm 92, Utrecht-Psalter, 9. Jh.

Köstlich ist es,
den Herrn zu preisen

92 [Ein Psalm,
ein Lied für den Sabbattag.*]

2 Köstlich ist es, Dɪᴄʜ zu preisen,
   deinem Namen, o Höchster, zu singen,
3 des Morgens deine Gnade zu verkünden
   und deine Treue in den Nächten,
4 zur zehnsaitigen Laute und Zither,
   zum rauschenden Spiel auf der Harfe.

5 Denn Dᴜ hast mich fröhlich gemacht durch dein Walten,
   ich frohlocke über das Werk deiner Hände.
6 wie groß sind deine Werke, o Dᴜ,
   wie tief sind deine Gedanken!
7 Der unvernünftige Mensch erkennt es nicht,
   und der Tor begreift das nicht.

8 Wenn die Gottlosen sproßten wie das Gras
   und alle Übeltäter blühten,
   war's nicht, damit sie vertilgt würden auf immer?
9 Du aber, o Dᴜ,
   bist der Höchste in Ewigkeit!
10 Denn fürwahr, deine Feinde, o Dᴜ,
   ja fürwahr, deine Feinde müssen vergehen,
   alle Übeltäter müssen sich zerstreuen.

11 Hoch erhebst du mein Horn wie das des Büffels,
   übergießest mich mit frischem Öl.
12 Mein Auge sieht seine Lust
   an denen, die mir auflauern,
   und meine Ohren hören mit Freude
   vom Geschick der Bösewichte.

13 Der Gerechte sproßt wie der Palmbaum,
   wächst hoch wie die Zeder auf dem Libanon.
14 Gepflanzt in Sᴇɪɴᴇᴍ Hause,
   sprossen sie auf in den Vorhöfen unsres Gottes.
15 Noch im Alter tragen sie Frucht,
   sind saftvoll und frisch,
16 zu verkünden: Eʀ ist gerecht,
   mein Fels, an ihm ist kein Unrecht.

Fest steht dein Thron
von Anbeginn

93 ER ward König!
Mit Hoheit hat er sich umkleidet,
hat sich umkleidet ER, der Allherrscher,*
mit Macht sich umgürtet.
Fest steht der Erdkreis
und wankt nicht.
2 Fest steht dein Thron von Anbeginn;
von Ewigkeit her bist du.

3 Einst erhoben die Fluten, o DU,
erhoben die Fluten ihre Stimme –
wieder erheben die Fluten ihr Tosen.
4 Hehrer als das Brausen großer Wasser,
hehrer als die Brandung des Meeres,
hehr ist ER in der Höhe.

5 Fest und verläßlich ist, was du bezeugt;
deinem Hause gebührt heilige Scheu,
o DU, auf ewige Zeiten.

Erhebe dich,
du Richter der Welt

94 Du Gott der Rache, o DU,
Gott der Rache, erscheine!
2 Erhebe dich, du Richter der Welt,
vergilt den Stolzen ihr Tun!

3 Wie lange sollen die Gottlosen, o DU,
wie lange noch sollen sie frohlocken?
4 Es stoßen trotzige Reden aus,
es brüsten sich alle Übeltäter.
5 Sie zertreten dein Volk, o DU,
und bedrücken dein Eigentum.
6 Sie erwürgen Witwe und Fremdling
und morden die Waisen
7 und denken: ER sieht es nicht,
der Gott Jakobs merkt es nicht.

8 Merkt's euch doch, ihr Narren im Volke,
ihr Toren, wann werdet ihr klug?

RICORDIAUBERI;
ETDISPEXITOCULUSMEUS
INIMICOSMEOS·ETININ
SURCENTIBUSINMEMA
LIGNANTIBUSAUDIET
AURISMEA

IUSTUSUTPALMAFLOREBIT
UTCEDROSLIBANIMULTI
PLICABITUR;
PLANTATIINDOMODNI·IN
ATRIISDNRIFLOREBUNT;
ADHUCMULTIPLICABUNTUR

INSENECTAUBERI·ETBENE
PACIENTESERUNTUTAD
NUNTIENT;
QNMRECTUSDNSDSNOSTER
ETNONESTINIQUITAS
INEO

XCII·LAUSCANTICI
DAUIDINDIEANTE
DNSREGNAUITDE
COREINDUTUSEST·INDU
TUSESTDNSFORTITUDINE
ETPRAECINCXITSE
ETENIMFIRMAUITORBEM
TERRAE·QUINONCOMMO
UEBITUR;
PARATASEDISTUA·EXTUNC

SABBATUM·QUAN
DOINHABITATAEST
ASAECULOTUES;
ELEUAUERUNTFLUMINA
DNE·ELEUAUERUNTFLU
MINA·UOCEMSUAM;
ELEUAUERUNTFLUMINA
FLUCTUSSUOS·AUOCIBUS
AQUARUMMULTARUM;
MIRABILESELACIONESMARIS

TERRA
MIRABILISINALTISDNS;
TESTIMONIATUACREDIBI
LIAFACTASUNTNIMIS
DOMUMTUAMDECETSCI
TUDO·DNEINLONGITU
DINEDIERUM;

9 Der das Ohr gepflanzt, sollte der nicht hören?
   Der das Auge gebildet, sollte der nicht sehen?
10 Der die Völker erzieht, sollte der nicht strafen?
   er, der die Menschen Erkenntnis lehrt?
11 ER kennt das Sinnen der Menschen;
   sie sind ja ein Hauch.

12 Wohl dem Manne, den DU erziehst,
   den du unterweisest aus deinem Gesetz,
13 ihm Ruhe zu schaffen vor den Tagen des Unglücks,
   bis dem Gottlosen die Grube gegraben wird.
14 Denn ER wird sein Volk nicht verstoßen,
   wird nicht verlassen sein Eigentum.
15 Die Richtergewalt wird wieder an den Gerechten kommen,
   und ihm folgen alle, die redlichen Herzens sind.

16 Wer erhebt sich für mich wider die Bösewichte,
   wer tritt für mich auf wider die Übeltäter?
17 Wäre ER nicht meine Hilfe,
   meine Seele wohnte wohl schon im stillen Lande.
18 Wenn ich denke: Jetzt wankt mein Fuß,
   so stützt mich deine Gnade, o DU.
19 Bedrückt die Menge der Sorgen mein Herz,
   so erquickt dein Trost meine Seele.

20 Hat Gemeinschaft mit dir der Thron des Verderbens,
   der das Gesetz vorschützt und Unheil schafft?
21 Sie rotten sich zusammen wider das Leben des Gerechten
   und verurteilen unschuldiges Blut.
22 ER aber ist meine Burg
   und mein Gott der Fels meiner Zuflucht.
23 Er vergilt ihnen ihren Frevel
   und vertilgt sie in ihrer Bosheit,
   es vertilgt sie der Allherrscher, unser Gott.

O daß ihr heute auf seine Stimme hörtet

95 Kommt, laßt uns IHM frohlocken,
   jauchzen dem Fels unsres Heils!
2 Laßt uns mit Dank vor sein Angesicht treten,
   mit Lobgesängen ihm jauchzen!
3 Denn ein großer Gott ist ER,
   ein großer König über alle Götter.
4 In seiner Hand sind die Tiefen der Erde,
   sein auch die Gipfel der Berge.

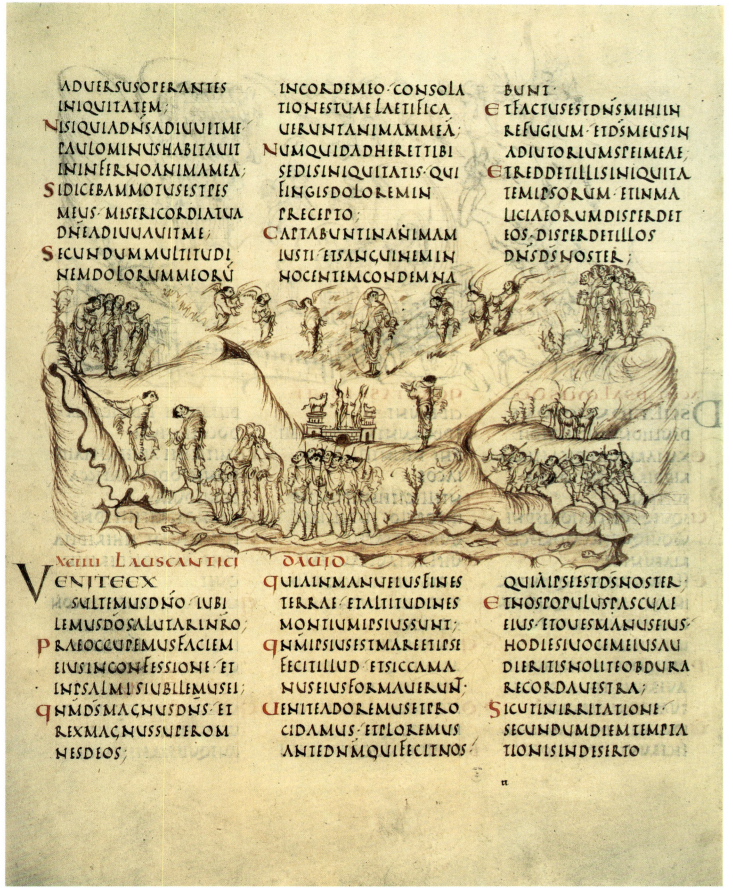

ADUERSUSOPERANTES
INIQUITATEM;
NISIQUIADNSADIUUITME
PAULOMINUSHABITAUIT
ININFERNOANIMAMEA;
SIDICEBAMMOTUSESTPES
MEUS MISERICORDIATUA
DNEADIUUAUITME;
SECUNDUMMULTITUDI
NEMDOLORUMMEORU

INCORDEMEO CONSOLA
TIONESTUAE LAETIFICA
UERUNTANIMAMMEA;
NUMQUIDADHERETTIBI
SEDISINIQUITATIS QUI
FINGISDOLOREMIN
PRECEPTO;
CAPTABUNTINANIMAM
IUSTI ETSANGUINEMIN
NOCENTEMCONDEMNA

BUNT
ETFACTUSESTDNSMIHIIN
REFUGIUM ETDSMEUSIN
ADIUTORIUMSPEIMEAE;
ETREDDETILLISINIQUITA
TEMIPSORUM ETINMA
LICIAEORUMDISPERDET
EOS DISPERDETILLOS
DNSDSNOSTER;

XCIIII LAUSCANTICI
VENITEEX
SULTEMUSDNO IUBI
LEMUSDOSALUTARINRO;
PRAEOCCUPEMUSFACIEM
EIUSINCONFESSIONE ET
INPSALMISIUBLLEMUSEI;
QNMDSMAGNUSDNS ET
REXMAGNUSSUPEROM
NESDEOS;

DAUID
QUIAINMANUEIUSFINES
TERRAE ETALTITUDINES
MONTIUMIPSIUSSUNT;
QNMIPSIUSESTMAREETIPSE
FECITILLUD ETSICCAMA
NUSEIUSFORMAUERUN;
UENITEADOREMUSETPRO
CIDAMUS ETPLOREMUS
ANTEDNMQUIFECITNOS

QUIAIPSEESTDSNOSTER;
ETNOSPOPULUSPASCUAE
EIUS ETOUESMANUSEIUS
HODIESIUOCEMEIUSAU
DIERITISNOLITEOBDURA
RECORDAUESTRA;
SICUTINIRRITATIONE
SECUNDUMDIEMTEMPTA
TIONISINDESERTO

Illustration zu Psalm 95, Utrecht-Psalter, 9. Jh.

5 Sein ist das Meer – er hat es gemacht,
   sein auch das Festland – seine Hand hat es gebildet.

6 Ziehet ein! Laßt uns niederfallen und uns beugen,
   niederknien vor IHM, der uns gemacht hat!
7 Denn er ist unser Gott,
   und wir das Volk seiner Weide
   und die Schafe seiner Hand.

   O daß ihr heute auf seine Stimme hörtet:
8 »Verhärtet euer Herz nicht wie zu Meriba,
   wie am Tage von Massa in der Wüste,
9 da mich eure Väter versuchten,
   mich prüften – und sie sahen doch mein Tun!
10 Vierzig Jahre hatte ich Abscheu
   vor jenem Geschlechte und sprach:
   Sie sind ein Volk irren Geistes –
   und noch erkannten sie meine Wege nicht.
11 So schwur ich denn in meinem Zorn:
   Sie sollen nicht eingehen zu meiner Ruhstatt.«

Verkündet Tag für Tag sein Heil

96 Singet IHM ein neues Lied,
    singet IHM, alle Lande!
2 Singet IHM, lobpreist seinen Namen,
   verkündet Tag für Tag sein Heil!
3 Erzählt bei den Heiden von seiner Hoheit,
   bei allen Völkern von seinen Wundern!

4 Denn groß ist ER und hoch zu preisen,
   furchtbar ist er über alle Götter.
5 Denn alle Götter der Heiden sind Nichtse,
   ER aber hat die Himmel geschaffen.
6 Hoheit und Pracht sind vor seinem Antlitz,
   Macht und Herrlichkeit in seinem Heiligtum.

7 Bringt IHM dar, ihr Geschlechter der Völker,
   bringt IHM dar Ehre und Stärke!
8 Bringt IHM dar die Ehre seines Namens,
   bringt Gaben und kommt in seine Vorhöfe!
9 Fallt nieder vor IHM im heiligen Schmuck,
   erzittert vor ihn, alle Lande!

König David mit der Harfe, aus dem Psalter des Kaisers Alexios I., Konstantinopel, um 1095

10 Sagt unter den Heiden: »ER ward König!
    Fest steht der Erdkreis und wankt nicht.
    Er richtet die Völker gerecht.«

11 Des freue sich der Himmel, frohlocke die Erde,
    es donnere das Meer und was es erfüllt!
12 Es juble das Feld und was darauf steht;
    dann sollen jauchzen alle Bäume des Waldes
13 vor IHM, wenn er kommt,
    wenn er kommt, die Erde zu richten.
    Er richtet den Erdkreis gerecht
    und die Völker nach seiner Treue.

Alle Völker schauen
seine Herrlichkeit

97 ER ward König! Es frohlocke die Erde,
    es sollen sich freuen die vielen Gestade!

2 Wolkendunkel ist rings um ihn her;
    Recht und Gerechtigkeit ist seines Thrones Stütze.
3 Feuer geht vor ihm her
    und sengt rings seine Feinde hinweg.
4 Seine Blitze erhellen den Erdkreis,
    die Erde sieht es und bebt.
5 Berge zerschmelzen wie Wachs vor IHM,
    vor dem Antlitz des Herrn aller Welt.
6 Seine Gerechtigkeit verkünden die Himmel,
    und alle Völker schauen seine Herrlichkeit.

7 Zuschanden werden alle, die den Bildern dienen,
    die der Götzen sich rühmen.
    Vor ihm beugen sich die Götter alle.
8 Zion hört es und freut sich,
    die Töchter Judas frohlocken, o DU, ob deiner Gerichte.
9 Denn du bist der Höchste über die ganze Erde,
    bist hoch erhaben über alle Götter.

10 ER hat lieb, die das Böse hassen,
    er behütet die Seelen seiner Frommen;
    aus der Hand der Gottlosen errettet er sie.
11 Ein Licht erstrahlt dem Gerechten
    und Freude den redlichen Herzen.
12 Freut euch SEINER, ihr Gerechten,
    und preist seinen heiligen Namen!

Reiner Seibold, Schriftbild zu Psalm 97 (nach der Übersetzung Martin Luthers)

Singet dem Herrn
ein neues Lied

98 [Ein Psalm].
Singet IHM ein neues Lied!
   Denn er hat Wunder getan;
seine Rechte hat ihm geholfen,
   sein heiliger Arm.
2 ER hat kundgetan seine Hilfe,
   seine Gerechtigkeit offenbart vor den Augen der Völker.
3 Er hat seiner Gnade gegenüber Jakob gedacht,
   seiner Treue gegen das Haus Israel;
alle Enden der Erde haben geschaut
   unsres Gottes Hilfe.

4 Jauchzet IHM, alle Lande!
   Brecht in Jubel aus und spielt!
5 Spielt IHM auf der Harfe,
   auf der Harfe mit lautem Gesang!
6 Bei Trompeten- und Hörnerschall
   jauchzt vor dem König, vor IHM!

7 Es donnere das Meer und was es erfüllt,
   der Erdkreis und die darauf wohnen!
8 Die Ströme sollen in die Hände klatschen
   und die Berge allzumal jubeln
9 vor SEINEM Antlitz; denn er kommt,
   die Erde zu richten.
Er richtet den Erdkreis gerecht
   und die Völker getreu.

Groß ist der Herr
in Zion

99 ER ward König – es zittern die Völker;
   er thront auf den Cheruben – es wankt die Erde.
2 Groß ist ER in Zion,
   erhaben ist er über alle Völker.
3 Man lobe deinen Namen, so hehr und groß –
   heilig ist er!

4 Ein Starker, der das Recht liebt, ist König.
   Du bist's, der feste Ordnung geschaffen,
   Recht und Gerechtigkeit in Jakob geübt.

Initiale »C« (CANTATE DOMINO) zu Psalm 98, aus dem Wiener Bohun-Psalter, 14. Jh.

273

5 Erhebet IHN, unsern Gott,
   und fallt nieder vor seiner Füße Schemel –
   heilig ist er!

6 Mose und Aaron sind unter seinen Priestern,
   Samuel unter denen, die seinen Namen anrufen.
   Sie riefen zu IHM, und er erhörte sie;
7 in der Wolkensäule redete er mit ihnen,
   die da bewahrten seine Gebote,
   die Satzung, die er ihnen gegeben.
8 Du, unser Gott, du hast sie erhört;
   du warst ihnen ein verzeihender Gott,
   doch Rächer ihrer Vergehen.
9 Erhebet IHN, unsern Gott,
   und fallt nieder vor seinem heiligen Berge;
   denn heilig ist ER, unser Gott!

Dienet dem Herrn
mit Freuden

100 [Ein Psalm zum Dankopfer.*]
Jauchzet IHM, alle Lande!
2 Dienet IHM mit Freuden,
   kommt vor sein Angesicht mit Frohlocken!

3 Erkennet, daß ER allein Gott ist:
   er hat uns gemacht, und sein sind wir,
   sein Volk und die Schafe seiner Weide.

4 Ziehet ein durch seine Tore mit Danken,
   in seine Vorhöfe mit Lobgesang;
   danket ihm, preiset seinen Namen!

5 Denn ER ist gütig; ewig währt seine Gnade
   und seine Treue von Geschlecht zu Geschlecht.

Marc Chagall, Psalmen Davids, 1979 (zu Ps 100,1–4)

Von Gnade und Recht
will ich singen

101 [Ein Psalm Davids.*]
Von Gnade und Recht will ich singen;
dir, o Du, will ich spielen.

2 Ich will achthaben auf den Wandel des Frommen,
   wenn er vor mich kommt.
Ich wandle mit lauterem Herzen
   in meinem Hause.
3 Ich halte mein Auge nicht gerichtet
   auf nichtswürdige Dinge;
ich hasse es, Übertretung zu üben,
   sie soll mir nicht anhaften.
4 Falschheit des Herzens bleibt mir fern,
   Böses will ich nicht kennen.

5 Wer seinen Nächsten heimlich verleumdet,
   den bring' ich zum Schweigen;
den Hoffärtigen und Hochmütigen,
   ihn mag ich nicht ausstehen.
6 Meine Augen sehen auf die Treuen im Lande,
   daß sie bei mir wohnen;
wer auf redlichem Wege wandelt,
   soll mein Diener sein.
7 In meinem Hause soll keiner wohnen,
   der Falschheit übt;
wer Lügen redet, kann nicht bestehen
   vor meinen Augen.

8 Mit jedem Morgen vernichte ich
   die Frevler alle im Lande,
rotte aus alle Übeltäter
   aus SEINER Stadt.

Verbirg dein Angesicht
nicht vor mir

102 [Gebet eines Elenden, wenn er verzagt ist,
und seine Klage vor IHM ausschüttet.*]

2 O DU, höre mein Gebet,
   mein Hilferuf komme vor dich!
3 Verbirg dein Angesicht nicht vor mir
   am Tage, da ich in Not bin.
Neige dein Ohr zu mir;
   wenn ich rufe, erhöre mich bald!

4 Denn wie Rauch sind meine Tage entschwunden,
   meine Gebeine sind durchglüht wie von Brand.
5 Versengt ist wie Gras und verdorrt mein Herz;
   vergesse ich doch, mein Brot zu essen.
6 Vor lauter Stöhnen und Seufzen
   bin ich nur noch Haut und Bein.
7 Ich gleiche der Rohrdommel in der Wüste,
   bin wie die Eule in Trümmerstätten.
8 Ich muß wachen und klagen
   wie ein einsamer Vogel auf dem Dache.

9 Allezeit schmähen mich meine Feinde;
   die gegen mich rasen, fluchen mit meinem Namen.

10 Denn ich esse Asche wie Brot,
   mit Tränen mische ich meinen Trank

11 ob deines Zorns und deines Grimms;
   denn du hast mich aufgehoben und hingeworfen.

12 Meine Tage neigen sich wie ein Schatten,
   und ich muß verdorren wie Gras.

13 Du aber, Du thronest ewig,
   und dein Gedächtnis bleibt von Geschlecht zu Geschlecht.

14 Du wirst dich erheben, dich Zions erbarmen;
   es ist Zeit, sie zu begnaden, die Stunde ist da.

15 Denn deine Knechte lieben Zions Steine,
   und es jammert sie ihres Schutts.

16 Dann werden die Heiden DEINEN Namen fürchten,
   und alle Könige auf Erden deine Hoheit,

17 wenn ER Zion wieder gebaut
   und sich gezeigt hat in seiner Herrlichkeit,

18 wenn er sich zugewandt dem Gebet der Entblößten
   und ihr Flehen nicht verschmäht hat.

19 Das wird aufgeschrieben werden
   für ein kommendes Geschlecht,
und ein Volk, das noch geschaffen werden soll,
   wird IHN loben,

20 wenn er von seiner heiligen Höhe herabgeblickt,
   wenn er vom Himmel hernieder auf die Erde geschaut hat,

21 das Seufzen der Gefangenen zu hören
   und die dem Tode Geweihten zu erlösen,

22 auf daß sie SEINEN Namen in Zion preisen
   und sein Lob in Jerusalem verkünden,

23 wenn die Völker sich versammeln zumal
   und die Königreiche, IHM zu dienen.

24 Er hat meine Kraft auf dem Wege gebrochen
   und meine Tage verkürzt.

25 Nun spreche ich: »Mein Gott, nimm mich nicht hinweg
   in der Hälfte meiner Tage!«
   Deine Jahre währen von Geschlecht zu Geschlecht:

26 vor Zeiten hast du die Erde gegründet,
   und die Himmel sind deiner Hände Werk.

27 Sie werden vergehen, du aber bleibst;
   wie ein Gewand zerfallen sie alle,
 wie ein Kleid wechselst du sie,
   und sie gehen dahin.

28 Du aber bleibest derselbe,
   und deine Jahre nehmen kein Ende.

29 Die Kinder deiner Knechte werden ruhig wohnen,
   und ihr Geschlecht wird vor dir bestehen.

Alexej Jawlensky, *Versunken (Abstrakter Kopf)*, 1934

Vergiß nicht
was er dir Gutes getan

103 [Von David.*]
Lobe Ihn, meine Seele,
  und alles, was in mir ist, seinen heiligen Namen!
2 Lobe Ihn, meine Seele,
  und vergiß nicht, was er dir Gutes getan!
3 Der dir all deine Schuld vergibt
  und alle deine Gebrechen heilt,
4 der dein Leben vom Verderben erlöst,
  der dich krönt mit Gnade und Barmherzigkeit,
5 der mit Gutem dein Verlangen stillt,
  daß deine Jugend sich erneuert gleich dem Adler.

6 Taten des Heils vollbringt Er
  und schafft Recht allen Unterdrückten.
7 Er tat Mose seine Wege kund,
  den Kindern Israels sein Walten.

8 Barmherzig und gnädig ist Er,
  langmütig und reich an Güte.
9 Er hadert nicht immerdar
  und verharrt nicht ewig im Zorn.
10 Er handelt nicht mit uns nach unsern Sünden
  und vergilt uns nicht nach unsrer Schuld.

11 Denn so hoch der Himmel über der Erde ist,
  so hoch ist seine Gnade über denen, die ihn fürchten.
12 So fern der Aufgang ist vom Niedergang,
  so fern tut er unsre Übertretungen von uns.
13 Wie sich ein Vater über seine Kinder erbarmt,
  so erbarmt sich Er über die, die ihn fürchten.

14 Denn er weiß, was für Geschöpfe wir sind,
  er gedenkt daran, daß wir Staub sind.
15 Des Menschen Tage sind wie das Gras;
  er blüht wie die Blume des Feldes:
16 wenn der Wind darüber geht, so ist sie dahin,
  und ihre Stätte weiß nichts mehr von ihr.

17 Aber Seine Gnade währt immer und ewig
  und seine Treue auf Kindeskinder
18 bei den Frommen, die seinen Bund halten
  und seiner Gebote gedenken durch die Tat.

19 Er hat seinen Thron im Himmel errichtet,
  und seine Königsmacht herrscht über das All.

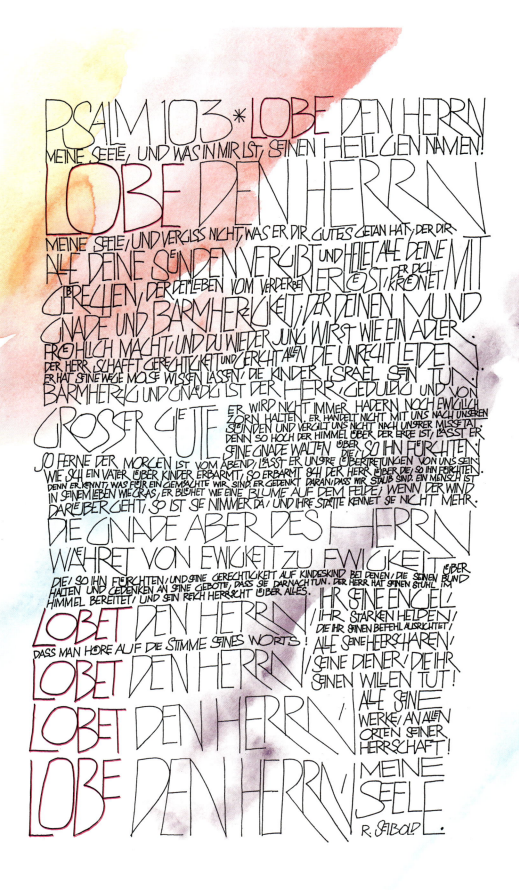

Reiner Seibold, Schriftbild zu Psalm 103 (nach der Übersetzung Martin Luthers)

20 Lobet IHN, ihr seine Engel,
   ihr starken Helden, die ihr sein Wort vollführt!
21 Lobet IHN, all seine Heerscharen,
   ihr seine Diener, die ihr seinen Willen erfüllt!
22 Lobet IHN, all seine Werke,
   an allen Orten seiner Herrschaft!
   Lobe IHN, meine Seele!

In Weisheit hast du
deine Werke geschaffen

104 Lobe IHN, meine Seele!
Du, mein Gott, wie bist du so groß!*
Pracht und Hoheit ist dein Gewand,
2 der du in Licht dich hüllst wie in ein Kleid.

Der den Himmel ausspannt wie ein Zeltdach,
3 der seinen Söller* zimmert über den Wassern,
   der Wolken zu seinem Wagen macht,
   der einherfährt auf den Flügeln des Sturmes,
4 der die Winde zu seinen Boten bestellt,
   zu seinen Dienern Lohe und Feuer.

5 Der die Erde auf ihre Pfeiler gegründet,
   daß sie nimmermehr wankt.
6 Die Urflut deckte sie wie ein Kleid,
   über den Bergen standen die Wasser.
7 Doch sie flohen vor deinem Schelten,
   vor deines Donners Stimme wichen sie scheu.
8 Da hoben sich Berge, senkten sich Täler
   an den Ort, den du ihnen wiesest.
9 Du hast eine Grenze gesetzt, die sie nicht überschreiten;
   sie dürfen nie wieder die Erde bedecken.

10 Du lässest die Quellen rinnen durch die Täler;
    da wandern sie zwischen den Bergen hin.
11 Sie tränken alle Tiere des Feldes;
    die Wildesel stillen ihren Durst.
12 An ihren Ufern wohnen die Vögel des Himmels;
    zwischen den Zweigen hervor erklingt ihr Singen.

13 Du tränkst die Berge aus deinem Söller;
    aus deinen Wolken wird die Erde gesättigt.
14 Du lässest Gras sprossen für die Tiere
    und Gewächse für den Bedarf der Menschen,
    daß Brot aus der Erde hervorgehe

ABAETERNO ETUSQUEINAE
TERNUMSUPERTIMENTESEU;
ETIUSTITIAILLIUSINFILIOSFILI
ORUM HISQUISERUANT
TESTAMENTUMEIUS;
ETMEMORESSUNTMANDA
TORUMIPSIUS ADFACIEN
DUMEA;

DNSINCAELOPARAUITSEDE
SUAM ETREGNUMIPSIUS
OMNIBUSDOMINABITUR;
BENEDICITEDNOANGELIEIUS
POTENTESUIRTUTEFACIEN
TESUERBUMILLIUSADAU
DIENDAMUOCEMSERMO
NUMEIUS;

BENEDICITEDNOOMNESUIR
TUTESEIUS MINISTRIEIUS
QUIFACITISUOLUNTATEI;
BENEDICITEDNOOMNIAOPE
RAEIUS INOMNILOCODO
MINATIONESEIUS
BENEDICANIMAMEADNO;

CIIII IPSIDAUID

BENEDICANIMA
MEADNO DNEDSMEUS
MAGNIFICATUSESUEHE
MENTER;
CONFESSIONEMETDECOREM
INDUISTI AMICTUSLUMI
NESICUTUESTIMENTO
EXTENDENSCAELUMSICUT
PELLEM QUITEGISAQUIS
SUPERIORAEIUS;
QUIPONESNUBEMASCENSU
TUUM QUIAMBULASSU

PERPENNASUENTORUM
QUIFACISANGELOSTUOSSPS
ETMINISTROSTUOS IGNEM
URENTEM;
QUIFUNDASTITERRAMSU
PERSTABILITATEMSUAM
NONINCLINABITURINSAE
CULUMSAECULI;
ABYSSUSSICUTUESTIMENTU
AMICTUSEIUS SUPERMON
TESSTABUNTAQUAE;

ABINCREPATIONETUAFUGI
ENT AUOCETONITRUITUI
FORMIDABUNT;
ASCENDUNTMONTESETDES
CENDUNTCAMPI INLOCU
QUEMFUNDASTIEIS;
TERMINUMPOSUISTIQUEM
NONTRANGREDIENTUR
NEQUECONUERTENTUR
OPERIRETERRAM;
QUIEMITTISFONTESINCON

Illustration zu Psalm 104, Utrecht-Psalter, 9. Jh.

15 und Wein, der des Menschen Herz erfreue,
　　daß sein Antlitz erglänze von Öl
　　und Brot das Herz des Menschen stärke.

16 Seine Bäume trinken sich satt,
　　die Zedern des Libanon, die er gepflanzt,
17 Wo die Vögel ihre Nester bauen,
　　der Storch, der sein Haus auf Zypressen hat.
18 Die höchsten Berge sind dem Steinbock,
　　die Felsen dem Klippdachs eine Zuflucht.

19 Er hat den Mond gemacht, das Jahr darnach zu teilen;
　　die Sonne weiß ihren Niedergang.
20 Du schaffst Finsternis, und es wird Nacht;
　　drin regt sich alles Getier des Waldes.
21 Die jungen Löwen brüllen nach Raub,
　　heischen von Gott ihre Speise.
22 Strahlt die Sonne auf, so ziehen sie sich zurück
　　und lagern sich in ihren Höhlen.
23 Da tritt der Mensch heraus an sein Werk,
　　an seine Arbeit bis zum Abend.

24 O Du, wie sind deiner Werke so viel!
　　Du hast sie alle in Weisheit geschaffen,
　　die Erde ist voll deiner Güter.

25 Da ist das Meer, so groß und weit;
　　darin wimmelt es ohne Zahl,
　　kleine Tiere samt großen.
26 Da wandeln Ungeheuer,
　　der Leviathan, den du gebildet hast, damit zu spielen.*

27 Sie alle warten auf dich,
　　daß du ihnen Speise gebest zu seiner Zeit.
28 Wenn du ihnen gibst, so sammeln sie;
　　tust du deine Hand auf,
　　so werden sie mit Gutem gesättigt.
29 Wenn du dein Angesicht verbirgst, erschrecken sie;
　　nimmst du ihren Odem hin, so verscheiden sie
　　und werden wieder zu Staub.
30 Sendest du deinen Odem aus, so werden sie geschaffen,
　　und du erneust das Antlitz der Erde.

31 Seine Herrlichkeit währe ewig,
　　Er freue sich seiner Werke,
32 der die Erde anblickt, und sie erbebt,
　　der die Berge anrührt, und sie rauchen.
33 Ich will Ihm singen mein Leben lang,
　　will meinem Gott spielen, solange ich bin.

34 Möge mein Dichten ihm wohlgefallen;
    ich freue mich an Ihm.
35 Möchten die Sünder von der Erde verschwinden
    und die Gottlosen nicht mehr sein!

    Lobe Ihn, meine Seele!
    Hallelujah!

Gedenket der Wunder, die der Herr getan

105 Danket Ihm, ruft seinen Namen an,
tut kund unter den Völkern seine Taten!

2 Singet ihm, spielet ihm,
    redet von all seinen Wundern!
3 Rühmet euch seines heiligen Namens,
    es freue sich innig, wer Ihn sucht!
4 Fraget nach Ihm und seiner Macht,
    suchet sein Angesicht allezeit!
5 Gedenket der Wunder, die er getan,
    seiner Zeichen und Urteilssprüche.
6 ihr Kinder Abrahams, seines Knechtes,
    ihr Söhne Jakobs, seines Erwählten!

7 Er, ja Er, ist unser Gott,
    über alle Lande ergeht sein Gericht.
8 Auf ewig gedenkt er seines Bundes,
    auf tausend Geschlechter des Wortes, das er gegeben,
9 des Bundes, den er mit Abraham schloß,
    und des Eides, den er Isaak geschworen.
10 Er stellte ihn auf für Jakob als Recht,
    für Israel als ewigen Bund;
11 er sprach: »Dir will ich das Land Kanaan geben
    als zugemessenes Eigentum.«

12 Da sie noch wenige Männer waren,
    erst kurz im Lande und Fremdlinge dort,
13 wanderten sie von Volk zu Volk,
    von einem Königreiche zum andern.
14 Er ließ sie von niemand bedrücken
    und wies Könige um ihretwillen zurecht:
15 »Tastet meine Gesalbten nicht an
    und tut meinen Propheten kein Leid!«

16 Als er einen Hunger ins Land rief,
    jegliche Stütze an Brot zerbrach,
17 sandte er vor ihnen her einen Mann:
    Joseph ward als Sklave verkauft.
18 Sie zwangen seine Füße in Fesseln,
    in Eisen kam er zu liegen
19 bis zur Zeit, da sein Wort eintraf,
    SEIN Spruch ihn bewährte.
20 Da sandte der König und gab ihn ledig,
    der Herrscher der Völker, er ließ ihn frei.
21 Er setzte ihn zum Herrn seines Hauses,
    zum Gebieter über all seine Güter,
22 daß er seine Fürsten zurechtweise nach Wunsch
    und seine Ältesten Weisheit lehre.
23 Und Israel kam nach Ägypten,
    Jakob ward Gast im Lande Hams.

24 Da machte der Herr sein Volk gar fruchtbar,
    machte es stärker als seine Bedränger.
25 Er wandelte ihren Sinn, sein Volk zu hassen
    und Arglist zu üben an seinen Knechten.
26 Dann sandte er Mose, seinen Knecht,
    und Aaron, den er erwählt hatte.
27 Die taten seine Zeichen in Ägypten
    und Wunder im Lande Hams.
28 Er sandte Finsternis, und es ward finster;
    doch sie achteten nicht seiner Worte.
29 Er wandelte ihre Wasser in Blut
    und ließ hinsterben ihre Fische.
30 Es wimmelte ihr Land von Fröschen;
    sie stiegen bis in die Königsgemächer.
31 Er gebot, da kamen die Bremsen,
    die Mücken über ihr ganzes Gebiet.
32 Er sandte ihnen Hagel als Regen,
    flammendes Feuer auf ihr Land.
33 Er schlug ihren Weinstock und Feigenbaum,
    zerschmetterte die Bäume in ihrem Gebiet.
34 Er gebot, da kamen die Heuschrecken
    und die Grillen ohne Zahl;
35 die fraßen alles Kraut ihres Landes,
    verzehrten die Frucht ihres Ackers.
36 Er schlug alle Erstgeburt in ihrem Lande,
    die Blüte all ihrer Kraft.
37 Er ließ Israel ausziehen mit Silber und Gold,
    und es war kein Strauchelnder in ihren Stämmen.
38 Ägypten ward fröhlich, da sie auszogen;
    denn der Schrecken vor ihnen war auf sie gefallen.

Marc Chagall, Unterdrückung der Hebräer, aus »Exodus«, 1966 (zu Ps 105,23 ff.)

39 Er breitete Wolken aus, sie zu decken,
und Feuer, die Nacht zu erhellen.
40 Sie heischten, da ließ er Wachteln kommen
und sättigte sie mit Himmelsbrot.
41 Er öffnete den Felsen, da strömten die Wasser,
flossen dahin in der Wüste, ein Strom.
42 Denn er gedachte seines heiligen Wortes,
das er Abraham, seinem Knechte, gegeben.

43 So ließ er sein Volk ausziehen in Freude,
unter Frohlocken seine Erwählten.
44 Dann gab er ihnen die Länder der Heiden,
und sie gewannen, was die Völker erworben,
45 auf daß sie seine Satzungen hielten
und seine Gesetze bewahrten.
Hallelujah!

Danket dem Herrn, denn er ist freundlich

106
Hallelujah!
Danket IHM, denn er ist freundlich,
und seine Güte währet ewig.
2 Wer kann SEINE Machttaten alle kundtun
und alle seine Ruhmeswerke erzählen?
3 Wohl denen, die das Recht einhalten,
die Gerechtigkeit üben allezeit!
4 Gedenke meiner, o DU, nach der Liebe zu deinem Volke,
suche mich heim mit deiner Hilfe,
5 daß ich meine Lust schaue am Glück deiner Erwählten,
mich freue an der Freude deines Volkes,
daß ich mit den Deinen mich rühme.

6 Wir haben gesündigt gleich unsern Vätern,*
wir haben gefehlt und gefrevelt:
7 Unsre Väter in Ägypten achteten nicht deiner Wunder,
gedachten nicht der Fülle deiner Gnaden
und trotzdem dem Höchsten am Schilfmeer.
8 Aber er half ihnen um seines Namens willen,
auf daß er seine Macht kundtue.
9 Er schalt das Schilfmeer, da ward es trocken;
er ließ sie durch Fluten ziehen wie über die Trift.
10 Er half ihnen aus der Hand des Hassers
und erlöste sie aus der Gewalt des Feindes:
11 Wasser bedeckten ihre Bedränger,
nicht einer blieb übrig von ihnen.

Marc Chagall, Der Zug durch das Rote Meer, aus »Exodus«, 1966 (zu Ps 105, 37–39; Ps 106, 8–12)

12 Da glaubten sie an seine Worte
und sangen seinen Ruhm.

13 Doch alsbald vergaßen sie seiner Taten,
harrten nicht seines Ratschlusses.
14 Sie wurden lüstern in der Wüste
und versuchten Gott in der Einöde.
15 Da gab er ihnen, was sie begehrten,
bis Ekel ihre Seele erfaßte.
16 Sie wurden eifersüchtig im Lager auf Mose
und auf Aaron, SEINEN Heiligen.
17 Da tat sich die Erde auf und verschlang Dathan
und bedeckte die Rotte Abirams.
18 Feuer verzehrte ihre Rotte,
die Flamme verbrannte die Frevler.

19 Sie machten ein Kalb am Horeb
und beteten an vor dem gegossenen Bilde;
20 so tauschten sie ihren Ruhm*
an das Bild eines Rindes, das Gras frißt,
21 und vergaßen Gottes, ihres Heilands,
der große Dinge in Ägypten getan,
22 Wunder im Lande Hams
und gewaltige Taten am Schilfmeer.
23 Da gedachte er sie zu verderben,
wäre nicht Mose, sein Auserwählter, vor ihn in den Riß getreten*
seinen Grimm vom Vertilgen zu wenden.

24 Und sie verschmähten das köstliche Land
und glaubten seiner Verheißung nicht.
25 Sie murrten in ihren Zelten
und hörten nicht auf die Stimme des Herrn.
26 Und er erhob seine Hand zum Schwur,
sie sterben zu lassen in der Wüste,
27 ihre Nachkommen unter die Heiden zu werfen
und sie in der Welt zu zerstreuen.

28 Sie hängten sich an den Baal-Peor*
und aßen Totenopfer.
29 Sie erzürnten ihn mit ihren Taten;
da brach die Plage über sie aus.
30 Nun trat Pinehas* auf und hielt Gericht;
da ward der Plage gewehrt.
31 Das ward ihm zur Gerechtigkeit angerechnet
von Geschlecht zu Geschlecht auf ewige Zeiten.
32 Sie erzürnten Gott am Haderwasser,
und Mose erging es übel um ihretwillen.
33 Denn sie empörten sich wider seinen Geist,
und er redete unbedacht mit seinen Lippen.

Marc Chagall, Mose verkündet die Gesetze, aus »Exodus«, 1966 (zu Ps 106, 19–23)

34 Sie rotteten die Völker nicht aus,
  wie ER es ihnen befohlen,
35 sondern vermischten sich mit den Heiden
  und lernten ihre Werke.
36 Sie dienten ihren Götzen –
  die wurden ihnen zum Fallstrick –,
37 und sie opferten ihre Söhne
  und ihre Töchter den bösen Geistern
38 und vergoßen unschuldiges Blut,
  das Blut ihrer Söhne und Töchter,
  die sie den Götzen Kanaans opferten,
  und das Land ward durch Blutschuld entweiht.
39 Sie verunreinigten sich mit ihren Werken
  und wurden untreu durch ihre Taten.

40 Da entbrannte SEIN Zorn wider sein Volk,
  und er verabscheute sein Eigentum.
41 Er gab sie hin in die Hand der Heiden,
  so daß ihre Hasser über sie herrschten.
42 Ihre Feinde bedrängten sie,
  und sie mußten sich beugen unter ihre Hand.
43 Oftmals befreite er sie;
  sie aber trotzten seinem Ratschluß
  und vergingen in ihrer Schuld.
44 Da sah er an ihre Drangsal,
  wenn er ihre Klage vernahm,
45 gedachte zu ihrem Heil seines Bundes
  und ließ sich's gereuen nach seiner großen Güte.
46 Er ließ sie Erbarmen finden
  bei allen, die sie gefangenhielten.

47 Hilf uns, DU, unser Gott,
  und sammle uns aus den Heiden,
  damit wir deinem heiligen Namen danken
  und uns rühmen,
  daß wir dich preisen dürfen!

48 Gelobt sei ER, der Gott Israels,
  von Ewigkeit zu Ewigkeit!
  Und alles Volk spreche: Amen!
  Hallelujah!

Marc Chagall, König David mit Musikanten, 1983

293

Hinweise zu den Bildern in Band 6

Eine Einführung in die Illustration des Psalters finden Sie in Band 1, ab Seite 48; Einführungen in den Bildzyklus »Psalmen Davids«, 1979, von Marc Chagall und in die »Schriftbilder zu Psalmen« von Reiner Seibold in Band 2, Seite 98; eine Einführung in die Bilder von Max Hunziker in Band 3, Seite 146.

Umschlag und Seite 248

Max Hunziker, David, 1968. – Öl (Acryl?) auf Hartfaser, 100 x 99,5 cm. – Privatbesitz Stuttgart (Foto Dieter Geissler, Stuttgart).

Seite 259

Reiner Seibold, Schriftbild zu Psalm 90 (in der Bildgestaltung angeregt durch V. 2), © Reiner Seibold, Kierspe/Verlag am Eschbach, 1992.

Seite 260/261

Seite 260: »Schild und Schutz ist dir seine Treue« (zu Ps 91,4–6)/Seite 261, oberes Bild: »Seine Engel wird er für dich entbieten« (zu Ps 91,11–12); unteres Bild: »Über Löwen und Ottern wirst du schreiten« (zu Ps 91,13). – Stuttgarter Psalter, St. Germain des Prés, Paris, um 820 (s. Bd. 1, S. 48 und 51). – Stuttgart, Württembergische Landesbibliothek, bibl. fol. 23, fol. 107 r. und 107 v. (Bildvorlagen E. Schreiber, Grafische Kunstanstalt, Stuttgart).

Die drei Bilder S. 260/261, die den 91. Psalm von Christus her erschließen, haben eine innere Beziehung zueinander. (Zur christozentrischen Auslegung des Psalters vgl. Bd. 1, S. 48f., und im vorliegenden Bd. 6, S. 249–257.)

Der »Stuttgarter Psalter« ist nach der Vulgata geschrieben, dem lateinischen Text, der an vielen Stellen von unseren Bibelübersetzungen abweicht. So ist in V. 6 des Vulgatatextes statt von einer Seuche, die am Mittag verwüstet, von einem dämonischen Ansturm am Mittag die Rede (»… ab incursu et daemonio meridiano«). Genau diesen Ansturm malt der Mönch von St. Germain auf dem Bild S. 260. Aber wer ist der, der diesen Ansturm aushält?

In einem runden Feld steht Christus – der bedrohte Christus, der sich in den Schutz Gott flüchtet. Ein leuchtender Ring umgibt ihn. Um den Ring her ist die Zone der Gefahr. Links steht ein Teufel und stößt mit einem Speer zu, der an dem Ring abgleitet. Von links und rechts suchen je drei Schlangen einen Zugang in das Innere des Rings, aber sie stoßen wie an eine Glaswand. Christus steht unversehrt in der Mitte und weist auf ein Buch hin.

Aber wie gewinnt der Bedrohte den wunderbaren, schützenden Ring?

Das 4. Kapitel bei Matthäus erzählt: »Da ward Jesus vom Geist in die Wüste geführt, auf daß er vom Teufel versucht würde. Und da er vierzig Tage und vierzig Nächte gefastet hatte, hungerte ihn, und der Versucher trat zu ihm und sprach: Bist du Gottes Sohn, so sprich, daß diese Steine Brot werden. Und er antwortete und sprach: Es steht geschrieben: Der Mensch lebt nicht vom Brot allein, sondern von einem jeden Wort, das durch den Mund Gottes geht« (Mt 4,1–4). Indem Jesus das sagt, schließt sich um ihn der helle Ring des Schutzes Gottes. Das Wort, auf das er mit der Hand verweist, ist die vom Dichter des Psalms gemeinte Hilfe, wenn er sagt: »Wer unter dem Schirm des Höchsten wohnt, wer im Schatten des Allmächtigen ruht, der darf sprechen zu Ihm: Meine Zuflucht, meine Feste.«

Die Geschichte von der Versuchung Jesu fährt fort: »Da führte ihn der Teufel mit sich in die heilige Stadt und stellte ihn auf die Zinne des Tempels und sprach zu ihm: Bist du Gottes Sohn, so wirf dich hinab, denn es steht geschrieben: ›Er hat seine Engel ausgesandt, die sollen dich behüten auf allen deinen Wegen, die werden dich auf den Händen tragen, damit dein Fuß nicht an einen Stein stoße‹ (vgl. Ps 91,11–12).« Und Jesus hält wiederum das Buch hoch, den Mißbrauch der göttlichen Zusage abwehrend, und erinnert an das Gebot der Schrift: »Du sollst Gott deinen Herrn nicht auf die Probe stellen.« »Wiederum führte ihn der Teufel mit sich auf einen sehr hohen Berg und zeigte ihm alle Reiche der Welt und ihre Herrlichkeit und sprach zu ihm: Dies alles will ich dir geben, wenn du niederfällst und mich anbetest. Da antwortete Jesus: Hebe dich weg von mir, Satan, denn es steht geschrieben: Du sollst Gott deinen Herrn anbeten und ihm allein dienen.« (Mt 4,5–10)

Indem Jesus zum dritten Mal auf die Heilige Schrift zurückverweist, bildet sich um ihn endgültig der helle Ring. Er weiß, wer Gott ist, er kennt seinen »Namen«. Und dieser Name ist sein Schutz.

Wenn nun ein Christ den 91. Psalm betet, stellt er sich in die Gestalt dieses Christus hinein, birgt sich gleichsam in dem Schutz, in dem Christus stand, und wird fähig, mit seinem eigenen Wort dem dunklen Ansturm zu widerstehen. Und der goldene Ring des Schutzes Gottes schließt sich auch um ihn.

Der Maler liest weiter in der Geschichte von der Versuchung in der Wüste: »Da verließ ihn der Teufel, und sieh! Da traten die Engel zu ihm und dienten ihm« (Mt 4,11). In derselben Gestik, das Buch in der Hand, steht auf dem oberen Bild S. 261 (zu Ps 91,11–12) Christus wiederum in der Mitte, diesmal im Freien auf der Höhe eines Berges. Links von ihm der Teufel, noch in der Diskussion begriffen, aber mit der Hand schon die Richtung andeutend, in die er sich wenden wird. Weiter links derselbe Teufel, davonflüchtend, während von rechts zwei Engel sich nahen.

Unter dem Hügel liegen die Schätze verstreut, die der Teufel angeboten hatte, vielleicht auch die Insignien der Macht. Statt ihrer aber bringen nun die Engel eine bläuliche Kugel auf den Händen: die Welt, das Reich. Bedeutet dies, daß nur der, der sich vor Macht nicht niederwirft, auf die Dauer Macht ausüben wird? Daß nur, wer »Löwen und Drachen« nicht in seinen Dienst stellt, am Ende auf Löwen und Drachen stehen wird?

Im Kettenhemd, mit Helm und römischem Schultermantel tritt auf dem Bild darunter (S. 261) mit raschem Schritt – der Mantel weht noch von der kräftigen Bewegung – ein jugendlicher Ritter einer Schlange auf den Leib und einem Löwen auf den Kopf und stößt der Schlange die Lanze in das feuerspeiende Maul. Links erscheint ein Engel, der die Hände ausbreitet, als wolle er Vers 12 des 91. Psalms wiederholen, daß er den Helden auf eben diesen Händen tragen wolle.

Wichtig ist, daß hier nicht irgendein Kämpfer auftritt, schon gar nicht der Kämpfer gegen die Finsternis, als den sich auch der Christ gerne selbst fühlt oder darstellt, sondern Jesus Christus in der Gestalt eines fränkischen Ritters mit einem Kreuznimbus hinter dem Helm. Auf ihn bezieht der Maler die über dem Bild stehenden Worte: »Über Löwen und Ottern wirst du schreiten, wirst zertreten Löwen und Drachen« (Ps 91,13). Mit dem Wort von Gott in Gestalt eines Buches in der linken Hand tritt Christus der Macht der Finsternis entgegen, und nur dieses Wort wird seine Waffe sein.

Im Grund ist dieses Bild nur dann wahr, wenn uns der Christus vor Augen steht, der aus dem Tod auferstand, der das Böse überwand dadurch, daß er es durchlitt. (Nach: Jörg Zink, DiaBücherei Christliche Kunst, Bd. 16 und Bd. 18, Eschbach/Markgräflerland 1986)

Seite 262

Illustration zu Psalm 92 (91). – Utrecht-Psalter (s. Bd. 1, S. 48 und 50f.), fol. 54 r. (Bildvorlage Akademische Druck- und Verlagsanstalt Graz).

Zwei Frauen an den beiden Himmelsenden – mit Scheiben, auf denen Sonne und Mond dargestellt sind – personifizieren die »Gnade« und »Treue« von V. 3. Im Raum zwischen den beiden Figuren sitzt auf einem Weltkreis der von sechs Engeln umgebene Jahwe-Christus.

Darunter ein von einer Mauer umschlossener Bezirk. Links ein von einem Kreuz bekröntes Gebäude, die

»Vorhöfe unseres Gottes« (V. 14). Auf dessen Stufen sitzt der Psalmist oder der »Gerechte« (V. 13). Er wendet sich an vier Männer, die sich mit Harfe und Laute (V. 4) zum Lobgesang versammelt haben. Rechts vom Heiligtum ist ein Einhorn dargestellt (V. 11). Ganz rechts oben, neben der Figur der »Treue«, stehen eine Palme und eine Zeder – die Bäume, mit denen der Gerechte in V. 13 verglichen wird. Außerhalb der Mauer überwältigt eine Gruppe bewaffneter Männer die »Feinde« und »Übeltäter« (V. 8–10).

Seite 265

Illustration zu Psalm 93 (92). – Utrecht-Psalter (s. Bd. 1, S. 48 und 50f.), fol. 54 r. (Bildvorlage Akademische Druck- und Verlagsanstalt Graz).

Mit der Proklamation von Ps 93,1: »ER (Jahwe) ward König« beginnt die Siebenergruppe der »Jahwe-Königs-Psalmen« (Ps 93–99, mit Ps 100 als Höhepunkt und Abschluß) – ein »Oratorium über das Kommen des Gottesreiches« (E. Zenger).

Entsprechend der christozentrischen Auslegung des Psalters (vgl. Bd. 1, S. 48f. und im vorliegenden Bd., S. 249ff.) zeigt der Utrecht-Psalter in seiner Illustration zu Psalm 93 den Pantokrator (»Allherrscher«) Christus mit Kreuznimbus, Speer, Schild und zwei Schriftrollen. Eingefaßt von der Mandorla, dem Zeichen seiner göttlichen Macht und Würde, steht er oberhalb seines Thrones (V. 2), der von zwei Männern mit Büchern gerahmt wird. Sechs Engel mit Fahnen auf Kreuzstäben huldigen ihm.

Links und rechts sitzen Flußgötter, halten Schilfrohre, blasen Trompeten und lehnen sich an Krüge, aus denen Flüsse entspringen, welche an jeder Seite in ein Meer münden (V. 3). Auf den Meeren sieht man von Menschen besetzte Boote. Zwischen den Meeren ein von Atlasfiguren getragener Erdkreis, der »fest steht« (V. 1) und ein Heiligtum umschließt, in dem sich Menschen zum Lobgesang auf Jahwe-Christus versammelt haben (V. 5).

Seite 267

Illustration zu Psalm 95 (94). – Utrecht-Psalter (s. Bd. 1, S. 48 und 50f.), fol. 55 v. (Bildvorlage Akademische Druck- und Verlagsanstalt Graz).

Der Psalmist, ein Buch in der Hand, ruft auf zum Lobgesang und zur Huldigung vor Jahwe-Christus, dem »großen König über alle Götter« (s. Stadttor mit Götzenbildern), dem Herrscher über die ganze Schöpfung (V. 1–5). Auf Hügelkuppen treten Menschen »mit Dank vor sein Angesicht« (V. 2). Rechts unten kommen andere herbei, um vor ihm niederzuknien (V. 6); darüber eine Gruppe von Schafen, angeregt durch V. 7.

Auf der linken Seite ist V. 8ff. dargestellt: Mose schlägt an einen Felsen; Aaron und das Volk Israel sehen Gottes »Tun«: Aus dem Felsen sprudelt Wasser hervor (vgl. Ex 17,1ff.; Num 20,1–13; Dtn 6,16).

Seite 269

König David mit der Harfe, Sänger und Musikanten huldigen Christus, dem »Allherrscher« (zu Ps 96). – Pergamentblatt (20,4 x 16,5 cm) aus dem Psalter des byzantinischen Kaisers Alexios I. Komnenos (1081–1138), Konstantinopel, um 1095. – Biblioteca Apostolica Vaticana, Barb. gr. 372, fol. 5 (Bildvorlage: Mit freundlicher Genehmigung der Chr. Belser AG für Verlagsgeschäfte).

Seite 271

Reiner Seibold, Schriftbild zu Psalm 97, © Reiner Seibold, Kierspe/Verlag am Eschbach, 1992.

Wirbelndes Leben und Erleben prägt diese Darstellung: Ehrfurcht und Fröhlichkeit, Kraft und Hoheit. Alle Völker schauen Gottes Herrlichkeit, sein Lichtglanz hat sich ihnen verbunden.

Seite 273

Initiale »C« (Cantate Domino) zu Psalm 98, der in V. 1–3 zurückblickt auf Wundertaten Jahwes (deshalb wohl die schöne Bildidee: Errettung Israels, Untergang der Ägypter im

Roten Meer, Lobgesang Mirjams und der Frauen [vgl. Ex 14 und 15]). – Wiener Bohun-Psalter, England, 14. Jh., Pergamenthandschrift, 28,6 x 19,6 cm. – Wien, Österreichische Nationalbibliothek, Cod. 1826, fol. 85 v. (Foto Bibliothek).

Seite 275

Marc Chagall, Psalmen Davids, 1979 (s. Bd. 2, S. 98). – Illustration zu Ps 100,1–4 (Bildvorlage Galerie Patrick Cramer, Genf), © VG Bild-Kunst, Bonn, 1990.

Seite 276

Ben Shahn, Citharaspieler, Lithographie, 1969/70, © VG Bild-Kunst, Bonn, 1992.

Seite 279

Alexej Jawlensky, Versunken (Abstrakter Kopf), 1934 (zu Ps 102, bes. V. 2; vgl. Bd. 4, S. 183 und 196). Öl auf Karton, 20 x 16 cm. – Museum Wiesbaden (Foto Museum), © VG Bild-Kunst, Bonn, 1991.

Seite 281

Reiner Seibold, Schriftbild zu Psalm 103, © Reiner Seibold, Kierspe/Verlag am Eschbach, 1992.

An einen Hirtenteppich will die Bildgestaltung zu Psalm 103 erinnern: sorgsam geknüpft, meisterhaft komponiert und ausgebreitet von David (vgl. V. 1), dem Hirtenjungen, zu Gottes Ehre und Preis.

Seite 283

Illustration zu Psalm 104 (103). – Utrecht-Psalter (s. Bd. 1, S. 48 und 50f.), fol. 59 v. (Bildvorlage Akademische Druck- und Verlagsanstalt Graz).

Rechts steht der Psalmist und weist mit der einen Hand hin zu Christus, der »einherfährt auf den Flügeln des Sturmes« (V. 3) und dem sich Engel als Diener und Boten nähern (V. 4). Mit der anderen Hand zeigt der Psalmist auf die Schöpfung, deren Schönheit, Reichtum und Vielfalt sich seinen Augen darbietet.

Seite 287, 289, 291 und 293

Die beiden »Zwillingspsalmen« 105 und 106 gehören mit Ps 77/78 und 135/136 zu den großen Geschichtspsalmen, die die Geschichte Jahwes mit seinem Volk in Erinnerung rufen. Entsprechend Ps 77/78 (s. Bd. 5, S. 212ff. und 242f.) sind auch Ps 105/106 mit Bildern illustriert, die die Zeit in Ägypten, den Exodus und den Bundesschluß am Sinai als die zentrale Glaubenserfahrung Israels vergegenwärtigen (S. 287, 289, 291) und zum Singen und Musizieren über »alle seine Wunder« anregen (S. 293).

Seite 287, 289 und 291: Marc Chagall, Blatt 3, 10 und 20 aus dem Zyklus »Exodus«, 1966. – Insgesamt 24 Farblithographien, jeweils 50 x 37 cm. – Hannover, Sprengel Museum, Inv.-Nr.: Ka 1968 (Fotos Museum), © VG Bild-Kunst, Bonn, 1991. – S. 287: Unterdrückung der Hebräer (zu Ps 105,23ff.). – S. 289: Der Zug durch das Rote Meer (zu Ps 105,37–39; 106,8–12). – S. 291: Mose verkündet die Gesetze (zu Ps 106,19–23).

Seite 293: Marc Chagall, König David und Musikanten, 1983 (zu Ps 106,47f.), Tuschezeichnung, 100 x 75 cm. – Privatsammlung Basel, © VG Bild-Kunst, Bonn, 1991.

»Ich bin Jahwe, dein Gott, vom Lande Ägypten her« (Hos 12,10) lautet die »kürzeste Definition Jahwes im ganzen Alten Testament« (J. Jeremias). Jeder jüdische Vater soll seinen Kindern einprägen: »Wir waren Sklaven des Pharao in Ägypten, doch Jahwe hat uns mit starker Hand aus Ägypten geführt ...« (Dtn 6,21). Durch seine ganze Bibel hindurch wird Israel immer wieder dazu aufgerufen: »Zachor!« – Erinnere dich, vergiß nicht, denke daran: »Ich bin Jahwe, dein Gott, der dich aus Ägypten geführt hat; aus dem Sklavenhaus« (Ex 20,2).

Die Erinnerung an die Befreiung aus Ägypten bedeutet für die Juden nicht Flucht in die Vergangenheit, sondern wird auf die jeweils aktuelle Gegenwart und Zukunft bezogen. Sie ist Mahnung und Trost, und sie führt zu Dank und Lobpreis. Besonders schön kommt diese Doppelgestalt der Exodus-Erinnerung in den Psalmen zum Ausdruck.

Auch heute noch erinnern und vergegenwärtigen die Juden das »Grunddatum« ihrer Geschichte in den ergreifenden Symbolhandlungen, Erzählungen und Liedern des alljährlichen Pessach-Mahls, bei dem der Hausvater spricht: »In jedem Geschlecht ist der Mensch verpflichtet, sich so zu betrachten, als ob er selbst aus Ägypten gezogen sei. Denn so heißt es (Ex 13,8): ›An jenem Tag erzähle deinem Sohn: Das geschieht für das, was Jahwe an mir getan hat, als ich aus Ägypten zog‹.«

Anmerkungen zu Psalmtexten

Psalm 90–106 (mit V. 48 als Schlußdoxologie) bildet in der hebräischen Bibel das 4. Psalmenbuch (vgl. Bd. 1, S. 49: Psalterteilung).

Ps 90 wird als einziger »Mose dem Manne Gottes« zugeschrieben. – *Ps 90–92* (»ein Lied für den Sabbattag«) bilden eine thematische Einheit (Ps 90: Klage über die Vergänglichkeit des Lebens und Bitte um Jahwes Zuwendung – Ps 91: Zusage von Rettung und Leben – Ps 92: Dank für die Rettung) und wollen im Zusammenhang gelesen und meditiert werden (vgl. E. Zenger, Ich will die Morgenröte wekken. – Psalmenauslegungen, Freiburg–Basel–Wien, 1991, S. 212ff.).

Die Siebenergruppe *Ps 93–99* (Jahwe-Königs-Psalmen) hat eine planvolle Abfolge, mit *Ps 100* (s. Verwendungshinweis in V. 1) als Höhepunkt und Abschluß (vgl. E. Zenger [s. bei Ps 90], S. 75ff.).

Ps 101: Ein David zugeschriebener Königspsalm (vgl. Ps 2; 110), eine Art Selbstverpflichtung, Diensteid des Herrschers (M. Luther: »Regentenspiegel«).

Ps 102,1 gibt Auskunft über den »Sitz im Leben« dieses und sicher auch anderer Klagepsalmen; s. Bd. 1, S. 5f.; Bd. 3, S. 106f.; Bd. 6, S. 254ff. (Das Leiden/Die Schuld).

Ps 103 (»von David«) eröffnet eine bis Ps 107 reichende Gruppe von Lobpsalmen; s. Bd. 1, S. 6 (Gotteslob); Bd. 6, S. 254 (Das Leben); sehr anregend (auch hinsichtlich der Verklammerung mit Ps 104): E. Zenger (s. bei Ps 90), S. 172f., 193ff., 11ff.

Ps 104: s. Bd. 1, S. 7 (Schöpfung); Bd. 3, S. 105, 108f.; Bd. 6, S. 252 (Die Schöpfung). – *Ps 104,3:* »Söller« (lat.) = erhöhter offener Wohnraum. – *Ps 104,26:* zu »Leviathan« s. Bd. 5, S. 244 (Anm. zu Ps 74).

Ps 106,6: Anders als im »Zwillingspsalm« 105 ist hier die Geschichte Israels vom Auszug aus Ägypten bis zum Einzug in Kanaan Anlaß zum Schuldbekenntnis (vgl. K. Seybold, Die Psalmen. – Eine Einführung, Stuttgart, 1986, S. 127f.) – *Ps 106,20:* »ihren Ruhm«, d.h. ihren Gott. – *Ps 106,23:* »vor ihn in den Riß getreten«, d.h. in die Bresche gesprungen (vgl. Ex 32,11–14). – *Ps 106,28.30:* vgl. Num 25. – Zu Ps 105 und 106 s. Bd. 6, S. 252f. (Die Heilsgeschichte).

Das Buch der Psalmen
Band 7: Psalm 107–119

Das Buch der Psalmen
Ein Eschbacher Bilderpsalter in acht Bänden
herausgegeben von Martin Schmeisser
Reihe: Eschbacher Bilderbibel

Der Text der Psalmen wird im allgemeinen nach der
Übersetzung der Zürcher Bibel wiedergegeben.
Überall, wo im hebräischen Text der Gottesname
Jhwh steht (Zürcher Bibel: »der Herr«), wird in
Anlehnung an Martin Buber das durch Versalien
hervorgehobene Pronomen »Du«, »Er«, »Sein«
verwendet.

Die Verwendung der Texte der Zürcher Bibel erfolgt
mit Genehmigung der Genossenschaft Verlag der
Zürcher Bibel. Der Text ist entnommen aus: »Die
Heilige Schrift des Alten und Neuen Testaments«,
herausgegeben vom Kirchenrat des Kantons Zürich.
© Zürich 1931/1955.
Das Zeichen * verweist auf die Anmerkungen zu
Psalmtexten Seite 344.

CIP-Titelaufnahme der Deutschen Bibliothek

Das Buch der Psalmen: Ein Eschbacher Bilderpsalter in acht Bänden /
[Hrsg. Martin Schmeisser.] –
Eschbach/Markgräflerland: Verlag am Eschbach;
Zürich: Theologischer Verlag Zürich; Leipzig: Thomas-Verlag Leipzig.
  (Eschbacher Bilderbibel)
  ISBN 3-88671-099-8   (Verlag am Eschbach)
  ISBN 3-290-10120-7   (Theologischer Verlag Zürich)
  ISBN 3-86174-010-9   (Thomas-Verlag Leipzig)
NE: Schmeisser, Martin [Hrsg.]

  Bd. 7: Psalm 107–119. – (1993)
  ISBN 3-88671-097-1   (Verlag am Eschbach)
  ISBN 3-290-10127-4   (Theologischer Verlag Zürich)
  ISBN 3-86174-007-9   (Thomas-Verlag Leipzig)

© 1993 Verlag am Eschbach GmbH
Im Alten Rathaus · D-7849 Eschbach/Markgräflerland
Alle Rechte an dieser Ausgabe vorbehalten

Theologischer Verlag Zürich
Räffelstr. 20 · CH-8045 Zürich

Thomas-Verlag Leipzig GmbH
Weissenfelser Straße 33 · O-7031 Leipzig

Grafische Gestaltung: Reinhard Liedtke, Gelnhausen
Reproduktionen: Repro-Technik-Schröder, Uelzen
Satz und Druck: B & K Offsetdruck GmbH, Ottersweier
Verarbeitung: Großbuchbinderei Josef Spinner, Ottersweier

Das Buch der Psalmen
Band 7

Psalm 107–119

Verlag am Eschbach
Theologischer Verlag Zürich
Thomas-Verlag Leipzig

Max Hunziker, David – farbige Harfe, o. J.

Schulter an Schulter mit dem Judentum

Wie Christen heute die Psalmen beten und lesen sollten
Erich Zenger

In der Nachfolge des Juden Jesus

In der Vorrede zu der von Pfalzgraf Ottheinrich veranlaßten Psalterausgabe (Neuburg an der Donau, 1545) schrieb Martin Luther[1]:

»Billig sollte ein jeder Christ, der beten und andächtig sein will, den Psalter lassen sein täglich Betbüchlein sein. Und auch wohl gut wäre, daß ein jeglicher Christ denselben so übte und so geläufig darinnen würde, daß er ihn von Wort zu Wort auswendig könnte und immer in dem Munde hätte, so oft ihm etwas vorkäme zu reden oder zu tun, daß er einen Spruch daraus führen und anziehen könnte, wie ein Sprichwort. Denn es ist ja die Wahrheit, daß alles, was ein andächtig Herz mag zu beten wünschen, dazu findet er seine Psalmen und Worte, so eben und lieblich, daß kein Mensch, ja alle Menschen nicht können so gute Weise, Worte und Andacht erdenken. Zudem so lehret und tröstet er auch eben im Gebet, und ist durchs Vaterunser, und das Vaterunser durch ihn also gezogen, daß man eines aus dem andern sehr fein verstehen kann, und sie lustiglich zusammenstimmen … Ich habe eine Historie gehört, wie eine andächtige Person das Vaterunser so lieb gehabt, daß sie mit Tränen vor große Andacht dasselbe betete. Da wollte ein Bischof in guter Absicht die Andacht bessern, nahm ihr das Vaterunser, gab ihr viel gute andächtige Gebetlein; aber da verlor sie alle Andacht und mußte die andächtigen Gebetlein lassen fahren und das Vaterunser wieder annehmen. Ich meine auch, wer's sollte ein wenig versuchen mit Ernst am Psalter und Vaterunser, der sollte schon gar bald den andächtigen Gebetlein Urlaub geben und sagen: Ach, es ist nicht der Saft, Kraft, Brunst und Feuer, die ich im Psalter finde, es schmeckt mir zu kalt und zu hart etc.«

Luther hat intuitiv erfaßt, was die wissenschaftliche Exegese der letzten Jahrhunderte und insbesondere jene Theologie der Gegenwart, die sich der Erneuerung des christlich-jüdischen Verhältnisses verpflichtet weiß, immer deutlicher erkannt hat: Das von den Christen als Summe und Maß ihres Betens gebetete Vaterunser ist ein durch und durch jüdisches Gebet. Folgt man dem gut begründeten Versuch, aus den beiden in Mt 6,9–13 und in Lk 11,2–4 unterschiedlich überlieferten Fassungen eine »Urform«, die dann das »Vaterunser Jesu« gewesen wäre, zu rekonstruieren, wird die tiefe Verwurzelung

christlichen Betens in der jüdischen Gebetstradition, insbesondere in den Psalmen, sogar noch offenkundiger. Die älteste erreichbare Fassung des Vaterunsers könnte so gelautet haben[2]:

> Vater!
> Geheiligt werde dein Name,
> es komme dein Reich!
> Unser notwendiges Brot gib uns heute
> und vergib uns unsere Sünden
> und führe uns nicht in Versuchung!

Die einfache Vater-Anrede, die Lobpreis, Bekenntnis und Bitte zugleich ist, faßt die im Frühjudentum besonders betonten Züge des biblischen Gottesbildes zusammen: Jhwh ist ein Vater, der sich in Güte und Erbarmen um seine Kinder sorgt und ihnen Anteil gewährt an seinem »Erbe«, d. h. sie teilhaben läßt an den Gütern und an der Herrlichkeit seines Reiches. Gegenüber der früher vertretenen Auffassung, mit der Vater-Anrede (Abba) setze sich Jesus vom zeitgenössischen Judentum ab, sehen wir heute: Jesus greift damit eine im Judentum seiner Zeit verbreitete und lebendige Gottesanrede auf, stellt sie ins Zentrum seines Betens – und macht sie so seinen Jüngerinnen und Jüngern zur bleibenden Vor-Gabe ihres Betens.

Was jüdisch-christlich die Vater-Anrede Gottes meint, entfalten die beiden »Bitt-Abschnitte«. Die zwei Du-Bitten sind indirekte Bitten (sprachlich: Jussive) an den Vater: Gott möge seinen Namen als heilig erweisen, indem er sein Reich/sein Königtum kommen lasse. Das ist die gesellschaftliche, universale, kosmische, ja eschatologische Dimension der Vaterschaft Gottes. Sie freilich soll und will sich konkret und präsent an den einzelnen »Kindern« dieses Vaters erweisen, wie die drei als sich steigernder Zusammenhang gestalteten Wir-Bitten (sprachlich: Imperative) um Brot, Sündenvergebung und Bewahrung vor Versuchung (Not und Anfechtung, die zur Absage an Gottes Vaterschaft führen »müßte«) sofort anschließen.

Die unübersehbare Nähe der Formulierungen und der Grundstruktur des Vaterunsers, das Franz Mußner in seinem »Traktat über die Juden«[3] zurecht als »Gebet des Juden Jesus« ausgelegt hat, zu den großen Gebeten des nachbiblischen Judentums ist oft und zurecht betont worden. Das (aramäische) Kaddischgebet, das bis heute im synagogalen Gottesdienst und als Trauergebet rezitiert wird und das bis in die Zeit Jesu zurückreicht, bindet in gleicher Weise die Heiligung des Gottesnamens mit dem Anbrechen des Gottesreiches zusammen:

Erhoben und geheiligt
werde sein großer Name
in der Welt,
die er nach seinem Willen erschaffen.
Er lasse sein Reich kommen
in eurem Leben und in euren Tagen
und in dem Leben des ganzen Hauses Israel,
bald und in naher Zeit.
Darauf sprecht Amen.

Und wie stark die Wir-Bitten des Vaterunsers in Sprache und Geist genuin jüdisch sind, zeigt ein kurzer Blick auf das »Achtzehn-Bitten-Gebet«, das als das synagogale Gebet schlechthin (Tefillah) gilt und dessen Ursprünge ebenfalls in die Zeit Jesu zurückgehen. In diesem 18 Benediktionen (Lobsprüche Gottes) umfassenden Gebet heißt es unter anderem:

Vergib uns, unser Vater, daß wir gefehlt,
verzeih uns, unser König, daß wir abgefallen,
denn du vergibst und verzeihst.
Gelobt seist du, Herr,
der gnädig immer wieder verzeiht.

Sieh unsere Not und führe unseren Streit
und erlöse uns bald um deines Namens willen,
denn du bist ein machtvoller Erlöser.
Gelobt seist du, Herr,
der Israel erlöst.

Segne uns, Herr, unser Gott, dieses Jahr
und die Fülle seines Ertrags zum Guten.
Gib Segen für die Flur,
sättige uns mit deinem Gut
und segne unser Jahr wie die guten Jahre.
Gelobt seist du, Herr,
der die Jahre segnet.

Allgütiger, dein Erbarmen ist nie zu Ende.
Allbarmherziger, deine Güte hört nie auf.
Von jeher hoffen wir auf dich.
Für all dies sei dein Name, unser König,
stets gepriesen und erhoben
in Zeit und Ewigkeit.

Mit diesen kurzen Hinweisen auf die große Verwandtschaft des Vaterunsers mit zentralen jüdischen Gebeten aus der Gebetstradition des nachbiblischen Judentums bis heute (!) sollte nur erinnert werden: Authentisches christliches Beten, das – um Martin Luther zu wiederholen – »Saft, Kraft, Brunst und Feuer« und wahre »An-

dacht« hat, hat seinen Wurzelboden gemeinsam mit den großen Gebeten des Judentums im biblischen Psalter, der als Meditations- und Lebensbuch des biblischen Judentums entstanden ist und zuallererst das Gebetbuch der Juden bis heute ist. Der Psalter ist der »Lebensbaum«, aus dessen Stamm und Wurzeln christliches Beten herauswächst – so es Gebet in der Nachfolge Jesu ist und getreu seinem Wort geschieht: »Wenn ihr betet, sollt ihr so beten …« (Lk 11,2).

Verteidigung der »jüdischen« Psalmen durch die frühe Kirche

Die frühe Kirche hat diese jüdische Vor-Gabe Jesu für christliches Gebet verstanden und verteidigt. Weder das Neue Testament noch die kirchliche Literatur des 2. Jahrhunderts hat eine »neue« christliche Gebet- und Liedersammlung geschaffen. Die einzige Ausnahme sind die syrischen Oden Salomos. Sie sind wohl zu Anfang des 3. Jahrhunderts entstanden und haben nur eine Außenseiterrolle gespielt bzw. wurden wegen ihrer gnostisch-häretischen Tendenzen bekämpft, konkret: wegen ihrer theologischen Distanz zum kanonischen »jüdischen« Psalter Davids. Gewiß gab es in den ur- und frühchristlichen Gottesdiensten das spontane charismatische und enthusiastische Hervorbringen von »Psalmen und Hymnen« (vgl. 1 Kor 14,15.26; Kol 3,16; Eph 5,19), aber diese wurden nicht gesammelt, um Teil der kanonischen Bibel oder der Kirchenordnungen zu werden. Und als offensichtlich unter dem Einfluß Markions (um 85–um 160), der das Alte Testament als Buch vom »jüdischen« Gott ablehnte und das Neue Testament durch Streichung aller »jüdischen« Passagen endlich zu einem echt »christlichen« Buch machen wollte (er wollte nur noch ein »gereinigtes« Lukas-Evangelium und 10 ebenfalls entjudaisierte Paulus-Briefe übriglassen!), die Markioniten einen neuen Gegenpsalter schufen und darin mehrfach Nachahmer fanden, widersetzte sich die Kirche dieser häretisch-gnostischen Hymnendichtung – nicht zuletzt, weil sie in Bildwelt und Stil zutiefst unjüdisch waren und sich von der Gebets-Vorgabe des (Psalmen-)Beters Jesus entfernten. In der Ablehnung christologischer Irrlehren beruft sich schon um 200 n. Chr. der erste lateinische Kirchenvater Tertullian auf die Psalmen Davids, die er den platonisierenden Häretikern als biblische Zeugnisse von der wahren Menschheit Jesu entgegenhält: »Uns leisten dabei auch die Psalmen Beistand, nicht die des Apostaten, Häretikers und Platonikers Valentin, sondern die heiligen und allgemein anerkannten Davids. *Er singt uns von Christus, und durch ihn singt uns Christus von sich selbst.*« Und zu Anfang des 3. Jahrhunderts empfiehlt die syrische Didaskalie denen, die Reichtum und Zeit haben, Bücher zu lesen, die Tora und die Evangelien – und die Psalmen Davids: »Wenn du Hymnen begehrst, so hast du die Psalmen Davids.« In der Konsequenz dieser Hochschätzung der biblischen Psalmen liegt die Entscheidung der Synode von Laodikea (364 n. Chr.), für den christlichen Gottesdienst ausdrücklich alle »privaten« Psalmendichtungen auszuschließen und nur die biblischen Psalmen zuzulassen[4].

An dieser auch liturgischen »Kanonisierung« der Psalmen durch die Kirche ist ein Doppeltes wichtig, auch für heute:

1. Das Festhalten an den »Psalmen Davids« geschieht in Treue zu Jesus, dem Psalmenbeter. Ihn stellen uns die Evangelien, insbesondere die Passionsgeschichte, als den paradigmatischen Psalmenbeter vor, der im Rezitieren und Meditieren der Klage- und Vertrauenspsalmen der jüdischen Tradition (u. a. Ps 22; 31; 42/43; 69) sein Leben und sein Sterben als Weg mit und zu dem Gott Israels gegangen ist, zugleich in der Hoffnung auf jene unzerstörbare und rettende Gottesgemeinschaft, die sich in eben diesen Psalmen ausspricht (vgl. besonders Ps 16). Die neutestamentliche Christologie ist weithin »Psalmen-Christologie«. Man vergegenwärtigte sich Jesus in und mit Worten des Psalmenbuchs, indem man sein »unbegreifliches« Leiden und Sterben als schriftgemäß »begreiflich« zu machen versuchte. Und zugleich wurde der Psalmen betende Jesus seinen Jüngerinnen und Jüngern zum Nachfolge-Paradigma für Leiden und Sterben als Weg ins Gottesreich. Daß die frühe Kirche gerade im Rückgriff auf die Psalmen alle falschen Christologien, die Jesus zum griechischen Gott machen wollten, abgewehrt hat, ist auch heute hochbedeutsam, wenn im christlich-jüdischen Dialog wieder die verschütteten jüdisch-biblischen Wurzeln des Christusbekenntnisses bewußter gemacht werden sollen.

2. Die frühe Kirche hat bei ihrer »Verteidigung« der jüdischen Psalmen gespürt, daß es hier um ihre unaufgebbare Verwurzelung im Judentum und um ihre Identität überhaupt geht. Das ist zunächst eine einfache geschichtliche Wahrheit. Das Christentum ist nicht als eine sich gezielt vom Judentum absetzende »neue« Religion entstanden. Jesus hat keinen »anderen« Gott als den Gott Israels verkündet. Er hat nicht die Tora Israels aufgehoben, sondern sie nach seinem Verständnis konsequent gelebt. Er wußte sich gesandt als Bote der endgültigen Liebe und Barmherzigkeit jenes Gottes, der seinem Volk Tag für Tag die Gnade des unerschöpflich neuen Bundes zu schenken bereit ist (vgl. Ex 34,9f.; Jer 31,31–34 sowie besonders Ps 51 und 103) und der, gemäß der Verheißung des Noach-Bundes (vgl. Gen 9,8–17), seine belebende Sonne aufgehen lassen will über alle Menschen als Erweis seiner fürsorglichen Vaterschaft (vgl. Mt 5,45). So wie Jesus sich selbst, sein Beten, seine Botschaft und sein Handeln in den Horizont der Bundesgeschichte Gottes mit Israel stellte, so taten es auch die neutestamentlichen Schriften. Dabei leisten die Psalmen eine großartige Hilfe, Jesus und das sich in seiner Nachfolge konstituierende Christentum bleibend an das Judentum »zurückzubinden«. Noch der Hebräerbrief, der schon polemisch die Spannungen zwischen dem sich als eigene Religion gegenüber dem Judentum profilieren-den Christentum reflektiert, deutet das Leben Jesu als ein einziges großes »Psalmengebet«, nicht nur indem er zur Entfaltung seiner Christologie immer wieder Psalmtexte zitiert, sondern insbesondere indem er Jesus »bei seinem Eintritt in die Welt« Psalm 40,7–9 (in der Fassung der Septuaginta) beten läßt:

Schlacht- und Speiseopfer hast du nicht gefordert,
doch einen Leib hast du mir geschaffen;
an Brand- und Sündopfern hast du kein Gefallen.
Da sagte ich: Ja, ich komme –
so steht es über mich in der Schriftrolle –,
um deinen Willen, Gott, zu tun.

Gerade im Beten der Psalmen begegnet das Christentum dem Judentum als seiner bleibenden Wurzel. Wer Jesus »begegnen« will, trifft auf ihn, indem er die Psalmen betet. Wer möglichst authentisch in der Nachfolge Jesu beten will – getreu seiner Weisung Lk 11,2–4 –, der wird in der Tat auf die biblischen Psalmen verwiesen. Es ließe sich unschwer aufweisen, daß und wie die einzelnen Formulierungen des Vaterunsers eine anspielende Aufnahme »alttestamentlicher« Psalmen sind. Wie Tertullian zurecht das Vaterunser als breviarium totius Evangelii (Kurzfassung des ganzen Evangeliums) bezeichnet, kann man es auch breviarium totius psalterii (Kurzfassung des ganzen Psalmenbuchs) nennen. Ja, es läßt sich sogar ein einzelner Psalm nennen, dem das Vaterunser bis in das theologische Konzept hinein verwandt ist[5]. Es ist der »junge« 145. Psalm, der im Psalmenbuch an herausragender Stelle steht. Ps 145 schließt die kleine »Davidsammlung« Ps 138–145 ab und faßt die große Vision vom Kommen des Gottesreiches zusammen, das im fünften Psalmenbuch (Ps 107–150) herbeigesehnt und hochgepriesen wird.

Die für das Vaterunser konstitutive Verschränkung von Kommen des Gottesreichs und Heiligung des Gottesnamens begegnet in Ps 145 an strukturell bedeutsamen Stellen, nämlich im Rahmen und im Zentrum des Psalms:

1 Ich will dich erheben, mein Gott und König,
und deinen Namen preisen immer und ewig!
2 Täglich will ich dich preisen
und deinen Namen rühmen immer und ewig!
10 Es preisen dich, DU, all deine Werke,
und deine Frommen loben dich.
11 Sie rühmen die Herrlichkeit deines Reiches
und reden von deiner Macht,
12 daß sie den Menschen deine Machttaten kundtun
und die hehre Pracht deines Reiches.
13 Dein Reich ist ein Reich für alle Ewigkeit,
und deine Herrschaft währt
von Geschlecht zu Geschlecht.
21 Mein Mund soll SEIN Lob verkünden,
und alles Fleisch lobe seinen heiligen Namen
immer und ewig!

Wie im Vaterunser ereignet sich für den Beter von Ps 145 das Kommen des Gottesreiches als Erweis des Gottesnamens im konkreten Menschenleben: in der Gabe des Brotes (Ps 145,15f.), in der Sündenvergebung (Ps 145,8f. als Anspielung auf Ex 34,6f.; vgl. auch Ps 103,8–13) und in der rettenden Bewahrung vor »Versuchung« (Ps 145,18–20).

Angesichts dieser Nähe von Ps 145 und Vaterunser wird es nicht mehr überraschen, daß die jüdische Tradition im Nachmittagsgottesdienst den Ps 145 und das Achtzehngebet (zu seiner Verwandtschaft mit dem Vaterunser vgl. oben) hintereinandergestellt hat. Hier wird nochmals deutlich: Nachbiblisches Judentum und Christentum haben im biblischen Judentum ihren gemeinsamen Mutterboden, wobei freilich die Kontinuität zwischen biblischem und nachbiblischem Judentum ungebrochener ist und zugleich dem Judentum die Würde des »Erstgeborenen« zukommt, während das Christentum seine Einwurzelung in den jüdischen Mutterboden dem Juden Jesus verdankt.

Diese fundamentale Wahrheit, daß wir Christen »aus der Völkerwelt« durch Jesus, das Kind Israels, hineingenommen sind in die mit Israel begonnene Bundesgeschichte Gottes, können und wollen uns die Psalmen, die wir in der Nachfolge Jesu beten, bewußt machen. Im Psalmenbeten stehen wir Christen »Schulter an Schulter« neben dem Juden Jesus vor dem Gott Israels: gewiß nicht als Juden, sondern als Christen, mit eigener christlicher Identität, die freilich eine »christlich-jüdische« Identität ist, die den Juden nichts wegnehmen darf und will – und doch zugleich darum weiß, daß sie nur lebendig bleibt, wenn und solange sie dem Lebensbaum verbunden ist, in den sie eingepfropft ist (vgl. Röm 11,17). In diese Gebetsverbundenheit mit Israel verweist uns der Psalmenhintergrund des Vaterunsers und der ausdrückliche Wunsch Jesu: »So sollt ihr beten …«

»Verchristlichung« der Psalmen?

Daß und wie schwer die Zustimmung der christlichen Theologie und vieler christlicher Beter zur »jüdischen« Vor-Gabe des Beters Jesus immer noch fällt, zeigt sich nicht nur in dem beinahe zwanghaften Bemühen, das »jüdische« Vaterunser eben doch als letztlich »unjüdisch« zu erweisen, und in den teilweise recht verqueren Versuchen, die »vor- und nicht-christlichen« Psalmen zu »christianisieren«. So schreibt beispielsweise noch 1987 der Neutestamentler Gerhard Schneider in seiner Studie über das Vaterunser[6] folgendes:

»Das Vaterunser als Gebet ›des Juden Jesus‹ muß nicht notwendig auch ein ›jüdisches Gebet‹ sein. Es ist zwar – wie Wettstein schrieb [schon im Jahre 1751/52, E. Z.] – *ex formulis Hebraerum* [»aus jüdischen Formulierungen«, E. Z.] zusammengefügt. Doch hebt es sich jesuanisch-charakteristisch von jüdischem Beten ab. Mit

seiner jesuanischen Eigenart und Neuheit fällt es zwar nicht ›aus dem Rahmen des Judentums‹, schon weil sich ›überraschend viele Verbindungslinien zwischen dem Glauben und Beten Israels einerseits‹ (nach dem Zeugnis des Alten Testaments!) und dem ›Gebet des Herrn‹ andererseits ausmachen lassen. Man wird aber beachten müssen, daß *alttestamentliche* Bezugspunkte nicht einfachhin als *jüdische* angesehen werden dürfen. Es läßt sich zwar zeigen, daß es im jüdischen Beten die Zusammenstellung jeweils zweier Motive gab, die ähnlich in zwei aufeinanderfolgenden Vaterunser-Bitten begegnen: Name und Königtum Gottes, Bitte um Vergebung der Sünden und Bewahrung vor Versuchung. Doch das Ganze ist mehr als die Summe der Teile!«

Und das viele Christen offensichtlich belastende Problem, daß uns Jesus kein »neues« Gebetbuch geschenkt, sondern uns zum Beten der jüdischen Psalmen aufgefordert hat, formuliert der Liturgiewissenschaftler Balthasar Fischer (auch für sich selbst!) so[7]:

»Wohltuend an den Psalmen ist, daß sie so menschlich sind. Sie loben Gott, aber sie sind kein reines Lob. Augustinus sagt, ihr Lob sei ›gemischt mit Tränen‹. Unsere Not und Verzagtheit und Verzweiflung darf hier zum Ausdruck kommen, aber das letzte ist dann doch immer wieder der Lobpreis dessen, der uns geschaffen und erlöst hat. Eine gewisse Schwierigkeit ergibt sich aus der Tatsache, daß diese Lieder … dem Alten Testament entstammen, also vor der Ankunft Christi niedergeschrieben sind und nur in ganz seltenen Fällen auf den kommenden Messias Bezug nehmen. Wie können sie da christliches Gebet werden, bei dem doch Christus die Mitte ist, sei es, daß wir zu ihm beten, sei es, daß wir seinem Beten uns anschließen?«

Balthasar Fischer schlägt als Lösung des Problems vor: Die Psalmen soll man christlich nicht im (alttestamentlichen) »Wortsinn«, sondern im (neutestamentlichen) »Erfüllungssinn« beten. Der Wortlaut der Psalmen soll dabei seine jüdische Erdung verlieren und zum Auslöser »christlicher« und christologischer Assoziationen werden.

Es ist keine Frage: Diese Praxis der »Verchristlichung« der Psalmen, die meist zugleich eine »Entjudaisierung« mit sich brachte, hat eine lange christliche und liturgische Tradition. Sie läßt sich schon bei den Kirchenvätern der Alten Kirche und bei vielen Theologen des Mittelalters nachweisen, zumal vor dem Hintergrund der Lehre vom sog. mehrfachen Schriftsinn. Ohne in eine detaillierte Diskussion über den im einzelnen recht unterschiedlichen Umgang der Kirchenväter mit den Psalmen eintreten zu können, müssen doch zwei kritische Rückfragen gestellt werden, wenn *diese* Art christlichen Psalmenverständnisses *heute* wiederholt vorgeschlagen wird:

1. Die Kirchenväter und mittelalterlichen Theologen setzen sich nicht (oder nur ganz selten) einem Psalm als einer sprachlichen Ganzheit aus. Der Psalm wird vielmehr in Einzelmotiven herangezogen, um eine *vorher*

oder *außerhalb* des Psalms feststehende theologische Aussage zu erklären, die auch ohne den Psalm möglich wäre. Der Psalm dient als Auslöser für Assoziationen, als Sprachmittel für biblizistische Redeweise oder als »Beweismittel« für die Erfüllungstheologie. Mit dieser Kritik soll keineswegs der »geistliche« Reichtum vieler Homilien der Kirchenväter auf die Seite geschoben werden. Wohl aber stellt sich die Frage, ob diese Art von »Verchristlichung« der Psalmen unserem heutigen theologischen Bewußtsein entspricht, nach dem der Wortlaut eines biblischen Textes zuallererst einmal ernst genommen werden muß, ehe er in einer christlichen »relecture« offen werden kann für Aussagen und Erfahrungen, die im Text selbst bei seiner »Erstproduktion« nicht im Blick waren. Das führt bereits zur zweiten Rückfrage, die noch gravierender ist – vor allem hinsichtlich der nach der »Schoa«, der Ausrottung von ca. 6 Millionen Juden im nationalsozialistischen Machtbereich, geforderten Erneuerung des christlich-jüdischen Verhältnisses.

2. Mit erschreckender Direktheit beziehen die Kirchenväter und die meisten christlichen Theologen (und christlichen Psalmenbeter) bis heute im »Erfüllungsdenken« die Psalmen *so* exklusiv auf Jesus Christus und die Kirche, daß sie vergessen, daß die Psalmen zuallererst das Gebetbuch der Juden waren und bis heute sind. Schon früh hat die Kirche (aus vielen Gründen) die Wahrheit verdrängt oder vergessen, daß sie nur in bleibender Bindung an das Judentum Kirche Jesu Christi ist. In vielen »Spielarten« entstanden die (pseudo-)theologischen Meinungen, daß das Judentum wegen der Ablehnung Jesu von Gott verworfen und durch die Kirche als »das neue, wahre Israel« ersetzt und beerbt worden sei. Diese Sicht schlug sich auch im christlichen Umgang mit dem Alten Testament und insbesondere mit den Psalmen nieder. Weil man das Neue Testament als die eigentliche Gottesbotschaft betrachtete, wurde das Alte Testament degradiert zur Vorhalle, zum Vorwort oder zur Vorbereitung des Neuen Testaments (praeparatio evangelii), ohne daß es einen Eigenwert besaß. Man las es als Voranzeige oder als Verheißung Jesu, seiner Botschaft und seines Lebens. Als bedeutsam und gewichtig galt, was diesem »Interesse« entsprach, alles andere war weniger wichtig oder eben typisch alttestamentlich-jüdisch und wurde übergangen bzw. für überholt und »aufgehoben« erklärt. Das war auch die Perspektive, in der die christliche Liturgie und Theologie die Psalmen las und auswählte. Nicht selten führte dies bei den Kirchenvätern sogar dazu, daß sie einzelne Psalmverse in ihrem christlichen »Erfüllungsstolz« sogar ausdrücklich gegen das Judentum ihrer Zeit auslegten und predigten. Das entsprach methodisch dem Ansatz, daß anderweitig »feststehende« Aussagen und Meinungen mit Hilfe eines Psalmverses dann besonders kräftig wirken sollten. So scheute man nicht davor zurück, in christlicher Aneignung der jüdischen Psalmen diese zugleich antijüdisch zu mißbrauchen. Zwei Beispiele antijüdischer Psalmenauslegung bei den Kirchenvätern mögen hier genügen:

Bei seiner Auslegung von Psalm 37 baut Ambrosius (339–397), der auch sonst aus seiner Judenfeindschaft keinen Hehl macht, gleich zwei Antijudaismen ein. Aus der Sicht heutiger Bibelwissenschaft entwirft Ps 37 eine in Spruchform gebündelte weisheitliche Lebenslehre, sozusagen das Lebensmodell eines Gerechten (Zaddik) im Dienst der Gerechtigkeit Gottes. Dies hat das Matthäusevangelium noch voll verstanden, so daß es aus dem Psalm mehrfach, insbesondere in den Seligpreisungen, zitiert. Vers 21 dieses Psalms lautet:

Der Frevler muß borgen und kann nicht zurückzahlen,
doch freigebig schenkt der Gerechte.

In diesen Vers nun trägt Ambrosius einen im Text durch nichts gedeckten Antijudaismus ein, indem er in dem antithetischen Parallelismus des Verses (Frevler/Gerechte) bösartig und pauschal die Gegenüberstellung der (bösen) Juden und der (guten) Christen sieht: Schon der Psalm sagt nach ihm, daß »die Christen« die Gerechten sind, bei denen »die Juden« sich Geld ausleihen und nicht zurückzahlen!
Die Verse 35–36 des 37. Psalms lauten:

Ich sah einen Frevler, bereit zur Gewalttat;
er reckte sich hoch wie eine grünende Zeder.
Wieder ging ich vorüber, und er war nicht mehr da;
Ich suchte ihn, doch er war nicht zu finden.

Diese Verse deutet Ambrosius auf die jüdischen Schriftausleger seiner Zeit, die zwar gelehrt über den Wortsinn der Heiligen Schriften redeten und diskutierten, aber in Wirklichkeit längst an ihrer Gelehrsamkeit gestorben seien und tot herumliefen, denn es gelte ja: Der Buchstabe macht tot.

Auch bei dem gegenüber Ambrosius gewiß originelleren und bedeutenderen Psalmausleger Augustinus (354–430) finden sich leider häufiger christologisch bedingte Antijudaismen. So sagt er bei einer eucharistie-theologischen und christologischen Auslegung von Ps 34,6, wobei die lateinische Übersetzung zugrundeliegt (»Tretet zu ihm herzu und werdet erleuchtet!«):
»Laßt uns zu ihm hintreten, und wir werden erleuchtet werden, nicht wie die Juden zu ihm hingetreten sind und Finsternis wurden. Sie traten hinzu, um ihn zu kreuzigen: uns laßt hinzutreten zu ihm, um seinen Leib und sein Blut zu empfangen.«

Niemand wird ernsthaft bezweifeln: daß die zuallererst jüdischen Psalmen zu (pseudo-)christlich motivierten Antijudaismen mißbraucht werden, ist ein Irrweg, dessen historischer Kontext hier nicht weiter reflektiert werden kann (was geschehen müßte, um Ambrosius und Augustinus »gerecht« zu werden!), dessen theologische Ablehnung *und* Überwindung für uns heute aber aus vielen Gründen unerläßlich ist.

Christliches Psalmenbeten »nach Auschwitz«

Daß und wie wir Christen heute – nach Auschwitz und im Wissen um die gefährlichen Folgen der jahrhundertelangen (pseudo-)theologisch begründeten christlichen Judenfeindschaft – das sog. Alte Testament und insbesondere die Psalmen »neu« bzw. anders beten und lesen müssen, ist durch folgende theologische Eckdaten angezeigt, über die sich in den letzten Jahren beinahe so etwas wie ein christlich-ökumenischer Konsens ergeben hat:

1. Israel steht bis heute in der Gnade des ungekündigten Gottesbundes. Israel ist und bleibt der Erstling der Erwählung Gottes. Die jahrhundertelang tradierten christlichen Aussagen, daß Israel wegen seiner Weigerung, Jesus als den ihm gesandten Messias anzuerkennen, oder wegen des Kreuzestodes Jesu von Gott verworfen und bestraft worden sei und daß der Israel gegebene Bund damit zu Ende gekommen sei, widersprachen eigentlich, wie wir heute sagen müssen, immer schon dem Zeugnis der Heiligen Schriften, insbesondere der von Paulus in Röm 9–11 entfalteten Lehre. Die in der Bibel wiederholt bezeugte Treue Gottes zu seinen Verheißungen, vor allem die Rede vom ewigen Bund und von dem Gott, der gütig und barmherzig ist über die Maßen, weil er Gott ist und nicht ein Mensch, schließt die These aus, Gott habe seinen einmal gewährten Bund mit Israel widerrufen.

2. Wenn Israel auch *post Christum* (nach Christus) das »Gottesvolk des von Gott nie gekündigten Bundes« (Johannes Paul II.) ist, muß die Kirche aufhören, sich als das wahre und eigentliche Israel zu proklamieren. Sie muß in ihrer Selbstdefinition alle Spielarten des Ersetzungs- und Enterbungsdenkens entschieden verurteilen und bekämpfen. Die Kirche ersetzt nicht Israel, und sie hat Israel nicht beerbt, sondern die Kirche ist durch Jesus als »Kind Israels« in den mit Israel konstitutiv geschlossenen Gottesbund hineingenommen. Israel und die Kirche kommen von einer gemeinsamen Geschichte her und gehen auf ein gemeinsames Ziel, nämlich das Kommen des Gottesreichs, zu. Den Weg auf dieses Ziel hin gehen sie nebeneinander, in unterschiedlicher Identität, in einem unterschiedlichen way of life, in unterschiedlichen Formen des alltäglichen Lebens. Man könnte dieses Nebeneinander auf dem Israel und der Kirche vom gemeinsamen Bundesgott gewiesenen Weg als »messianische Geschwisterlichkeit« bezeichnen. Der »neue« Bund, dessen Gnade den Christen in der Nachfolge Jesu geschenkt wird, ist kein anderer als der »erste« und einzige Bund; er ist der vom Bundesgott immer wieder »erneuerte« und mit neuer Lebenskraft erfüllte Bund seiner Barmherzigkeit, an dem Juden und Christen, auf je spezifische Weise, Anteil haben[8].

3. Christliche Identität ist gewissermaßen eine zusammengesetzte Identität: Kirche gibt es nur in der Bindung an das Judentum. Die Schoa hat uns erschreckend bewußt gemacht, wozu die Verdrängung und Verleugnung der jüdischen Dimension des Christentums führt. »Nach Auschwitz« sollte es keine Diskussion mehr darüber geben: Wir sind Kirche Gottes nur noch im *gelebten* Bunde mit dem jüdischen Volk[9]. Die von Paulus in Röm 9–11 der Kirche ein für allemal im Blick auf ihr Selbstverständnis festgeschriebene heilsgeschichtliche Abhängigkeit vom Judentum ist im Angesicht der Schoa die theologische Vorgabe, an der sich alles theologische Reden und kirchliche Handeln, nicht zuletzt auch ihre Liturgie (also auch das christliche Psalmenbeten!) messen lassen muß.

4. »Kirche nach Auschwitz« muß deshalb alle ihre Lehraussagen und ihre Lebensvollzüge, auch und gerade ihr liturgisches und theologisches Psalmenverständnis, daraufhin überprüfen, ob sie darin Israel seine Gotteswürde und Gottesbindung beläßt. Sie muß darauf verzichten, ihr eigenes theologisches Profil durch Verzerrung und Verweigerung der Israel zukommenden theologischen Dignität gewinnen zu wollen. Daß es *post Christum natum* Judentum und Christentum als je eigenständige Größen gibt, und zwar mit »je eigener Identität« (Johannes Paul II. am 6. März 1982) und »in nicht aufzuhebender Trennung« (vgl. Vatikanische Kommission für die religiösen Beziehungen zum Judentum, 24. Juni 1985), darf nicht länger theologisch damit erklärt werden, daß die Juden die Jesus nach dem Glauben der Christen zukommende Sendung nicht akzeptieren, sondern gründet im Plan des Bundesgottes selbst, wie Paulus in Röm 11,11–36 (dabei andere von ihm früher vertretene Positionen revidierend?) unmißverständlich erläutert: Das »Nein« der überwiegenden Mehrheit der jüdischen Zeitgenossen des Paulus zu Jesus Christus ist der von Gott selbst (!) bewirkte »Umweg«, damit das Heil »zu den Völkern« bzw. »zu den Heiden« gelangt – in jener Gestalt, die er für sie bestimmt hat. Das »Nein« der Juden zum Evangelium von Jesus Christus war und ist der Preis, den Gott gewissermaßen sich selbst zumutet, damit die Kirche ihren spezifischen Weg durch die Geschichte gehen kann. Einen Auftrag, das *Judentum* auf diesen ihren Weg zu führen, hat die Kirche nicht. Im Gegenteil: Auch in der Ablehnung der Christusverkündigung ist und bleibt das ganze jüdische Volk »im Blick auf seine Erwählung (von Gott) geliebt – und dies wegen der Väter« (Röm 11,28).

5. Judentum und Christentum sind zwei Glaubens- und Lebensweisen, die, bei aller fundamentalen Gemeinsamkeit und Verwiesenheit aufeinander, zugleich durch tiefgreifende strukturelle und geschichtliche Asymmetrien voneinander geschieden sind und geschieden bleiben sollen. Beide erheben nach *innen* einen bindenden Wahrheitsspruch. Das sollte sie dazu befähigen, einander gegenüber jene »familiäre« Offenheit zu praktizieren, die den Religionsfrieden als konstitutives Element erhofften Weltfriedens herbeiführen hilft.

Den mit diesen »Eckdaten« abgesteckten Raum eines erneuerten christlich-jüdischen Miteinander können wir

Christen mit einem erneuerten Psalmenverständnis und Psalmenbeten »ausfüllen«, das sich thesenartig *so* umschreiben läßt:

1. Wenn wir Christen die Psalmen beten, müssen wir uns bewußt machen, daß es schon lange vor und neben dem christlichen Psalmenbeten die jüdische Psalmengebetstradition gibt, in der das Judentum über die Jahrhunderte hinweg seine Würde als Bundesvolk Gottes verwirklicht.

2. Wenn wir Christen die Psalmen beten, erfahren wir die bleibende Gotteswahrheit über Israel: Wir begegnen in den Psalmen zuallererst der Leidens- und Hoffnungsgeschichte *Israels*. Wenn in den Psalmen vom »Gott Israels« und von »Israel«, vom »Zion« und von »Jerusalem«, von der »Tora« und vom »König«, vom »Tempel« und vom »Land« usw. die Rede ist, dann dürfen wir das nicht vorschnell spiritualisieren und »verchristlichen«: Da ist zuerst das Judentum im Blick – und erst »abgeleitet« und nur in Gemeinschaft mit dem Judentum das Christentum. Wir können dabei lernen, daß wir Christen nicht immer im Mittelpunkt der Bibel und der Gottesgeschichte stehen müssen. Und im sensiblen Meditieren der Psalmen Israels können wir lernen, die Mißverständnisse und die Verzerrungen zu überwinden, die eine falsche christliche Theologie jahrhundertelang über das Judentum verbreitet hat. In den Psalmen können wir neu entdecken: daß der Gott des sog. Alten Testaments ein Gott der Güte und der Barmherzigkeit ist; daß die Tora Israels nicht ein unfrei machendes »Gesetz«, sondern eine beglückende Wegweisung ist; daß die Geschichte Gottes mit Israel hinzielt auf das alle Völker in Frieden zusammenführende Gottesreich; daß Israel sich gehalten weiß von der Gnade der Sündenvergebung des »neuen« Bundes; daß auch das Neue Testament nicht christozentrisch, sondern theozentrisch ist, und daß auch unser christliches Beten zuallererst nicht *zu*, sondern *durch* Jesus Christus geschieht (wie dies in der »offiziellen« Liturgie der Kirche beinahe *immer* der Fall war!) – zur Ehre Gottes des Vaters!

3. Wenn wir Christen die Psalmen beten, sagen wir ausdrücklich Ja zu unserer jüdischen Ursprungsgeschichte und zu dem »geistlichen« Erbe, das die Kirche seit ihren Anfängen mit dem Judentum teilt. Wir erkennen an, daß es legitimerweise zwei verschiedene, gleichberechtigte und gleichwertige, Weisen des Psalmenbetens gibt – eine jüdische und eine christliche; das ist im Wissen um den sog. hermeneutischen Zirkel ohnedies eine Selbstverständlichkeit, die wir Christen vergessen haben[10]. Beim Psalmenbeten stehen wir nicht nur Schulter an Schulter mit dem Juden Jesus, der Kraft und Maß unseres Christ-Seins ist, sondern ebenso Schulter an Schulter mit dem Judentum (vgl. Zef 3,9; Sach 8,27). Indem wir die Psalmen Israels beten, sagen wir Israel unsere Solidarität zu: als einzelne Christen *und* als Kirchen. Eigentlich legitimiert uns Christen nur die *gelebte* Solidarität mit den Juden zum Beten der Psalmen. Wie sehr hier die Last der Vergangenheit die christlichen Kirchen niederdrückt, braucht nicht weiter betont zu werden.

4. Daß Juden und Christen die gleichen Psalmen zu und vor ihrem gemeinsamen Bundesgott beten und lesen, ruft sie – angesichts der Schoa – zu einem Neuanfang, der gewiß schwierig ist und für den die Christen sich vor der Gefahr hüten müssen, die Juden abermals für sich zu instrumentalisieren. Doch es sind die Psalmen selbst, die zu diesem gemeinsamen Neuanfang rufen:

Er hat lieb seine Gründung
auf den heiligen Bergen;
Er liebt die Tore Zions mehr
als alle Wohnstätten Jakobs.
Herrliches redet er von dir,
du Stadt Gottes: [Sela.]

»Ich preise Ägypten und Babel
um meiner Bekenner willen;
ja, auch vom Philisterland,
von Tyrus und Äthiopien gilt es:
Der und der ist daselbst geboren.
Aber Zion nenne ich Mutter;
Mann für Mann ist in ihr geboren.«
Und er selbst, der Höchste, erhält sie.
Er zählt im Buche der Völker:
»Der und der ist daselbst geboren.« [Sela.]

Und sie singen im Reigen:
»All meine Quellen sind in dir.« (Ps 87)

Heute und in Zukunft kommt es für die Christen nicht darauf an, die Psalmen der jüdischen Bibel/des christlichen Ersten Testaments im »Erfüllungs-«, sondern im »Verheißungssinn« zu beten, nämlich als Einübung und Vergewisserung der großen, Juden und Christen zusammenbindenden Gottesbotschaft, die der biblische Gottesname Jhwh von Ex 3,14 her verkündet: »Ich werde und will bei euch und durch euch dasein – als der, der Leben und Freiheit als Gerechtigkeit schenkt!«

Erich Zenger, geb. 1939, Studium der Theologie und der Orientalistik in Rom, Jerusalem, Heidelberg und Münster, Dr. theol., 1972 Professor für Exegese des Alten Testaments in Eichstätt, seit 1973 an der Universität Münster/Westf. und Direktor des Seminars für Biblische Zeitgeschichte dort. E. Zenger, der seit Jahren im jüdisch-christlichen Dialog engagiert ist, hat im Verlag Herder, Freiburg i. Br., zwei Bände mit Psalmenauslegungen veröffentlicht: »Mit meinem Gott überspringe ich Mauern. Einführung in das Psalmenbuch« (1987) und »Ich will die Morgenröte wecken. Psalmenauslegungen« (1991). Gemeinsam mit F.-L. Hossfeld arbeitet E. Zenger z. Zt. an einem Psalmenkommentar für »Die Neue Echter Bibel«, dessen erster Teil 1993 erscheint (Echter Verlag, Würzburg).

Die Anmerkungen zu Seite 301–307 stehen auf Seite 344.

So sollen sprechen,
die der Herr erlöst hat

107 »Danket IHM, denn er ist freundlich,
und seine Güte währet ewig.«*

2 So sollen sprechen SEINE Erlösten,
die er aus Drangsal erlöst hat;

3 die er aus den Ländern gesammelt,
vom Aufgang her und vom Niedergang,
vom Norden her und vom Meer.

4 Die irre gingen in der Wüste, der Einöde,
und den Weg zur wohnlichen Stadt nicht fanden;

5 die hungrig und durstig waren,
daß ihre Seele in ihnen verzagte;

6 die dann zu IHM schrien in ihrer Not
und die er aus ihrer Drangsal errettete,

7 auf dem richtigen Wege führte,
daß sie zur wohnlichen Stadt kamen:

8 Sie sollen IHM danken für seine Güte
und für seine Wunder an den Menschenkindern,

9 daß er die lechzende Seele gesättigt
und die hungrige Seele mit Gutem gelabt hat.

10 Die in Dunkel und Finsternis saßen,
gebunden in Elend und Eisen,

11 weil sie den Geboten Gottes getrotzt
und den Ratschluß des Höchsten verachtet hatten;

12 deren Herz durch Mühsal gebeugt war,
die strauchelten, ohne daß einer aufhalf;

13 die dann zu IHM schrien in ihrer Not
und denen er aus ihrer Drangsal half;

14 die er aus Dunkel und Finsternis herausführte
und deren Bande er zerriß:

15 Sie sollen IHM danken für seine Güte
und für seine Wunder an den Menschenkindern,

16 daß er die ehernen Pforten zerbrochen
und die eisernen Riegel zerschlagen hat.

17 Die krank waren ob ihres sündhaften Wandels
und um ihrer Missetaten willen geplagt wurden,

18 daß ihnen ekelte ob jeglicher Speise
und sie schon nahe waren den Pforten des Todes;

19 die dann zu IHM schrien in ihrer Not
und denen er aus ihrer Drangsal half;

20 denen er sein Wort sandte, sie zu heilen,
die er errettete aus ihrem Verderben:

21 Sie sollen IHM danken für seine Güte
und für seine Wunder an den Menschenkindern;

Max Hunziker, Volk, 1965 (zu Ps 107,4–7)

22 sie sollen Opfer des Dankes darbringen
     und seine Werke mit Frohlocken erzählen.

23 Die in Schiffen das Meer befuhren
     und Handel trieben auf großen Wassern,
24 die dort SEINE Werke geschaut
     und seine Wunder in der Tiefe –
25 er gebot und ließ aufstehen den Wind,
     und es türmte die Wellen der Sturm;
26 sie fuhren hinauf zum Himmel, hinunter zur Tiefe,
     daß ihre Seele in Not verzagte;
27 sie tanzten und wankten wie Trunkene,
     mit all ihrer Weisheit war es zu Ende –
28 die dann zu IHM schrien in ihrer Not
     und die er aus ihrer Drangsal herausführte,
29 da er den Sturm zum Säuseln stillte,
     daß die Wellen des Meeres schwiegen;
30 die sich freuten, daß es stille geworden,
     und die er an das ersehnte Gestade führte:
31 Sie sollen IHM danken für seine Güte
     und für seine Wunder an den Menschenkindern,
32 sollen ihn erheben in der Gemeinde des Volkes
     und ihn loben im Kreise der Alten.

33 Er machte Ströme zur Wüste
     und Wasserquellen zu dürrem Land,
34 fruchtbares Erdreich zur Salzsteppe
     wegen der Bosheit derer, die darin wohnten.
35 Er machte die Wüste zum Wasserteich
     und dürres Erdreich zu Wasserquellen
36 und ließ die Hungrigen daselbst wohnen,
     und sie gründeten eine Wohnstatt.
37 Sie besäten die Felder und pflanzten Weinberge,
     die brachten alljährlich Früchte.
38 Und er segnete sie, daß sie mächtig sich mehrten,
     und nicht wenig Vieh gab er ihnen.
39 Aber sie nahmen ab und wurden gebeugt
     unter dem Druck von Unglück und Gram.
40 »Verachtung schüttete er aus über Edle
     und läßt sie irren in pfadloser Öde.«*
41 Da erhöhte er den Armen aus dem Elend
     und schuf Geschlechter herdengleich.
42 »Die Gerechten sehen's und freuen sich;
     alle Bosheit aber verschließt ihr Maul.«*

43 Wer ist weise? Der bewahre dieses
     und merke auf SEINE Hulderweise.*

Max Hunziker, Traube, 1965 (zu Ps 107,37)

Wachsingen will ich
den Morgen

108 [Ein Lied,
ein Psalm Davids.*]

2 Mein Herz ist bereit, o Gott;
   ich will singen und spielen.
   Wache auf, meine Seele,
3 wacht auf, Psalter und Harfe!
   Wecken will ich das Morgenrot!
4 Unter den Völkern will ich dich preisen, Du,
   will dir lobsingen unter den Nationen.
5 Denn groß bis zum Himmel ist deine Güte
   und deine Treue bis an die Wolken.

6 Erhebe dich über die Himmel, o Gott,
   über die ganze Erde deine Herrlichkeit!
7 Auf daß, die dir lieb sind, errettet werden,
   hilf mit deiner Rechten und erhöre uns!

8 Gott hat in seinem Heiligtum gesprochen:
   »Ich will frohlocken, will Sichem verteilen
   und das Tal von Sukkoth ausmessen.
9 Mein ist Gilead, mein auch Manasse;
   Ephraim ist die Schutzwehr meines Hauptes,
   Juda ist mein Herrscherstab.
10 Moab ist mein Waschbecken,
   auf Edom werfe ich meinen Schuh;
   jauchzen will ich über das Philisterland!«

11 Wer wird mich führen nach der Feste,
   wer mich geleiten nach Edom?

12 Hast du doch, o Gott, uns verstoßen
   und ziehst nicht aus mit unsern Scharen!
13 Schaffe uns Hilfe vor dem Bedränger;
   eitel ist ja Menschenhilfe.
14 Mit Gott werden wir Taten tun;
   er wird unsre Bedränger zertreten.

Sie mögen fluchen, du aber wirst segnen

109 [Für den Chormeister.
Ein Psalm Davids.*]

   Gott, den ich preise, schweige nicht!
2 Denn ihr gottloses Lügenmaul
   haben sie wider mich aufgetan,
   reden zu mir mit falscher Zunge.
3 Mit Worten voll Haß umgeben sie mich
   und streiten wider mich ohne Ursache.
4 Für meine Liebe befeinden sie mich,
   während ich für sie bete.
5 Sie vergelten mir Gutes mit Bösem
   und meine Liebe mit Haß.

6 »Bestelle seinen Frevel wider ihn,
   als Ankläger stehe er zu seiner Rechten.
7 Kommt er vor Gericht,
   so soll er als schuldig hervorgehen,
   und sein Bitten gelte als Sünde.
8 Seiner Tage mögen wenige werden,
   und sein Amt empfange ein andrer.
9 Seine Kinder sollen zu Waisen werden
   und sein Weib eine Witwe.
10 Unstet sollen seine Kinder umherziehn und betteln,
   verjagt werden aus ihren Trümmerstätten.
11 Der Wucherer laure auf all seine Habe,
   und Fremde sollen rauben die Frucht seiner Arbeit.
12 Es sei niemand, der ihm Gnadenfrist gebe,
   und niemand, der sich seiner Waisen erbarme.
13 Sein Nachwuchs falle der Vernichtung anheim,
   im nächsten Geschlecht soll sein Name erlöschen.

14 Der Schuld seiner Väter werde gedacht,
   und seiner Mutter Sünde werde nicht ausgelöscht;
15 sie seien Ihm allezeit vor Augen,
   daß er sein Gedächtnis von der Erde vertilge,
16 weil er nicht daran dachte, Liebe zu üben,
   sondern den elenden und armen Mann verfolgte,
   ihn, der bis zum Tode verzagt war.
17 Er liebte den Fluch – so komme er über ihn;
   er verschmähte den Segen – so bleibe er ihm ferne.
18 Er zog den Fluch an wie sein Gewand –
   so dringe er wie Wasser in sein Inneres
   und wie Öl in seine Gebeine;
19 er werde ihm wie das Kleid, in das er sich hüllt,
   und zum Gürtel, mit dem er sich täglich gürtet.«
20 Das sei der Lohn meiner Widersacher
   und derer, die Arges gegen mich reden.

21 Du aber, Du, mein Gott,
   sei mit mir um deines Namens willen;
   nach deiner gnädigen Güte errette mich.
22 Denn ich bin elend und arm,
   und mein Herz ängstet sich in der Brust.
23 Ich schwinde dahin wie ein Schatten, wenn er sich neigt,
   bin wie eine Heuschrecke, die man von sich abschüttelt.
24 Meine Knie wanken vom Fasten,
   mein Fleisch nimmt ab und wird mager.
25 Ich bin ihnen zum Gespött geworden;
   sie sehen mich und schütteln den Kopf.

26 Hilf mir, Du, mein Gott!
   Errette mich nach deiner Güte
27 und laß sie erkennen, daß dies deine Hand ist,
   daß Du selber es getan hast.
28 Sie mögen fluchen, du aber wirst segnen!
   Meine Gegner sollen zuschanden werden,
   dein Knecht aber möge sich freuen!
29 Meine Widersacher müssen mit Schmach sich bedecken,
   in ihre Schande sich hüllen wie in einen Mantel.

30 Ich will Ihn laut preisen mit meinem Munde,
   inmitten der Menge will ich ihn loben.
31 Denn er steht dem Armen zur Rechten,
   ihm zu helfen vor denen, die ihn verdammen.

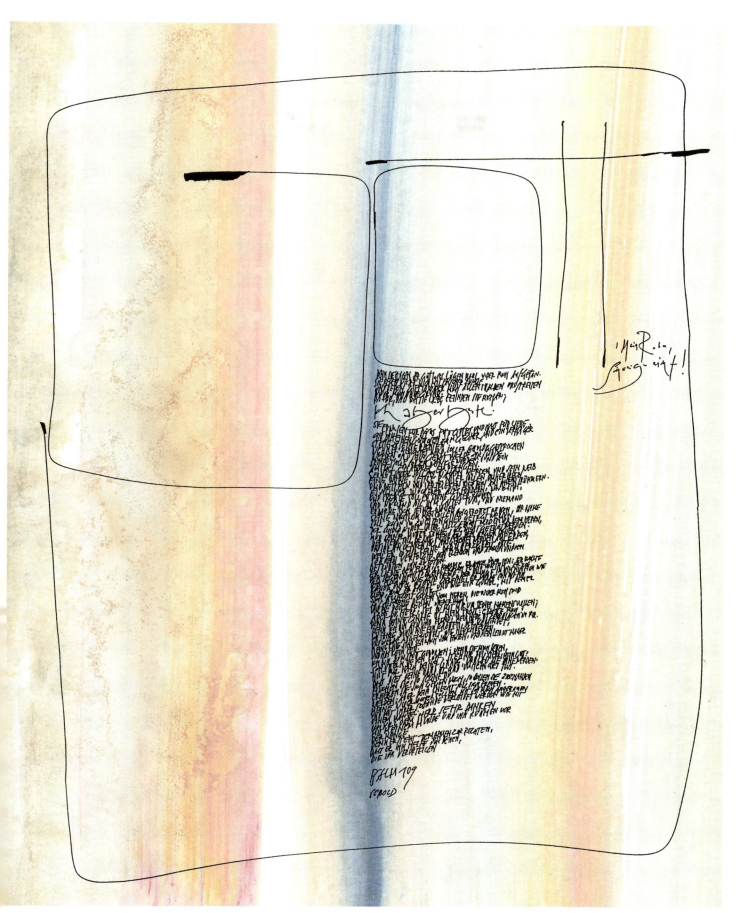

Reiner Seibold, Schriftbild zu Psalm 109 (nach der Übersetzung Martin Luthers)

Der Herr steht dir
zur Seite

110 [Ein Psalm Davids.*]
So spricht der HERR zu meinem Herrn:
»Setze dich mir zur Rechten,
und ich lege dir deine Feinde
als Schemel unter die Füße.«
2 Vom Zion strecke der HERR das Zepter deiner Macht aus:
»Herrsche inmitten deiner Feinde!«
3 Dein ist die Herrschaft am Tage deiner Macht,
wenn du erscheinst in heiligem Schmuck;
ich habe dich gezeugt noch vor dem Morgenstern,
wie den Tau in der Frühe.

4 Der HERR hat geschworen, und nie wird's ihn reuen:
»Du bist Priester auf ewig
nach der Ordnung Melchisedeks.«

5 Der Herr steht dir zur Seite;
er zerschmettert Könige am Tage seines Zornes.
6 Er hält Gericht unter den Völkern, er häuft die Toten,
die Häupter zerschmettert er weithin auf Erden.
7 Er trinkt aus dem Bach am Weg;
so kann er von neuem das Haupt erheben.

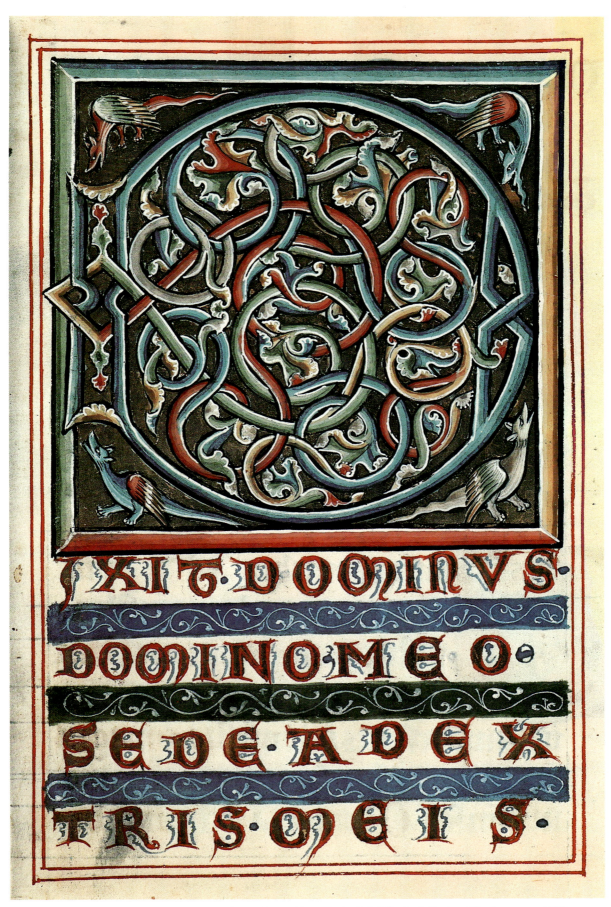

Initiale »D« (DIXIT DOMINUS DOMINO MEO) zu Psalm 110, Elisabeth-Psalter, Thüringen vor 1217

Ein Gedächtnis seiner Wunder
hat er gestiftet

111 Hallelujah!*
Danken will ich IHM von ganzem Herzen,
    im Kreise der Frommen und in der Gemeinde.

2 Groß sind SEINE Werke,
    denkwürdig für alle, die daran Gefallen haben.
3 Majestät und Hoheit ist sein Tun,
    und seine Gerechtigkeit bleibt ewig bestehen.

4 Er hat ein Gedächtnis seiner Wunder gestiftet;
    gnädig und barmherzig ist ER.
5 Er gab Speise denen, die ihn fürchten;
    er gedenkt auf ewig seines Bundes.
6 Er tat seines Waltens Macht seinem Volke kund,
    da er ihnen das Erbe der Heiden gab.
7 Die Werke seiner Hände sind Treue und Recht;
    verläßlich sind alle seine Gebote.
8 Sie stehen fest auf immer und ewig,
    erfüllt in Treue und Redlichkeit.
9 Er hat seinem Volke Erlösung gesandt,
    hat seinen Bund auf ewig bestellt;
    heilig und furchtbar ist sein Name.

10 IHN fürchten ist der Anfang der Weisheit;*
    einsichtig handelt, wer darnach tut,
    sein Ruhm bleibt ewig bestehen.

Wohl dem, der Gottes
Weisungen liebt

112 Hallelujah!
Wohl dem, der IHN fürchtet,
    an seinen Geboten so recht seine Lust hat!*
2 Gewaltig auf Erden wird sein Nachwuchs sein,
    das Geschlecht der Rechtschaffenen wird gesegnet.
3 Reichtum und Überfluß ist in seinem Hause,
    und sein Heil bleibt ewig bestehen.
4 Den Rechtschaffenen erstrahlt im Dunkel ein Licht;
    mild und barmherzig ist der Gerechte.

DIXITDNSDNOME
OSEDEADEX
TRISMEIS
DONECPONAMINIMICOS
TUOS·SCABELLUMPEDUM
TUORUM·
UIRGAMUIRTUTISTUAE
EMITTETDNSEXSION·DO
MINAREINMEDIOINIMI
CORUMTUORUM·

TECUMPRINCIPIUMIN
DIEUIRTUTISTUAE·
INSPLENDORIBUSSCORU
EXUTEROANTELUCIFERU
GENUITE;
IURAUITDNSETNONPENI
TEBITEUM·TUESSACERDOS
INAETERNUMSECUNDU
ORDINEMMELCHISEDECH·
DNSADEXTRISTUIS·CON

FREGITINDIEIRAESUAE
REGES;
IUDICABITINNATIONIB;
IMPLEBITRUINAS·CON
QUASSABITCAPITAINTER
RAMULTORUM;
DETORRENTEINUIABIBET
PROPTEREAEXALTABIT
CAPUT·

CONFITEBOR
TIBIDNEINTOTOCORDEME
O·INCONSILIOIUSTORUM
ETCONGREGATIONE
MAGNAOPERADNI·EXQUISI
TAINOMNESUOLUNTATES
EIUS·
CONFESSIOETMAGNIFI

CENTIAOPUSEIUS·ETIUS
TITIAEIUSMANETINSAE
CULUMSAECULI·
MEMORIAMFECITMIRABI
LIUMSUORUM·MISERI
CORSETMISERATORDNS
ESCAMDEDITTIMENTI
BUSSE

MEMOR·ERITINSAECULUM
TESTAMENTISUI·UIRTU
TEMOPERUMSUORUM
ADNUNTIABITPOPULO
SUO·
UTDETILLISHEREDITATEM
CENTIUM·OPERAMANU
UMEIUSUERITASETIUDICIU

5 Glücklich der Mann, der mild ist und leiht
  und seine Sachen ausrichtet nach dem Recht.

6 Denn er wird nimmermehr wanken;
  in ewigem Gedächtnis bleibt der Gerechte.

7 Von schlimmer Kunde hat er nichts zu fürchten;
  sein Herz ist fest und vertraut auf IHN.

8 Sein Herz ist getrost, er fürchtet sich nicht,
  bis er seine Lust an den Feinden sieht.

9 Er streut aus, er gibt den Armen;
  sein Heil bleibt ewig bestehen,
  sein Horn ragt hoch in Ehren.*

10 Der Gottlose sieht es, und es verdrießt ihn,
   er knirscht mit den Zähnen und vergeht;
   der Gottlosen Verlangen wird zunichte.

Vom Aufgang der Sonne bis zu ihrem Niedergang

113

Hallelujah!*
Lobet, ihr SEINE Knechte,
  lobet SEINEN Namen.

2 SEIN Name sei gelobt
  von nun an bis in Ewigkeit!

3 Vom Aufgang der Sonne bis zu ihrem Niedergang
  sei gepriesen SEIN Name!

4 ER ist erhaben über alle Völker
  und seine Herrlichkeit über die Himmel!

5 Wer ist IHM gleich, unserm Gott,
  im Himmel und auf der Erde?

6 IHM, der droben thront in der Höhe,
  der herniederschaut in die Tiefe;

7 der aus dem Staub den Geringen aufrichtet,
  aus dem Kot den Armen erhebt,

8 daß er ihn setze neben Fürsten,
  neben die Fürsten seines Volkes;

9 der die Unfruchtbare, die Kinderlose
  zur fröhlichen Mutter von Kindern macht.
  Hallelujah!

Dieter Franck, Psalmenlandschaft mit vielen Sonnen, 1969/71 (zu Ps 113,3)

Als Israel
aus Ägypten zog

114 Als Israel aus Ägypten zog,*
das Haus Jakobs aus dem Volk fremder Zunge,
2 da ward Juda sein Heiligtum,
    ward Israel sein Königreich.

3 Das Meer sah es und floh;
    der Jordan wandte sich zurück.
4 Die Berge hüpften wie Widder,
    die Hügel wie junge Lämmer.

5 Was ist dir, du Meer, daß du fliehst?
    du Jordan, daß du zurückweichst?
6 ihr Berge, daß ihr wie Widder hüpft,
    wie junge Lämmer, ihr Hügel?

7 Vor dem Herrn erbebe, o Erde,
    vor dem Angesichte des Gottes Jakobs,
8 der den Felsen wandelt zur Wasserflut
    und den Kiesel zum sprudelnden Quell.

Marc Chagall, Psalmen Davids, 1979 (zu Ps 114,1–3)

Nicht uns, sondern deinem
Namen gib Ehre

115 Nicht uns, Du, nicht uns,
sondern deinem Namen gib Ehre
um deiner Gnade, um deiner Treue willen!
2 Warum sollen die Heiden sagen:
Wo ist denn ihr Gott?
3 Ist doch unser Gott im Himmel;
alles, was er will, vollbringt er.

4 Ihre Götzen sind Silber und Gold,
ein Machwerk von Menschenhänden.
5 Sie haben einen Mund und können nicht reden,
haben Augen und können nicht sehen;
6 sie haben Ohren und hören nicht,
haben eine Nase und riechen nicht;
7 sie haben Hände und können nicht greifen,
haben Füße und können nicht gehen,
geben auch keinen Laut mit ihrer Kehle.
8 Ihnen werden gleich sein, die sie machen,
alle, die auf sie vertrauen.

9 Israel, vertraue auf IHN!
Er ist ihre Hilfe und ihr Schild.
10 Haus Aarons, vertraut auf IHN!
Er ist ihre Hilfe und ihr Schild.
11 Die ihr IHN fürchtet, vertraut auf IHN!
Er ist ihre Hilfe und ihr Schild.

12 ER hat unser gedacht: er wird segnen,
wird segnen das Haus Israels,
wird segnen das Haus Aarons.
13 Er wird segnen, die IHN fürchten,
die Kleinen samt den Großen.
14 ER wolle euch mehren,
euch selbst und eure Kinder!
15 Gesegnet seid ihr von IHM,
der Himmel und Erde gemacht hat.

16 Die Himmmel sind SEINE Himmel,
aber die Erde hat er den Menschenkindern gegeben.
17 Die Toten preisen IHN nicht,
keiner von allen, die zur Stille hinabfahren.
18 Wir aber, wir loben IHN
von nun an bis in Ewigkeit.
Hallelujah!

Max Hunziker, Vater – sein Kind auf dem Arm, 1965 (zu Ps 115,13–15)

Du hast mein Leben
vom Tode errettet

116 Ich liebe IHN,
denn er erhört mein flehentlich Rufen,*

2 ja, er hat sein Ohr zu mir geneigt –
ich will ihn anrufen mein Leben lang.

3 Die Stricke des Todes hatten mich umfangen,
die Ängste der Unterwelt mich befallen,
ich kam in Not und in Kummer;

4 aber ich rief SEINEN Namen an:
»Ach, DU, errette mein Leben!«

5 Gnädig ist ER und gerecht,
und unser Gott ist barmherzig.

6 ER behütet die Einfältigen;
bin ich schwach, so hilft er mir.

7 Kehre wieder, meine Seele, zu deiner Ruhstatt;
denn ER erweist dir Gutes.

8 Ja, du hast mein Leben vom Tode errettet,
mein Auge vor Tränen bewahrt,
meinen Fuß vor dem Falle.

9 Ich darf vor DIR wandeln
im Lande der Lebenden.

10 Ich behielt den Glauben, auch wenn ich sprach:
»Ich bin tief gebeugt.«

11 Ich sprach in meiner Bestürzung
»Eitel Trug sind die Menschen alle.«

12 Wie soll ich IHM vergelten
alles Gute, das er an mir getan?

13 Ich will den Becher des Heils erheben
und SEINEN Namen anrufen.

14 Meine Gelübde will ich IHM bezahlen,
bezahlen vor seinem ganzen Volke.

15 Teuer ist in SEINEN Augen
das Leben seiner Getreuen. –

16 Ach ja, DU, ich bin doch dein Knecht,
ich bin dein Knecht, der Sohn deiner Magd;
du hast meine Bande gelöst.

17 Dir will ich ein Opfer des Dankes bringen
und DEINEN Namen anrufen.

18 Mein Gelübde will ich IHM bezahlen,
bezahlen vor seinem ganzen Volke

19 in den Vorhöfen an SEINEM Hause,
in deiner Mitte, Jerusalem!
Hallelujah!

Max Hunziker, Mann mit Kelch, 1965 (zu Ps 116,13)

Hallelujah –
Preiset, oh Ihn!

117 Lobet Ihn, alle Völker!
Preiset ihn, ihr Nationen alle!
2 Denn mächtig waltet über uns seine Güte
und Seine Treue bis in Ewigkeit.
Hallelujah!*

Meine Stärke und mein Psalm
ist der Herr

118 »Danket Ihm, denn er ist freundlich
und seine Güte währet ewig!«*
2 So sprecht denn Israel:
»Ja, seine Güte währet ewig!«
3 So sprecht das Haus Aarons:
»Ja, seine Güte währet ewig!«
4 So sprechen, die Ihn fürchten:
»Ja, seine Güte währet ewig!«

5 Aus der Bedrängnis rief ich: o Du!
Er hat mich erhört und befreit.
6 Er ist für mich, ich fürchte mich nicht;
was sollten mir Menschen tun?
7 Er ist für mich unter meinen Helfern;
ich werde meine Lust sehen an meinen Hassern.

8 Es ist besser, auf Ihn zu vertrauen,
als sich auf Menschen zu verlassen.
9 Es ist besser, auf Ihn zu vertrauen,
als sich auf Fürsten zu verlassen.

10 Umringen mich alle Völker,
mit Seinem Namen wehre ich sie ab.
11 Umringen sie mich um und um,
mit Seinem Namen wehre ich sie ab.
12 Umringen sie mich wie Bienen,
wie Feuer die Dornen,
mit Seinem Namen wehre ich sie ab.
13 Man stieß mich, daß ich fallen sollte;
aber Er hat mir geholfen.
14 Meine Stärke und mein Loblied ist Er,
und er ward mein Heil.

Reiner Seibold, Schriftbild zu Psalm 117 (nach der Übersetzung Martin Luthers)

15 Frohlocken und Siegesjubel erschallt
in den Hütten der Gerechten:
»SEINE Rechte schafft Sieg!

16 Seine Rechte erhöht!
SEINE Rechte schafft Sieg!«

17 Ich werde nicht sterben, ich werde leben
und SEINE Taten verkünden.

18 Gezüchtigt hat ER mich,
aber dem Tod mich nicht übergeben.

19 Tut mir auf die Tore der Gerechtigkeit,
daß ich durch sie einziehe, IHM zu danken.

20 Dies ist das Tor zu IHM,
da die Gerechten einziehen dürfen.

21 Ich danke dir, daß du mich erhört hast
und mir zum Retter geworden bist.

22 Der Stein, den die Bauleute verworfen haben,
der ist zum Eckstein geworden.

23 Von IHM her ist das gewirkt,
es ist ein Wunder in unsern Augen.

24 Dies ist der Tag, den ER gemacht hat;
laßt uns frohlocken und seiner uns freuen!

25 Ach, DU, hilf doch!
Ach, DU, laß wohl gelingen!

26 Gesegnet sei, der da kommt, in SEINEM Namen.
Wir segnen euch von SEINEM Hause her.

27 ER ist Gott; er leuchte uns!
Schlinget den Reigen mit Maien
bis an die Hörner des Altars!

28 Du bist mein Gott, ich will dir danken;
mein Gott, ich will dich erheben.

29 Danket IHM, denn er ist freundlich,
und seine Güte währet ewig!

Arik Brauer, Ein Freudenruf des Triumphes, aus »Pessach-Haggada«, 1977/78 (zu Ps 118,15–18)

Leuchte ist dein Wort meinem Fuß,
auf meinem Pfad ein Licht

119 *Alef**
Wohl denen, die unsträflich wandeln,
die nach SEINER Weisung leben!

2 Wohl denen, die seine Vorschriften beachten,
die ihn von ganzem Herzen suchen,

3 die auch kein Unrecht tun,
auf seinen Wegen wandeln!

4 Du hast deine Befehle erlassen,
daß man sie eifrig halte.

5 O daß mein Wandel doch fest wäre,
deine Satzungen zu halten!

6 Dann werde ich nicht zuschanden,
wenn ich auf all deine Gebote schaue.

7 Ich will dir mit aufrichtigem Herzen danken,
wenn ich deine gerechten Ordnungen lerne.

8 Deine Satzungen will ich halten;
verlaß mich nicht ganz und gar!

Bet
9 Wie wird ein junger Mann seinen Pfad rein erhalten? –
Wenn er sich hält nach deinem Wort.

10 Ich suche dich von ganzem Herzen;
laß mich nicht abirren von deinen Geboten!

11 Ich berge deinen Spruch in meinem Herzen,
auf daß ich mich nicht an dir versündige.

12 Gelobt seist du, o Du!
   Lehre mich deine Satzungen.
13 Mit meinen Lippen zähle ich her
   alle Ordnungen deines Mundes.
14 Ich freue mich, nach deinen Vorschriften zu wandeln,
   mehr als über jeglichen Reichtum.
15 Über deine Befehle will ich sinnen
   und auf deine Pfade schauen.
16 An deinen Satzungen habe ich meine Lust,
   ich vergesse deines Wortes nicht.

   Gimel
17 Gewähre deinem Knechte zu leben;
   so will ich dein Wort halten.
18 Öffne mir die Augen, daß ich schaue
   die Wunder an deinem Gesetze.
19 Ich bin ein Gast auf Erden;
   verbirg mir deine Gebote nicht.
20 Meine Seele verzehrt sich in Sehnsucht
   nach deinen Ordnungen zu aller Zeit.
21 Du drohst den Übermütigen;
   verflucht sind, die von deinen Geboten abirren.
22 Nimm weg von mir Schmach und Verachtung;
   denn ich halte deine Ordnungen.
23 Ob auch Fürsten sitzen und wider mich ratschlagen –
   dein Knecht sinnt über deine Satzungen.
24 Ja, deine Vorschriften sind mein Ergötzen,
   sie sind meine Ratgeber.

   Dalet
25 Meine Seele klebt am Staube;
   belebe mich nach deinem Worte.
26 Ich erzählte mein Geschick, und du erhörtest mich;
   lehre mich deine Satzungen.
27 Unterweise mich, nach deinen Befehlen zu wandeln,
   und ich will über deine Wunder sinnen.
28 Meine Seele tränt vor Kummer;
   richte mich auf nach deinem Worte.
29 Halte fern von mir den Weg der Lüge
   und mit deinem Gesetze begnade mich.
30 Den Weg der Wahrheit habe ich erwählt,
   nach deinen Ordnungen verlangt mich.
31 Ich halte fest an deinen Vorschriften;
   Du, laß mich nicht zuschanden werden!
32 Den Weg deiner Gebote will ich laufen;
   denn du öffnest mir den Sinn.

He

33 Zeige mir, Du, den Weg deiner Satzungen,
und ich will ihn bis ans Ende einhalten.

34 Gib mir Einsicht, daß ich dein Gesetz bewahre
und es halte von ganzem Herzen.

35 Laß mich wandeln auf dem Pfade deiner Gebote;
denn ich habe Gefallen an ihm.

36 Neige mein Herz zu deinen Vorschriften
und nicht zur Gewinnsucht.

37 Wende meine Augen ab, daß sie nicht schauen nach Eitlem;
belebe mich durch dein Wort.

38 Erfülle deinem Knechte deine Verheißung,
die denen gilt, die dich fürchten.

39 Wende ab meine Schmach, vor der mir bangt;
denn deine Ordnungen sind gut.

40 Siehe, mich verlangt nach deinen Befehlen;
belebe mich durch deine Gerechtigkeit.

Waw

41 Laß deine Gnade, Du, über mich kommen,
dein Heil nach deiner Verheißung,

42 damit ich dem antworten kann, der mich schmäht;
denn ich vertraue auf dein Wort.

43 Nimm nicht meinem Munde das Wort der Wahrheit;
denn ich hoffe auf deine Ordnungen.

44 Und ich will dein Gesetz halten
allewege, immer und ewig.

45 Laß mich wandeln auf weitem Plan;
denn ich frage nach deinen Befehlen.

46 Von deinen Vorschriften will ich reden
vor Königen und mich nicht scheuen.

47 Ich habe meine Freude und meine Lust
an deinen Geboten, die ich liebe.

48 Ich erhebe meine Hände zu deinen Geboten,
will sinnen über deine Satzungen.

Sajin

49 Gedenke des Wortes an deinen Knecht,
dieweil du mich hoffen ließest.

50 Das ist mein Trost in meinem Elend,
daß deine Verheißung mich am Leben erhält.

51 Freche spotten meiner und höhnen;
doch ich weiche nicht ab von deinem Gesetze.

52 Ich gedenke deiner Ordnungen aus der Urzeit,
Du, und so werde ich getrost.

53 Zornglut erfaßt mich wegen der Gottlosen,
die dein Gesetz verlassen.

54 Deine Satzungen preise ich im Gesang
in dem Hause meiner Pilgerschaft.

Max Hunziker, Lesende, 1965

55 Des Nachts gedenke ich deines Namens, Du,
     daß ich dein Gesetz halte.
56 Das ist mir zuteil geworden,
     daß ich deine Befehle beachte.

Chet

57 Ich spreche: »Mein Teil ist es, Du,
     deine Worte zu halten.«
58 Ich suche deine Huld von ganzem Herzen;
     erbarme dich meiner nach deiner Verheißung.
59 Ich überdenke meine Wege
     und lenke meine Schritte zu deinen Vorschriften.
60 Ich eile und säume nicht,
     deine Gebote zu halten.
61 Die Stricke der Gottlosen umfangen mich;
     doch deines Gesetzes vergesse ich nicht.
62 Um Mitternacht stehe ich auf, dir zu danken
     für deine gerechten Ordnungen.
63 Ich bin ein Genosse aller, die dich fürchten,
     und derer, die deine Befehle halten.
64 Die Erde ist voll deiner Güte, Du;
     lehre mich deine Satzungen.

Tet

65 Du hast deinem Knechte Gutes getan,
     Du, nach deinem Worte.
66 Lehre mich rechtes Urteil und Verständnis;
     denn ich glaube deinen Geboten.
67 Ehe ich gebeugt ward, irrte ich;
     nun aber halte ich dein Wort.
68 Du bist gütig und tust Gutes;
     lehre mich deine Satzungen.
69 Freche erdichten Lügen wider mich;
     ich aber halte deine Befehle von ganzem Herzen.
70 Ihr Herz ist fühllos wie Fett;
     ich aber habe meine Lust an deinem Gesetze.
71 Es ist mir gut, daß ich gebeugt ward,
     auf daß ich deine Satzungen lerne.
72 Das Gesetz deines Mundes ist mir köstlicher
     als Tausende Goldes und Silbers.

Jod

73 Deine Hände haben mich gemacht und bereitet;
     gib mir Einsicht, daß ich deine Gebote lerne.
74 Die dich fürchten, sehen mit Freuden,
     daß ich auf dein Wort harre.
75 Ich weiß, Du, daß deine Ordnungen gerecht sind,
     und in Treuen hast du mich gebeugt.

76 Laß doch deine Gnade mir zum Troste werden
   nach deiner Verheißung an deinen Knecht.
77 Laß dein Erbarmen über mich kommen, daß ich lebe;
   denn dein Gesetz ist meine Lust.
78 Laß die Frechen zuschanden werden,
   weil sie mich ohne Ursache bedrücken;
   ich aber will über deine Befehle sinnen.
79 Mir mögen sich zuwenden, die dich fürchten,
   die deine Vorschriften kennen.
80 Mein Herz bleibe unsträflich bei deinen Satzungen,
   auf daß ich nicht zuschanden werde.

Kaf

81 Meine Seele schmachtet nach deiner Hilfe;
   ich harre auf dein Wort.
82 Meine Augen schmachten nach deiner Verheißung
   und fragen: »Wann wirst du mich trösten?«
83 Denn ich bin wie ein Schlauch im Rauche;
   doch deiner Satzung vergesse ich nicht.
84 Wie wenig Tage bleiben noch deinem Knechte!
   Wann wirst du über meine Verfolger Gericht halten?
85 Die Frechen haben mir Gruben gegraben,
   sie, die nicht nach deinem Gesetze tun.
86 Alle deine Gebote sind Wahrheit.
   Ohne Ursache verfolgen sie mich. Hilf mir!
87 Beinahe hätten sie mich aufgerieben im Lande;
   ich aber habe deine Befehle nicht verlassen.
88 Laß mich am Leben nach deiner Gnade,
   daß ich die Vorschriften deines Mundes halte.

Lamed

89 Auf ewig bleibt, Du, dein Wort,
   steht fest im Himmel.
90 Für alle Zeiten gilt deine Verheißung,
   ist festgegründet auf Erden und bleibt bestehen.
91 Deine Ordnungen, sie bestehen noch heute;
   denn alles ist dir dienstbar.
92 Wäre dein Gesetz nicht meine Lust,
   so wäre ich verkommen in meinem Elend.
93 Nie will ich deiner Befehle vergessen;
   denn durch sie hast du mich am Leben erhalten.
94 Ich bin dein, hilf mir;
   denn ich forsche in deinen Satzungen.
95 Gottlose lauern mir auf, mich zu verderben;
   aber ich achte auf deine Vorschriften.
96 Aller Vollkommenheit sah ich ein Ende;
   aber dein Gebot ist unendlich.

Mem

97 Wie habe ich dein Gesetz so lieb!
   den ganzen Tag ist es mein Sinnen.

98 Dein Gebot macht mich weiser als meine Feinde;
   denn allezeit ist es mir gegenwärtig.

99 Ich bin klüger geworden als alle meine Lehrer;
   denn deine Vorschriften sind mein Sinnen.

100 Ich bin verständiger als die Alten;
    denn ich beobachte deine Befehle.

101 Von jedem bösen Wege hielt ich meine Füße zurück,
    auf daß ich dein Wort halte.

102 Von deinen Ordnungen wich ich nicht;
    denn du hast mich gelehrt.

103 Wie süß ist deine Rede meinem Gaumen,
    süßer als Honig meinem Munde!

104 Aus deinen Befehlen schöpfe ich Einsicht;
    darum hasse ich jeden Weg der Lüge.

Nun

105 Dein Wort ist eine Leuchte meinem Fuß
    und ein Licht auf meinem Pfade.

106 Ich habe geschworen und habe es gehalten,
    habe beobachtet deine gerechten Ordnungen.

107 Ich bin gar tief gebeugt;
    Du, belebe mich nach deinem Worte!

108 Laß dir, o Du, die Opfer meines Mundes gefallen
    und lehre mich deine Ordnungen.

109 Mein Leben ist allezeit in Gefahr;
    doch deines Gesetzes vergesse ich nicht.

110 Die Gottlosen legen mir Fallstricke;
    doch ich irre nicht ab von deinen Befehlen.

111 Deine Vorschriften sind mein ewiges Erbe;
    denn sie sind meines Herzens Wonne.

112 Mein Herz ist willig, immerdar
    deine Satzungen zu befolgen bis ans Ende.

Samech

113 Ich hasse, die in sich zwiespältig sind;
    aber dein Gesetz habe ich lieb.

114 Du bist mein Schirm und mein Schild;
    ich harre auf dein Wort.

115 Weichet von mir, ihr Bösewichte,
    damit ich die Gebote meines Gottes beachte.

116 Stütze mich nach deiner Verheißung, daß ich lebe;
    laß mich nicht zuschanden werden mit meiner Hoffnung!

117 Halte mich, daß ich gerettet werde;
    so will ich beständig auf deine Satzungen schauen.

118 Du verwirfst alle, die von deinen Befehlen abirren;
    denn ihr Sinnen ist eitel.

Max Hunziker, Herzensgebet, 1965

119 Für Schlacken achtest du alle Gottlosen im Lande;
    darum liebe ich deine Vorschriften.
120 Mir schauert die Haut aus Furcht vor dir,
    und mir bangt vor deinen Gerichten.

Ajin

121 Ich habe Recht und Gerechtigkeit geübt;
    überlaß mich nicht denen, die mir Gewalt antun!
122 Tritt ein für das Wohl deines Knechtes,
    daß die Frechen mich nicht unterdrücken.
123 Meine Augen schmachten nach deiner Hilfe
    und nach deiner gerechten Verheißung.
124 Handle an deinem Knecht nach deiner Gnade
    und lehre mich deine Satzungen.
125 Ich bin dein Knecht, gib mir Einsicht,
    daß ich deine Vorschriften verstehe.
126 Du, es ist Zeit, daß du einschreitest;
    sie haben dein Gesetz gebrochen.
127 Darum liebe ich deine Gebote
    mehr als Gold und feines Gold.
128 Darum wandle ich genau nach all deinen Befehlen;
    ich hasse jeden Weg der Lüge.

Pe

129 Wunder sind deine Vorschriften;
    darum beobachtet sie meine Seele.
130 Die Erschließung deiner Worte erleuchtet
    und macht die Einfältigen verständig.
131 Ich tue meinen Mund auf und lechze;
    denn mich verlangt nach deinen Geboten.
132 Wende dich zu mir und sei mir gnädig,
    wie denen gebührt, die deinen Namen lieben.
133 Mache meine Tritte fest in deinem Worte
    und laß kein Unrecht über mich herrschen.
134 Erlöse mich von der Bedrückung der Menschen,
    damit ich deine Befehle halte.
135 Laß dein Angesicht leuchten über deinem Knechte
    und lehre mich deine Satzungen.
136 Aus meinen Augen strömen Wasserbäche,
    weil man dein Gesetz nicht hält.

Zade

137 Du bist gerecht, o Du,
    und untadlig sind deine Gerichte.
138 Du hast deine Vorschriften gegeben
    in großer Gerechtigkeit und Treue.
139 Mich verzehrt der Eifer darob,
    daß meine Widersacher deiner Worte vergessen.

140 Dein Wort ist rein und lauter,
   und dein Knecht hat es lieb.
141 Ich bin gering und verachtet;
   doch deiner Befehle vergesse ich nicht.
142 Deine Gerechtigkeit bleibt ewig Gerechtigkeit,
   und dein Gesetz ist Wahrheit.
143 Angst und Not haben mich ergriffen;
   doch deine Gebote sind meine Lust.
144 Deine Vorschriften bleiben auf ewig gerecht;
   gib mir Einsicht, daß ich lebe.

   Kof
145 Ich rufe von ganzem Herzen, erhöre mich;
   ich will deine Satzungen bewahren.
146 Ich rufe dich an, Du, hilf mir,
   so will ich deine Vorschriften halten.
147 Ich komme schon in der Frühe und schreie;
   ich harre auf dein Wort.
148 Meine Augen eilen den Nachtwachen voraus,
   daß ich über deine Rede sinne.
149 Höre meine Stimme nach deiner Gnade;
   Du, erhalte mein Leben nach deiner Ordnung!
150 Es nahen sich, die mich in Bosheit verfolgen;
   sie sind ferne von deinem Gesetze.
151 Du bist nahe, o Du,
   und alle deine Gebote sind Wahrheit.
152 Von lange her weiß ich aus deinen Vorschriften,
   daß du sie für ewig gegründet hast.

   Resch
153 Sieh mein Elend an und errette mich;
   denn ich habe deines Gesetzes nicht vergessen.
154 Führe meine Sache und erlöse mich;
   erhalte mein Leben nach deiner Verheißung.
155 Das Heil ist fern von den Gottlosen;
   denn sie fragen nicht nach deinen Satzungen.
156 Dein Erbarmen, o Du, ist groß;
   erhalte mein Leben nach deinen Ordnungen.
157 Viele sind, die mich verfolgen und bedrängen;
   doch ich weiche nicht ab von deinen Vorschriften.
158 Sehe ich die Abtrünnigen, so empfinde ich Abscheu,
   weil sie dein Wort nicht halten.
159 Sieh, ich liebe deine Befehle;
   Du, erhalte mein Leben nach deiner Gnade!
160 Die Summe deines Wortes ist Wahrheit,
   und ewig währen all deine gerechten Ordnungen.

Schin

161 Fürsten verfolgen mich ohne Ursache;
  doch mein Herz fürchtet nur dein Wort.

162 Ich freue mich über deine Satzung
  wie einer, der große Beute davonträgt.

163 Ich hasse die Lüge und verabscheue sie;
  dein Gesetz habe ich lieb.

164 Siebenmal des Tages lobe ich dich
  um deiner gerechten Ordnung willen.

165 Die dein Gesetz lieben, haben Heil die Fülle;
  es trifft sie kein Unfall.

166 Ich harre auf deine Hilfe, o Du,
  und erfülle deine Gebote.

167 Meine Seele hält deine Vorschriften,
  und ich liebe sie innig.

168 Ich halte deine Befehle und Vorschriften;
  denn alle meine Wege sind dir bekannt.

Taw

169 Laß meine Klage zu dir nahen, Du;
  gib mir Einsicht nach deinem Worte.

170 Laß mein Flehen vor dich kommen;
  errette mich nach deiner Verheißung.

171 Meine Lippen sollen von Lob überströmen;
  denn du lehrst mich deine Satzungen.

172 Meine Zunge soll dein Wort besingen;
  denn alle deine Gebote sind gerecht.

173 Deine Hand komme mir zu Hilfe;
  denn ich habe deine Befehle erwählt.

174 Mich verlangt nach deinem Heil, Du,
  und dein Gesetz ist meine Lust.

175 Laß meine Seele leben, daß sie dich lobe,
  und deine Ordnungen mögen mir helfen!

176 Ich bin verirrt wie ein verlorenes Schaf;
  suche deinen Knecht,
  denn deiner Gebote habe ich nicht vergessen.

Marc Chagall, König David, 1951

Eine Einführung in die Illustration des Psalters finden Sie in Band 1, ab Seite 48.

Umschlag und Seite 300: Max Hunziker, David – farbige Harfe, o. J. – Acryl auf Leinwand, 130 x 105 cm. –

Seite 309, 311, 325, 327, 335, 339: Max Hunziker, Grisaillen (Weiß-Schwarz-Grau-Malereien, Format 27 x 19 cm) zum Psalter, 1965. – S. 309: Volk (zu Ps 107,4–7); S. 311: Traube (zu Ps 107,37); S. 325: Vater – sein Kind auf dem Arm (zu Ps 115,13–15); S. 327: Mann mit Kelch (zu Ps 116,13); S. 335: Lesende (zu Ps 119); S. 339: Herzensgebet (zu Ps 119). – Privatbesitz (mit freundlicher Genehmigung von Frau Gertrud Hunziker-Fromm; Fotos Peter Guggenbühl, Zürich; zu Max Hunziker s. Bd. 1, S. 50 und Bd. 3, S. 146).

Seite 312 und 332: Ben Shahn, Lithographienfolge »Halleluja-Suite«, 1970/71 (S. 312: Trompetenbläser; S. 332: Jüngling mit Cithara) © VG Bild-Kunst, Bonn, 1992.

Seite 315 und 329: Reiner Seibold, Schriftbilder zu Psalmen (vgl. Bd. 2, S. 98). – S. 315: Schriftbild zu Ps 109; S. 329: Schriftbild zu Ps 117, © Reiner Seibold, Kierspe/Verlag am Eschbach, 1993.

Seite 317: Initiale »D« (DIXIT DOMINUS DOMINO MEO) zu Psalm 110 (vgl. Bd. 1, S. 49: Psalterteilung). – Elisabeth-Psalter, Anfang 13. Jh. für Landgraf Hermann v. Thüringen († 1217) hergestellt, Pergamenthandschrift, 343 Seiten, 23 x 17 cm. – Cividale del Friuli, Museo Archeologico Comunale, Ms. CXXXVII, Ms. fol. 118 r. (Bildvorlage Akademische Druck- und Verlagsanstalt Graz).

Seite 319: Illustration zu Psalm 111 (110). – Utrecht-Psalter (s. Bd. 1, S. 48 und 50 f.), fol. 65 r. (Bildvorlage Akademische Druck- und Verlagsanstalt Graz).
Rechts steht vor einem gedeckten Tisch der Psalmist und richtet seine Danksagung (V.1) an Christus, der sich über die personifizierten Winde erhebt und eine Schriftrolle (den »Bund«, V.9) und eine Waage (das »Recht«, V.7) in den Händen hält. Drei Engel mit Fahnen auf Kreuzstäben folgen Christus. Ein weiterer Engel fliegt mit einer Schüssel voll Speisen vom Himmel herab (»Er gab Speise denen, die ihn fürchten«, V.5). Links darunter »sein« Volk, mit Büchern und Schriftrollen, das sich vor dem Tempel, bzw. einem Kirchengebäude versammelt hat und den Bund erörtert.

Seite 321: Dieter Franck, Psalmenlandschaft mit vielen Sonnen, 1969/71 (zu Ps 113,3). – Aquarell mit Pastell, 64 x 50 cm. – Privatbesitz (mit freundlicher Genehmigung von Frau Rita Franck).
1971 notierte der Maler Dieter Franck (vgl. Bd. 1, S. 13 und 50) in sein Tagebuch ein Wort des mittelalterlichen Philosophen und Mystikers Hugo von St. Victor: »Unsere Seele kann nicht zur Wahrheit des Unsichtbaren aufsteigen, wenn sie nicht durch die Betrachtung der sichtbaren Dinge vorher geschult ist, und zwar so, daß sie erkennt, daß die sichtbaren Formen Bilder der unsichtbaren Schönheit sind.«

Seite 323: Marc Chagall, Psalmen Davids, 1979 (s. Bd. 2, S. 98). – Illustration zu Ps 114, 1–3 (Bildvorlage Galerie Patrick Cramer, Genf), © VG Bild-Kunst, Bonn, 1990.

Seite 331: Arik Brauer, Zyklus »Pessach-Haggada«, Wien 1977/78: Ein Freudenruf des Triumphes (»Kol rina weyeschua« zu Ps 118, bes. V. 15–18 – Gouache auf acrylgrundiertem Papier, 50 x 37 (Bildvorlage und © Arik Brauer, Wien; zu Arik Brauer s. Bd. 2, S. 100; zum Zyklus »Pessach-Haggada« s. Bd. 5, S. 242 sowie S. 215, 217, 219). – Ps 118 gehört zum »Hallel« (»Lobpreis«) des Pessachmahles (= Ps 113–118 und 136).

Seite 343: Marc Chagall, König David, 1951. – Öl auf Leinwand, 198 x 133 cm. – Musée National Marc Chagall, Nizza (aus dem Nachlaß) (Foto Artothek, Peissenberg), © VG Bild-Kunst, Bonn, 1992. (Vgl. Bild und Beschreibung: Marc Chagall, König David 1962/63, in Bd. 1, S. 39 und 52.)

Anmerkungen zu Seite 301–307:

(1) Vgl. Luthers Vorreden zur Bibel, hrsg. von H. Bornkamm, Hamburg 1987, S. 58f.
(2) Vgl. u.a. G. Schneider, Das VATERUNSER – oratio dominica et judaica, in: Weisheit Gottes – Weisheit der Welt, Festschrift für Joseph Kardinal Ratzinger zum 60. Geburtstag, Bd. I, St. Ottilien 1987, S. 405–417.
(3) F. Mußner, Traktat über die Juden, München 1979, S. 198–208.
(4) Vgl. dazu, wenn auch mit anderer Wertung: M. Hengel, Das Christuslied im frühen Gottesdienst, in: Festschrift J. Ratzinger (s. Anm. 2), S. 357–404.
(5) Vgl. R. G. Kratz, Die Gnade des täglichen Brots. Späte Psalmen auf dem Weg zum Vaterunser: ZThK 89, 1992, S. 1–40.
(6) G. Schneider, Das VATERUNSER (s. Anm. 2), S. 415.
(7) Vgl. Kleines Stundenbuch, Einsiedeln – Freiburg i. Br. u.a., z.B. S. 77.
(8) Vgl. dazu: E. Zenger, Israel und Kirche in einem Gottesbund? Auf der Suche nach einer für beide akzeptablen Verhältnisbestimmung, in: Kirche und Israel, 1991, S. 99–114.
(9) Grundlegend dazu: H. Vorgrimler, Israel und Kirche vor dem gemeinsamen Bundesgott. Systematisch-theologische Perspektiven, in: S. Schroer (Hrsg.), Christen und Juden. Voraussetzungen für ein erneuertes Verhältnis, Altenberge 1992, S. 104–126.
(10) Vgl. grundlegend dazu: E. Zenger, Das Erste Testament. Die jüdische Bibel und die Bibel, Düsseldorf, 2. Aufl. 1992.

Anmerkungen zu Psalmtexten:

Psalm 107–150 (mit Ps 150 als Schlußdoxologie) bildet in der hebräischen Bibel das 5. Psalmenbuch (vgl. Bd. 1, S. 49: Psalterteilung).
Ps 107 ist die Liturgie einer Dankopferfeier am Tempel. Nach der Eröffnung V.1–3 wurden, wohl von den Leviten, solche, die eine Wüstenreise überstanden haben (V.4–9), dann freigekommene Gefangene (V.10–16), aus schwerer Krankheit Genesene (V.17–22), aus Seenot Gerettete (V.23–32) aufgerufen, inmitten der Gemeinde von ihrer Rettung zu berichten, Gott zu preisen (V. 22,23) und ihren Opferverpflichtungen nachzukommen. Der sich anschließende Hymnus (V.33–43) war das gemeinsame Danklied aller zum Gottesdienst Versammelten. – V.40 vgl. Hiob 12,21. 24. – V.42 vgl. Hiob 22,19 und 5,16. – V.43: Textfassung nach A. Deissler und L. Marx.
Ps 108–110: Von David. – Ps 108 ist zusammengesetzt aus dem Hymnus Ps 57,8–12 (= 108,2–6) und der Volksklage Ps 60,7–14 (= 108,7–14).
Ps 109 ist kein Fluch- oder Rachepsalm, wie immer wieder behauptet wird, sondern das Gebet eines von falscher Anklage verfolgten Menschen, der einsam, verlassen und gequält auf seinen Prozeß wartet und in einem Eingreifen Gottes seine letzte Rettung sieht. In V.6–20 zitiert er die Anklagerede der Feinde, nach der er zum Tod verurteilt werden soll. Nach V.16 wird ihm vorgeworfen, einen elenden und armen Mann verfolgt zu haben.
Ps 110, ein sehr altes Lied zur Krönung des Königs, dessen Textüberlieferung viele Textzusammenhangsprobleme aufgibt, ist hier nach der ökumenischen Einheitsübersetzung der Psalmen (Stuttgart 1980) wiedergegeben. Mit der Wendung: »Setze dich mir zur Rechten« (V.1) ist Ps 110 der meistzitierte Psalm im Neuen Testament (vgl. Mt 22,44; Apg 2,34f.; Hebr 1,13 u. a. m.).
Bei *Ps 111* (und bei Ps 112) beginnt jeder Halbvers mit einem neuen Buchstaben in der Reihenfolge des hebräischen Alphabets – ein Stilmittel hebräischer Lyrik, das wohl anzeigen soll, daß der Dichter eine umfassende Aussage machen will (vgl. auch Ps 9; 10; 25; 34; 37; 119; Spr 31,10–31). In Ps 111 hat er »gleichsam auch ein ABC des Glaubens Israels geschaffen, das die Grundthemen des Ersten Gottesbundes enthält. Das Lied schlägt alle Saiten an, die das Herz Israels zum Klingen bringen: Gottes Herrlichkeit und Heiligkeit, Israels Erwählung und Erlösung, Speisung und Führung, Bundesschluß und Lebensweisung, Jahwes grenzenloses Erbarmen« (J. Kopp). »Darum ist es sicher ein Lieblingsgebet Jesu gewesen . . .« (A. Deissler). – Zu V.10 vgl. Sir 1,11–20: Anfang, Fülle, Krone und Wurzel der Weisheit ist die Gottesfurcht.
Ps 112 nimmt den Schluß von Ps 111 auf und stellt korrespondierend »dem bundeswilligen Gott von Ps 111 den bundeswilligen Menschen gegenüber« (A. Deissler).
Mit *Ps 113* beginnt das bis Ps 118 reichende »Hallel«, die »Gesänge des Lobes« beim Passamahl und im Morgengottesdienst bestimmter Feste. Zur Unterscheidung vom täglichen Hallel Ps 145–150 werden die durch zahlreiche Stichwortbeziehungen miteinander verwobenen Ps 113–118 auch »Ägyptisches Hallel« oder »Pessach Hallel« genannt. Sie sind ein »Lobpreis auf JHWH als den Gott des Exodus (vgl. Ps 114), der sein Volk aus Todesnot rettet und ins Land der Lebenden (vgl. Ps 116,9) führt. Für uns Christen ist diese Sammlung auch deshalb kostbar, weil sie nach dem Zeugnis von Mk 14,26 (Mt 26,30) von Jesus und seinen Jüngern bei ihrem Sederabend vor dem Tod Jesu gesungen wurde« (E. Zenger). – »Knechte« Jahwes (V.1) sind in erster Linie die Priester und Leviten, aber auch alle »Jahwegetreuen«. Zu Ps 113 vgl. Bd. 1, S. 6 (Gotteslob, Sprache der Freude) sowie den Lobgesang Mariens (Lk 1,46–55).
Ps 114, eine Perle jüdischer Poesie, wurde in der griechisch-lateinischen Übersetzung mit Ps 115 kombiniert zu Ps 113 A + B (vgl. Bd. 1, S. 48: Zählung der Psalmen). In der christlichen Psalmenauslegung wird Ps 114 als Tauflied gedeutet.
Ps 116 ist in den griechischen und lateinischen Übersetzungen des Psalmenbuches in zwei Psalmen getrennt (V.1–9: Ps 114; V.10–19: Ps 115).
Ps 117 wirkt zum einen wie der Schlußakkord zur Psalmgruppe 111–116, zum anderen wie die Intonation von *Ps 118*, von dem Martin Luther in der Vorrede zu seiner Auslegung von 1530 mit dem Titel »Das schöne Confitemini . . .« (WA 31,1) erklärt: »Er ist mein Psalm, den ich lieb habe«, er hat »sich auch redlich um mich verdienet und mir aus manchen Nöten geholfen«.
Ps 118 »ist der Lobpreis, mit dem das befreite Gottesvolk seinen Gott feiert und um die Vollendung seiner Geschichte mit Gott bittet ›Güte ewig währet‹« (E. Zenger). Der Psalm ist als Festliturgie mit verschiedenen Rollen komponiert: V.1–4. 19–29 sind Wechselgesänge für Vorsänger/Chor und Gemeinde und umrahmen das von einem einzelnen vorzutragende Dankgebet V.5–18, dessen ›Ich‹ im Kontext von Ps 113–118 das ›Ich‹ des Volkes Israel bzw. der feiernden Gemeinde bedeutet. An mehreren Stellen (vgl. Mt 21,9.42; 32,39; Apg 4,11; 1 Petr 2,7) zitiert das Neue Testament, um die Passion und Auferweckung Jesu zu deuten, Ps 118, so zum wichtigsten Osterpsalm der christlichen Gemeinde wurde.
Ps 119 ist ein »Herzensgebet« (vgl. das ebenso genannte Bild von M. Hunziker, S. 339). Der kunstvoll gebaute Psalm korrespondiert inhaltlich mit Ps 1 und bildete möglicherweise einmal den Abschluß des Psalmenbuches. Die 176 Verse sind nach der Reihenfolge des hebräischen Alphabets in 22 Strophen zu je acht Versen gegliedert, die jeweils mit demselben Buchstaben beginnen. Der Psalm meditiert das Wunder der Tora (= Gesetz, Gebot, Wort, Weg, Weisung, Satzung, Befehl, Ordnung, Mahnung) und preist sie als wahre Quelle des Lebens, des Trostes und der Weisheit. (Zur Lektüre empfohlen: Dietrich Bonhoeffer, Meditation über Psalm 119 [Fragment], in: ders., Gesammelte Schriften, Bd. 4, hrsg. von E. Bethge, München 1961, S. 505–543.)

Das Buch der Psalmen
Band 8: Psalm 120–150

Das Buch der Psalmen
Ein Eschbacher Bilderpsalter in acht Bänden
herausgegeben von Martin Schmeisser
Reihe: Eschbacher Bilderbibel

Der Text der Psalmen wird im allgemeinen nach der
Übersetzung der Zürcher Bibel wiedergegeben.
Überall, wo im hebräischen Text der Gottesname
JHWH steht (Zürcher Bibel: »der Herr«), wird in
Anlehnung an Martin Buber das durch Versalien
hervorgehobene Pronomen »DU«, »ER«, »SEIN«
verwendet.

Die Verwendung der Texte der Zürcher Bibel erfolgt
mit Genehmigung der Genossenschaft Verlag der
Zürcher Bibel. Der Text ist entnommen aus: »Die
Heilige Schrift des Alten und Neuen Testaments«,
herausgegeben vom Kirchenrat des Kantons Zürich.
© Zürich 1931/1955.
Das Zeichen * verweist auf die Anmerkungen zu
Psalmtexten Seite 391.

CIP-Titelaufnahme der Deutschen Bibliothek

Das Buch der Psalmen: Ein Eschbacher Bilderpsalter in acht Bänden /
[Hrsg. Martin Schmeisser.] –
Eschbach/Markgräflerland: Verlag am Eschbach;
Zürich: Theologischer Verlag Zürich; Leipzig: Thomas-Verlag Leipzig.
  (Eschbacher Bilderbibel)
  ISBN 3-88671-099-8   (Verlag am Eschbach)
  ISBN 3-290-10120-7   (Theologischer Verlag Zürich)
  ISBN 3-86174-010-9   (Thomas-Verlag Leipzig)
NE: Schmeisser, Martin [Hrsg.]

Bd. 8: Psalm 120–150. – (1993)
  ISBN 3-88671-098-X   (Verlag am Eschbach)
  ISBN 3-290-10128-2   (Theologischer Verlag Zürich)
  ISBN 3-86174-008-7   (Thomas-Verlag Leipzig)

© 1993 Verlag am Eschbach GmbH
Im Alten Rathaus · D-7849 Eschbach/Markgräflerland
Alle Rechte an dieser Ausgabe vorbehalten

Theologischer Verlag Zürich
Räffelstr. 20 · CH-8045 Zürich

Thomas-Verlag Leipzig GmbH
Weissenfelser Straße 33 · O-7031 Leipzig

Grafische Gestaltung: Reinhard Liedtke, Gelnhausen
Reproduktionen: Repro-Technik-Schröder, Uelzen
Satz und Druck: B & K Offsetdruck GmbH, Ottersweier
Verarbeitung: Großbuchbinderei Josef Spinner, Ottersweier

Das Buch der Psalmen
Band 8

Psalm 120–150

Verlag am Eschbach
Theologischer Verlag Zürich
Thomas-Verlag Leipzig

Max Hunziker, David mit Kelch, o. J.

Vom Loben

Clive Staples Lewis

Als ich mich dem Gottesglauben zu nähern begann und auch noch geraume Zeit, nachdem er mir geschenkt worden, war mir die Forderung, welche von allen religiösen Leuten so lautstark erhoben wird, daß wir nämlich Gott »preisen« sollten, ein Stein des Anstoßes; und noch viel mehr der Hinweis, daß Gott selbst es verlange... Besonders die Psalmen machten mir in dieser Hinsicht zu schaffen: »Preiset den Herrn«, »Oh, preiset mit mir den Herrn«, »Preist Ihn«...

Doch das Selbstverständlichste – sei es am Gotteslob oder an jedem andern Rühmen – entging mir seltsamerweise. Ich stellte mir das Preisen als Kompliment, als Beifall oder Ehrbezeugung vor. Ich hatte nie bemerkt, daß jede Freude unmittelbar in Lob überfließt, wenn nicht (manchmal obwohl) Schüchternheit oder die Scheu, anderen lästig zu fallen, absichtlich aufgeboten werden, sie daran zu hindern. Die Welt hallt von Lobpreis: Liebende preisen die Dame ihres Herzens, Leser ihren Lieblingsdichter, Wanderer die Landschaft, Spieler ihr Lieblingsspiel – Wetter, Weine, Gerichte, Schauspieler, Motoren, Pferde, Schulen, Länder, Persönlichkeiten der Geschichte, Kinder, Blumen, Berge, seltene Briefmarken, seltene Käfer, manchmal sogar Politiker oder Gelehrte; alles wird gepriesen. Es war mir entgangen, daß die demütigsten und gleichzeitig ausgewogensten und umfassendsten Geister am meisten loben, während es am wenigsten die Sonderlinge, Eigenbrötler und Unzufriedenen tun... Nicht minder war mir entgangen, daß die Leute uns ebenso unmittelbar, wie sie alles loben, was ihnen teuer ist, auffordern, in ihr Lob einzustimmen: »Ist sie nicht entzückend? War es nicht herrlich? Finden Sie das nicht großartig?« Wenn die Psalmisten von jedermann verlangen, er solle Gott loben, tun sie nichts anderes, als was jeder tut, der von etwas redet, das ihm lieb ist. – Ganz allgemein rührte meine Schwierigkeit mit dem Gotteslob daher, daß ich uns unsinnigerweise in bezug auf das höchste Gut etwas absprechen wollte, was wir mit Freude tun, ja, was wir gar nicht lassen können, wo es sich um irgendein anderes Gut handelt.

Ich glaube, wir loben darum so gern, was uns Freude macht, weil das Lob unsere Freude nicht nur zum Ausdruck bringt, sondern sie mehrt, sie zu ihrer gottgewollten Erfüllung bringt. Nicht aus Höflichkeit sagen Liebende einander immer wieder, wie schön sie seien; das Entzücken ist solange unvollständig, als es nicht ausgedrückt ist... Je würdiger der Gegenstand, umso inniger wäre das Entzücken. Wäre es einer geschaffenen Seele möglich, den allerwürdigsten Gegenstand voll (ich meine bis zur Fülle des Maßes, das einem endlichen Wesen gegeben ist) »auszukosten«, das heißt, ihn zu lieben und zu genießen, und gleichzeitig in jedem Augenblick diesem Entzücken vollkommen Ausdruck zu geben, dann hätte diese Seele höchste Seligkeit erlangt. Solche Gedanken verhelfen mir am leichtesten zu einem Verständnis der christlichen Lehre, wonach der »Himmel« ein Zustand ist, in dem jetzt die Engel und nachmals auch die Menschen unaufhörlich damit beschäftigt sind, Gott zu preisen...

Um einzusehen, was die Lehre eigentlich besagt, müssen wir uns in einer vollkommenen Liebesbeziehung zu Gott vorstellen – trunken, eingetaucht und aufgelöst in einem Entzücken, welches, weit davon entfernt als unmittelbares und daher fast unerträgliches Glück in uns verschlossen zu bleiben, vielmehr unaufhörlich in mühelosem und vollkommenem Ausdruck wieder von uns ausströmt, wobei unsere Freude und der Lobpreis, worin sie sich befreit und äußert, ebensowenig getrennt werden können wie der Glanz, der in einen Spiegel fällt, und der Glanz, den er verbreitet. Der schottische Katechismus sagt, das wichtigste Ziel des Menschen sei, »Gott zu preisen und sich auf immer an Ihm zu freuen«. Aber einmal werden wir erfahren, daß diese zwei Dinge eins sind. Volle Freude heißt Rühmen. Mit dem Befehl, Ihn zu rühmen, lädt uns Gott zur Freude an Ihm ein.

Vorerst sind wir, wie Donne sagt, noch dabei, unsere Instrumente zu stimmen. Das Stimmen eines Orchesters kann an sich schon einen Genuß bieten, aber nur für den, der in einem gewissen, wenn auch kleinen Maße die Symphonie ahnt. Die jüdischen Opfer und sogar unsere heiligsten Riten, so wie sie der Mensch erfährt, sind ähnlich dem Stimmen Verheißung; nicht Verwirklichung. Daher mögen sie wie das Stimmen viel Pflicht und wenig Freude enthalten – oder auch gar keine. Aber die Pflicht steht im Dienste der Freude. Wenn wir unseren »religiösen Pflichten« nachkommen, gleichen wir Leuten, die in wasserlosem Lande Kanäle ausheben, damit das Wasser, wenn es endlich kommt, sie bereit finde. Ich meine, meistens. Schon jetzt gibt es glückliche Augenblicke, in denen ein Rinnsal durchs trockene Bett sickert; und es gibt glückliche Seelen, denen das oft widerfährt.

Aus: C. S. Lewis (geb. 1889 in Belfast, zunächst kämpferischer Atheist, ab 1929 Christ, gest. 1963 in Oxford), Das Gespräch mit Gott. Gedanken zu den Psalmen. Mit einem Vorwort von Erich Zenger, Benziger Verlag Zürich, 3. erweiterte Auflage 1992.

Bei den Hassern des Friedens
wohne ich

120 [Ein Wallfahrtslied.*]
Iнn rief ich an in meiner Not,
und er hat mich erhört.

2 Du, errette mich vor dem Lügenmaul
und vor der falschen Zunge! –

3 Was soll er dir zufügen
und was noch weiter, du falsche Zunge?

4 Kriegerpfeile, geschärfte,
dazu Kohlen vom Ginsterstrauch! –

5 Wehe mir, daß ich weile in Mesech,
daß ich wohne bei den Zelten von Kedar!*

6 Zu lange schon wohne ich zusammen
mit denen, die den Frieden hassen!

7 Ich halte Frieden;
doch wenn ich nur rede,
so suchen sie Streit.

Woher wird mir
Hilfe kommen?

121 [Ein Wallfahrtslied.]
Ich hebe meine Augen auf zu den Bergen:
woher wird mir Hilfe kommen?

2 Meine Hilfe kommt von Iнm,
der Himmel und Erde gemacht hat.

3 Er kann deinen Fuß nicht gleiten lassen;
der dich behütet, kann nicht schlummern!

4 Nein, er schlummert nicht und schläft nicht,
der Israel behütet.

5 Er ist dein Hüter, Er dein Schatten,
er geht zu deiner Rechten:

6 bei Tage wird dich die Sonne nicht stechen,
noch der Mond des Nachts.

7 Er behütet dich vor allem Übel,
er behütet dein Leben.

8 Er behütet deinen Ausgang und Eingang,
jetzt und immerdar.

Reiner Seibold, Schriftbild zu Psalm 121 (nach der Übersetzung Martin Luthers)

Jerusalem will ich
Frieden wünschen

122 [Ein Wallfahrtslied. Von David.]
Ich freute mich, da sie zu mir sprachen:
»Laßt uns wallen zu SEINEM Hause!«
2 Und nun stehen unsre Füße
in deinen Toren, Jerusalem!
3 Jerusalem, die du gebaut bist
wie eine wohlgefügte Stadt,
4 wohin die Stämme wallfahren,
die Stämme des Herrn.
Gesetz für Israel ist es,
IHN dort zu preisen.
5 Denn dort standen einst Throne zum Gericht,
Throne des Hauses Davids.

6 Wünschet Jerusalem Heil:
Sicher seien deine Gezelte!
7 Friede herrsche in deinen Mauern,
Sicherheit in deinen Palästen!
8 Um meiner Brüder und Freunde willen
will ich dir Frieden wünschen.
9 Um SEINES, unsres Gottes, Hauses willen
will ich um Glück flehen für dich.

Übersatt ist unsre Seele
des Spottes

123 [Ein Wallfahrtslied.]
Zu dir, der du im Himmel thronst,
erhebe ich meine Augen.

2 Siehe, wie Knechte ihre Augen erheben
zu der Hand ihres Herrn,
ja, wie die Augen der Magd
auf die Hand der Gebieterin,
so blicken unsre Augen auf IHN, unsern Gott,
bis er uns gnädig ist.

3 Sei uns gnädig, DU, sei uns gnädig!
Denn übersatt sind wir des Hohnes.
4 Übersatt ist unsre Seele des Spottes der Sichern
und des Hohnes der Stolzen.

Marc Chagall, Psalmen Davids, 1979 (zu Ps 122,1–5)

353

Das Netz ist zerrissen,
und wir sind entronnen

124 [Ein Wallfahrtslied. Von David.]
»Wäre ER nicht für uns gewesen«
– so möge Israel sprechen –,
2 »wäre ER nicht für uns gewesen,
als Menschen wider uns aufstanden:
3 dann hätten sie uns lebendig verschlungen,
da ihr Zorn wider uns entbrannt war,
4 dann hätten die Wasser uns überflutet.
es wäre der Wildbach über uns hingegangen,
5 über uns hingegangen wären
die überwallenden Wasser.«

6 Gelobt sei ER, der uns nicht dahingab
ihren Zähnen zum Raube!
7 Unsre Seele ist wie ein Vogel,
der dem Netze der Vogelsteller entronnen;
das Netz ist zerrissen,
und wir sind entronnen.
8 Unsre Hilfe steht in SEINEM Namen,
der Himmel und Erde gemacht hat.

Die im Herrn sich bergen,
sind wie der Zionsberg

125 [Ein Wallfahrtslied.]
Die auf IHN vertrauen,
sind wie der Berg Zion, der nicht wankt.
2 Ewig sicher steht Jerusalem,
rings von den Bergen umhegt;
so umhegt der Herr rings sein Volk,
jetzt und immerdar.

3 Er läßt das gottlose Szepter nicht lasten
auf dem Land der Gerechten,
auf daß die Gerechten ihre Hände
nicht ausstrecken zum Frevel.

4 Tue Gutes, DU, den Guten
und denen, die aufrichtigen Herzens sind!
5 Die aber auf krumme Wege abbiegen,
die lasse ER hinfahren mit den Übeltätern!
Heil über Israel!

Die mit Tränen säen,
werden mit Jubel ernten

126 [Ein Wallfahrtslied.]
Als Er wandte Zions Geschick,*
da waren wir wie Träumende,
2 da war unser Mund voll Lachens
und unsre Zunge voll Jubels.
Da sprach man unter den Heiden:
»Großes hat Er an ihnen getan!«
3 Ja, Großes hat Er an uns getan;
des waren wir fröhlich.

4 Wende, Du, unser Geschick,
wie du im Mittagsland
versiegte Bäche wiederbringst.

5 Die mit Tränen säen,
werden mit Jubel ernten.
6 Man schreitet dahin unter Tränen
und streut den Samen,
mit Jubel kehrt man heim,
trägt hoch seine Garben.

»Die mit Tränen säen« (zu Ps 126,5–6), Stuttgarter Psalter, 9. Jh.

Den Seinen gibt er's
im Schlaf

127 [Ein Wallfahrtslied. Von Salomo.*]
Wenn ER nicht das Haus baut,
    so mühen sich umsonst, die daran bauen;
wenn ER nicht die Stadt behütet,
    so wacht der Hüter umsonst.
2 Es ist umsonst, daß ihr früh aufsteht
    und spät euch niedersetzt
und euer Brot in Mühsal eßt –,
    den Seinen gibt er's im Schlaf.

3 Siehe, Söhne sind eine Gabe von IHM,
    ein Lohn ist die Frucht des Leibes.
4 Wie Pfeile in der Hand des Helden,
    so sind Söhne der Jugendkraft.
5 Wohl dem Manne,
    der seine Köcher mit ihnen gefüllt hat:
er wird nicht zuschanden,
    wenn er mit den Widersachern redet im Tor.

6/75

Marc Chagall, Der Psalm Salomos, aus »Die Bibel«, 1956

Wohl dir, du wirst
es gut haben

128 [Ein Wallfahrtslied.]
Wohl einem jeden, der IHN fürchtet
und auf seinen Wegen wandelt!
2 Deiner Hände Arbeit darfst du genießen;
   wohl dir, du wirst es gut haben!
3 Dein Weib im Innern deines Hauses
   ist wie ein fruchtbarer Weinstock,
deine Kinder rings um deinen Tisch
   wie junge Ölbäumchen.
4 Wahrlich, gesegnet wird der Mann,
   der IHN fürchtet.

5 Ja, so wird ER dich segnen vom Zion her,
   daß du deine Lust schauest am Glück Jerusalems
   alle Tage deines Lebens,
6 daß du schauest Kindeskinder.
   Friede über Israel!

Auf meinem Rücken haben
die Pflüger gepflügt

129 [Ein Wallfahrtslied.]
»Sie haben mich viel bedrängt von Jugend an«
   – so spreche Israel –,
2 »sie haben mich viel bedrängt von Jugend an
   und haben mich nicht überwältigt.
3 Auf meinem Rücken haben die Pflüger gepflügt
   und ihre Furchen lang gezogen.«

4 ER, der Gerechte, hat zerhauen
   der Gottlosen Stränge.

5 Zuschanden werden und zurückweichen
   müssen alle, die Zion hassen.
6 Sie sollen werden wie das Gras auf den Dächern,
   das verwelkt, noch ehe es aufwächst,
7 mit dem der Schnitter die Hand nicht füllt,
   noch der Garbenbinder den Arm,
8 so daß, die vorübergehen, nicht sprechen:
   »SEIN Segen sei mit euch!
   Wir segnen euch in SEINEM Namen.«

Max Hunziker, Rose, 1965

Aus der Tiefe
rufe ich zu dir

130 [Ein Wallfahrtslied.]
Aus der Tiefe rufe ich, Du, zu dir,
2   höre auf meine Stimme!
Laß deine Ohren merken
  auf mein lautes Flehen!
3 Wenn du die Sünden anrechnest, o Du,
  mein Herr, wer kann bestehen?
4 Doch bei dir ist Vergebung,
  auf daß man dich fürchte.

5 Ich hoffe auf dich, o Du,
  meine Seele hofft auf dein Wort.
6 Meine Seele harrt auf den Herrn,
  mehr als die Wächter auf den Morgen,
Mehr als die Wächter auf den Morgen,
7   harre, Israel, auf Ihn!
Denn bei Ihm ist die Gnade,
  bei ihm ist reichlich Erlösung.
8 Ja, er wird Israel erlösen
  von all seinen Sünden.

Reiner Seibold, Schriftbild zu Psalm 130 (nach der Übersetzung Martin Luthers)

Frieden ist
in meiner Seele

131 [Ein Wallfahrtslied. Von David.]
Du! Mein Herz ist nicht hoffärtig,
und meine Augen sind nicht stolz;
ich gehe nicht mit Dingen um,
die mir zu hoch und zu wunderbar sind.

2 Fürwahr, ich habe meine Seele
gestillt und beruhigt.
Wie ein Kind im Arm seiner Mutter,
wie ein Kind ist stille in mir meine Seele.

3 Harre, Israel, auf IHN
von nun an bis in Ewigkeit!

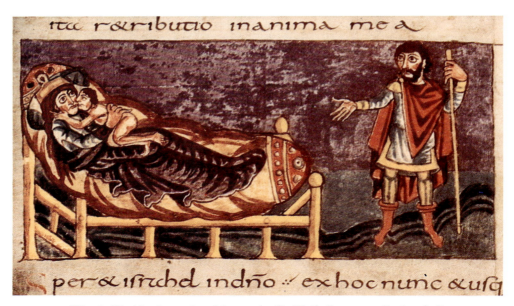

»Wie ein Kind im Arm seiner Mutter« (zu Ps 131,2), Stuttgarter Psalter, 9. Jh.

Zion hat der Herr
als Wohnung sich erkoren

132 [Ein Wallfahrtslied.*]
Gedenke, Du, Davids und all seiner Mühseligkeit,
2 wie er Dir geschworen,
    dem Starken Jakobs gelobt hat:
3 »Ich will nicht in das Zelt meines Hauses gehen,
    noch auf das Lager meines Bettes steigen,
4 ich will meinen Augen keinen Schlaf gönnen
    und meinen Wimpern keinen Schlummer,
5 bis ich für Ihn eine Stätte finde,
    eine Wohnung dem Starken Jakobs.«

6 Siehe, wir haben von ihr gehört in Ephrath,
    haben sie gefunden im Waldgefilde.*
7 Laßt uns ziehen zu seiner Wohnung,
    niederfallen vor dem Schemel seiner Füße.
8 Mache dich auf, Du, zu deiner Ruhstatt,
    und mit dir deine machtvolle Lade!
9 Deine Priester sollen sich in Gerechtigkeit kleiden,
    und deine Getreuen sollen jubeln!
10 Um Davids, deines Knechtes, willen
    weise deinen Gesalbten nicht ab!

11 Geschworen hat Er dem David wahrhaften Eid,
    davon er nicht abgeht:
    »Einen Sproß aus deinem Geschlechte
    will ich auf deinen Thron setzen.
12 Wenn deine Söhne meinen Bund halten
    und meine Gesetze, die ich sie lehren will,
    so sollen auch ihre Söhne für und für
    auf deinem Throne sitzen. –«

13 Denn Er hat Zion erwählt,
    als Wohnung für sich erkoren.
14 »Dies ist meine Ruhstatt für und für;
    hier will ich wohnen, denn ich habe sie erkoren.
15 Mit Nahrung will ich sie reichlich segnen,
    mit Brot ihre Armen sättigen.
16 Ihre Priester will ich mit Heil bekleiden,
    und ihre Getreuen sollen laut jubeln.
17 Dort will ich David ein Horn sprossen lassen;*
    meinem Gesalbten habe ich eine Leuchte bereitet.
18 Seine Feinde will ich mit Schande bekleiden,
    doch ihm soll auf dem Haupte die Krone glänzen.«

Wie fein und lieblich ist
die Eintracht unter Brüdern

133 [Ein Wallfahrtslied. Von David.]
Siehe, wie fein und lieblich ist es,
    wenn Brüder einträchtig beieinander wohnen!
2 Wie das köstliche Öl auf dem Haupte,
    das niederfließt auf den Bart, den Bart Aarons,
    niederfließt auf den Saum seiner Gewänder!
3 Wie Hermontau, der herabfällt,
    auf die Berge Zions!
Denn dahin hat ER den Segen entboten,
    Leben bis in Ewigkeit.

Vom Zion her segne
dich der Herr

134 [Ein Wallfahrtslied.]
Auf! lobet IHN,
    ihr all SEINE Knechte,
    die ihr steht in SEINEM Hause
    in den Nächten!
2 Hebt empor eure Hände zum Heiligtum
    und lobet IHN!
3 Vom Zion her segne dich ER,
    der Himmel und Erde gemacht hat!

Lobet den Herrn,
denn er ist gütig

135 Hallelujah!*
Lobet Seinen Namen,
  lobt ihn, ihr Seine Knechte,
2 die ihr steht in Seinem Hause,
  in den Vorhöfen am Haus unsres Gottes!
3 Lobet Ihn, denn Er ist gütig;
  lobsingt seinem Namen, denn er ist lieblich!
4 Denn erwählt hat Er sich Jakob,
  sich ausgesondert Israel.*

5 Ja, ich weiß: Er ist groß,
  unser Herr ist größer als alle Götter.
6 Alles, was Er will, vollbringt er
  im Himmel und auf Erden,
  im Meer und in allen Tiefen:
7 der Wolken heraufführt vom Ende der Erde,
  der Blitze zu Regen macht,
  der den Wind hervorholt aus seinen Kammern;
8 der die Erstgeburt in Ägypten schlug
  unter Menschen und Tieren;
9 der Zeichen und Wunder sandte in deine Mitte, Ägypten,
  über den Pharao und all seine Knechte;
10 der viele Völker schlug
  und mächtige Könige tötete:
11 Sihon, den König der Amoriter,
  und Og, den König von Basan,
  und alle Reiche in Kanaan.

12 Und er gab ihr Land zu eigen,
   zu eigen Israel, seinem Volke.
13 Du, dein Name währt ewig,
   Du, dein Gedächtnis von Geschlecht zu Geschlecht.

14 Denn Er schafft Recht seinem Volke,
   hat Mitleid mit seinen Knechten.
15 Die Götzen der Heiden sind Silber und Gold,
   ein Machwerk von Menschenhänden.
16 Sie haben einen Mund und können nicht reden,
   haben Augen und können nicht sehen.
17 Sie haben Ohren und hören nicht;
   auch ist kein Odem in ihrem Munde.
18 Ihnen werden gleich sein, die sie machen,
   alle, die auf sie vertrauen.*

19 Haus Israels, preiset Ihn!
   Haus Aarons, preiset Ihn!
20 Haus Levis, preiset Ihn!
   Die ihr den Herrn fürchtet, preiset Ihn!
21 Gepriesen sei Er vom Zion her,
   er, der in Jerusalem thront!
   Hallelujah!

Ja, seine Güte
währet ewig

136 Danket Ihm, denn er ist freundlich.
Ja, seine Güte währet ewig!*
2 Danket dem Gott der Götter!
   Ja, seine Güte währet ewig!
3 Danket dem Herrn aller Herren!
   Ja, seine Güte währet ewig!

4 Ihm, der allein große Wunder tut,
   ja, seine Güte währet ewig!
5 der die Himmel mit Weisheit geschaffen,
   ja, seine Güte währet ewig!
6 der die Erde auf die Wasser gegründet,
   ja, seine Güte währet ewig!
7 der die großen Lichter gemacht hat:
   ja, seine Güte währet ewig!
8 die Sonne zur Herrschaft am Tage,
   ja, seine Güte währet ewig!

Errettung Israels aus Ägypten (zu Ps 135,8f.; 136,10–15), Goldene Haggada, Katalonien, 14. Jh.

9 den Mond und die Sterne zur Herrschaft bei Nacht,
   ja, seine Güte währet ewig!

10 Der die Erstgeburt schlug in Ägypten,
   ja, seine Güte währet ewig!
11 und Israel von dannen herausführte,
   ja, seine Güte währet ewig!
12 mit starker Hand und ausgerecktem Arm,
   ja, seine Güte währet ewig!
13 der das Schilfmeer in Stücke zerteilte,
   ja, seine Güte währet ewig!
14 und Israel mitten hindurchziehen ließ,
   ja, seine Güte währet ewig!
15 und den Pharao samt seinem Heere hineintrieb,
   ja, seine Güte währet ewig!

16 Der sein Volk durch die Wüste führte,
   ja, seine Güte währet ewig!
17 der große Könige schlug,
   ja, seine Güte währet ewig!
18 und gewaltige Könige tötete:
   ja, seine Güte währet ewig!
19 Sihon, den König der Amoriter,
   ja, seine Güte währet ewig!
20 und Og, den König von Basan,
   ja, seine Güte währet ewig!
21 und ihr Land zu eigen gab,
   ja, seine Güte währet ewig!
22 zu eigen Israel, seinem Knechte;
   ja, seine Güte währet ewig!

23 Der in unsrer Niedrigkeit unser gedachte,
   ja, seine Güte währet ewig!
24 und uns losriß von unsern Bedrängern;
   ja, seine Güte währet ewig!
25 der Speise gibt allem Fleisch.
   Ja, seine Güte währet ewig!

26 Danket dem Herrn des Himmels!
   Ja, seine Güte währet ewig!

ותקח מרים הנביאה אחות אהרן את התף בידה

בעל הבית מצוה להגביה ונחתריכה לתינוקות

ויעשו ערבי הפסא

זואת מצה שאנו אוכלים

מרור את התרור לפי

Mirjams Lobgesang und Passa, Goldene Haggada, Katalonien, 14. Jh.

An den Strömen Babels
saßen wir und weinten

137 An den Strömen Babels,
da saßen wir und weinten,
wenn wir Zions gedachten;
2 an die Weiden im Lande
hängten wir unsre Harfen.

3 Denn dort hießen uns singen,
die uns hinweggeführt,
hießen uns fröhlich sein unsere Peiniger:
»Singt uns eines von den Zionsliedern!«
4 Wie könnten wir SEIN Lied singen
auf fremder Erde?
5 Vergesse ich deiner, Jerusalem,
so müsse meine Rechte verdorren!
6 Die Zunge müsse mir am Gaumen kleben,
wenn ich dein nicht gedenke,
wenn ich nicht Jerusalem setze
über meine höchste Freude!

7 Du, vergiß den Söhnen Edoms nicht den Tag von Jerusalem;
sie sprachen: »Nieder, nieder mit ihr
bis auf den Grund!«

»An den Strömen Babels saßen wir und weinten« (zu Ps 137,1–4), Stuttgarter Psalter, 9. Jh.

8 Tochter Babel, Verwüsterin!
  Wohl dem, der dir vergilt,
  was du uns getan!
9 Wohl dem, der deine Kindlein packt
  und am Felsen zerschmettert!

Du gabst meiner Seele
große Kraft

138 [Von David.*]
Ich danke dir von ganzem Herzen,
  vor den Göttern will ich dir lobsingen.
2 Ich will anbeten vor deinem heiligen Tempel
  und will deinen Namen preisen
um deiner Güte und Treue willen;
  denn du hast deinen Namen über alles herrlich gemacht.

3 Am Tage, da ich rief, erhörtest du mich;
  du gabst meiner Seele große Kraft.

4 Es preisen dich, Du, alle Könige der Erde,
  wenn sie die Worte deines Mundes hören,
5 und singen von SEINEN Wegen;
  denn groß ist SEINE Herrlichkeit.
6 Ja, das Hohe und Niedrige sieht er,
  und den Stolzen stürzt er von ferne.
7 Wandle ich mitten in Drangsal,
  so erhältst du mich,
reckst gegen den Zorn meiner Feinde die Hand,
  und deine Rechte hilft mir.
8 ER wird es für mich vollenden.
  Du, deine Güte währet ewig;
  laß nicht fahren das Werk deiner Hände!

Wunderbar bin ich
geschaffen

139 [Für den Chormeister.
Ein Psalm Davids.*]

Du, du erforschest mich und kennst mich.
2 Ich sitze oder stehe, du weißt es,
    du verstehst meine Gedanken von ferne.
3 Ob ich gehe oder liege, du ermissest es,
    mit all meinen Wegen bist du vertraut.
4 Ja, es ist kein Wort auf meiner Zunge,
    das Du nicht wüßtest.
5 Du hältst mich von hinten und vorn umschlossen,
    hast deine Hand auf mich gelegt.

6 Zu wunderbar ist es für mich und unbegreiflich,
    zu hoch, als daß ich es faßte.
7 Wohin soll ich gehen vor deinem Geist?
    Wohin soll ich fliehen vor deinem Angesicht?
8 Stiege ich hinauf in den Himmel, so bist du dort;
    schlüge ich mein Lager in der Unterwelt auf –
    auch da bist du.
9 Nähme ich Flügel der Morgenröte
    und ließe mich nieder zuäußerst am Meer,
10 so würde auch dort deine Hand mich greifen,
    deine Rechte mich fassen.
11 Spräche ich: Finsternis soll mich bedecken,
    und Nacht sei das Licht um mich her,
12 so wäre auch die Finsternis nicht finster für dich,
    die Nacht würde leuchten wie der Tag.

13 Denn du hast meine Nieren geschaffen,
    hast mich gewoben im Schoß meiner Mutter.
14 Ich danke dir, daß ich so wunderbar geschaffen bin,
    ja, wunderbar sind deine Werke.
15 Meine Seele kanntest du wohl,
    mein Gebein war dir nicht verborgen,
als ich im Dunkeln gebildet ward,
    kunstvoll gewirkt in den Tiefen der Erde.
16 Deine Augen sahen all meine Tage,
    in dein Buch sind sie alle geschrieben,
meine Tage waren schon gestaltet,
    als noch keiner von ihnen da war.
17 Wie unergründlich sind mir, Gott, deine Gedanken,
    wie gewaltig ist ihre Zahl!
18 Wollte ich sie zählen, ihrer wären mehr als Sandkörner,
    wäre ich am Ende, ich wäre noch immer bei dir.

Max Hunziker, Angesicht im Himmel und blühender Strauch, 1965

19 Ach wolltest du doch, Gott, den Frevler töten!
   Daß doch die Blutmenschen von mir wichen,
20 die dir frevelhaft widerstehen
   und deinen Namen mißbrauchen!
21 Sollte ich nicht hassen, Du, die dich hassen,
   nicht verabscheuen, die sich wider dich auflehnen?
22 Ich hasse sie mit vollkommenem Haß,
   als Feinde gelten sie mir.

23 Erforsche mich, Gott, und erkenne mein Herz;
   prüfe mich und erkenne meine Gedanken.
24 Sieh, ob ich auf dem Weg der Arglist bin,
   und leite mich auf dem Weg, der bleibt!*

Vernimm, o Herr, mein lautes Flehen

140 [Für den Chormeister. Ein Psalm Davids.*]

2 Errette mich, Du, vor den bösen Menschen,
   vor den Gewalttätigen bewahre mich,
3 die im Herzen auf Böses sinnen
   und allezeit Streit erregen!
4 Sie haben scharfe Zungen wie eine Schlange;
   Otterngift ist unter ihren Lippen. [Sela.]

»Errette mich vor den bösen Menschen« (zu Ps 140,2–7), Stuttgarter Psalter, 9. Jh.

5 Behüte mich, Du, vor den Händen der Gottlosen,
  vor den Gewalttätigen bewahre mich,
  die darauf denken, mich zu Fall zu bringen,
6 die mir versteckte Schlingen und Stricke gelegt,
  ein Netz ausgebreitet für meine Füße,
  zur Seite des Weges mir Fallen gestellt! [Sela.]

7 Ich spreche zu Ihm: »Du bist mein Gott,
  vernimm, Du, mein lautes Flehen!
8 Du, mein Gott, du meine starke Hilfe,
  du beschirmst mein Haupt am Tage des Kampfes.
9 Gewähre nicht, Du, die Wünsche des Gottlosen,
  laß seinen Anschlag wider mich nicht gelingen!« [Sela.]

10 Nicht sollen das Haupt erheben, die mich umzingeln;
  das Unheil ihrer Lippen bedecke sie!
11 Er lasse feurige Kohlen auf sie regnen,
  er stürze sie in die Tiefe,
  daß sie nicht mehr aufstehn!
12 Der Verleumder wird nicht bestehen im Lande;
  den Gewalttätigen wird Unglück jagen, Stoß auf Stoß.

13 Ich weiß, Er führt der Elenden Sache,
  er schafft den Armen ihr Recht.
14 Ja, die Gerechten werden deinen Namen preisen,
  die Redlichen werden vor deinem Angesicht wohnen.

**Höre meine Stimme,
wenn ich zu dir rufe**

141 [Ein Psalm Davids.]
Du, ich rufe dich an, eile zu mir;
  höre meine Stimme, wenn ich zu dir rufe.
2 Mein Gebet gelte vor dir als Räucherwerk,
  meiner Hände Erheben als ein Abendopfer.

3 Setze, Du, eine Wache meinem Mund
  und eine Hut der Tür meiner Lippen.
4 Laß mein Herz sich nicht neigen zum Bösen,
  daß ich gottlose Taten beginge
 mit Menschen, die Übles tun;
  von ihren Leckerbissen will ich nicht kosten.
5 Schlägt mich der Gerechte, so ist es Güte,
  züchtigt er mich, so ist es Öl für das Haupt;
  nicht soll mein Haupt es zurückweisen.*

8 Doch auf dich, Du, mein Gott,
    sind meine Augen gerichtet,
  auf dich vertraue ich.
    Schütte mein Leben nicht aus!
9 Behüte mich vor der Schlinge, die sie mir gelegt,
    und vor den Fallstricken der Übeltäter.
10 Laß die Gottlosen allzumal fallen ins eigne Netz,
    indes ich sicher vorübergehe.

Ich schütte vor dir
meine Klage aus

142 [Ein Weisheitslied Davids, als er in der Höhle war. Ein Gebet.*]

2 Laut schreie ich zu Ihm,
    laut flehe ich zu Ihm,
3 meine Klage schütte ich vor ihm aus,
    tue kund vor ihm meine Not.
4 Wenn mein Geist in mir verzagt ist,
    du weißt meinen Pfad;
  auf dem Wege, den ich wandle,
    haben sie mir eine Schlinge gelegt.

5 Ich blicke zur Rechten und schaue:
    niemand ist, der meiner achtet.
  Verloren ist für mich die Zuflucht;
    niemand fragt nach meinem Leben.

6 Ich schreie zu dir, Du,
    ich spreche: Du bist meine Zuversicht,
    mein Teil im Lande der Lebenden.
7 O merke auf mein Flehen;
    denn ich bin gar schwach.
  Errette mich vor meinen Verfolgern;
    denn sie sind mir zu mächtig.
8 Führe mich hinaus aus dem Kerker,
    daß ich deinen Namen preise!
  Die Gerechten werden sich um mich scharen,
    wenn du mir Gutes erweisest.

Max Hunziker, Weinender David, 1965

Errette mich und
führe mich aus der Not

143 [Ein Psalm Davids.]
Du, höre auf mein Gebet, vernimm mein Flehen,
    in deiner Treue, in deiner Gnade erhöre mich!
2 Gehe nicht ins Gericht mit deinem Knechte;
    kein Lebender ist ja vor dir gerecht.
3 Denn der Feind trachtet mir nach dem Leben;
    er tritt mich zu Boden, zermalmt mich,
    legt mich in Finsternis gleich ewig Toten.
4 Und mein Geist in mir will verzagen,
    mein Herz erstarrt in der Brust.

5 Ich gedenke vergangener Tage,
    ich sinne nach über all dein Tun
    und erwäge das Werk deiner Hände.
6 Ich breite meine Hände aus zu dir;
    meine Seele verlangt nach dir
    wie lechzendes Land. [Sela.]
7 Erhöre mich bald, Du;
    mein Geist verzehrt sich;
   verbirg dein Angesicht nicht vor mir,
    daß ich nicht denen gleich werde, die zur Grube fahren.
8 Laß mich am Morgen deine Gnade hören,
    denn ich vertraue auf dich.
  Tue mir kund den Weg, den ich gehen soll,
    denn zu dir erhebe ich meine Seele.
9 Errette mich vor meinen Feinden, Du!
    Zu dir nehme ich meine Zuflucht.
10 Lehre mich deinen Willen tun,
    denn du bist mein Gott;
    dein guter Geist führe mich auf ebener Bahn.
11 Um deines Namens willen, Du, erhalte mich!
    in deiner Treue führe meine Seele aus der Not.
12 In deiner Güte vertilge meine Feinde
    und laß umkommen alle, die mich bedrängen;
    denn ich bin dein Knecht.

Marc Chagall, Psalmen Davids, 1979 (zu Ps 143,1.6f.12)

Was ist der Mensch,
daß du dich seiner annimmst?

144 [Von David.*]
Gelobt sei ER, mein Fels,
  der meine Hände den Kampf lehrt
  und meine Fäuste den Krieg.
2 Mein Hort und meine Burg,
    meine Feste und mein Erretter,
  mein Schild, du, auf den ich vertraue,
    der die Völker unter mich zwingt.

3 DU, was ist der Mensch, daß du dich seiner annimmst,
    und das Menschenkind, daß du sein achtest?
4 Der Mensch gleicht einem Hauche,
    seine Tage sind wie ein flüchtiger Schatten.

5 DU, neige deinen Himmel und fahre herab,
    rühre die Berge an, daß sie rauchen!
6 Schleudre Blitze und zerstreue sie,
    schieße deine Pfeile und jage sie!
7 Recke deine Hand aus der Höhe,
    rette, reiße mich aus großen Wassern,
    aus der Hand der Söhne des fremden Landes,
8 deren Mund Lüge redet
    und deren Rechte Meineid schwört.

9 O Gott, ich will dir ein neues Lied singen,
    auf zehnsaitiger Harfe will ich dir spielen!
10 der du den Königen Sieg gibst
    und deinen Knecht David errettest.
11 Vom bösen Schwerte errette mich,
    reiße mich aus der Hand der Söhne des fremden Landes,
  deren Mund Lüge redet
    und deren Rechte Meineid schwört.
12 Unsre Söhne sind in ihrer Jugendkraft
    gleich hochgezogenen Stämmen,
  unsere Töchter sind wie Säulen,
    gemeißelt für den Palastbau.
13 Unsre Speicher sind gefüllt
    und spenden Vorrat von jeder Art.
  Unsre Schafe mehren sich tausendfach,
    vieltausendfach auf unsern Fluren.
14 Unsre Rinder sind schwer beladen.
    Kein Unglück, kein Ausfall
    und kein Geschrei auf unsern Straßen!
15 Wohl dem Volk, dem es also geht!
    wohl dem Volk, dessen Gott ER ist!

Tag um Tag
will ich dich preisen

145 [Ein Lobgesang Davids.*]
Ich will dich erheben, mein Gott und König,
und deinen Namen preisen immer und ewig!

2 Tag um Tag will ich dich preisen
und deinen Namen rühmen immer und ewig!

3 Groß ist ER und hoch zu loben,
und seine Größe ist unerforschlich.

4 Ein Geschlecht rühmt dem andern deine Werke
und verkündet deine mächtigen Taten.

5 Von der hehren Pracht deiner Hoheit reden sie,
deine Wunder will ich besingen.

6 Von der Macht deiner furchtbaren Taten sagen sie,
deine Großtaten will ich erzählen.

7 Das Gedächtnis deiner großen Güte verkünden sie
und jubeln ob deiner Gerechtigkeit.

8 Gnädig und barmherzig ist ER,
langmütig und reich an Huld.

9 Gütig ist ER gegen alle,
und sein Erbarmen waltet über all seinen Werken.

10 Es preisen dich, DU, all deine Werke,
und deine Frommen loben dich.

11 Sie rühmen die Herrlichkeit deines Reiches
und reden von deiner Macht,

12 daß sie den Menschen deine Machttaten kundtun
und die hehre Pracht deines Reiches.

13 Dein Reich ist ein Reich für alle Ewigkeit,
und deine Herrschaft währt
von Geschlecht zu Geschlecht.
Treu ist ER in allen seinen Worten
und gnädig in all seinem Tun.

14 ER stützt alle, die da fallen,
und richtet alle Gebeugten auf.

15 Aller Augen warten auf dich,
und du gibst ihnen ihre Speise zu seiner Zeit.

16 Du tust deine Hand auf
und sättigst alles, was lebt, mit Wohlgefallen.

17 Gerecht ist ER in allen seinen Wegen
und gnädig in all seinem Tun.

18 Nahe ist ER allen, die ihn anrufen,
allen, die ihn mit Ernst anrufen.

19 Er erfüllt der Gottesfürchtigen Begehr,
    er hört ihr Schreien und hilft ihnen.
20 ER behütet alle, die ihn lieben,
    alle Gottlosen aber wird er vertilgen.

21 Mein Mund soll SEIN Lob verkünden,
    und alles, was lebt, lobe seinen heiligen Namen,
    immer und ewig!

Meinem Gott will ich
singen, solange ich bin

146 Hallelujah!
Lobe meine Seele, IHN!
2 Ich will IHN loben, solange ich lebe,
    will meinem Gott singen, solange ich bin.

3 Verlasset euch nicht auf Fürsten,
    nicht auf den Menschen, bei dem doch keine Hilfe ist.
4 Fährt sein Odem aus, so kehrt er wieder zur Erde,
    und alsbald ist's aus mit seinen Plänen.

5 Wohl dem, dessen Hilfe der Gott Jakobs,
    dessen Hoffnung ER, sein Gott, ist,
6 der Gott, der Himmel und Erde gemacht hat,
    das Meer und alles, was in ihnen ist,
    der ewiglich Treue hält,
7 der Recht schafft den Unterdrückten,
    der den Hungernden Brot gibt.
    ER erlöst die Gefangenen,
8 ER öffnet den Blinden die Augen,
    ER richtet die Gebeugten auf,
    ER liebt die Gerechten.
9 ER behütet den Fremdling,
    Waisen und Witwen hilft er auf,
    doch in die Irre führt er die Gottlosen.

10 ER wird herrschen in Ewigkeit,
    dein Gott, o Zion, von Geschlecht zu Geschlecht!
    Hallelujah!

ETHAN · IDITHUN · SPS SCS ·

König David mit Musikanten, Cotton-Psalter, England, 8. Jh.

Israel – Zion, lobsinge
deinem Gott!

147 Hallelujah!*
Lobet IHN! Denn schön ist's, ihm zu singen;
    unserm Gott gebührt Lobgesang.
2 ER baut Jerusalem auf,
    er sammelt die Versprengten Israels,
3 er, der da heilt, die gebrochenen Herzens sind,
    und ihre Wunden verbindet;
4 der den Sternen die Zahl bestimmt
    und sie alle mit Namen ruft.
5 Groß ist unser Herr und reich an Macht;
    seine Weisheit ist nicht zu ermessen.
6 ER hilft den Gebeugten auf,
    die Gottlosen erniedrigt er in den Staub.
7 Hebt an und singet IHM ein Danklied,
    spielt unserm Gott auf der Harfe!
8 der den Himmel mit Wolken bedeckt,
    der der Erde den Regen schafft,
    der auf den Bergen das Gras sprießen läßt
    und Gewächse für den Bedarf der Menschen;
9 der dem Vieh seine Speise gibt,
    den jungen Raben, die zu ihm schreien.
10 Er hat nicht Lust an der Stärke des Rosses,
    nicht Gefallen an den Schenkeln des Mannes.
11 Dem Herrn gefallen, die ihn fürchten,
    die auf seine Güte harren.

12 Jerusalem, preise IHN,
    lobsinge, Zion, deinem Gott,
13 daß er die Riegel deiner Tore gefestigt,
    deine Kinder in dir gesegnet;
14 ihm, der deinen Grenzen Frieden schafft,
    mit dem Mark des Weizens dich sättigt,
15 der sein Wort zur Erde entsendet –
    in Eile läuft sein Gebot –,
16 der Schnee spendet gleich Wollflocken
    und Reif wie Asche ausstreut,
17 der sein Eis gleich Brocken hinwirft,
    vor dessen Frost die Wasser erstarren.
18 Er sendet sein Wort – es zerschmelzt sie;
    er läßt seinen Wind wehen – da rieseln die Wasser.
19 Er verkündet Jakob sein Wort,
    Israel seine Satzungen und Rechte.
20 Dergleichen hat er keinem Volke getan:
    seine Rechte kennen sie nicht.
    Hallelujah!

Marc Chagall, Psalmen Davids, 1979 (zu Ps 147,7.12–14)

Lobet den Herrn vom Himmel und von der Erde her

148 Hallelujah!
Lobet Ihn vom Himmel her,
  lobet ihn in den Höhen!

2 Lobet ihn, all seine Engel,
  lobet ihn, alle seine Heerscharen!

3 Lobet ihn, Sonne und Mond,
  lobet ihn, ihr leuchtenden Sterne!

4 Lobet ihn, ihr Himmel aller Himmel,
  und ihr Wasser über der Feste!

5 Sie sollen loben Seinen Namen;
  denn er gebot, und sie waren geschaffen.

6 Er stellte sie fest auf immer und ewig;
  er gab eine Ordnung, die übertreten sie nicht.

7 Lobet Ihn von der Erde her,
  ihr Ungetüme und Fluten alle!

8 Du Feuer und Hagel, Schnee und Rauch,
  du Sturmwind, der sein Wort ausrichtet!

9 Ihr Berge und Hügel allzumal,
  ihr Fruchtbäume und Zedern alle,

10 ihr wilden Tiere und ihr zahmen,
  du Gewürm und ihr, beschwingte Vögel!

11 Ihr Könige der Erde und all ihr Völker,
  ihr Fürsten und Richter der Erde zumal,

12 ihr jungen Männer und ihr jungen Mädchen alle,
  ihr Alten mitsamt den Kindern!

13 Sie sollen loben Seinen Namen;
  denn sein Name allein ist erhaben,
  seine Hoheit geht über Erde und Himmel.

14 Er wird das Horn seinem Volk erhöhen –*
  ein Ruhm für all seine Getreuen,
  für die Söhne Israels, das Volk, das ihm nahesteht.
  Hallelujah!

»Lobet den Herrn«, Russische Ikone zu Psalm 148, 16. Jh.

Sein Lob erschalle
in der Gemeinde der Getreuen

149 Hallelujah!
Singet IHM ein neues Lied,
sein Lob erschalle in der Gemeinde der Getreuen!*
2 Es freue sich Israel seines Schöpfers,
die Söhne Zions sollen ob ihrem König frohlocken,
3 sollen seinen Namen loben im Reigen,
mit Handpauken und Harfen ihm spielen!
4 Denn ER hat Wohlgefallen an seinem Volke;
er krönt die Gebeugten mit Sieg.

5 Die Getreuen werden frohlocken in Ehre
und jauchzen auf ihren Lagern,
6 Lobpreisungen Gottes im Munde
und ein zweischneidiges Schwert in der Hand,
7 Vergeltung zu üben an den Heiden
und Züchtigung an den Nationen,
8 ihre Könige mit Ketten zu binden
und ihre Edlen mit eisernen Fesseln,
9 an ihnen zu vollziehen geschriebenes Gericht.
Ehre ist solches für all seine Getreuen.
Hallelujah!

Alles, was Odem hat,
lobe den Herrn!

150 Hallelujah!
Lobet Gott in seinem Heiligtum,
lobet ihn in seiner starken Feste!
2 Lobet ihn ob seiner mächtigen Taten,
lobet ihn nach der Fülle seiner Hoheit!
3 Lobet ihn mit dem Schall der Posaunen;
lobet ihn mit Psalter und Harfe!
4 Lobet ihn mit Handpauken und Reigen,
lobet ihn mit Saitenspiel und Schalmei!
5 Lobet ihn mit klingenden Zimbeln,
lobet ihn mit schallenden Zimbeln!

6 Alles, was Odem hat, lobe IHN!
Hallelujah!

CXLVIIII ALLELUIA

CANTATE DNO
CANTICUMNOUUM LAUS
EIUSINECCLESIASCORUM ;
LAETETURISRAHELINEOQUI
FECITEUM ETFILIISIONEX
SULTENTINREGESUO ;
LAUDENTNOMENEIUSIN
CHORO INTYMPANO
ETPSALTERIOPSALLANTEI ;
QUIABENEPLACITUMEST

ALLELUIA

DNOINPOPULOSUO ETEX
ALTABITMANSUETOSIN
SALUTE ,
EXSULTABUNTSCIINGLORI
A LAETABUNTURINCUBI
LIBUSSUIS ,
EXSULTATIONESDIINGUT
TUREEORUM ETGLADII
ANCIPITESINMANIB; EOR
ADFACIENDAMUINDICTA

INNATIONIBUS INCRE
PATIONESINPOPULIS .
ADALLIGANDOSREGESEORU
INCOMPEDIBUS ETNO
BILESEORUMINMANICIS
FERREIS ;
UTFACIANTINEISIUDICIU
CONSCRIPTUM GLORIA
HAECESTOMNIBUSSCIS
EIUS ;

Illustration zu Psalm 149 (oben) und zu Psalm 150 (unten), Utrecht-Psalter, 9. Jh.

Hinweise zu den Bildern in Band 8

Eine Einführung in die Illustration des Psalters finden Sie in Band 1, ab Seite 48.

Umschlag und Seite 348

Max Hunziker, David mit Kelch, o. J. – Acryl auf Papier, 78 x 58 cm. – Privatbesitz (Foto Peter Guggenbühl, Zürich; zu Max Hunziker s. Bd. 1, S. 50).

Seite 351 und 361

Reiner Seibold, Schriftbilder zu Psalmen (vgl. Bd. 2, S. 98). – S. 351: Schriftbild zu Ps 121; S. 361: Schriftbild zu Ps 130, © Reiner Seibold, Kierspe/Verlag am Eschbach, 1993.

Seite 353, 379 und 385

Marc Chagall, Psalmen Davids, 1979 (s. Bd. 2, S. 98). – S. 353: Ps 122, 1–5; S. 379: Ps 143,1. 6f. 12; S. 385: Ps 147,7. 12–14 (Bildvorlagen Galerie Patrick Cramer, Genf), © VG Bild-Kunst, Bonn, 1990.

Seite 355

»Die mit Tränen säen« (zu Ps 126,5–6). – Stuttgarter Psalter, St. Germain des Prés, Paris, um 820 (s. Bd. 1, S. 48f. und 51). – Stuttgart, Württembergische Landesbibliothek, bibl. fol. 23, fol. 146 r. (Foto Bibliothek).

538 vor unserer Zeitrechnung erlaubte der Perserkönig Cyrus den Juden im babylonischen Exil (vgl. Ps 137 und Bild S. 370), in ihre Heimat um Jerusalem zurückzukehren. Sie kamen mit großen Hoffnungen und ernteten zunächst tiefe Enttäuschungen. Ihr Land war von anderen besetzt, zum Teil auch verwildert und nicht kultivierbar. Sie gewannen nicht so sehr die Freiheit, sondern fanden das Elend, aus dem heraus sie den 126. Psalm sangen. Zu diesem Lied, das bedrängte Menschen aller Zeiten gesungen haben und singen als Ausdruck ihrer Hoffnung, daß auf Tränen Freude folgt und die Treue Gottes noch immer gilt – trotz allen Elends, zeigt der Stuttgarter Psalter ein Bild, das die Sinne unmittelbar anspricht.

Seite 357

Marc Chagall, Der Psalm Salomos (zu Ps 127, der, wie auch Ps 72, Salomo – dem Sohn Davids, dem König von Israel [etwa 965–926], dem Erbauer des Tempels, dem Weisen und Dichter des Hohenlieds – zugeschrieben wird; vgl. V. 1); Farblithographie aus »Die Bibel« (VERVE-Bibel I, 1956), Blatt 11, 35,5 x 26,5 cm. – Hannover, Sammlung Sprengel I, 409ff./11 (Foto Museum), © VG Bild-Kunst, Bonn, 1992.

Seite 359, 373 und 377

Max Hunziker, Grisaillen (Weiß-Schwarz-Grau-Malereien, Format 27 x 19 cm) zum Psalter, 1965 (s. Bd. 3, S. 146). – S. 359: Rose (zu Ps 128 – die vom Regen getränkte Rose als Symbol von Segensverheißung, die Ps 128 zuspricht); S. 373: Angesicht im Himmel und blühender Strauch (zu Ps 139); S. 377: Weinender David (zu Ps 142). – Privatbesitz (mit freundlicher Genehmigung von Frau Gertrud Hunziker-Fromm; Fotos Peter Guggenbühl, Zürich).

Zur Erstveröffentlichung der 40 Grisaillen zum Psalter (Württembergische Bibelanstalt, Stuttgart 1966) schreibt Gerhard Gollwitzer: »Und nun hat Max Hunziker Bilder zu den Psalmen gemalt in reichnuanciertem Grau und Schwarz ... und siehe da: ... die alte Botschaft hat einen neuen Klang! Stationen unseres Lebens, Versuchungen und Tröstungen, Verlassenheit und Führung, Abfall und Heimkehr, Schwäche und Stärkung sind neu geschaut, und wir lesen sie neu. Das sind Meditationen, nicht Illustrationen! Gesichte in Bildern. Sie entstammen dem aufmerksamen Lesen und Sprechen der Psalmen und begleiten die Gedanken und Worte der Psalmisten. Die einen sind enger einem Psalmvers zugeordnet, andere mehrmals wiederkehrenden Sätzen, wieder andere sind freie Variationen der Psalmthemen.«

Seite 362

»Wie ein Kind im Arm seiner Mutter« (zu Ps 131,2). – Stuttgarter Psalter (s. o.: Hinweise zu S. 355), fol. 148 r. (Foto Bibliothek).

In ein anrührendes Bild faßt der Stuttgarter Psalter den »Psalm des kontemplativen Gebets« (Carlo Caretto): Ein Mann mit langem Wanderstock hält gleichsam im Vorbeigehen inne und weist mit einer großen Handbewegung auf ein Kind, daß in den Armen seiner Mutter liegt, als wolle er sagen: Ich bin ein Mensch unterwegs, der alle Gefahren kennt, die von außen und die von innen, aber ich kenne auch die guten Stunden voll tiefen Friedens, in denen ich den Psalm nachsprechen kann. Und die Frau, die auf einem geschnitzten Bett und einem schönen Polster ruht und ihr Kind hält, trägt einen Kronreif. Sie ist ein Gleichnis für Gott, bei dem die Seele des Sängers ruht.

Seite 364 und 365

Ben Shahn, Lithographienfolge »Halleluja-Suite«, 1970/71 (S. 364: Junger Trompetenbläser; S. 365: Mädchen mit klingenden Cymbeln), © VG Bild-Kunst, Bonn, 1992.

Seite 367 und 369

Analog zu den Illustrationen zu Ps 77/78 und 105/106 (vgl. Bd. 5 und Bd. 6) bringen wir zu Ps 135 und 136 zwei Blätter aus der um 1320 vermutlich in Barcelona geschaffenen »Goldenen Haggada« (zu »Haggada« vgl. Bd. 5, S. 242), London, The British Library, Ms. Add. 27210, fol. 14v. und 15r. (Fotos Bibliothek). Das Bild S. 367 zeigt (von rechts nach links): Tod der Erstgeborenen/Auszug aus Ägypten/Durchzug durch das Rote Meer; S. 369: Mirjam und ihre Gefährtinnen spielen, singen und tanzen/Verteilung von Mazzen und Charosset/Durchsuchung der Wohnung nach Gesäuertem/Bereitung des Passalammes und Reinigung der Schüsseln.

Seite 370

»An den Strömen Babels saßen wir und weinten« (zu Ps 137,1–4, vgl. Ps 126 und Bild S. 355). – Stuttgarter Psalter (s. o.: Hinweise zu Seite 355), fol. 152 r.

Seite 374

»Errette mich von den bösen Menschen« (zu Ps 140,2–7). – Stuttgarter Psalter (s. o.: Hinweise zu S. 355), fol. 155r. (Bildvorlage S. 370 und 374: E. Schreiber, Grafische Kunstanstalt, Stuttgart).

Seite 383

König David mit Musikanten (zum »Schluß-Hallel« des Psalters, Ps 146–150, das David in Ps 145,21 ankündigt). – Cotton-Psalter, England, 8. Jh. – London, The British Library, Cott. Ms Tib. C. VI, fol. 30v. (Foto Archiv für Kunst und Geschichte, Berlin).

Seite 387

»Lobet den Herrn«. – Russische Ikone (48,5 x 36,5 cm, 16. Jh.) zu Ps 148 (der Lobgesang des Kosmos richtet sich hier an Christus, das »Ebenbild des unsichtbaren Gottes«, den »Erstgeborenen der ganzen Schöpfung«, durch den und auf den hin alles geschaffen ist, vgl. Kol 1,15–20). – Stockholm, Nationalmuseum (Foto Museum).

Seite 389

Illustration zu Psalm 149 und zu Psalm 150. – Utrecht-Psalter (s. Bd. 1, S. 48 und 50f.), fol. 83r. (Bildvorlage Akademische Druck- und Verlagsanstalt Graz).

Oberes Bild (zu Ps 149): Vor dem Heiligtum haben sich die »Getreuen« versammelt. Angeführt von drei Frauen mit Harfen und Trommeln singen sie Jahwe-Christus ihr »neues Lied« (V. 1). Unterhalb von Christus stehen in einem Gebäude drei Menschen mit »Lobpreisungen Gottes im Munde« und zweischneidigen Schwertern in den Händen (V. 5 u. 6). Darunter die getadelten und gezüchtigten Völker, deren Schilde und Speere vor ihnen am Boden liegen (V. 7). Links ein Mann, der zwei gefesselte Könige vorführt; zwei andere Fürsten sitzen, die Füße in Pflöcken, auf dem Boden (V. 8). Ganz links sitzen in einem Gebäude sechs Männer zu Gericht (?).

Im unteren Bild (zu Ps 150) ist alles konzentriert auf das Lob des

Jahwe-Christus, der segnend in der Mandorla trohnt. Die Winde aus den vier Ecken der Welt (vier Himmelsrichtungen) sind mit den Engeln und Menschen einig im Loben Gottes. Vier Gruppen von Sängern und Musikanten mit Blas-, Zupf- und Schlaginstrumenten rahmen die Orgel ein (V. 4 lautet in der lat. Übersetzung: »… laudate eum in cordis et organo«). Gleich von zwei Organisten gespielt, soll auch sie Töne des Lobes von sich geben. Dazu bedarf es aber der Mühe der vier Männer, die die Blasebälge bedienen. »Wenn ihr Gott lobt«, sagt Augustinus in seiner Psalmenerklärung, »dann soll der ganze Mensch ihn loben: die Stimme soll singen, das Leben soll singen, die Ereignisse sollen singen, auch das Stöhnen, die Unruhe, die Versuchung, die Sicherheit, die Hochstimmung.«

Anmerkungen zu Psalmtexten

Ps 120–134 ist eine eigenständige Sammlung von Texten unterschiedlicher Gattung (vgl. z.B. Ps 120 und 122; 132 und 134) und mit gleichlautender Überschrift, die vermutlich im 4. Jh. v. Chr. von der Jerusalemer Priesterschaft für Zionspilger als »Wallfahrtsbüchlein« zusammengestellt wurde und dessen cantus firmus das Thema »Segen« ist. Die hebräische Bezeichnung »Schir Hama'aloth« wird verschieden übersetzt und gedeutet: »Lied für Hinaufzüge« (A. Weiser), »Aufstiegsgesang« (M. Buber), »Stufenlied« (d.h. zu singen auf den Stufen, die zum Zion hinaufführen), »Heimkehrerlied« (d.h. der Rückkehrer aus dem babylonischen Exil; vgl. Ps 126), »Lied der Erhebung« (Ps 120–134 wollen zur Hoffnung ermutigen). Die Bezeichnung »Wallfahrtslied« (Zürcher Bibel, Luther und ökumenische Einheitsübersetzung) trifft besonders auf Ps 122 (und sinngemäß auch auf Ps 84) zu. (Begleitlektüre zu Ps 120–134: E. Zenger, Ich will die Morgenröte wecken. Psalmauslegungen, Freiburg i. Br. 1991, S. 126ff.: Der Gott der kleinen Leute.)

In *Psalm 126*, den der Dichter Max Brod als das »Volkslied der Juden« bezeichnet hat, scheint das Schicksal Israels auf: Vertreibung und Exil sind nicht das letzte Wort; Rückkehr und Heimkehr sind Israels Hoffnung und Lebenskraft.

Ps 126 und *Ps 137* nehmen in der jüdischen Hausliturgie einen besonderen Platz ein. Wie sollen sie gesprochen und verstanden werden? »In der Hausliturgie der Passanacht wird der Mahlgemeinschaft eingeschärft: ›In jeder Generation betrachte sich der Mensch, als sei er selbst aus Ägypten ausgezogen.‹ Wir dürfen dies sinngemäß dahin erweitern, daß er sich betrachten möge, als sei er aus Babylon ausge-

zogen, und diesem Sinn wird unser Psalm liturgisch plaziert. Während unser Psalm 126 am Sabbat und an Feiertagen dem Tischgebet vorausgeht, wird an den Werktagen der 137. Psalm rezitiert: ›An den Wassern Babels saßen wir und weinten…‹ So klingen Trauer und Trost zusammen: das Lied der Verbannten und das Lied der Erlösten im Sinne der Heimkehr.« (Schalom Ben-Chorin).

Zu *Ps 127* vgl. Mt 6,25–34.

Ps 132 feiert die Verheißung des Propheten Nathan an David (vgl. 2 Sam 7; 1 Chr 17; Ps 89) und die Überführung der Bundeslade nach Jerusalem (vgl. 2 Sam 6; 1 Chr 13; 15,1–16,3; Ps 68 und Chagalls Bild in Bd. 4, S. 181).

Ps 135 (ein von Hallelujah-Rufen umrahmter Hymnus der Passaliturgie) und Ps 136 gehören mit Ps 77/78 und Ps 105/106 zu den großen Geschichtspsalmen (vgl. Bd. 5, S. 212–220; 242; Bd. 6, S. 285–293; 296). – *Ps 135,4* ist hier nach Leopold Marx übersetzt. – *Ps 135,15–18* entspricht Ps 115,4.6–8.

Ps 136, eine Danklitanei für die Weltschöpfung und Gottes Handeln in der Geschichte, wird im Judentum wegen der Aussage von V.25 (»… der Speise gibt allem Fleisch«), die den Höhepunkt des Psalms bildet, »großes Hallel« genannt und im Pessach-Seder im Anschluß an das Hallel Ps 113–118 gesungen: »Die Schwierigkeit, dem Menschen seine Speise zu geben, ist kein geringeres Unterfangen als das Spalten des Schilfmeeres«, erklären die Rabbinen.

Der *Davidpsalter Ps 138–145* (vgl. die Überschriften) wird gleichsam von der (ironischen) Aufforderung der Juden-Peiniger in *Ps 137,3* (»Singt uns eines von den Zionsliedern«) ausgelöst und ist so gestaltet, daß zwei Lobgesänge auf den Namen Jahwes (Ps 138; 145) als äußerer Rahmen und zwei Vertrauenspsalmen (Ps 139; 144) als innerer Rahmen um vier Bittgebete Davids um Rettung (Ps 140–143) gelegt sind (vgl. E. Zenger, a. a. O., S. 251ff.).

Die Textfassung von *Ps 139* ist auf der Grundlage der Zürcher Bibel und der Übersetzung von C. Westermann (Ausgewählte Psalmen, Göttingen 1984, S. 186f.; vgl. auch Westermanns Erklärung des Psalms) erarbeitet. – *Ps 139,24* (»… und leite mich auf den Weg, der bleibt«) meint nach E. Zenger den Weg der Tora. »Wer ihn geht, vertreibt das Chaos und stärkt das Leben.«

Ps 140–143: vgl. Anm. zu Ps 138.

Ps 141,5 ff.: Für die Zürcher Bibel sind der Schluß von V.5 sowie V.6 und 7 unübersetzbar (vgl. Luther und Einheitsübersetzung).

Ps 142,1: vgl. 1 Sam 22.

Ps 144, ein Dank-, Vertrauens- und Loblied, ist Ps 18 ähnlich.

Ps 145, ein alphabetischer Psalm (die Anfangsbuchstaben der Verse ergeben die Buchstaben des hebräischen Alphabets; vgl. Bd. 7, S. 244, Anm. zu Ps 111), verkündet Gottes Güte gegenüber allen seinen Geschöpfen (zu Ps 145 vgl. Bd. 7, S. 303f.). Im jüdischen Tagzeitengebet bildet er zusammen mit den Hallelujah-Psalmen 146–150 das »tägliche Hallel« (die Psalmen werden täglich im ganzen gelesen). Im Psalmenbuch selbst intoniert Ps 145,21 das Finale des Psalters. David, der

Sänger von Ps. 145, kündet an: »Mein Mund soll das Lob Jahwes verkünden und alles, was lebt, lobe seinen heiligen Namen, immer und ewig.« Das Wort »Lob« löst die von »Hallelujah« (»Lobet Jahwe«) umrahmten und durch ein enges Stichwortgeflecht miteinander verwobenen Psalmen *146–150* aus, die als eine »Klimax des Lobes« (L. Trepp) gestaltet sind. Die Spannung des Parallelismus zwischen »mein Mund« und »alles, was lebt« gibt den großen Bogen an, der das Ganze prägt. *Ps 146* ist das Jahwelob des einzelnen (vgl. V.1). Dann weitet sich der Kreis: In *Ps 147* (in den griechischen und lateinischen Übersetzungen zwei Psalmen: V.1–11 = Ps 146/ V. 12–20 = Ps 147) übernimmt Israel-Zion das Lob, in *Ps 148* übernehmen es die himmlischen Wesen und der gesamte irdische Kosmos. *V.14* von *Ps 148* (»Horn« ist ein Symbol für Kraft und Rettung) leitet zu *Ps 149* über, der – was der Psalmenbuchredaktion wohl ganz wichtig war – zu einem neuen Lied auffordert, das in der »Gemeinde der Getreuen« (der »Chassidim«), »der Söhne Israels« erschallen soll. Und in *Ps 150* schließlich stimmt – mit allen denkbaren Instrumenten – »alles, was Odem hat« in das Lob Gottes ein.

Register Band 1–8

Bilder

Brauer, Arik (geb. 1929); Bd. 2, Ps 37: Davids beflügelte Psalmen, 1980. – Bd. 3, Ps 59: David auf der Flucht, 1980.
Zyklus »Pessach-Haggada«, 1977/78: Bd. 5, Ps 77: Mit starker Hand; Ps 78: Und er teilte das Schilfmeer für uns/Und er ernährte uns mit Manna. – Bd. 7, Ps 118: Ein Freudenruf des Triumphes.

Brevier des Königs Martin von Aragon (Katalonien, 14. Jh.), Bd. 4, Ps 72: Anbetung der Könige.

Canterbury-Psalter (Canterbury, um 735), Bd. 2, Ps 33: David, Schreiber, Musikanten und Tänzer.

Cervera-Bibel (Spanien, 1300), Bd. 4, Ps 67: Menora.

Chagall, Marc (1887–1985), Bd. 1, S. 24/25: König David beim Harfenspiel, aus »Die Bibel«, 1956; Ps 18: König David, 1962/63. – Bd. 2, Ps 26: David mit der Harfe, aus »Die Bibel«, 1956. – Bd. 4, Ps 68: Die Bundeslade wird nach Jerusalem gebracht, aus »Die Bibel«, 1956. – Bd. 5, S. 205: Betender Jude (Der Rabbiner aus Witebsk), 1914; Ps 81: Tanz der Mirjam, aus »Die Bibel«, 1956. – Bd. 6, Ps 105 und 106: Unterdrückung der Hebräer/Der Zug durch das Rote Meer/Mose verkündet die Gesetze, aus »Exodus«, 1966/König David und Musikanten, 1983. – Bd. 7, Ps 119: König David, 1951. – Bd. 8, Ps 127: Der Psalm Salomos, aus »Die Bibel«, 1956.
Psalmen Davids, 1979: Bd. 2, Ps 22; 31; 40. – Bd. 3, Ps 44; 45; 51. – Bd. 4, Ps 63; 72. – Bd. 5, Ps 77. – Bd. 6, Ps 100. – Bd.7, Ps 114. – Bd. 8, Ps 122; 143; 147.

Cotton-Psalter (England, 8. Jh.), Bd. 8, Ps 145 und 146: König David mit Musikanten.

Elisabeth-Psalter (Thüringen, vor 1217), Bd. 7, Ps 110: Initiale »D«.

Franck, Dieter (1909–1980), Bd. 1, Ps 3: Psalmenlandschaft 2, 1970. – Bd.7, Ps 113: Psalmenlandschaft mit vielen Sonnen, 1969/71.

Goldene Haggada (Katalonien, 14. Jh.), Bd. 8, Ps 135 und 136: Errettung Israels aus Ägypten/ Mirjams Lobgesang und Passa.

Goldener Psalter St. Gallen (um 875), Bd. 3, Ps 42: Initiale »Q«.

Griechischer Psalter in Paris (Konstantinopel, 10. Jh.), Bd. 1, Ps 20: Davids Salbung durch Samuel. – Bd. 3, Ps 51: Davids Buße.

Hebräische Miszellen-Handschrift (Nordfrankreich, 13. Jh.), Bd. 1, Ps 7: David beim Harfenspiel.

Hunziker, Max (1901–1976), Bd. 1, S. 4: David mit Blütenzweig, 1972. – Bd. 2, S. 56: David vor blauem Grund, 1974. – Bd. 3, S. 104: David auf goldenem Grund, 1973. – Bd. 4, S. 152: David vor schwarzem Grund, o. J. – Bd. 5, S. 200: David – die Rosen, o. J. – Bd. 6, S. 248: David, 1968. – Bd. 7, S. 300: David – farbige Harfe, o. J. – Bd. 8, S. 348: David mit Kelch, o. J.
Grisaillen zum Psalter, 1965: Bd. 1, Ps 21: König David mit Lilienzepter. – Bd. 2, Ps 39: Trauer. – Bd. 3, Ps 49: David und Schädel; Ps 52: Ölbaumzweig; Ps 57: David und Harfe. – Bd. 4, Ps 62: Schlafender; Ps 64: Warnender David. – Bd. 5, Ps 84: Freunde. – Bd. 7, Ps 107: Volk/Traube; Ps 115: Vater – sein Kind auf dem Arm; Ps 119: Mann mit Kelch; Ps 119: Lesende/Herzensgebet. – Bd. 8, Ps 128: Rose; Ps 139: Angesicht im Himmel und blühender Strauch; Ps 142: Weinender David.

Ingeborg-Psalter (Nordfrankreich, um 1195), Bd. 5, Ps 80: Wurzel Jesse.

Jawlensky, Alexej (1864–1941), Bd. 1, Ps 17: Meditation »Das Gebet«, 1922. – Bd. 4, Ps 69: Kopf (Doppelkreuz), 1935. – Bd. 6, Ps 102: Versunken (Abstrakter Kopf), 1934.

Köder, Sieger (geb. 1925), Bd. 2: Psalm 23, 1979.

Litzenburger, Roland Peter (1917–1987), Bd. 3, S. 109: David sprang und tanzte mit Jauchzen, 1974.

Münchner Psalter (Oxford?, nach 1200): Bd. 1, Ps 1: Initiale »B«.

Oberitalienischer Psalter (Mailand 10. Jh.), Bd. 5, Ps 83: David mit Schreibern.

Psalmenkommentar (12. Jh., heute Paris, B.N.), Bd. 3, Ps 47: Christus, der Allherrscher und Davids Musik.

Psalter des Kaisers Alexios I. Konstantinopel,

um 1095), Bd. 6, Ps 96: König David mit der Harfe.

Psalter Karls VIII. (Frankreich, 15. Jh.), Bd. 1, Ps 14: Narr vor König David.

Rembrandt, Harmensz. van Rijn (1606–1669), Bd. 4, S. 155: Der Bund zwischen Jonathan und David, um 1632; S. 157: Natan ermahnt David, um 1654; S. 172/173: David spielt Harfe vor Saul, 1658/59.

Rouault, Georges (1871–1958), Bd. 5, Ps 89: Der alte König, 1936.

Rubens, Peter Paul (1577–1640), Bd. 2, Ps 38: König David, die Harfe spielend, um 1618/20.

Russische Ikone (16. Jh.), Bd. 8, Ps 148: »Lobet den Herrn«.

Seibold, Reiner (geb. 1933), *Schriftbilder zu Psalmen:* Bd. 2, Ps 25; 31; 35; 40. – Bd. 3, Ps 50; 55; 56. – Bd. 4, Ps 68; 70. – Bd. 5, Ps 74; 82. – Bd. 6, Ps 90; 97; 103. – Bd. 7, Ps 109; 117. – Bd. 8, Ps 121; 130.

Shahn, Ben (1898–1969), »*Halleluja-Suite*«: Bd. 1, S. 14, 22, 23, 27 – Bd. 4, S. 184, 185. – Bd. 6, S. 276. – Bd. 7, S. 312, 323. – Bd. 8, S. 364, 365.

Stundenbuch (England, 14. Jh.), Bd. 4, Ps 65: Erschaffung der Welt.

Stuttgarter Psalter (St. Germain des Prés, Paris, um 820), Bd. 1, Ps 8; 19. – Bd. 2, Ps 28; 35; 37. – Bd. 3, Ps 43; 58. – Bd. 4, Ps 61. – Bd. 5, Ps 87 (bzw. 30). – Bd. 6, Ps 91. – Bd. 8, Ps 126; 131; 137; 140.

Toggenburger Bibel (Lichtensteig, 1411), Bd. 4, Ps 60: David, Schreiber und Musikanten.

Utrecht-Psalter (Hautvillers bei Reims, 820–840), Bd. 1, Ps 6; 12; 13; 15 und 16. – Bd. 2, Ps 24; 30. – Bd. 3, Ps 46; 48; 53 und 54. – Bd. 4, Ps 66; 71. – Bd. 5, Ps 85; 88. – Bd. 6, Ps 92; 93; 95; 104. – Bd. 7, Ps 111. – Bd. 8, Ps 149 und 150.

Wiener Bohun-Psalter (England, 14. Jh.), Bd. 6, Ps 98: Initiale »C«.

York-Psalter (England, um 1260), Bd. 2, Ps 27: Initiale »D«.

Psalmen-Essays